에듀윌과 함께 시작하면,
당신도 합격할 수 있습니다!

집안 사정으로 인해
오랫동안 학업을 중단했던 늦깎이 수험생

외국 생활을 앞두고
한국 학력 인정이 필요한 유학생

학교를 그만두고
미래를 스스로 준비하는 학교 밖 청소년

누구나 합격할 수 있습니다.
해내겠다는 '열정' 하나면 충분합니다.

마지막 페이지를 덮으면,

에듀윌과 함께
검정고시 합격이 시작됩니다.

eduwill

85만 권 판매 돌파
177개월 베스트셀러 1위!

에듀윌이 만든 검정고시 BEST 교재로
합격의 차이를 직접 경험해 보세요

중 · 고졸 검정고시 기본서

중 · 고졸 검정고시 5개년 기출문제집
(24년 9월 출간 예정)

중 · 고졸 검정고시 핵심총정리
(24년 9월 출간 예정)

중 · 고졸 검정고시 모의고사
(24년 12월 출간 예정)

에듀윌 검정고시 합격 스토리

박○주 합격생

에듀윌 교재로 학습하면 고득점 합격 가능!

핵심총정리와 기출문제집 위주로 학습하면서, 취약했던 한국사는 기본서도 함께 보았습니다. 암기가 필요한 개념은 노트 정리도 하였고, 기출은 맞힌 문제와 틀린 문제 모두 꼼꼼히 살폈습니다. 저는 만점이 목표였는데, 사회 한 문제를 제외하고 모두 100점을 맞았답니다!

김○늘 합격생

노베이스에서 평균 96점으로 합격!

에듀윌 핵심총정리에 수록된 요약본을 토대로 나만의 요약노트를 만들고 반복해서 살펴보았습니다. 시험이 2주가량 남았을 때는 D-7 모의고사를 풀었는데, 실제 시험장처럼 OMR 답안카드 작성을 연습할 수 있었습니다. 검정고시를 준비하는 수험생이라면 이 두 책은 꼭 보기를 추천합니다~

노○지 합격생

에듀윌 기출문제집은 합격으로 가는 필수템!

저는 먼저 부족한 과목의 개념을 집중 학습한 후 기출문제를 반복해 풀었습니다. 기출문제집에는 시험 범위에 해당하지 않는 문제가 무엇인지 안내되어 있고, 출제 경향이 제시되어 있어 유용했습니다. 시험 일주일 전부터 전날까지 거의 매일 기출문제를 풀었어요. 제가 합격하는 데는 기출문제집의 역할이 컸습니다.

박○르 합격생

2주 만에 평균 95점으로 합격!

유학을 위해 검정고시를 준비했습니다. 핵심총정리를 통해 어떤 주제와 유형이 자주 출제되는지 알 수 있어 쉽게 공부했습니다. 모의고사는 회차별·과목별로 출제의도가 제시되어 있어 좋았습니다. 다들 각자의 목표가 있으실 텐데, 모두 원하는 결과를 얻고 새로운 출발을 하시길 응원할게요!

다음 합격의 주인공은 당신입니다!

더 많은
합격 스토리

1위 에듀윌만의
체계적인 합격 커리큘럼

쉽고 빠른 합격의 첫걸음
고졸 검정고시 핵심개념서 무료 신청

원하는 시간과 장소에서, 합격 필수 콘텐츠까지
온라인 강의

① 전 과목 최신 교재 제공
② 과목별 업계 최강 교수진과 함께
③ 검정고시 합격부터 대입까지 가능한 학습플랜 제시

고졸 검정고시
핵심개념서
무료 신청

더 많은 혜택이 궁금하다면 1600-6700
* 위 내용은 서비스 개선을 위해 예고 없이 변경될 수 있습니다.

자동채점 서비스

2024년도 제1회 고등학교 졸업학력 검정고시

제 ④ 교시 사 회

고졸

1. 질 높은 정주 환경을 조성하기 위한 조건으로 적절한 것을 <보기>에서 고른 것은?

보기
ㄱ. 깨끗한 자연환경
ㄴ. 안락한 주거 환경
ㄷ. 생활 시설의 부족
ㄹ. 빈부 격차의 심화

① ㄱ, ㄴ　② ㄱ, ㄷ　③ ㄴ, ㄷ　④ ㄷ, ㄹ

2. 인권의 특성에 대한 설명으로 적절한 것을 <보기>에서 고른 것은?

보기
ㄱ. 누구나 침해할 수 있는 권리이다.
ㄴ. 타인에게 양도할 수 있는 권리이다.
ㄷ. 인간이 태어나면서부터 가지는 천부적 권리이다.
ㄹ. 인간이라면 누구나 누릴 수 있는 기본적 권리이다.

① ㄱ, ㄴ　② ㄱ, ㄷ　③ ㄴ, ㄷ　④ ㄷ, ㄹ

3. 다음에서 설명하는 기본권은?

○국가의 의사 결정 과정에 참여할 수 있는 권리이다.
○선거권, 공무 담임권, 국민 투표권 등이 있다.

① 사회권　② 평등권　③ 청구권　④ 참정권

4. 다음에서 설명하는 경제 체제로 적절한 것은?

7. 시장 실패에 대한 사례로 가장 적절한 것은?
① 자원이 효율적으로 배분된다.
② 공공재의 공급 부족 문제가 발생한다.
③ 생산량이 증가할수록 단위당 생산 비용이 감소한다.
④ 소비자가 윤리적인 가치 판단을 하고 상품을 소비한다.

8. 편익에 대한 설명으로 적절한 것을 <보기>에서 고른 것은?

보기
ㄱ. 선택을 통해 얻게 되는 이익이다.
ㄴ. 경기 침체와 동시에 물가가 상승하는 현상이다.
ㄷ. 대가를 지급하고 난 뒤 회수할 수 없는 비용이다.
ㄹ. 금전적인 이익뿐 아니라 비금전적인 것도 포함한다.

① ㄱ, ㄴ　② ㄱ, ㄹ　③ ㄴ, ㄷ　④ ㄷ, ㄹ

9. ㉠에 들어갈 내용으로 옳은 것은?

○노동조합을 통해 사용자와 자주적으로 교섭할 수 있는 권리이다.
○**헌법 제33조 ①** 근로자는 근로 조건의 향상을 위하여 자주적인 단결권·(㉠)·및 단체 행동권을 가진다.

① 문화연　② 자유연　③ 행복 추구권　④ 단체 교섭권

10. 바람직한 생애 주기별 금융 설계에 대한 설명으로 가장 적절한 것은?

① 현재의 소득만을 고려한다.
② 생애 주기 전체를 고려하여 설계한다.
③ 중·장년기에는 저축하지 않고 소득의 전액을 지출한다.
④ 생애 주기의 각 단계에 따라 필요한 지금의 크기는 같다고 본다.

11. 다음에서 설명하는 문화 변동의 요인은?

> ○ 문화 변동의 내재적 변동 요인이다.
> ○ 이미 존재하고 있었지만 알려지지 않은 문화 요소를 찾아낸 것이다.

① 발견　② 전파　③ 비교 우위　④ 절대 우위

12. 다음 퀴즈에 대한 정답으로 옳은 것은?

> 한 사회에서 부, 권력, 명예 등이 사회적 지원이 개인이나 집단에 차등적으로 분배되어 사회 구성원들이 차지하는 위치가 서열화되어 있는 상태를 무엇이라 하나요?

① 사회 불평등　② 소비자 주권
③ 문화 상대주의　④ 스테그플레이션

> ○시장에서의 자유로운 경쟁을 통해 상품의 생산, 교환, 분배, 소비가 이루어진다.
> ○개인이 재산을 자유롭게 획득하고 사용할 수 있는 사유 재산 제도를 바탕으로 한다.

① 법치주의　② 자본주의
③ 공동체주의　④ 자문화 중심주의

5. ㉠에 들어갈 내용으로 알맞은 것은?

> **헌법 제37조** ② 국민의 모든 자유와 권리는 국가 안전 보장·질서 유지 또는 (㉠)을/를 위하여 필요한 경우에 한하여 법률로써 제한할 수 있으며, 제한하는 경우에도 자유와 권리의 본질적인 내용을 침해할 수 없다.

① 기후 변화　② 공공복리　③ 문화 동화　④ 비폭력성

6. ㉠, ㉡에 들어갈 사회 복지 제도는?

> ○ (㉠)은/는 일정 수준의 소득이 있는 개인과 정부, 기업이 보험료를 분담하여 구성원의 사회적 위험에 대비하는 제도이다. 그 예로 국민 건강 보험 등이 있다.
> ○ (㉡)은/는 저소득 계층이 최소한의 삶을 꾸릴 수 있도록 국가가 전액 지원하여 돕는 제도이다. 그 예로 국민 기초 생활 보장 제도가 있다.

	㉠	㉡
①	사회 보험	공공 부조
②	공공 부조	공공 부조
③	개인 보험	공공 부조
④	공공 부조	공공 부조

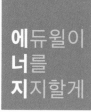

에듀윌이
너를
지지할게

ENERGY

세상을 움직이려면
먼저 나 자신을 움직여야 한다.

– 소크라테스(Socrates)

에듀윌 고졸 검정고시 기본서 사회

eduwill

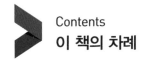

Contents
이 책의 차례

- 이 책의 구성
- 시험 정보
- 선생님이 알려 주는 합격 전략

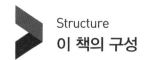
누구나 한 번에 합격할 수 있다!
기초부터 고득점까지 해답은 기본서!

단원별로 이론을 학습하고 ▶ 문제로 개념을 점검하고 ▶ 모의고사로 사회를 완벽 정복!

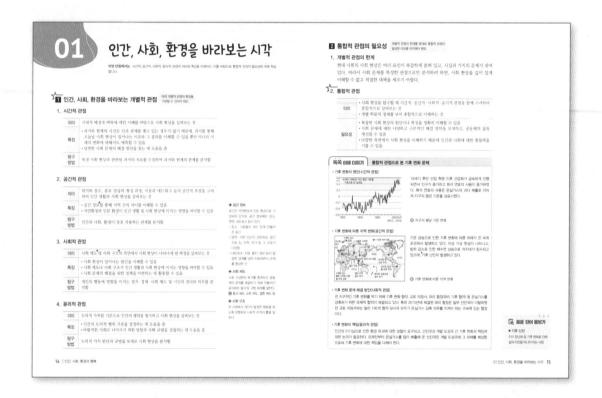

믿고 보는 단원별 이론

- 시험 출제 범위에 해당하는 2015 개정 교육과정을 철저하게 반영하였습니다.
- 기초가 부족해도 충분히 이해할 수 있도록 내용을 쉽게 서술하였습니다.

이해를 돕는 보충 설명과 단어장

- 이론과 연관된 보충 개념을 보조단에 수록하여 바로바로 확인할 수 있습니다.
- 단어 설명을 교재 하단에 수록하여 정확한 개념의 이해를 돕습니다.

BOOK
GUIDE

이론의 상세함 정도 ■■■■■■■□
문제의 수록 정도 ■■■■■■□□
교재의 난이도 ■■■□□□□

기초부터 차근차근 학습할 수 있는 기본서

앞선 시험에 나온, 앞으로 시험에 나올!

쏙딱 TEST

기출문제 및 예상문제를 주제별로 수록하여
앞서 학습한 이론을 문제에 적용해 봅니다.

만점을 만드는 한 수, 이것으로 모두 끝!

엔드노트

해당 단원에서 꼭 알고 넘어가야 할
중요 개념을 한 번 더 정리합니다.

BONUS STAGE

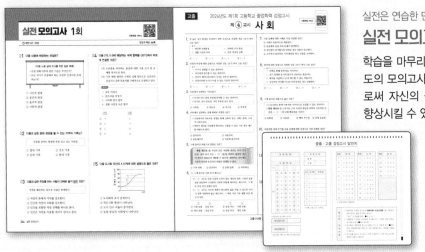

실전은 연습한 만큼 노련해지는 것!

실전 모의고사 ➕ 최신 기출문제

학습을 마무리하며 실제 시험과 비슷한 난이
도의 모의고사와 최신 기출문제를 풀어 봄으
로써 자신의 실력을 가늠하고 실전 감각을
향상시킬 수 있습니다.

함께 수록한 OMR 답안카드
를 활용하여 실제 시험처럼
답안지 작성을 연습할 수 있
습니다.

| 고졸 검정고시란

부득이한 이유로 정규 고등학교 과정을 마치지 못한 사람들을 대상으로 실시하는 국가 자격 시험입니다.
고졸 검정고시에 합격한 사람은 고등학교를 졸업한 사람과 동등한 자격을 인정받습니다.

시험 주관 기관

• 시 · 도 교육청: 시행 공고, 원서 교부 및 접수, 시험 실시, 채점, 합격자 발표를 담당합니다.
• 한국교육과정평가원: 기본 계획, 문제 출제, 인쇄 및 배포를 담당합니다.

출제 범위

2015 개정 교육과정에서 출제됩니다.

🖐 본서는 출제 범위를 철저하게 반영하였으니 안심하고 학습하세요!

시험 일정

구분	공고일	접수일	시험일	합격자 발표일	공고 방법
제 1 회	2월 초순	2월 중순	4월 초 · 중순	5월 초 · 중순	시 · 도 교육청 홈페이지
제 2 회	6월 초순	6월 중순	8월 초 · 중순	8월 하순	

🖐 시험 일정은 시 · 도 교육청 협의에 따라 변경될 수 있어요.

출제 방향

고등학교 졸업 정도의 지식과 그 응용 능력을 측정할 수 있는 수준으로 출제됩니다.

응시 자격

• 중학교 졸업자 및 이와 동등 이상의 학력이 있다고 인정된 사람

  ※ 3년제 고등기술학교 졸업(예정)자의 경우에도 중학교 졸업자 및 이와 동등 이상의 학력이 있다고 인정된 사람이어야 합니다.

• 고등학교에 준하는 각종 학교 졸업자 또는 졸업예정자와 중학교 또는 동등 이상의 학력이 있는 사람을 대상으로 하는 3년제 직업훈련과정의 수료자

  ※ 졸업예정자라 함은 최종 학년에 재학 중인 사람을 말합니다.

• 「초 · 중등교육법시행령」 제97조, 제101조, 제102조에 해당하는 사람

• 「보호소년 등의 처우에 관한 법률 시행령」 제69조 제3호에 해당하는 사람

🖐 상기 자료는 2024년 서울시 교육청 공고문 기준이에요. 2025년 시험 응시 예정자는 최신 공고문을 꼭 확인하세요.

▎시험 접수부터 합격까지

시험 접수 방법
각 시·도 교육청 공고를 참조하여 접수 기간 내에 현장 혹은 온라인으로 접수합니다.
✋ 접수 기간 내에 접수하지 못하면 시험을 응시할 수 없으니 주의가 필요해요!

시험 당일 준비물
• 수험표 및 신분증(만17세 미만의 응시자는 청소년증, 주민등록번호가 포함된 여권 혹은 여권정보증명서)
• 샤프 또는 연필, 흑색 볼펜, 지우개와 같은 필기도구와 답안지 작성을 위한 컴퓨터용 수성사인펜,
  답안 수정을 위한 수정테이프, 아날로그 손목시계 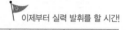 디지털 손목시계는 금지되어 있어요!
• 소화가 잘 되는 점심 도시락

입실 시간
• 1교시 응시자는 시험 당일 오전 8시 40분까지 지정 시험실에 입실합니다.
• 2~7교시 응시자는 해당 과목의 시험 시간 10분 전까지 시험실에 입실합니다.

시험 진행
🚩 이제부터 실력 발휘를 할 시간!

구분	1교시	2교시	3교시	4교시	점심	5교시	6교시	7교시
시간	09:00 ~ 09:40 (40분)	10:00 ~ 10:40 (40분)	11:00 ~ 11:40 (40분)	12:00 ~ 12:30 (30분)	12:30 ~ 13:30	13:40 ~ 14:10 (30분)	14:30 ~ 15:00 (30분)	15:20 ~ 15:50 (30분)
과목	국어	수학	영어	사회		과학	한국사	선택*

＊선택 과목(5개)에는 도덕(생활과 윤리), 기술·가정, 체육, 음악, 미술이 있습니다.

유의 사항
• 수험생은 고사 시간에 휴대 전화 등의 통신기기를 일절 소지할 수 없습니다. 만약 반입 금지 물품을 소지할
  경우 사용 여부를 불문하고 부정행위로 간주됩니다.
• 수험생은 시험 중 시험 시간이 끝날 때까지 퇴실할 수 없습니다. 다만, 불가피한 사유로 퇴실할 경우 퇴실 후
  재입실이 불가능하며 별도의 지정 장소에서 시험 종료 시까지 대기하여야 합니다.

합격자 발표
• 시·도 교육청 홈페이지에서 발표합니다.
• 100점 만점 기준으로 전과목 평균 60점 이상을 취득해야 합니다.
• 평균 60점을 넘지 못했을 경우 60점 이상 취득한 과목은 과목 합격으로 간주되어, 이후 시험에서 본인이 원
  한다면 해당 과목의 시험은 치르지 않을 수 있습니다.
✋ 모두 목표했던 결과를 얻을 수 있도록 응원할게요!

How to study
선생님이 알려 주는 합격 전략

Q 2015 개정 교육과정이 적용된 출제 범위를 알고 싶어요.

사회는 교육과정이 개편되면서 현대 사회에서 중요한 행복과 정의 등 새로운 개념들이 추가되었어요. 기존의 빈출 개념은 여전히 중요한 개념으로 다뤄질 것이고, 새롭게 추가된 개념 또한 출제될 가능성이 있으니 이에 유념하여 꼼꼼하게 대비하여야 합니다.

검정고시는 정상적으로 학교를 다니기 어려운 사람들에게 추가적인 교육의 기회를 제공하기 위하여 실시하는 시험이에요. 따라서 가능하면 쉽게 출제하여 어려운 여건에서 공부하는 사람들이 학업의 기회를 가질 수 있도록 하고 있답니다. 이러한 출제 방침은 앞으로도 계속될 거예요.

Q 출제 난이도가 궁금해요. 공부를 놓은 지 오래되었는데 합격할 수 있을까요?

Q 그렇다면, 지난 시험에서는 어떻게 출제되었나요?

2024년 1회 사회 시험은 이렇게 출제되었습니다.

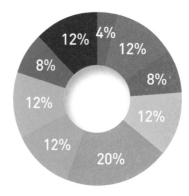

4%
12%
8%
12%
20%
12%
12%
8%
12%

- Ⅰ 인간, 사회, 환경과 행복
- Ⅱ 자연환경과 인간
- Ⅲ 생활 공간과 사회
- Ⅳ 인권 보장과 헌법
- Ⅴ 시장 경제와 금융
- Ⅵ 사회 정의와 불평등
- Ⅶ 문화와 다양성
- Ⅷ 세계화와 평화
- Ⅸ 미래와 지속 가능한 삶

이번 시험에서는 5단원에서 가장 많은 문제가 출제되었고, 나머지 문제는 단원별로 고르게 출제되었습니다.

전반적으로 기본 개념을 묻는 문제들이 많고, 기출문제와 비슷한 유형이 많아 어렵지 않게 풀 수 있었지만, 어려운 용어들을 묻는 문제들이 다소 있어 여기서 변별력이 좌우되었을 것입니다. 따라서 아직 출제되지 않은 용어들도 눈여겨 보아야 합니다. 주요 개념의 이해와 다양한 유형의 문제 풀이를 통해 해당 개념들을 자신의 것으로 만드세요.

사회는 일상생활과 밀접한 관련이 있는 과목이기 때문에 합격을 목표로 한다면 크게 어렵지 않아요.
우선 기본서를 쭉 살펴보면서 단어에 익숙해지도록 해 보세요.
취약한 과목은 더 확실한 전략을 짜야 해요!

Q 저는 기초가 부족한데, 어떻게 공부해야 할까요?

Tip 이렇게 공부해요!

사회 과목은 교육과정 학습량이 상당히 많습니다. 교재에 잘 정리되어 있는 주요 이론과 용어의 개념을 중심으로 공부한다면 좋은 결과를 얻을 수 있을 거예요.
이론 공부를 끝낸 후에는 반드시 기출문제를 풀며 나의 부족한 부분을 알고 실전에 대비해야 한다는 것 잊지 마세요!

Q 대학 진학을 위해 고득점을 받아야 하는데, 어떻게 공부해야 할까요?

대학 진학을 위해서는 고득점이 필수입니다. 수능을 준비한다면 사회탐구 과목 선택에 밑거름이 되는 과목이 사회이지요. 사회 과목은 단기간에 고득점을 맞을 수 있는 과목이라 자신합니다. 사회 과목 하나만 고득점을 얻어도 전 과목 평균을 올릴 수 있기 때문에 전략 과목으로 집중해 공부해 보세요!

Tip 이렇게 공부해요!

- **시사 상식에 대한 관심을 높이자**
최근 사회적으로 이슈화된 주제에 관심을 갖고, 사회 문제들에 대해 폭넓게 접근해야 합니다. 인권, 다문화, 복지, 저출산·고령화, 에너지 자원, 환경 문제, 국가 간 분쟁 등 평상시 뉴스에서 자주 듣던 사회 현상들이 시험 빈출 주제이기도 합니다.

- **응용 문제도 거뜬하게 만들자**
다양한 문제 응용력을 키워야 합니다. 기본적인 용어를 묻는 문제에서 지도, 사진, 그래프 같은 자료를 분석하는 새로운 유형의 문제들이 점점 늘어나고 있습니다. 응용 문제 풀이 능력을 키워 고난도 문제에 대비하세요!

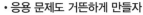

100점을 목표로 한다면 에듀윌 기출문제집, 핵심총정리, 모의고사를 추가로 공부하세요. 목표에 더 가까이 갈 수 있을 거예요!

인간, 사회, 환경과 행복

인간, 사회, 환경을 바라보는 시각

이번 단원에서는 시간적, 공간적, 사회적, 윤리적 관점의 의미와 특징을 이해하고, 이를 바탕으로 통합적 관점의 필요성에 대해 학습합니다.

⭐ **1** 인간, 사회, 환경을 바라보는 개별적 관점

여러 개별적 관점의 특징을 구분할 수 있어야 해요.

1. 시간적 관점

의미	시대적 배경과 맥락에 대한 이해를 바탕으로 사회 현상을 살펴보는 것
특징	• 과거와 현재의 사건은 인과 관계를 맺고 있는 경우가 많기 때문에, 과거를 통해 오늘날 사회 현상이 일어나는 이유와 그 결과를 이해할 수 있을 뿐만 아니라 미래의 변화에 대해서도 예측할 수 있음 • 당면한 사회 문제의 해결 방안을 찾는 데 도움을 줌
탐구 방법	특정 사회 현상과 관련된 과거의 자료를 수집하여 과거와 현재의 관계를 분석함

2. 공간적 관점

의미	위치와 장소, 분포 양상과 형성 과정, 이동과 네트워크 등의 공간적 특성을 고려하여 인간 생활과 사회 현상을 살펴보는 것
특징	• 공간 정보를 통해 지역 간의 차이를 이해할 수 있음 • 자연환경과 인문 환경이 인간 생활 및 사회 현상에 미치는 영향을 파악할 수 있음
탐구 방법	인간과 사회, 환경이 상호 작용하는 관계를 분석함

➕ 공간 정보

공간은 자연환경과 인문 환경으로 구성되어 있으며, 공간 정보에는 장소, 영역, 네트워크 등이 있다.
• 장소: 사람들이 의미 있게 만들어 온 공간
• 영역: 어떤 집단이 점유하는 공간으로 집, 지역, 국가 등 그 규모가 다양함
• 네트워크: 사람, 물자, 정보 등이 일정한 경계를 넘어 이동하면서 관계를 형성한 것

3. 사회적 관점

의미	사회 제도➕ 및 사회 구조➕의 측면에서 사회 현상이 나타나게 된 배경을 살펴보는 것
특징	• 사회 현상이 일어나는 원인을 이해할 수 있음 • 사회 제도나 사회 구조가 인간 생활과 사회 현상에 미치는 영향을 파악할 수 있음 • 사회 문제의 해결을 위한 정책을 마련하는 데 활용할 수 있음
탐구 방법	개인의 행동에 영향을 미치는 정치·경제·사회 제도 및 시민의 권리와 의무를 분석함

➕ 사회 제도

사회 구성원의 욕구를 충족하고 공동체의 문제를 해결하기 위해 만들어진 공식화된 절차 및 규범 체계를 말한다.
🔴 종교 제도, 교육 제도, 결혼 제도 등

➕ 사회 구조

한 사회에서 개인이 일정한 행동을 하도록 정형화된 사회적 관계의 틀을 말한다.

4. 윤리적 관점

의미	도덕적 가치를 기준으로 인간의 행위를 평가하고 사회 현상을 살펴보는 것
특징	• 인간의 도덕적 행위 기준을 설정하는 데 도움을 줌 • 바람직한 사회로 나아가기 위한 방향과 사회 규범을 정립하는 데 도움을 줌
탐구 방법	도덕적 가치 판단과 규범을 토대로 사회 현상을 분석함

2 통합적 관점의 필요성

개별적 관점의 한계를 토대로 통합적 관점이 필요한 이유를 파악해야 해요.

1. 개별적 관점의 한계

현대 사회의 사회 현상은 여러 요인이 복잡하게 얽혀 있고, 사실과 가치의 문제가 섞여 있다. 따라서 사회 문제를 특정한 관점으로만 분석하려 하면, 사회 현상을 깊이 있게 이해할 수 없고 적절한 대책을 세우기 어렵다.

2. 통합적 관점

의미	• 사회 현상을 탐구할 때 시간적·공간적·사회적·윤리적 관점을 함께 고려하여 통합적으로 살펴보는 것 • 개별 학문의 경계를 넘어 종합적으로 이해하는 것
필요성	• 복잡한 사회 현상의 원인이나 특징을 정확히 이해할 수 있음 • 사회 문제에 대한 다양하고 근본적인 해결 방안을 모색하고, 공동체의 삶을 개선할 수 있음 • 다양한 측면에서 사회 현상을 이해하기 때문에 인간과 사회에 대한 통찰력을 기를 수 있음

쏙쏙 이해 더하기 | **통합적 관점으로 본 기후 변화 문제**

• 기후 변화의 원인(시간적 관점)

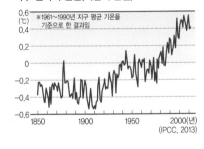

18세기 후반 산업 혁명 이후 산업화가 급속하게 진행되면서 인구가 증가하고 화석 연료의 사용이 증가하였다. 화석 연료의 사용은 온실가스의 과다 배출로 이어져 지구의 평균 기온을 상승시켰다.

◁ 지구의 평균 기온 변화

• 기후 변화에 따른 지역 변화(공간적 관점)

기온 상승으로 인한 기후 변화에 따른 피해가 전 세계 곳곳에서 발생하고 있다. 이상 기상 현상이 나타나고, 빙하 감소로 인한 해수면 상승으로 저지대가 침수되고 있으며, 기후 난민이 발생하고 있다.

◁ 기후 변화에 따른 지역 변화

• 기후 변화 문제 해결 방안(사회적 관점)

전 지구적인 기후 변화를 막기 위해 기후 변화 협약, 교토 의정서, 파리 협정(파리 기후 협약) 등 온실가스를 감축하기 위한 국제적 협약이 체결되고 있다. 특히 2015년에 체결된 파리 협정은 일부 선진국이 이탈하였던 교토 의정서와는 달리 195개 협약 당사국 모두가 온실가스 감축 의무를 지켜야 하는 구속력 있는 협정이다.

• 기후 변화의 책임(윤리적 관점)

인간의 이기심으로 인한 환경 파괴에 대한 성찰이 요구되고, 선진국과 개발 도상국 간 기후 변화의 책임에 대한 논의가 필요하다. 오래전부터 온실가스를 많이 배출해 온 선진국은 개발 도상국에 그 피해를 배상함으로써 기후 변화에 대한 책임을 다해야 한다.

📖 **꼼꼼 단어 돋보기**

● 기후 난민

지구 온난화 등 기후 변화로 인해 삶의 터전을 떠나야 하는 사람

행복의 의미와 기준

이번 단원에서는 시대와 지역에 따라 달라지는 행복의 기준을 파악하고, 진정한 행복의 의미를 학습합니다.

1 행복의 의미와 다양한 기준

1. 행복의 의미와 조건

의미	일상생활 속에서 충분한 만족감이나 기쁨을 느끼는 상태
조건	의식주, 교육 수준, 경제력, 사회적 지위와 같은 물질적 조건과 자아실현, 성취감, 가족과의 사랑, 우정 등 정신적 만족감이 조화를 이룰 때 행복이 충족됨

☆ 2. 시대에 따른 행복의 기준

선사 시대		• 생존을 위해 식량을 확보하고, 사나운 짐승이나 자연재해를 피해 안전하게 사는 것이 행복의 기준이 됨 • 행복은 '우연한 기회에 운 좋게 나에게 주어진 것'이라는 행운과 거의 같은 의미로 사용됨
고대	그리스 시대	• 철학을 통해 지혜와 덕을 얻는 것이 행복의 기준이 됨 • 이성을 잘 발휘해야 행복을 얻을 수 있다고 여김
	헬레니즘 시대	전쟁과 같은 위험에서 벗어나는 것, 철학적 성찰을 통해 마음의 평안을 얻는 것이 행복의 기준이 됨
중세		신앙을 통해 신으로부터 구원을 얻는 것이 행복의 기준이 됨
근대		• 산업화와 민주화를 겪으며 인간의 노력으로 행복을 성취할 수 있다고 여김 • 물질적인 풍요로움과 인간의 기본권을 보장받는 것이 행복의 기준이 됨
현대		• 의식주 해결과 같은 경제적 조건뿐만 아니라 일에 대한 성취감, 취미, 자아실현, 건강, 사회 복지, 인간관계 등 개인의 주관적 만족감 또한 중시됨 • 개인주의가 확산되면서 개인마다 느끼는 행복의 기준이 더욱 복잡하고 다양해짐

☆ 3. 지역 여건에 따른 행복의 기준

지역의 종교, 문화, 산업 등에 따라 행복의 기준이 달라질 수 있다는 것을 알아야 해요.

자연적 여건		• 기후나 지형 등 주어진 환경에 행복을 느낌 • 결핍된 환경 요소를 충족시켰을 때 행복을 느낌 ⑩ 물이 부족한 건조 기후 지역에서는 물을 확보하는 것이 행복의 기준이 될 수 있음
인문적 여건	경제적 여건	• 절대적 빈곤을 겪는 지역: 의식주 해결, 질병 없는 삶, 빈곤 탈출이 절실함 • 경제적으로 안정된 지역: 사회적 불평등 해소, 구성원들의 삶의 질 향상을 추구함
	정치적 여건	• 민족 및 정치적 갈등을 겪는 지역: 평화와 정치적 안정이 필요함 • 차별이나 구속이 있는 지역: 인간으로서의 자유와 평등을 추구함
	종교적 여건	• 종교적 영향이 큰 지역: 종교의 교리에 따라 살아가는 것을 중시함 • 종교의 자유가 억압된 곳: 종교의 자유 보장을 중시함

> **🔍 꼼꼼 단어 돋보기**
>
> ● 헬레니즘 시대
> 알렉산더 대왕의 동방 원정에서부터 로마가 지중해 세계를 정복할 때까지의 시기

★ 2 진정한 행복

1. 삶의 목적으로서의 행복과 진정한 행복

(1) 삶의 목적으로서의 행복

인간이 추구하는 가치나 목표는 다양하지만 모든 것이 결국 행복을 위한 수단임을 인식하고, 궁극적으로 추구하는 삶의 목적은 행복임을 알아야 한다.

(2) 진정한 행복

① 일시적으로 느끼는 감정이 아니라 지속적이고 정신적인 즐거움을 말한다.

② 오랜 기간에 걸쳐 삶 전체를 통해 느끼는 행복이다.

2. 진정한 행복의 실현 방안   진정한 행복을 실현하기 위한 방안에 대해 알아야 해요.

(1) 의미 있는 목표 추구와 삶에 대한 성찰적 태도

① 자신이 의미 있다고 생각하는 삶의 목표를 설정하고, 목표 달성을 위해 노력해야 한다.

② 타인의 삶과 비교하지 않고, 자기 삶에 대해 만족하고 성찰해야 한다.

(2) 물질적 조건과 정신적 만족감의 조화

자신의 물질적 욕구를 인정하면서도 절제하고, 정신적 만족감 또한 함께 추구해야 한다.

(3) 개인적·사회적 측면의 고려

개인의 주관적 만족감뿐만 아니라 사회 구성원으로서 누리는 다양한 측면에서의 사회적 여건도 함께 고려해야 한다.

3 동양과 서양의 행복론   동양과 서양의 행복의 기준을 구별할 수 있어야 해요.

1. 동양의 행복론

(1) 유교

하늘로부터 부여받은 도덕적 본성을 기르고, 다른 사람과 더불어 살아가며 인(仁)을 실천하는 것이 행복의 기준이 된다.

(2) 불교

① 불성⁺을 통해 '나'라는 의식을 벗어 버리기 위한 수행과 고통받는 중생을 구제하는 실천을 통해 해탈의 경지에 이르는 것이 행복의 기준이 된다.

② 석가모니: *생로병사의 괴로움에서 벗어나 해탈의 경지에 이르는 것이 행복의 기준이 된다.

(3) 도교

인위적인 삶이 아니라 타고난 본성과 자연 그대로의 모습으로 살아가는 무위자연(無爲自然)의 삶이 행복의 기준이 된다.

(4) 정약용

세속의 출세와 성공을 뜻하는 '열복(熱福)'뿐만 아니라 마음의 평화를 뜻하는 '청복(清福)'까지 누리는 것이 진정한 행복이다.

✚ 불성

부처의 성품을 의미하는 것으로, 불교에서는 모든 인간은 불성을 지녔다고 본다.

🔍 꼼꼼 단어 돋보기

● 생로병사

태어나고 늙고 병들고 죽는 인간의 네 가지 괴로움

2. 서양의 행복론

(1) 그리스 시대

아리스토텔레스는 "행복은 삶의 궁극적 목적이자 최고의 선이며, 참된 행복은 이성의 기능을 잘 발휘할 때 달성된다."라고 정의하였다.

(2) 헬레니즘 시대

① 에피쿠로스학파: 육체의 고통과 마음의 불안이 없는 상태를 행복으로 여겼다.
② 스토아학파: 자연의 질서에 따라 초연한 태도로 삶을 사는 것을 행복으로 여겼다.

(3) 근대

① 칸트: 도덕 법칙을 따르는 것은 인간의 의무이고, 의무를 다해야만 행복을 누릴 자격이 있다고 여겼으며, 자신의 처지에 만족하는 것이 행복이라고 여겼다.
② 벤담, 밀: 쾌락을 즐기는 것을 옳은 행위이자 최고의 행복이라고 여겼으며, '최대 다수에게 최대 행복'을 가져다 주는 행위를 중요시하였다.

쏙쏙 이해 더하기 　다양한 행복 측정 지수[+]

행복 관련 지수	조사 주체	주요 항목
세계 행복 지수	국제 연합(UN)	1인당 국내 총생산, 기대 수명, 사회적 지원, 관용 의식, 자신의 인생을 결정할 자유 등
더 나은 삶 지수	경제 협력 개발 기구 (OECD)	주거, 소득, 고용, 교육, 환경, 기대 수명, 시민 참여, 일과 삶의 균형, 삶의 만족도 등
국민 삶의 질 지표	대한민국 통계청	• 물질 부문: 주거, 소득·소비·자산, 고용·임금, 사회 복지 • 비물질 부문: 건강, 교육, 문화·여가, 가족·공동체, 시민 참여, 안전, 환경, 주관적 웰빙 등

최근의 행복 측정 지수들은 행복에 영향을 미친다고 판단되는 객관적 요소(소득, 주거, 교육, 고용, 수명 등)와 주관적 요소(인간관계, 삶의 만족도 등)를 종합적으로 고려하여 측정하고 있다.

[+] 다양한 행복 측정 지수
'긍정적 경험 지수, 인간 개발 지수(HDI), 어디서 태어날까 지수' 등 다양한 지수가 활용되고 있다.

03 행복한 삶을 실현하기 위한 조건

이번 단원에서는 행복한 삶을 실현하기 위해 질 높은 정주 환경, 경제적 안정, 민주주의의 발전 및 도덕적 실천이 필요함을 학습합니다.

⭐ 1 질 높은 정주 환경   정주 환경의 의미와 요건에 대해 정확히 알아야 해요.

1. 정주 환경의 의미와 필요성

의미	인간이 일정한 공간에 자리 잡고 살아가는 주거지와 주변 환경 등 일상생활의 전 영역
필요성	• 인간이 행복한 삶을 영위하고 의식주와 같은 기본적인 삶의 문제를 해결하기 위해 반드시 필요함 • 사람들이 살아온 역사를 담고 있는 공간은 인간의 행복과 밀접하게 관련되어 있음

2. 질 높은 정주 환경의 요건

자연환경	쾌적하고 깨끗한 자연환경이 있는 주거 환경
인문 환경	• 편리한 교통·통신 시설이 잘 갖추어진 곳 • 범죄율이 낮고 정치적으로 안정된 곳 • 높은 수준의 교육과 의료 혜택이 보장된 곳 • 문화·예술 공간 시설이 잘 갖추어진 곳

3. 질 높은 정주 환경 조성을 위한 방안

산업화 이전	자연환경에 순응하며 살아옴
산업화 이후	자연을 탐구하고 개발하여 삶의 질을 높이는 정주 환경을 만들기 위해 노력함
오늘날	국가가 살기 좋은 정주 환경을 만들기 위해 다양한 정책을 실시함[+] 예 (초기) 주택과 교통 시설, 문화 및 복지 시설 조성에 중점 → (최근) 인간과 자연의 공존을 위한 지속 가능한 환경 조성에 중점

[+] 질 높은 정주 환경 조성을 위한 국가의 노력

열악한 환경에서는 쾌적하고 인간다운 삶을 살기 어렵기 때문에 질 높은 정주 환경을 조성해야 한다. 오늘날 국가가 국민에게 질 높은 정주 환경을 제공하기 위해서는 국가의 부를 증대할 필요가 있다.

쏙쏙 이해 더하기   『택리지』에 나타난 정주 환경의 요건

> 사람이 살터를 정할 때 첫째는 지리(地理)가 좋아야 하고, 둘째는 생리(生利)가 좋아야 하며, 셋째는 인심(人心)이 좋아야 하고, 넷째는 산수(山水)가 좋아야 한다. 이 중 하나라도 모자라면 좋은 땅이라고 할 수 없다. 지리가 뛰어나도 생리가 부족하면 오래 살 수 없고, 생리가 좋아도 지리가 나쁘면 그 또한 오래 살 수 없다. 지리와 생리가 모두 좋아도 인심이 나쁘면 반드시 후회할 일이 생기고, 가까운 곳에 즐길 만한 산수가 없으면 마음을 풍요롭게 가꿀 수 없다.
>
> — 이중환, 『택리지』 —

조선 후기 실학자 이중환은 『택리지』에서 '가거지(可居地)', 즉 사람이 살 만한 곳의 네 가지 조건으로 풍수적으로 명당인지를 보는 '지리', 경제 활동의 여건이 유리한지를 보는 '생리', 지역의 인심과 풍속이 좋은지를 보는 '인심', 풍류를 즐길 만한 빼어난 경치가 있는지를 보는 '산수'를 꼽았다.

2 경제적 안정

1. 경제 성장과 경제적 안정의 필요성

(1) 경제 성장의 필요성

경제 성장을 통해 어느 수준 이상의 경제적·물리적 여건이 전제되어야 의식주와 같은 기본적인 삶의 질을 유지할 수 있다.

(2) 경제적 안정의 필요성

경제 성장을 통해 국민의 소득이 증가하더라도 경제 성장 과정에서 과도한 경쟁과 사회 양극화 등이 발생하기 때문에 국민의 삶의 질이 반드시 높아진다고 할 수 없다. 따라서 국가는 국민의 행복 증진을 위해 경제 성장뿐만 아니라 경제적 안정을 보장하기 위해 노력하여야 한다.

2. 경제적 안정의 요건

① 일자리를 확대하여 고용 안정을 이루고, 최저 임금제를 통해 일정 수준 이상의 소득을 보장해야 한다.

② 질병, 실직 등 경제적 어려움을 겪는 사람을 위해 사회 복지 제도를 확대해야 한다.
   > 예 실업 급여 제도, 사회 보험 등

③ 사회 구성원들이 상대적 박탈감을 느끼지 않도록 경제적 불평등을 해소해야 한다.

④ 맹자: "일반 백성은 항산이 있어야 항심이 있을 수 있다."

+ 항산과 항심
맹자는 항산(일정한 생업)이 없으면 그 때문에 항심(도덕적인 마음)을 가지지 못한다고 주장하였다. 즉, 경제적 안정이 궁극적으로 백성의 도덕성을 유지하기 위한 토대가 된다고 보았고, 통치자는 백성의 행복을 위해 기본적인 생업을 보장하여 경제적 안정을 이루게 해 주어야 한다고 하였다.

쏙쏙 이해 더하기 경제적 안정과 행복의 관계(이스털린의 역설)

물질적 조건은 인간이 행복할 수 있는 기본적인 삶의 조건이다. 경제 성장으로 국민 소득이 향상되면 의식주와 같은 인간의 기본적 욕구가 충족될 뿐만 아니라 교육, 의료 등의 사회적 조건과 문화생활을 누릴 수 있는 조건들이 잘 갖추어져 삶의 질이 높아진다. 그러나 제시된 그래프처럼 국민 소득이 어느 정도 이상이 되면 사람들이 느끼는 행복감은 소득에 비례하여 증가하지 않는다. 이를 '이스털린의 역설'이라고 한다.

이스털린은 행복과 소득은 관련이 있으나 소득이 어느 수준에 도달하여 기본적 욕구가 충족되면, 소득이 증가해도 행복에는 큰 영향을 미치지 않는다고 주장하였다. 또한 장기적으로 국가의 부가 증가하더라도 국민의 행복이 이에 비례하는 것은 아니라고 주장하였다.

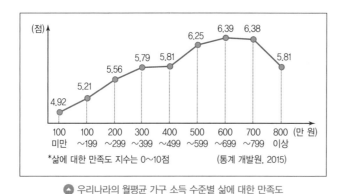

▲ 우리나라의 월평균 가구 소득 수준별 삶에 대한 만족도

3 민주주의의 실현

1. 민주주의 실현의 필요성
① 사회 구성원의 인권이 최대한 보장되어야 각자 원하는 삶을 살아가면서 행복을 느낄 수 있다.
② 사회 구성원의 정치 참여가 보장되고, 민주주의가 실현된 사회일수록 행복감이 높다.
③ 권력자의 권력 남용과 부패를 방지하고, 사회 구성원의 자유와 권리를 보장할 수 있다.

2. 민주주의 실현의 요건
① 민주적 제도⁺를 통해 시민의 의사를 적극적으로 정책에 반영해야 한다.
② 국가가 민주적 제도를 마련하는 것도 중요하지만, 시민이 선거 참여나 시민 단체 활동 등을 통해 적극적으로 정치에 참여해야 한다.

+ 민주적 제도
법치주의, 의회 제도, 권력 분립 제도, 선거 제도, 언론의 자유 보장 등이 있다.

4 도덕적 실천과 성찰⁺

1. 의미

도덕적 실천	삶의 전반적인 문제에 대해 도덕적으로 생각하고 느끼며 행동하는 것
도덕적 성찰	도덕적 측면에서 자신의 삶에 대해 반성하고 바로잡으며, 사회 문제에 대해 살피고 해결하려는 의지

+ 도덕적 실천과 성찰에 관한 명언
- 소크라테스: "성찰하지 않는 삶은 살 가치가 없다."
- 루소: "나는 인간의 마음이 맛볼 수 있는 가장 참된 행복이 선을 행하는 것임을 알고 있으며 또 그렇게 느낀다."

2. 도덕적 실천과 성찰의 필요성
① 바람직한 삶에 대한 성찰을 바탕으로 한 도덕적 실천이 중요하다.
② 공동체의 삶을 위해 도덕적 가치에 대한 합의와 실천이 필요하다.
③ 도덕적으로 더 나은 삶을 살게 되면 개인의 행복감이 증진되고, 더 나아가 타인의 행복 또한 추구하게 되어 사회 전체의 행복 수준도 높아진다.

☆ 3. 도덕적 실천과 성찰을 위한 방안   도덕적 실천을 위한 방안인 역지사지와 관용의 의미에 대해 정확히 알아야 해요.
① 선하게 살고자 하는 의지를 지녀야 하고, 자신만의 이익이나 욕망을 충족하기 위해 공동체에 해를 입히는 비도덕적 행위를 하고 있지 않은지 성찰해야 한다.
② 역지사지와 관용의 자세로 타인과 이웃에 대한 입장을 이해해야 한다.
③ 사회적 약자를 배려하기 위해 기부와 사회봉사 등에 참여하여 도덕적 삶을 실천할 수 있다.

🔍 꼼꼼 단어 돋보기

● **역지사지**
다른 사람의 처지나 입장에서 헤아려 보는 것

● **관용**
상대방의 서로 다른 사고방식이나 행동 등을 존중하는 태도

쏙딱 TEST

I

정답과 해설 2쪽

인간, 사회, 환경과 행복

01 인간, 사회, 환경을 바라보는 시각

02 행복의 의미와 기준

03 행복한 삶을 실현하기 위한 조건

📢 선생님이 알려 주는 **출제 경향**

그동안 시험에서는 행복의 의미와 행복한 삶을 위한 조건을 묻는 문제가 출제되었습니다. 사회 현상을 바라보는 통합적 관점, 행복의 기준과 의미를 상황에 맞게 구분하는 문제가 출제될 가능성이 매우 높습니다.

주제 1 인간, 사회, 환경을 바라보는 시각

01 다음 내용과 관련된 인간과 사회를 바라보는 관점에 해당하는 것은?

> 위치와 장소, 분포 양상과 형성 과정, 이동과 네트워크 등의 특징을 고려한다.

① 시간적 관점
② 공간적 관점
③ 사회적 관점
④ 윤리적 관점

02 윤리적 관점에 대한 설명으로 옳지 <u>않은</u> 것은?

① 개별적 관점의 유형이다.
② 사회가 나아가야 할 바람직한 방향을 제시한다.
③ 여러 관점으로 사회 현상을 종합적으로 살펴본다.
④ 도덕적 가치를 기준으로 인간과 사회 현상을 살펴보는 관점이다.

03 사회 현상을 사회적 관점에서 바라보는 방법으로 가장 적절한 것은?

① 규범이나 가치 등을 고려한다.
② 시대적 배경과 맥락을 고려한다.
③ 사회 제도 및 사회 구조를 살펴본다.
④ 사회 현상의 공간적 특수성을 살펴본다.

[04~06] 다음 글을 읽고 물음에 답하시오.

(가) 남태평양에 있는 섬나라는 해수면의 상승으로 국토가 잠길 위기에 처해 있다. 이는 산업 혁명 이후 산업화가 급속하게 진행되면서 온실가스가 과도하게 배출되어 지구의 평균 기온을 상승시켰기 때문이다.

〈지구의 평균 기온 변화〉

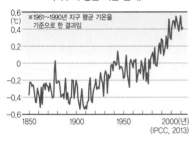

(나) 남태평양 섬나라의 정상들은 선진국들의 더욱 적극적인 대처를 요구하고 있다. 기후 변화에 대한 책임이 오래전부터 온실가스를 많이 배출해 온 선진국에게 있다는 입장이다.

04 (가)에서 사회 문제를 바라보는 관점은?

① 윤리적 관점
② 시간적 관점
③ 공간적 관점
④ 사회적 관점

05 (나)에서 사회 문제를 바라보는 관점은?

① 윤리적 관점
② 시간적 관점
③ 공간적 관점
④ 사회적 관점

06 (가), (나)를 통해 환경 문제를 해결하기 위한 가장 바람직한 방안은?

① 사회적 관점으로 해결한다.
② 공간적 관점으로 해결한다.
③ 개별적 관점을 통해 해결한다.
④ 통합적 관점에서 해결 방안을 찾는다.

07 다음 내용에 대한 설명으로 옳은 것은?

에티오피아는 커피의 원산지이다. 이곳에서 시작된 커피는 6세기경에 술이 금지된 이슬람 국가에 빠른 속도로 퍼져 나갔고, 이후 17세기부터 본격적으로 유럽 각지로 확산되었다. 지금은 전 세계적으로 커피를 마시는 문화가 자리 잡고 있다.

① 윤리적 관점에서 커피 생산 과정을 연구하였다.
② 사회적 관점에서 커피 문화에 대해 연구하였다.
③ 시간적 관점에서 커피의 확산 과정을 연구하였다.
④ 공간적 관점에서 커피의 확산 배경을 연구하였다.

08 다음 지도를 통해 알 수 있는 기후 변화를 바라보는 관점은?

〈기후 변화에 따른 지역 변화〉

① 윤리적 관점
② 시간적 관점
③ 공간적 관점
④ 사회적 관점

빠른 정답 체크

01 ②   02 ③   03 ③   04 ②   05 ①   06 ④   07 ③
08 ③

09 사회 현상을 통합적 관점에서 바라보는 방법으로 가장 적절한 것은?

① 자연환경과 인문 환경을 통해 연구하기
② 개별 학문의 경계를 넘어 종합적으로 이해하기
③ 규범이나 가치 등을 고려하여 사회 현상 살펴보기
④ 사회 구조적 영향력을 고려하여 사회 현상 살펴보기

10 다음 질문을 통해 알 수 있는 사회를 바라보는 관점의 특징으로 옳은 것은?

〈아동 노동 실태 조사를 위한 질문 목록〉

• 인권 침해 여부의 판단 기준은?
• 모든 국가가 보장해야 하는 보편적 인권이란 존재하는가?

① 지역 간 차이를 파악할 수 있다.
② 과거를 통해 현재를 이해할 수 있다.
③ 다양한 관점에서 사회 문제를 바라본다.
④ 사회 문제의 원인을 규범적 관점에서 바라본다.

11 사회 현상을 바라볼 때 시간적 관점이 필요한 사례를 〈보기〉에서 고른 것은?

보기
ㄱ. 산업화에 따른 인구 증가율
ㄴ. 개발 도상국의 아동 노동 문제
ㄷ. 정보화에 따른 인터넷 보급률
ㄹ. 질병 연구를 위한 유전자 조작 문제

① ㄱ, ㄴ　　　　　② ㄱ, ㄷ
③ ㄴ, ㄷ　　　　　④ ㄴ, ㄹ

12 다음 밑줄 친 부분에서 알 수 있는 사회 현상을 바라보는 관점은?

화장터 건설 예정 지역 주민들이 자치 단체와 심한 갈등을 빚고 있다. 화장터 건설 예정 지역이 주민 주거지와 2㎞밖에 떨어져 있지 않아 반대하는 것이다. 이에 대해 ○○시 측은 유해 물질이 나오더라도 거리가 2㎞ 떨어져 있을 때에는 거의 영향을 주지 않는다고 주장하고 있다.

① 윤리적 관점
② 시간적 관점
③ 공간적 관점
④ 사회적 관점

주목
13 우리나라의 고령화 현상에 대한 관점으로 옳지 <u>않은</u> 것은?

① 사회적 관점: 고령화에 따라 청장년층의 사회 복지 부담이 증가할 것이다.
② 공간적 관점: 고령화의 정도가 도시와 농촌이라는 지역 차이에 따라 다르게 나타난다.
③ 윤리적 관점: 1960년대 이후 산업화 과정에서 산아 제한 정책이 추진되고, 평균 수명이 증가하면서 고령화가 진행되었다.
④ 통합적 관점: 고령화 현상과 같은 복잡한 사회 현상은 다각적인 관점에서 문제를 해결해야 한다.

14 다음 (가), (나)에 대한 설명으로 옳은 것은?

> (가) 경제적으로 안정된 지역에 사는 사람들은 충분한 여가를 누릴 때 행복하다고 느낀다.
> (나) 경제적으로 빈곤한 지역에 사는 사람들은 굶지 않을 때 가장 행복하다고 느낀다.

① (나)의 모습은 주로 선진국에서 볼 수 있다.
② (나)의 사람들은 행복의 기준이 삶의 질이다.
③ (가)의 사람들은 행복의 기준이 빈곤 탈출이다.
④ (가), (나)를 통해 행복의 기준이 지역에 따라 다름을 알 수 있다.

주목
15 행복에 대한 설명으로 옳지 않은 것은?

① 궁극적인 삶의 목적은 행복이다.
② 의식주의 해결은 행복의 공통된 기준이다.
③ 행복의 기준은 시대나 지역에 따라 다르게 나타나기도 한다.
④ 진정한 행복은 소득, 고용 등과 같은 객관적 기준의 충족으로만 실현된다.

16 각 시대별 행복론을 순서대로 바르게 나열한 것은?

> (가) 이성의 기능을 잘 발휘할 때 행복이 달성된다.
> (나) 신앙을 통해 완전한 존재인 신과 하나가 되는 것이 행복이다.
> (다) 사나운 짐승이나 자연재해를 피해 안전하게 사는 것이 행복이다.
> (라) 물질적인 풍요로움과 인간의 기본권을 보장받는 것이 행복이다.

① (가) – (나) – (다) – (라)
② (나) – (가) – (다) – (라)
③ (다) – (가) – (나) – (라)
④ (다) – (나) – (가) – (라)

17 다음과 같은 행복론이 중시된 시대는?

> 경제적 조건뿐만 아니라 일에 대한 성취감, 자아실현, 건강 등 개인의 주관적 만족감 또한 행복의 기준이 된다.

① 고대   ② 중세
③ 근대   ④ 현대

주목
18 진정한 행복의 실현 방안으로 옳지 않은 것은?

① 주관적 만족감을 고려해야 한다.
② 의미 있는 목표를 추구해야 한다.
③ 물질적 욕구를 인정하지 않고 절제해야 한다.
④ 다양한 측면의 사회적 여건도 중시해야 한다.

19 다음 사례를 통해 추론할 수 있는 내용으로 가장 적절한 것은?

> 대기업에 다니던 A씨는 직장 생활 10년 만에 사직서를 내고, 어릴 때부터 배우고 싶었던 제빵 기술을 배우며 아르바이트를 하고 있다. 직장을 다니던 때에 비해 소득이 현저히 낮지만 하고 싶은 일을 하고 있어 행복하다고 느낀다.

① 행복은 저절로 주어지는 것이다.
② 행복의 조건은 물질적인 것이다.
③ 행복은 직장 생활에서 찾을 수 없는 것이다.
④ 행복의 기준으로 개인이 느끼는 주관적 만족감이 중요하다.

빠른 정답 체크

| 09 ② | 10 ④ | 11 ② | 12 ③ | 13 ③ | 14 ④ | 15 ④ |
| 16 ③ | 17 ④ | 18 ③ | 19 ④ | | | |

20 다음은 사람들이 무엇에서 행복을 느끼는지를 알아보기 위한 빅 데이터(Big Data) 자료이다. 이를 바탕으로 유추할 수 있는 내용으로 적절한 것은?

① 중국은 공동체 속에서 행복을 찾고 있다.
② 중국은 미국에 비해 행복의 기준이 다양하다.
③ 국가별로 사상이나 가치가 달라 빅 데이터 결과가 다르다.
④ 부의 추구는 두 국가가 가장 추구하는 공통 요소이다.

주목
21 동양의 행복론 중 유교에서 바라보는 행복의 기준은?

① 인(仁)을 실천하는 것
② 해탈의 경지에 이르는 것
③ 무위자연의 삶을 사는 것
④ 출세와 성공을 위한 삶을 사는 것

22 동양의 행복론 중에서 다음과 같은 내용에 해당하는 사상은?

> 생로병사의 괴로움에서 벗어난 해탈의 경지에 이르는 것이 행복이다.

① 도교　　　　　　② 유교
③ 불교　　　　　　④ 경교

23 다음과 같은 내용을 주장한 서양의 사상가는?

> 도덕 법칙을 따르는 것이 인간의 의무이며, 의무를 다해야만 행복을 누릴 수 있다.

① 밀　　　　　　② 칸트
③ 벤담　　　　　④ 아리스토텔레스

24 서양의 행복론 중 에피쿠로스학파에서 주장하는 행복의 기준은?

① 자신의 처지에 만족하는 것
② 이성의 기능을 잘 발휘하는 것
③ 자연의 질서에 따라 삶을 사는 것
④ 육체의 고통과 마음의 불안이 없는 상태

[25~26] 다음 표를 보고 물음에 답하시오.

행복의 조건	구체적인 실현 방법
질 높은 정주 환경	(가)
민주주의의 실현	정치 과정에 시민의 의사 반영
경제적 안정	(나)
도덕적 실천과 성찰	바람직한 도덕적 가치에 대한 합의

주목

25 (가)에 들어갈 내용으로 옳은 것은?

① 고용 안정
② 의식주 해결
③ 쾌적한 주거 환경
④ 사회 복지 제도 마련

26 (나)에 들어갈 내용으로 옳은 것을 〈보기〉에서 고른 것은?

보기

ㄱ. 경제 성장
ㄴ. 의식주 해결
ㄷ. 최저 임금제 실시
ㄹ. 문화 공간 시설 조성

① ㄱ, ㄴ, ㄷ
② ㄱ, ㄴ, ㄹ
③ ㄱ, ㄷ, ㄹ
④ ㄴ, ㄷ, ㄹ

27 다음 일기의 내용과 관련 있는 행복의 조건으로 옳은 것은?

> 2023년 ○○월 ○○일 ○요일 날씨 맑음
> 길을 가다가 휴대 전화를 주웠는데, 바쁜 일정이 있었지만 경찰서에 직접 가서 신고했다. 다행히 휴대 전화의 주인을 찾을 수 있게 되어서 오늘 하루 행복했다.

① 도덕적 실천
② 민주주의의 실현
③ 경제적 불안 해소
④ 질 높은 정주 환경

빠른 정답 체크

20 ③   21 ①   22 ③   23 ②   24 ④   25 ③   26 ①
27 ①

28 다음 표에 대한 분석으로 가장 적절한 것은?

국가	세계 민주주의 지수 순위	세계 행복 지수 순위
노르웨이	1위	4위
아이슬란드	2위	3위
스웨덴	3위	10위
뉴질랜드	4위	8위
덴마크	5위	1위
스위스	6위	2위
캐나다	7위	6위
핀란드	8위	5위

① 민주주의와 행복은 관계가 없다.
② 주로 독재 국가에서 행복 지수가 높게 나타난다.
③ 대체로 민주주의 지수 순위가 높을수록 행복 지수도 높다.
④ 시민들이 활발하게 정치에 참여하면 갈등이 증가하기 때문에 행복 지수가 낮아진다.

29 인간다운 삶을 위한 경제적 측면의 조건으로 가장 적절한 것은? 　　　　　　　　　　2019년 2회

① 맑은 물과 공기
② 안정적 소득 보장
③ 민주적인 정치 제도
④ 정신적 안정과 행복감

[30~32] 다음 글을 읽고 물음에 답하시오.

국제 연합(UN)이 발표한 「세계 행복 보고서」에서 2년 연속 행복 지수 1위를 차지한 나라는 덴마크이다. 세계에서 가장 행복한 나라의 국민이 말하는 행복의 이유를 물어보았다. 답변으로는 ㉠ 교육과 의료 등의 무료 서비스, ㉡ 정부와 정치인에 대한 믿음, ㉢ 행복한 사회를 만들기 위해 자신이 무엇을 할 수 있을지 찾고 실천하기 등이 있었다.

30 ㉠에 해당하는 행복의 조건으로 옳은 것은?

① 경제적 안정
② 도덕적 실천
③ 민주주의의 실현
④ 질 높은 정주 환경

31 ㉡에 해당하는 행복의 조건으로 옳은 것은?

① 경제 성장
② 경제적 안정
③ 도덕적 실천
④ 민주주의의 실현

32 행복의 조건 중 ㉢에 대한 설명으로 옳지 않은 것은?

① 도덕적 실천에 해당한다.
② 스스로 성찰하고 행동하는 것이다.
③ 공동체보다 개인을 중시하는 태도이다.
④ 사회 문제에 대해 살피려는 의지를 말한다.

[33~35] 다음 글을 읽고 물음에 답하시오.

민주주의의 실현은 사회 구성원이 행복한 삶을 살아가는 데 필요한 기본적인 조건이다. 민주주의가 실현되려면 ㉠ 민주적 제도가 보장되어야 하고, ㉡ 시민이 적극적으로 정치에 참여해야 한다.

33 위의 글을 통해 유추할 수 있는 내용은?

① 민주주의와 행복감은 관련이 없다.
② 민주주의란 국민을 통제하기 위한 제도이다.
③ 민주적 제도만 보장되면 민주주의는 실현된다.
④ 사회 구성원의 정치 참여가 보장된 사회일수록 행복감이 높다.

34 ㉠에 해당하지 <u>않는</u> 제도는?

① 의회 제도
② 선거 제도
③ 사회 복지 제도
④ 권력 분립 제도

35 ㉡에 해당하는 방법을 〈보기〉에서 고른 것은?

보기

ㄱ. 선거 참여 ㄴ. 법률 제정
ㄷ. 정책 집행 ㄹ. 시민 단체 활동

① ㄱ, ㄴ ② ㄱ, ㄹ
③ ㄴ, ㄷ ④ ㄷ, ㄹ

36 다음 빈칸에 들어갈 내용을 바르게 나열한 것은?

모두가 행복해지기 위해서는 사회 구성원들이 바람직한 도덕적 가치에 대해 합의하고, 이를 행동에 옮기는 (㉠)이/가 이루어져야 한다. 그리고 타인의 삶에 관심을 가지고 타인과 이웃에 대한 입장을 이해하려는 (㉡)이/가 필요하다.

	㉠	㉡
①	도덕적 사고	도덕적 실천
②	관용적 태도	공감적 태도
③	도덕적 실천	관용적 태도
④	도덕적 실천	도덕적 사고

37 행복한 삶을 위한 조건으로 적절하지 <u>않은</u> 것은?

2021년 1회

① 질 높은 정주 환경
② 시민 참여가 제한된 사회
③ 삶의 질을 유지할 수 있는 경제적 안정
④ 바람직한 삶에 대한 성찰을 바탕으로 한 도덕적 실천

빠른 정답 체크

28 ③	29 ②	30 ④	31 ④	32 ③	33 ④	34 ③
35 ②	36 ③	37 ②				

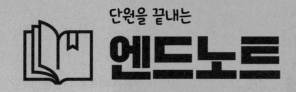

단원을 끝내는
엔드노트

---

01 인간, 사회, 환경을 바라보는 시각

1 인간, 사회, 환경을 바라보는 개별적 관점

시간적 관점	시대적 배경과 맥락을 고려하여 사회 현상을 살펴보는 것
공간적 관점	공간적 특성을 고려하여 인간 생활과 사회 현상을 살펴보는 것
사회적 관점	사회 제도 및 사회 구조를 고려하여 사회 현상을 살펴보는 것
윤리적 관점	도덕적 가치를 기준으로 인간의 행위를 평가하고 사회 현상을 살펴보는 것

2 통합적 관점

의미	시간적·공간적·사회적·윤리적 관점을 함께 고려하여 사회 현상을 통합적으로 살펴보는 것
필요성	사회 문제에 대한 다양하고 근본적인 해결 방안을 모색하고, 공동체의 삶을 개선할 수 있음

---

02 행복의 의미와 기준

1 행복의 의미

일상생활 속에서 충분한 만족감이나 기쁨을 느끼는 상태

2 시대에 따른 행복의 기준

선사 시대		생존을 위한 식량 확보, 사나운 짐승이나 자연재해를 피해 안전하게 사는 것
고대	그리스 시대	철학을 통해 지혜와 덕을 얻는 것, 이성을 잘 발휘하는 것
	헬레니즘 시대	전쟁과 같은 위험에서 벗어나는 것, 철학적 성찰을 통해 마음의 평안을 얻는 것
중세		신앙을 통해 신으로부터 구원을 얻는 것
근대		물질적인 풍요로움과 인간의 기본권을 보장받는 것
현대		경제적 조건뿐만 아니라 개인의 주관적 만족감 또한 중시되고, 행복의 기준이 더욱 복잡해지고 다양해짐

3 지역 여건에 따른 행복의 기준

자연적 여건	기후나 지형 등 주어진 환경에 따라 달라짐 예 건조 기후 지역에서는 물을 확보하는 것
인문적 여건	종교, 문화, 산업 등에 따라 행복의 기준이 달라짐 예 분쟁 지역에서는 평화와 정치적 안정을 달성하는 것, 종교적 영향이 큰 지역에서는 종교의 교리에 따라 살아가는 것

4 삶의 목적으로서의 행복과 진정한 행복

삶의 목적으로서의 행복	인간이 추구하는 가치나 목표는 다양하지만 모든 것이 결국 행복을 위한 수단임을 인식하고, 궁극적으로 추구하는 삶의 목적은 행복임을 알아야 함
진정한 행복의 실현 방안	의미 있는 목표 추구와 삶에 대한 성찰적 태도, 물질적 조건과 정신적 만족감의 조화, 개인적·사회적 측면의 고려

03 행복한 삶을 실현하기 위한 조건

1 질 높은 정주 환경

정주 환경의 의미	인간이 살아가는 주거지와 주변 환경 등 일상생활의 전 영역
질 높은 정주 환경	쾌적하고 깨끗한 자연환경이 있는 곳, 인문 환경이 잘 갖추어진 곳

2 경제적 안정

필요성	• 어느 수준 이상의 경제적·물리적 여건이 전제되어야 기본적인 삶의 질을 유지할 수 있음 • 소득이 증가하더라도 삶의 질이 반드시 높다고 할 수 없음
요건	일자리 확대를 통한 고용 안정, 최저 임금제를 통한 소득 보장, 사회 복지 제도 확대, 경제적 불평등 해소

3 민주주의의 실현

필요성	• 인권이 최대한 보장되어야 행복을 느낄 수 있음 • 민주주의가 실현된 사회일수록 행복감이 높음
요건	민주적 제도 마련, 시민의 적극적인 정치 참여

4 도덕적 실천과 성찰

도덕적 실천	삶의 문제에 대해 도덕적으로 생각하고 느끼며 행동하는 것
도덕적 성찰	도덕적 측면에서 자신의 삶에 대해 반성하고, 사회 문제에 대해 살피고 해결하려는 의지
필요성	• 도덕적으로 더 나은 삶을 살게 되면 개인의 행복감이 증진됨 • 타인의 행복을 추구하게 되면 개인의 행복감이 증진되고, 더 나아가 사회 전체의 행복 수준도 높아짐
방안	선하게 살고자 하는 의지 및 역지사지와 관용의 자세 지니기

 단원을 닫으며 이번 단원에서는 이전 교육과정과는 다른 새로운 개념이 등장하는 만큼 꼼꼼하게 살펴보아야 합니다. 특히 인간과 사회, 환경을 바라보는 네 가지 관점을 반드시 구분할 수 있어야 합니다.

자연환경과 인간

01 자연환경과 인간 생활

이번 단원에서는 자연환경이 인간 생활에 미치는 영향과 인간의 삶을 위협하는 자연재해의 종류와 대응, 안전하고 쾌적한 환경 속에서 살아갈 시민의 권리에 관해 학습합니다.

1 자연환경과 인간 생활

1. 자연환경이 인간 생활에 미치는 영향
① 인간은 자연환경에 순응하여 살아가기도 하고, 자연환경의 제약을 극복하고 적절하게 이용하기도 한다.
② 기후, 지형 등의 자연환경에 적응하면서 인간의 •생활 양식은 다양하게 나타난다.
③ 자연환경은 인간의 삶의 터전으로 인간은 자연으로부터 생활에 필요한 것들을 얻는다.

2. 오늘날 자연환경과 인간 생활의 관계
① 과학 기술의 발달로 인간이 살아가는 데 있어서 자연환경의 제약이 줄어들고, 인간이 거주할 수 있는 지역은 더욱 확대되고 있다.
② 오늘날에는 기후에 적응하는 전통적인 의식주 문화가 점점 사라지고, 현대적인 생활 양식이 보편화되고 있다.

2 기후와 인간 생활 　기후가 인간 생활에 미치는 영향에 대해 알아야 해요.

1. 세계의 기후
(1) 기후의 특성
① 기온과 강수 특성 등 기후 요소⁺에 따라 정해진다.
② 기후 요소는 위도, 해발 고도, 수륙 분포 등 여러 기후 요인⁺의 영향을 받는다.

(2) 세계의 기후 구분⁺
저위도에서 고위도로 갈수록 열대, 건조, 온대, 냉대, 한대 기후 순으로 나타난다.

열대 기후	적도 부근으로 연중 기온이 높고 강수량이 많아 인간 거주에 불리함
건조 기후	강수량이 적어 인간 거주에 불리함
온대 기후	계절의 변화가 뚜렷하고 기온이 온화해 인간 거주에 유리함
냉대 기후	겨울이 길고 추우며 기온의 연교차가 큼. 인간 거주에 유리함
한대 기후	극 주변으로 겨울이 매우 길고 몹시 추워 인간 거주에 불리함

➕ 기후 요소
기후를 구성하고 있는 개별적 요소를 말한다. **예** 기온, 강수량, 바람 등

➕ 기후 요인
기후 요소에 영향을 미쳐 기후의 차이를 가져오는 요인을 말한다.
- 위도: 저위도에서 고위도로 갈수록 기온이 낮아짐
- 해발 고도: 해발 고도가 높을수록 기온이 낮아짐
- 수륙 분포: 대륙의 영향을 많이 받는 지역은 연교차가 큰 대륙성 기후, 해양의 영향을 많이 받는 지역은 연교차가 작은 해양성 기후가 나타남
- 지형: 일반적으로 산지는 평지보다 강수량이 많음

➕ 세계의 기후 구분
지구가 둥근 형태이기 때문에 위도별로 받는 태양 에너지의 양이 다르다. 이로 인해 저위도, 중위도, 고위도로 갈수록 다양한 기후가 나타난다.

🔍 꼼꼼 단어 돋보기

● 생활 양식
사회나 집단이 공통적으로 갖고 있는 생활에 대한 인식이나 생활하는 방식

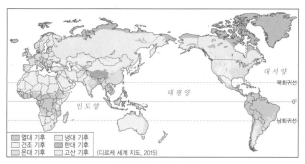

● 세계의 기후 구분

⭐ 2. 기후에 따른 생활 양식

(1) 열대 기후 지역

의생활	얇고 간편한 옷차림이나 헐렁한 옷을 입음
식생활	• 음식이 쉽게 상하기 때문에 기름에 볶거나 튀기고, *향신료를 많이 사용함 • 농업: 플랜테이션(예 커피, 카카오, 바나나, 사탕수수 등), 이동식 경작(예 카사바, 얌 등)
주생활	• 통풍이 잘 되도록 큰 창문 등이 특징인 개방적 가옥 구조가 나타남 • 강수량이 많기 때문에 지붕의 경사가 급함 • 열기와 해충을 피하기 위해 고상 가옥을 지음

➕ 플랜테이션
유럽 등 선진국의 자본과 현지 원주민의 노동력·토지를 결합하여 대규모로 재배하는 상업적 농업 방식이다.

➕ 이동식 경작
토양이 척박하여 주기적으로 이동하며 불을 질러 토양을 비옥하게 만든 후 작물을 재배하는 농업 방식이다.

(2) 건조 기후 지역

의생활	강한 햇빛과 모래바람을 막기 위해 온몸을 감싸는 헐렁한 옷을 입음
식생활	• 물을 구하기 쉬운 오아시스 주변에서 밀이나 대추야자를 재배함 • 농업: 관개 시설을 이용한 *관개 농업, 목축업이 발달함
주생활	• 강수량이 적기 때문에 지붕이 평평하고, 두꺼운 벽과 작은 창문으로 이루어진 흙벽돌집을 지음 • 유목을 하기 때문에 이동식 가옥을 지음 예 몽골의 게르

➕ 온대 기후 지역
인간 생활에 유리한 기후로, 계절 변화에 적응하는 생활 양식이 발달하였다.

(3) 온대 기후 지역[+]

온대 계절풍 기후	• 여름철(고온 다습), 겨울철(한랭 건조) • 계절풍의 영향으로 여름철에 강수량이 많기 때문에 벼농사가 발달함 → 쌀을 이용한 음식 문화 발달
서안 해양성 기후	• 연중 온난 습윤: 비가 자주 내리기 때문에 비옷을 자주 입음 • 밀 농사와 가축 사육 등 혼합 농업이 발달함
지중해성 기후	• 여름철(고온 건조): 포도, 올리브 등을 재배하는 수목 농업 발달, 강한 햇빛을 차단하기 위해 창문을 작게 만들고 외벽을 하얗게 칠함 • 겨울철(온난 습윤): 밀 재배

● 열대 기후 지역의 고상 가옥

● 건조 기후 지역의 흙벽돌집

● 지중해성 기후 지역의 흰색 가옥

▲ 세계의 주요 쌀 생산 국가

▲ 온대 기후 지역의 구분

벼농사는 여름철 기온이 높고 강수량이 많은 아시아의 온대 계절풍 기후 지역이나 동남아시아 및 남부 아시아의 열대 계절풍 기후 지역에서 주로 이루어진다. 해당 지역의 대표 음식에는 베트남의 쌀국수, 인도네시아의 나시 고렝 등이 있다.

(4) 냉대 기후[+] 지역

의생활· 식생활	계절의 변화가 나타나 더위와 추위에 적응할 수 있는 생활 모습이 나타남
주생활	• 구하기 쉬운 침엽수를 이용한 통나무집을 지음 • 폐쇄적 가옥 구조와 난방 시설이 발달함 • 임업이 발달함

[+] 냉대 기후
최한월 평균 기온이 –3℃ 미만이고, 최난월 평균 기온이 10℃ 이상인 기후이다.

(5) 한대 기후 지역

의생활	동물의 털과 가죽을 이용한 두꺼운 옷을 입음
식생활	• 지방과 비타민 섭취를 위해 열량이 높은 육류나 날고기를 먹음 • 식량이 부족한 경우를 대비하기 위해 저장 음식이 발달함 • 농경이 불가능하기 때문에 순록 유목이나 수렵 생활, 어업 생활을 함
주생활	• 추위를 막기 위한 폐쇄적인 가옥 구조가 발달함 • 구하기 쉬운 눈과 얼음을 이용하여 집을 지음 • 지표가 녹아 붕괴되는 것을 방지하기 위해 고상 가옥을 지음

(6) 고산 기후 지역[+]

해발 고도가 높기 때문에 연중 봄과 같이 온화한 기후가 나타나 인간 거주에 유리하다.

[+] 고산 기후 지역의 의생활
일교차가 크고 햇빛이 강해 챙이 긴 모자를 쓰고 생활하는 경우가 많다.

쏙쏙 **이해 더하기**	불리한 기후 환경을 극복하는 방식

사막에 조성된 원형 경작지	해수 담수화 시설
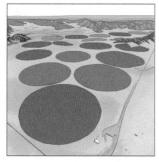	
강수량이 적은 사막 지역에서는 스프링클러라는 인공 관개 시설을 설치하여 대규모 관개 농업을 실시하고 있다.	강수량이 부족한 건조 기후 지역에서는 바닷물에서 염분을 제거하여 담수로 만드는 해수 담수화 시설을 설치하여 물을 확보하고 있다.

건조 기후 지역에서는 관개 시설을 이용하여 물을 확보하거나, 태양광 에너지 발전소를 세워 불리한 기후 조건을 극복하고 있다.

3 지형과 인간 생활 　지형이 인간 생활에 미치는 영향에 대해 알아야 해요.

1. 다양한 지형이 인간 생활에 미치는 영향

(1) 지형의 종류

　산지, 평야, 하천, 해안, 사막, 화산, 빙하, •카르스트 지형 등이 있다.

(2) 지형이 인간 생활에 미치는 영향

① **지형과 교통:** 높은 산지나 사막(❹ 히말라야산맥, 사하라 사막 등)은 교통의 장애가 되고, 하천은 교통로로 이용되기도 한다.

② **지형과 산업:** 산지에서는 임업과 광업, •초지가 발달한 지역에서는 목축업, 하천 주변의 평야 지역에서는 농업, 해안 지역에서는 어업과 공업, 화산·빙하·카르스트 지형에서는 독특한 자연 경관을 이용한 관광 산업이 발달하였다.

　❹ 아이슬란드의 간헐천, 노르웨이의 피오르, 베트남 하롱 베이의 탑 카르스트 등

☆ 2. 지형에 따른 생활 양식

(1) 산지 지형

특징	해발 고도가 높아 교통의 장애가 되기 때문에 인간 거주에 불리함
주민 생활	• 감자, 옥수수 등을 재배하는 밭농사가 발달함 • 각종 임산 자원을 채취하는 임업이 발달함 • 초지가 발달한 고산 지대에서 가축을 사육하기도 함 • 저위도 지역 중 해발 고도가 높은 지역에서는 온화한 고산 기후가 나타나기 때문에 고산 도시가 발달함

＋ 고산 도시

해발 고도가 높은 지역에 발달한 도시로, 특히 적도 부근의 고산 지대는 연중 온화한 고산 기후가 나타나므로 고온 다습한 저지대에 비해 인간 생활에 유리하다.

❹ 에콰도르의 키토, 볼리비아의 라파스 등

꼼꼼 단어 돋보기

● **카르스트 지형**

석회암의 주성분인 탄산칼슘이 이산화 탄소를 포함한 빗물이나 지하수에 녹아서 나타나는 지형

● **초지**

풀이 나 있는 땅

오늘날 이용 방식	• 지하자원을 이용한 광업이 발달함 • 수려한 경관을 이용한 관광 산업이 발달함 • 급한 경사를 이용하여 수력 발전소를 세우기도 함

(2) 평야 지형

특징	해발 고도가 낮고 지형이 평탄하여 인간 거주와 농경에 유리함 → 인간의 삶의 터전
주민 생활	• 벼농사, 밀농사 등 다양한 농업이 발달함 • 대하천 주변의 평야 지대에 많은 사람이 거주함 　⑩ 양쯔강, 갠지스강, 라인강 등
오늘날 이용 방식	교통로를 건설하여 많은 인구가 모이고, 산업 단지와 도시가 발달함

(3) 해안 지형

특징	육지와 바다가 만나는 지역으로, 교역에 유리하기 때문에 인간 거주에 유리함
주민 생활	• 전통적으로 어업이 발달함 • 조차가 크고 수심이 얕은 곳에서는 갯벌⁺을 이용한 양식업이 발달함 • 넓은 평야가 있는 해안은 농업이 발달하기도 함
오늘날 이용 방식	• 조차를 이용하여 조력 발전소를 세우기도 함 • 모래 해안(해수욕장), 갯벌 등을 이용한 관광 산업이 발달함 • 대규모 항구와 산업 단지가 조성됨

✛ 갯벌

조수 간만의 차에 의해 운반된 모래나 점토질이 잔잔한 바닷가에 쌓여 형성된 평탄한 지형으로, 밀물 때는 바닷물에 잠기고 썰물 때는 물 밖으로 드러난다.

(4) 화산 지형

지열 발전소를 세워 에너지를 생산하기도 하고, 온천과 같은 지형을 이용한 관광 산업이 발달하였다.

쏙쏙 이해 더하기 　지형을 활용한 산업

아이슬란드의 온천과 지열 발전소	베트남 하롱 베이의 탑 카르스트

화산 지대의 지형을 이용하여 지열 발전소를 세워 에너지를 생산하고 있다.	석회암 지대인 카르스트 지형은 독특하고 수려한 자연 경관이 나타나기 때문에 세계적인 관광지로 이용된다.

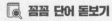

꼼꼼 단어 돋보기

● 조차
밀물과 썰물 때의 해수면 높이의 차이

4 인간의 삶과 자연재해 자연재해가 인간 생활에 미치는 영향에 대해 알아야 해요.

1. 자연재해

(1) 자연재해의 의미

기상 변화, 지각 변동 등 자연환경이 인간과 인간 생활에 피해를 입히는 현상을 말한다.

예 지진, 가뭄, 홍수, 폭설, 열대 저기압 등

(2) 자연재해로 인한 피해

① 발생 시기를 정확히 예측할 수 없기 때문에 발생 시 인간의 생활 공간이 파괴되고 인명 및 재산 피해가 매우 크다.

② 피해 복구에 많은 비용과 시간이 소요된다.

2. 자연재해의 종류

(1) 지형과 관련된 자연재해(지질 재해)

➕ 지질 재해

지질 재해가 일어나는 지역은 주로 환태평양 조산대와 알프스─히말라야 조산대와 같이 지각 운동이 활발히 일어나는 곳과 일치한다.

화산 활동	의미	지하의 마그마가 지각을 뚫고 나와 분출하는 현상
	피해	• 용암, 화산 가스 등의 분출로 촌락·농경지를 파괴하고 구조물을 매몰시킴 • 대기로 올라간 화산재가 햇빛을 차단하거나, 멀리까지 이동하여 항공기 운항에 지장을 주기도 함
지진	의미	땅이 흔들리거나 갈라지는 현상
	피해	• 짧은 시간 동안 넓은 지역에 큰 피해를 입힘 • 건물, 도로, 통신망이 붕괴되고, 막대한 인명 피해가 발생함
지진 해일 (쓰나미)	의미	지진이나 화산 활동이 바다 밑에서 일어나 바닷물이 육지까지 밀려오는 현상
	피해	발생 지점으로부터 수천km 떨어진 곳까지 인명 피해와 각종 시설의 침수 등 재산상의 막대한 피해를 입힘

(2) 기후와 관련된 자연재해(기상 재해)

홍수	많은 비로 인해 농경지 침수, 인명·재산 피해가 발생함
가뭄	오랜 기간 동안 비가 오지 않아 농작물 수확량 감소, 각종 용수 부족, 사막화 촉진과 같은 피해를 입힘
열대 저기압	• 열대 해상에서 발생하는 저기압으로, 강한 바람과 많은 비를 동반하여 풍수해(홍수·해일 유발)와 막대한 인명·재산 피해를 입힘 • 명칭: 태풍, 사이클론, 허리케인 등으로 불림
폭설	한꺼번에 많은 눈이 집중해서 내려 교통마비, 구조물 붕괴를 유발함

3. 안전하고 쾌적한 환경에서 살아갈 시민의 권리

(1) 시민의 권리 보장

헌법과 「재난 및 안전관리 기본법」, 「자연재해대책법」, 「국민 안전교육 진흥 기본법」 등의 법률을 통해 국민의 생명권, 안전권, 환경권, 재산권 등을 법적으로 보장하고 있다.

(2) 안전하고 쾌적한 환경에서 살아가기 위한 노력

개인적 차원	• 재해 대비 및 안전 교육에 적극적으로 참여해야 함 • 국민 스스로 안전에 대한 권리를 인식하여 국가에 안전 조치를 요청하고, 피해 발생 시 신속한 복구와 보상을 요청해야 함 • 재해 발생 시 국가의 행동 요령에 따르고, 공동체의 빠른 복구를 위해 함께 노력하려는 시민 의식이 필요함
국가적 차원	• 자연재해에 대한 정확한 예측이 어렵기 때문에 평상시에 조기 예보 체계 및 대피 훈련 체계를 마련함 • 지진 피해를 막기 위한 ●내진 설계를 의무화함 • 자연재해 발생 지역을 특별 재난 지역으로 지정함 • ●스마트 재난 관리 시스템을 구축함 • 재해 발생 시 신속한 복구 체계 및 적절한 마련하고 피해 보상 대책을 마련함

🗐 자료 스크랩　　**시민의 안전권과 관련된 법**

• **헌법 제34조 ⑥** 국가는 재해를 예방하고 그 위험으로부터 국민을 보호하기 위하여 노력하여야 한다.
• **「재난 및 안전관리 기본법」 제1조** 이 법은 각종 재난으로부터 국토를 보존하고 국민의 생명·신체 및 재산을 보호하기 위하여 국가와 지방 자치 단체의 재난 및 안전 관리 체제를 확립하고, 재난의 예방·대비·대응·복구와 안전 문화 활동, 그 밖에 재난 및 안전 관리에 필요한 사항을 규정함을 목적으로 한다.

🔍 꼼꼼 단어 돋보기

● **내진 설계**
지진에 견딜 수 있도록 건축물의 기초를 설계하는 방식

● **스마트 재난 관리 시스템**
기상 정보, 교통 정보, 119 신고 내용 등 기관이나 부서별로 관리되는 영상 정보, 통계 정보 등 각종 재난 정보를 통합하고 연계한 재난 정보 통합 시스템

02 인간과 자연의 관계

이번 단원에서는 자연에 대한 인간의 다양한 관점을 이해하고, 인간과 자연의 바람직한 관계에 대해 학습합니다.

1 자연을 바라보는 다양한 관점 인간 중심주의와 생태 중심주의의 의미와 특징에 대해 알아야 해요.

★ 1. 인간 중심주의 자연관

의미	자연을 인간의 이익을 위해 이용해야 할 대상으로 보고, 오직 인간만이 •본래적 가치를 지니고 있는 존재로 바라보는 관점	
특징	이분법적 관점+	• 인간과 자연을 분리하여 바라보는 관점 • 인간은 자연보다 우월하고 고귀한 존재이며, 자연으로부터 독립된 존재라고 여김
	도구적 자연관	• 자연의 도구적 가치를 이용하여 인간의 욕구나 행복을 충족시킴 • 자연을 목적이 아닌 수단으로 이용함 • 자연을 이용하여 발생하는 환경 문제는 어쩔 수 없는 부분으로 여김
의의	인간이 풍요롭게 살아갈 수 있도록 자연을 개발하고 과학 기술을 발전시켜 경제 성장을 이루는 데 도움을 줌	
한계점	• 자연의 본래적 가치를 인정하지 않고 도구로 이용하기 때문에 자연을 훼손하고 정복 대상으로만 여김 • 자원 고갈, 환경 오염, 생태계 파괴 등 많은 환경 문제를 초래함	

+ **이분법적 관점**
베이컨과 데카르트 등은 모든 존재를 정신과 물질로 구분하였다. 이러한 이분법적 관점에 따르면 자연은 정신 혹은 영혼이 없는 단순한 물질에 불과하기 때문에 인간이 마음대로 이용하고 지배할 수 있는 대상이 된다.

> **쏙쏙 이해 더하기**   인간 중심주의 자연관의 대표 사상가

아리스토텔레스	"식물은 동물의 생존을 위해서, 동물은 인간을 위해서 존재한다. …… 자연은 일정한 목적이나 의도를 위한 것이라는 우리의 믿음이 타당하다면, 그것은 다름 아닌 인간을 위한 것임에 틀림없다."
베이컨	"방황하고 있는 자연을 사냥해서 노예로 만들어 인간의 이익에 봉사하도록 해야 한다."
데카르트	"우리는 자연의 주인이자 소유자가 될 수 있다. 인간은 정신을 소유한 존엄한 존재이지만, 자연은 의식이 없는 물질이다."

★ 2. 생태 중심주의 자연관

의미	자연의 본래적·내재적 가치를 인정하고 인간의 이익보다 자연의 존재를 더 중요시 여기는 관점
특징	• 전일론적 관점: 인간을 포함한 자연 전체를 하나로 바라보는 관점 → 인간을 비롯한 모든 생명체는 자연을 구성하는 한 부분으로, 인간은 자연보다 우월한 존재가 아님 • 인간과 자연은 서로 조화와 균형을 이루어야 한다고 주장함 • 생태계 전체를 도구가 아닌 도덕적 존재로 여김 • 인간은 자연 전체에 대한 도덕적 의무를 지님

+ **전일론적 관점**
자연은 인간, 동물, 환경 등과 같은 다양한 구성원이 유기적으로 엮여 있는 생태계이므로 인간은 자연과 독립적으로 존재할 수 없다고 본다.

📖 **꼼꼼 단어 돋보기**

● **본래적 가치**
다른 어떤 것의 수단이기 때문이 아니라, 그 자체가 목적이기 때문에 갖는 가치

의의	인간을 자연의 한 구성원으로 바라보기 때문에 인간과 자연의 공존 방법과 환경 문제의 해결 방안을 찾는 데 도움을 줌
한계점	• 생태계 보호를 위해 인간의 모든 활동을 허용할 수 없다는 입장이기 때문에 비현실적임 • 개별 생명체보다 전체 생태계의 이익을 중시하는 환경 파시즘으로 흐를 가능성이 있음

> **쏙쏙 이해 더하기**   레오폴드의 대지 윤리
>
> 바람직한 대지 이용을 오직 경제적 문제로만 생각하지 마라. 낱낱의 물음을 경제적으로 무엇이 유리한가 하는 관점뿐만 아니라 윤리적, 심미적으로 무엇이 옳은가의 관점에서도 검토하라. 생명 공동체의 통합성과 안정성 그리고 아름다움의 보전에 이바지한다면, 그것은 옳다. 그렇지 않다면 그르다.
>
>   – 레오폴드, 「모래 군의 열두 달」 –
>
> 생태 중심주의 사상가인 레오폴드는 공동체의 범위를 식물, 동물, 토양, 물을 포함하는 대지로 확대시키는 대지 윤리를 주장한다. 대지 윤리는 대지를 지배와 이용의 대상으로 간주하는 인간 중심주의와 달리 공동체로 존중할 것을 강조한다.

2 인간과 자연의 관계   인간과 자연의 관계 변화 흐름에 대해 알아야 해요.

1. 인간과 자연의 관계 변화

과거	자연을 두려워하였기 때문에 자연에 순응하면서 살아옴
산업화 이후	자연을 이용과 지배의 대상으로 인식하였고, 과학 기술의 중요성을 강조하면서 자연을 적극적으로 이용하고 개발하려고 함
오늘날	• 환경 문제가 사회적 문제로 등장하면서 환경친화적 삶을 강조하기 시작함 • 인간과 자연은 서로 영향을 주고받는 관계라고 여김

▲ 인간과 자연의 관계 변화

2. 인간과 자연의 바람직한 관계

① 인간은 자연의 일부로서 자연과 유기적으로 밀접한 관계를 맺으며 생태계의 구성원으로서 살아가고 있다.

② 인간과 자연은 서로 대립하거나 한쪽이 우위를 차지하는 관계가 아니라 공존하는 관계이다.

③ 모든 생명체의 가치를 존중하고, 자연을 소중히 여겨 보존해 나가야 한다.

> **꼼꼼 단어 돋보기**
>
> ● 환경 파시즘
> 생태계 전체를 위해 개별 생명체는 희생할 수 있다고 바라보는 극단적 생태 중심주의적 입장
>
> ● 유기적 관계
> 전체를 구성하고 있는 각 부분이 서로 밀접하게 관련이 있어 떼어낼 수 없는 관계

3. 동양의 자연관

유교	만물은 본래적 가치를 지니며, 인간과 자연이 조화를 이루는 *천인합일(天人合一)의 경지를 지향함
불교	*연기를 깨닫고, 모든 생명을 소중히 여기며 자비를 베풀 것을 강조함
도교	무위자연을 추구하며 자연의 한 부분인 인간과 자연은 조화를 이루어야 한다고 강조함

☆ 4. 인간과 자연의 공존 방안[+]

개인적 차원	• 환경친화적 가치관을 지녀야 함 • *과학 기술 만능주의를 경계해야 함 • 동양의 자연관을 계승하여 인간과 자연의 조화를 이룸 • 미래 세대와 생태계 전체를 고려하는 생태 공동체 의식을 정립함
사회적 차원	• 인간과 자연의 공존, 생태계 복원을 위해 *지속 가능한 발전을 위한 정책을 마련함 • 각종 정책: 생태 도시 및 슬로 시티 지정, 생태 통로 건설, 갯벌 복원 및 하천 생태계 복원 사업, 멸종 위기종 복원 사업, 자연 휴식년제 도입 등

📄 자료 스크랩 인간과 자연의 공존 방안

경기도 ○○시는 환경부가 주관한 수자원 생태 복원 우수 사례에서 A 하천 복원 사업이 환경부 장관상을 수상했다고 밝혔다. ○○시는 99억 2,900만 원을 들여 생활 하수 방지 공사, 수질 오염 개선 사업, 천변 공원화 사업 등을 벌여 A 하천을 생태 하천으로 복원했다. 환경부는 경기도 ○○시가 생활 하수로 오염된 A 하천을 꽃밭 가꾸기, 벽화 만들기 등 다양한 시민 참여 프로그램과 수질 개선 사업을 통해 생태 하천으로 복원한 점을 높게 평가했다. 실제 A 하천은 하천 수질 등급이 2~3급수로 개선되고, 붕어와 피라미 등은 물론 조류와 양서 파충류 생태계가 복원되었다.

— ○○신문, 2013. 12. 18. —

위의 기사는 산업화 과정에서 생태계가 파괴되기도 하지만, 인간에 의해 파괴된 생태계의 복원을 위한 노력이 시도되고 있음을 보여 준다. 즉, 자연을 인간의 개발 대상이 아니라 인간과 함께 공존해야 할 대상으로 인식하고 있음을 알 수 있다.

[+] 인간과 자연의 공존을 위한 정책

• 생태 도시: 인간과 자연환경이 조화를 이루며 공생할 수 있는 체계를 갖춘 지속 가능한 도시
• 슬로 시티(Slowcity): 공해 없는 자연 속에서 전통문화와 자연을 잘 보호하면서 느림의 삶을 추구하는 국제 운동
• 생태 통로: 야생 동물의 이동을 돕기 위하여 설치되는 인공 구조물 또는 식생과 같은 생태적 공간
• 자연 휴식년제: 생태계를 보존하기 위해 훼손의 우려가 있는 지역을 일정 기간 동안 사람들이 출입하지 못하도록 통제하는 제도

🔍 꼼꼼 단어 돋보기

● 천인합일
하늘과 인간이 하나로 일치하는 유교의 이상적 경지

● 연기
모든 존재와 현상이 무수한 원인과 조건에 의해 생겨난다는 불교의 교리

● 과학 기술 만능주의
환경 문제를 비롯하여 모든 문제를 과학 기술로 해결할 수 있다는 입장

● 지속 가능한 발전
경제 성장과 환경 보호를 함께 추구하는 발전

03 환경 문제의 해결을 위한 노력

이번 단원에서는 환경 문제의 종류와 특징, 환경 문제 해결을 위한 다양한 방안을 학습합니다.

1 오늘날의 환경 문제
환경 문제의 원인과 종류에 대해 알아야 해요.

1. 환경 문제의 원인
① 세계적으로 인구가 급속하게 증가하고 생활 수준이 향상되면서 자원의 소비량이 증가하였다.
② 산업의 발달에 따른 자원의 소비량과 폐기물의 양이 증가하면서 오염 물질이 과다하게 배출되어 생태계를 위협하는 수준에 이르렀다.

2. 환경 문제의 특징
① 이미 지구의 자정 능력이 한계를 넘어섰기 때문에 환경 오염으로 인한 피해를 복구하는 데 오랜 시간과 많은 비용이 필요하다.
② 환경 오염으로 인한 피해가 환경 문제가 발생한 지역뿐만 아니라 국경을 넘어 전 지구에 광범위하게 영향을 미친다.

☆ 2 환경 문제의 종류

1. 지구 온난화

의미	온실가스의 농도가 증가하여 지구의 평균 기온이 상승하는 현상
원인	• 석탄, 석유 등 화석 연료의 사용으로 이산화 탄소, 메탄 등 온실가스 배출량이 증가하면서 온실 효과가 발생함 • 열대림과 같은 삼림이 파괴되어 산소 공급이 줄어듦
피해	• 극지방이나 고산 지대의 빙하가 감소하였고, 해수면 상승에 따른 해안 저지대의 침수나 홍수 피해가 증가함 • 이상 기후와 홍수, 가뭄 등의 자연재해가 증가함 • 사막화가 촉진되고, 동식물의 서식지가 파괴됨 • 농작물의 북한계선이 북상하여 작물 재배 지역의 변화가 나타남 • 해충이나 질병의 발생률이 증가함
대책	기후 변화 협약(1992), 교토 의정서(1997), 파리 협정(파리 기후 협약, 2015)[+] 등 체결

2. 사막화

의미	건조 및 반건조 지역에서 토양이 황폐해지면서 점차 사막으로 변하는 현상
원인	• 자연적 원인: 극심한 가뭄, 기후 변화 등 • 인위적 원인: 지나친 경작과 목축, 무분별한 삼림 채벌 등

✚ 파리 협정(파리 기후 협약, 2015)
기존의 교토 의정서는 선진국에게만 온실가스 감축 의무를 부여했지만, 파리 협정(파리 기후 협약)에서는 개발도상국에게도 온실가스 감축 의무를 부여하였다. 파리 협정은 유엔 기후 변화 협약 195개 당사국 모두가 참여하여 2021년을 시작으로 2050년까지 지구촌 온실가스 배출량을 '0'으로 만들겠다는 것을 목표로 한다. 이 협약에 따라 우리나라도 2030년까지 온실가스 배출량을 37% 감축한다는 목표를 내세우고 있다.

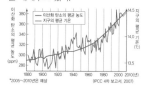
🔺 지구의 평균 기온 변화

🔍 꼼꼼 단어 돋보기

● 자정 능력
자연환경이 시간이 흐름에 따라 스스로 오염 정도를 낮추고 정화하는 능력

피해	• 농경지 감소로 식량이 부족해지면서 기아와 질병이 발생함 • 황사 현상이 더욱 심화됨 • 각종 물 부족 문제가 발생함
대책	사막화 방지 협약(1994) 체결

🔺 사막화 지역⁺

3. 황사

의미	주로 봄철에 중국, 몽골의 사막 지대에서 발생한 미세한 모래 먼지가 편서풍을 타고 날아오는 현상
피해	농작물 피해, 호흡기 및 눈 질환 발생, 자동차나 항공기 운항 차질, 미세 먼지가 정밀 기기 제작에 악영향

4. 오존층 파괴

원인	프레온 가스(염화 플루오린화 탄소, CFCs⁺)의 사용 증가로 오존층⁺이 파괴됨
피해	• 자외선 투과량의 증가로 피부암·백내장 발병률이 증가함 • 식물 성장을 방해하여 농산물 생산량이 감소함
대책	몬트리올 의정서(1987) 채택

5. 열대림 파괴 및 생물 다양성 감소

원인	무분별한 삼림 자원 개발 및 농경지 확대, 과도한 목축으로 인해 열대림이 파괴됨 예 '지구의 허파'로 불리는 아마존강 일대의 열대림 파괴
피해	• 삼림 감소에 따른 동식물의 서식지 파괴로 생물 종 다양성이 감소함 • 열대림 감소로 인해 지구 온난화가 가속됨
대책	생물 다양성 협약(1992) 체결

6. 산성비

의미	pH 5.6 미만의 강한 산성을 띠는 비
원인	화석 연료 사용 시 배출되는 오염 물질이 비와 함께 섞여 내리기 때문임
피해	• 건축물과 조각상이 부식되고, 삼림·호수·토양이 산성화됨 • 오염 물질이 편서풍을 타고 이동하기 때문에 오염 물질 발생 지역과 피해 지역이 일치하지 않음

➕ 사헬 지대

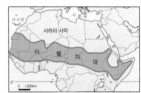

아랍어로 '가장자리' 또는 '변두리'를 뜻하는 단어로 아프리카 북부 사하라 사막과 중부 사바나 기후 지역 사이에 위치한 대표적인 사막화 지역이다.

➕ 염화 플루오린화 탄소(CFCs)

염소와 불소를 포함한 유기 화합물을 총칭하는 것으로, 프레온 가스로 알려져 있다. 주로 냉장고나 에어컨 등의 냉매제, 발포제, 분사제, 단열재, 전기 제품의 정밀 부품 세척제 등으로 사용된다.

➕ 오존층

지상에서 20~25km 상공에 있는 오존을 많이 포함하고 있는 대기층을 말한다. 오존층은 태양으로부터 오는 자외선을 흡수·차단하는 여과 장치로, 지구 생명체를 보호하는 역할을 한다.

3 환경 문제의 해결 방안 환경 문제 해결을 위한 정부, 기업, 시민 단체, 개인의 역할에 대해 알아야 해요.

☆1. 국가적 차원

(1) 국가 간 환경 협약 체결

지구 온난화 방지	기후 변화 협약(1992), 교토 의정서(1997), 파리 협정(2015) 등 체결
오존층 파괴 방지	몬트리올 의정서 체결(1987)
사막화 방지	사막화 방지 협약 체결(1994)
생물 종 보호	생물 다양성 협약 체결(1992)
기타	국제적 습지 보호(람사르 협약), 산성비 문제 해결(소피아 의정서), 국가 간 유해 폐기물 이동 통제(바젤 협약) 등

런던 협약
1972년, 폐기물 투기에 의한 해양 오염 방지

국제 연합 인간 환경 회의
1972년, 인간 환경 선언을 발표함 환경 문제의 국제적 논의를 시작함

교토 의정서
1997년, 기후 변화 협약에 따른 온실가스 감축 목표치 규정

사막화 방지 협약
1994년, 심각한 가뭄 및 사막화의 영향을 받는 국가들의 사막화 방지

빈(비엔나) 협약
1985년, 오존층 파괴 물질의 규제

몬트리올 의정서
1987년, 오존층 파괴 물질의 생산 및 사용을 단계적으로 감축

워싱턴 협약
1973년, 멸종 위기에 처한 야생 동식물의 국제 거래 규제

바젤 협약
1989년, 유해 폐기물의 국가 간 이동 및 처리를 통제함

람사르 협약
1971년, 물새 서식지로서 국제적으로 중요한 습지 보호

기후 변화 협약
1992년, 지구 온난화를 방지하기 위하여 온실가스 감축에 대해 합의

생물 다양성 협약
1992년, 지속 가능한 생태계 유지

국제 연합 환경 개발 회의
1992년, 환경적으로 건전하고 지속 가능한 발전을 위하여 '의제 21' 채택

파리 협정
2015년, 선진국뿐만 아니라 개발 도상국에도 온실가스 감축 의무 부여

⬆ 주요 국제 환경 협약

(2) 환경 관련 정책 마련

친환경 산업 육성 정책	• 녹색 기술이나 친환경 제품을 개발하는 저탄소 녹색 산업을 육성함 • 신·재생 에너지(청정에너지)의 개발과 보급에 힘씀 • 탄소 성적 표지 제도 및 에너지 소비 효율 등급 표시 제도를 실시함
환경 오염 예방 정책⁺	• 온실가스 배출권 거래 제도를 실시함 • 환경 영향 평가 제도를 실시함 • 환경 보호에 힘쓰는 사업자에게는 국가 보조금을 지급함 • 오염 물질을 배출하는 사업자에게는 부담금을 부과함 • 「환경정책기본법」, 「자연환경보전법」 등의 법률을 제정함 • 기업과 시민을 대상으로 환경 정책과 관련된 실천 방안을 홍보함

(3) 생태 도시 육성

의미	인간과 자연이 공존할 수 있는 친환경적이며 지속 가능한 도시
필요성	자원 절약, 오염 물질 배출 최소화 등으로 도시 생태계를 보호하고, 환경 오염을 줄여 주민들의 삶의 질을 높일 수 있음 ⑩ 전남 순천만, 제주특별자치도 서귀포시, 울산 태화강 등

➕ 환경 오염 예방 정책
• 온실가스 배출권 거래 제도: 정부가 기업의 온실가스 배출량을 정해 주고, 기업이 남거나 부족한 경우 기업 간에 온실가스 배출 허용량을 사고팔 수 있도록 하는 제도
• 환경 영향 평가 제도: 건설이나 개발 등의 사업 계획을 수립하려고 할 때, 사업이 환경에 미치게 될 영향을 미리 조사·예측·평가하여 환경 보전 방안을 강구하는 제도
• 「환경정책기본법」: 환경 보호와 관련하여 국민의 권리와 의무, 국가의 책무를 밝히고, 환경 정책의 기본 사항을 규정한 법률

🔍 꼼꼼 단어 돋보기

● 신·재생 에너지
기존의 화석 연료를 변환하여 이용하거나 햇빛, 물, 바람 등 재생 가능한 에너지를 변환하여 이용하는 에너지

● 탄소 성적 표지 제도
제품에 이산화 탄소의 배출량을 부착하는 제도

- **브라질 쿠리치바**: 세계 최초로 원통형 버스 정거장과 버스 전용 차선을 운영하여 교통 체증 및 대기 오염 문제를 해결하였다.
- **스웨덴 예테보리**: 자연에서 얻은 에너지를 사용하여 탄소 제로 도시에 도전하고 있다.
- **독일 프라이부르크**: 태양 에너지 사용, 바람길 조성, 에너지 절약형 주택 보급 등 다양한 환경 정책을 시행하고 있다.

2. 기업의 역할

① 환경 오염을 최소화하려는 기업 윤리와 사회적 책임 의식을 가져야 한다.
② 환경 오염 물질을 최소화하기 위해 오염 물질 방지 시설을 마련해야 한다.
③ 환경친화적 기술(청정 기술)을 개발하고 친환경 상품을 생산한다.
④ 폐기물을 재활용하고 신·재생 에너지를 사용한다.
⑤ 에너지 효율이 높은 제품을 생산하는 시설을 도입하여 제품을 생산한다.

3. 시민 단체의 역할

① 환경 문제를 쟁점화시키고 해결하는 과정에서 정부, 기업, 시민의 참여를 이끌어낸다.
② 정부의 환경 정책 수립과 시행 과정을 비판하고 감시한다.
③ 기업이 환경 윤리를 준수하는지 감시한다.
④ 시민을 대상으로 환경 보호 실천 방안을 교육한다.
⑤ 환경 보호 캠페인 등과 같은 환경 운동, 서명 운동 등을 실시한다.

★4. 개인적 차원

(1) 개인 역할의 의의

많은 환경 문제는 일상생활과 관련이 있기 때문에 개인은 자신의 일상적인 행동이 환경에 영향을 크게 미침을 인식하고 적극적으로 환경 보호에 힘써야 한다.

(2) 일상생활에서의 실천 방안

① 환경친화적인 제품을 구매하는 등 녹색 소비를 실천한다.
② 쓰레기 분리 배출, 일회용품 사용하지 않기, 재사용과 재활용하기 등을 실천한다.
③ 대중교통을 이용하거나 사용하지 않는 플러그 뽑기 등으로 에너지 절약을 일상화한다.
④ 시민 단체 활동이나 환경 관련 정책에 적극적으로 참여한다.

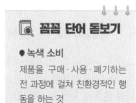

🔍 **꼼꼼 단어 돋보기**

● **녹색 소비**
제품을 구매·사용·폐기하는 전 과정에 걸쳐 친환경적인 행동을 하는 것

이론 쏙! 핵심 딱!

쏙딱 TEST

II 자연환경과 인간

정답과 해설 **6쪽**

📢 선생님이 알려 주는 **출제 경향**

그동안 시험에서는 세계의 기후와 그에 따른 생활 양식, 자연재해의 종류, 생태 중심주의 자연관, 환경 문제의 종류와 관련된 국제 협약에 관한 문제가 자주 출제되었습니다.

01 저위도에서 고위도로 가면서 나타나는 기후를 순서대로 옳게 나열한 것은?

ㄱ. 열대 기후	ㄴ. 한대 기후
ㄷ. 냉대 기후	ㄹ. 온대 기후

① ㄱ – ㄷ – ㄴ – ㄹ

② ㄱ – ㄹ – ㄷ – ㄴ

③ ㄴ – ㄹ – ㄷ – ㄱ

④ ㄹ – ㄱ – ㄴ – ㄷ

[02~04] 다음 그림을 보고 물음에 답하시오.

      (가)   (나)

02 (가)에서 나타나는 기후는?

① 열대 기후   ② 건조 기후

③ 온대 기후   ④ 냉대 기후

03 (나)에서 볼 수 있는 문화 경관으로 옳은 것은?

① 털옷을 입는다.

② 주로 음식을 튀겨 먹는다.

③ 순록을 유목하는 생활을 한다.

④ 오아시스 농업으로 대추야자를 재배한다.

04 (가), (나)의 지붕의 경사 모습이 <u>다른</u> 이유는?

① 기온의 차이

② 적설량의 차이

③ 강수량의 차이

④ 바람의 세기 차이

05 다음과 같은 음식 문화가 발달한 지역의 기후 특징을 〈보기〉에서 고른 것은?

> • 한국의 쌀밥
> • 베트남의 쌀국수
> • 인도네시아의 나시 고렝

> 보기
> ㄱ. 계절풍이 부는 지역
> ㄴ. 강수량이 적은 지역
> ㄷ. 일 년 내내 봄과 같은 기후
> ㄹ. 여름철 강수량이 풍부한 지역

① ㄱ, ㄴ   ② ㄱ, ㄹ
③ ㄴ, ㄷ   ④ ㄴ, ㄹ

06 다음에 공통적으로 영향을 준 요소는?   2015년 2회

> • 포도, 올리브 등의 수목 농업 발달
> • 태양광·태양열 발전 등의 신·재생 에너지 산업 발달

① 높은 습도
② 강한 바람
③ 큰 연교차
④ 풍부한 일조량

07 다음과 같은 기후가 나타나는 지역의 경관으로 가장 적절한 것은?   2016년 1회

> • 최한월 평균 기온이 −3℃ 미만이다.
> • 겨울이 길고 추운 반면, 여름은 짧고 더운 대륙성 기후로 기온의 연교차가 크다.

① 울창한 침엽수림
② 오렌지 재배 농장
③ 개방적인 전통 가옥
④ 사막을 걸어가는 낙타

08 한대 기후 지역의 음식 문화에 대한 설명으로 옳은 것은?

① 향신료를 많이 사용한다.
② 주로 밀로 만든 음식을 먹는다.
③ 돼지고기와 소고기를 먹지 않는다.
④ 열량이 높은 육류 위주의 음식을 먹는다.

09 다음 밑줄 친 지역의 특징으로 옳은 것은?

> 해발 고도가 높은 산지 지역에 발달한 도시로 일 년 내내 봄과 같은 날씨가 나타나므로 저지대에 비해 인간 생활에 유리하다.

① 관개 농업이 나타난다.
② 고산 도시가 나타난다.
③ 수목 농업이 발달한다.
④ 석유 자원을 개발하고 있다.

10 다음 글을 통해 알 수 있는 사실로 가장 적절한 것은?

> 서남아시아 지역에서는 해수 담수화 시설을 건설하여 물 부족 문제를 해결하고 있다.

① 자연환경은 인간 생활의 토대이다.
② 자연환경에 따라 문화 경관이 다르다.
③ 인간은 자연환경에 순응하며 살아간다.
④ 인간은 자연환경의 제약을 극복하기도 한다.

빠른 정답 체크

01 ②   02 ①   03 ④   04 ③   05 ②   06 ④   07 ①
08 ④   09 ②   10 ④

주목

11 지형과 인간 생활에 대한 설명으로 옳지 <u>않은</u> 것은?

① 높은 산지는 교통의 장애가 된다.
② 카르스트 지형은 관광 자원으로 이용되고 있다.
③ 화산 지형에서는 조력 발전소가 세워지기도 한다.
④ 오늘날 인간이 거주할 수 있는 지역이 확대되고 있다.

12 다음 지형을 이용한 인간의 생활 방식으로 적절한 것은?

① 에너지를 생산한다.
② 관광 산업에 이용한다.
③ 교통의 중심지로 이용한다.
④ 농경지로 개간하여 활용한다.

주목

13 다음 자연재해에 대한 설명으로 옳은 것은?

① 기후 변화에 의한 자연재해에 해당한다.
② 용암이나 화산재로 인한 피해가 발생한다.
③ 우리나라에서는 발생하지 않는 자연재해이다.
④ 조산대 지역에서 주로 발생하는 자연재해이다.

[14~15] 다음 글을 읽고 물음에 답하시오.

기후, 지형 등의 자연환경이 인간과 인간 생활에 피해를 입히는 현상을 말한다.

14 위의 글에서 설명하는 용어로 옳은 것은?

① 자연재해
② 환경 오염
③ 환경 파시즘
④ 생태계 파괴

15 위의 글에서 설명하는 용어에 대한 설명으로 옳은 것은?

① 발생 시기를 정확히 예측할 수 있다.
② 평상시 대비를 해도 피해를 줄일 수 없다.
③ 피해 복구에 많은 비용과 시간이 소요된다.
④ 오늘날 과학 기술의 발전으로 완전히 극복되었다.

16 기후적인 요인에 의해 발생하는 자연재해가 <u>아닌</u> 것은?

2013년 1회

① 홍수　　② 가뭄
③ 지진　　④ 태풍

17 다음에서 설명하는 자연재해는?

2012년 1회

• 지각판 경계 부근에서 주로 발생한다.
• 산사태, 건물 및 도로 붕괴 등의 현상이 나타난다.
• 바다에서 발생할 경우 쓰나미를 일으키기도 한다.

① 지진　　② 태풍
③ 가뭄　　④ 홍수

18 다음과 같은 피해를 주는 자연재해는? 　　2016년 2회

- 강풍에 의한 창문 파손
- 집중 호우에 의한 하천 범람

① 지진　　　　　　② 가뭄
③ 태풍　　　　　　④ 황사

19 다음의 헌법 조항을 통해 보장하려고 하는 시민의 권리로 옳은 것은?

제34조 ⑥ 국가는 재해를 예방하고 그 위험으로부터 국민을 보호하기 위하여 노력하여야 한다.

① 문화권　　　　　② 주거권
③ 안전권　　　　　④ 평등권

20 자연재해에 대한 국가적 차원의 역할을 〈보기〉에서 고른 것은?

보기
ㄱ. 내진 설계를 의무화한다.
ㄴ. 안전에 대한 권리를 인식한다.
ㄷ. 재난 대응 훈련에 적극적으로 참여한다.
ㄹ. 「자연재해대책법」 등의 법률을 제정한다.

① ㄱ, ㄴ　　　　　② ㄱ, ㄹ
③ ㄴ, ㄷ　　　　　④ ㄴ, ㄹ

주제 2　　인간과 자연의 관계

[21~22] 다음 글을 읽고 물음에 답하시오.

자연을 인간의 이익을 위해 이용해야 할 대상으로 보는 관점이다.

21 위의 내용에서 나타나는 관점은?

① 인간 중심주의 자연관
② 생태 중심주의 자연관
③ 환경 중심주의 자연관
④ 문화 중심주의 자연관

주목
22 위의 내용에 해당하는 관점의 특징을 〈보기〉에서 고른 것은?

보기
ㄱ. 도구적 자연관
ㄴ. 전일론적 관점
ㄷ. 이분법적 관점
ㄹ. 자연의 본래적 가치 강조

① ㄱ, ㄴ　　　　　② ㄱ, ㄷ
③ ㄴ, ㄷ　　　　　④ ㄷ, ㄹ

23 다음 글에 나타나는 자연에 대한 관점은? 　　2021년 1회

바람직한 대지 이용을 오직 경제적 문제로만 생각하지 말라. 윤리적, 심미적으로 무엇이 옳은가의 관점에서 검토하라. 생명 공동체의 통합성과 안정성 그리고 아름다움의 보전에 이바지한다면, 그것은 옳다. 그렇지 않다면 그르다.

－레오폴드(Leopold, A.)－

① 물질 만능주의　　　② 생태 중심주의
③ 수정 자본주의　　　④ 인간 중심주의

[24~25] 다음 대화를 읽고 물음에 답하시오.

영희

철수

24 영희의 입장에 대한 설명으로 옳은 것은?

① 자연의 중요성을 강조한다.
② 환경 파시즘의 성격이 있다.
③ 자연의 도구적 가치를 강조한다.
④ 인간은 자연을 보호할 의무가 있다고 본다.

주목
25 철수의 입장에 대한 설명으로 옳지 <u>않은</u> 것은?

① 자연의 본래적 가치를 강조한다.
② 인간과 자연의 조화를 강조한다.
③ 인간을 포함한 자연 전체를 하나로 본다.
④ 인간은 자연을 이용할 권리가 있다고 본다.

26 다음 빈칸에 공통적으로 들어갈 용어로 적절한 것은?

> 오늘날 환경 문제의 근본 원인은 ( )의 필요에 의해 자연을 정복의 대상으로 간주하는 ( ) 중심주의에서 찾을 수 있다.

① 생명
② 동물
③ 인간
④ 생태

27 자연을 인간의 이익을 위해 이용해야 할 대상으로 보는 관점을 가진 사상가가 <u>아닌</u> 것은?

① 베이컨
② 레오폴드
③ 데카르트
④ 아리스토텔레스

주목
28 인간과 자연의 공존을 위한 방안으로 적절하지 <u>않은</u> 것은?

① 하천 복원 사업
② 갯벌 간척 사업
③ 생태 통로 건설
④ 자연 휴식년제 도입

29 자연과 인간의 공존을 위한 실천 방안을 〈보기〉에서 고른 것은? 　　　2019년 1회

> 보기
> ㄱ. 화석 연료 사용 확대
> ㄴ. 재활용품 사용 금지
> ㄷ. 에너지 절약 생활화
> ㄹ. 야생 동물 보호 구역 설정

① ㄱ, ㄴ
② ㄱ, ㄷ
③ ㄴ, ㄹ
④ ㄷ, ㄹ

30 다음 글에 나타난 문제를 해결하기 위해 필요한 자연관으로 가장 적절한 것은?

> 중앙아시아에 있는 아랄해는 이곳으로 흘러드는 하천의 물을 주민들이 주변의 농경지로 공급·이용하면서 면적이 축소되고 있다. 그 결과 아랄해 주변에서 살던 주민들은 삶의 터전을 잃게 되었다.

① 자연은 극복해야 할 대상이다.
② 자연과 인간은 다른 존재이다.
③ 인간이 이용할 수 없는 자연은 가치가 없다.
④ 인간은 자연의 일부로서 자연과 공존해야 한다.

31 환경 문제 발생의 원인으로 옳지 <u>않은</u> 것은?

① 산업의 발달
② 급속한 인구 증가
③ 자원의 소비량 증가
④ 신·재생 에너지의 사용 증가

32 다음 현상의 원인이 되는 환경 문제는?

> • 이상 기후와 자연재해 증가
> • 농작물의 북한계선 북상

① 산성비
② 사막화
③ 오존층 파괴
④ 지구 온난화

주목
33 다음에서 설명하는 환경 문제와 주된 원인을 바르게 연결한 것은?

> • 극지방의 빙하가 녹고 있음
> • 해수면 상승으로 저지대가 침수되고 있음

	환경 문제	주된 원인
①	지구 온난화	화석 연료 사용
②	사막화	과도한 방목이나 개간
③	오존층 파괴	염화 플루오린화 탄소 사용
④	생물 다양성 감소	열대림 파괴

34 다음에서 설명하는 지역을 지도에서 고르면? 2020년 1회

> • 사하라 사막 남부의 사헬 지대이다.
> • 오랜 가뭄과 인구·가축의 증가로 사막화가 진행되고 있다.

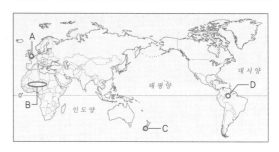

① A
② B
③ C
④ D

35 환경 문제에 관한 설명으로 옳지 <u>않은</u> 것은?

① 산성비로 인해 건축물이 부식된다.
② 이산화 탄소 배출 증가로 해안 저지대가 침수된다.
③ 프레온 가스의 과다한 사용은 백내장, 피부암을 유발한다.
④ 화석 연료의 사용 증가로 인해 이상 기후 현상이 감소한다.

빠른 정답 체크

24 ③	25 ④	26 ③	27 ②	28 ②	29 ④	30 ④
31 ④	32 ④	33 ①	34 ②	35 ④		

36 다음 내용의 공통된 원인으로 가장 적절한 것은?

2018년 2회

> • 해수면 상승으로 투발루 정부는 국민을 다른 나라로 이주시키는 정책을 추진하고 있다.
> • 시짱(티베트)고원의 빙하가 녹으면서 주변에 거주하는 많은 사람이 심각한 물 부족에 시달릴 것이다.

① 황사
② 사막화
③ 산성비
④ 지구 온난화

37 사막화에 대한 설명으로 옳지 <u>않은</u> 것은? **2019년 1회**

① 가뭄, 지나친 방목이나 경작 등이 원인이다.
② 지하수가 감소되어 물 부족 문제를 초래한다.
③ 건조 기후 지역보다 습윤 기후 지역에서 주로 나타난다.
④ 토양이 생산 능력을 상실하면서 사막과 같은 상태가 되는 것을 말한다.

38 다음에서 설명하는 지역은? **2019년 2회**

> '지구의 허파'로 불리며, 삼림 자원뿐만 아니라 광물, 토지 등 엄청난 자원을 지니고 있으나 대규모의 개발로 열대림이 축소되고 있다.

① 북부 유럽
② 사헬 지대
③ 아마존강 유역
④ 중국의 고비 사막

39 국제적으로 심각해지고 있는 환경 문제의 바람직한 대책은?

① 국가 간 상호 협력을 도모한다.
② 국제 연합을 통해 손해 배상을 청구한다.
③ 피해를 발생시킨 국가에게 제재를 가한다.
④ 모든 국가는 경제 성장 위주의 정책을 추진한다.

40 다음 대화 내용과 관련 있는 국제적 환경 협약은?

2017년 1회

① 바젤 협약
② 람사르 협약
③ 비엔나 협약
④ 기후 변화 협약

41 몬트리올 의정서에 관한 설명으로 옳은 것은?

① 유해 폐기물의 국가 간 이동 및 처리 통제
② 사막화를 겪고 있는 국가에 대한 국제적 지원
③ 물새 서식지로서 국제적으로 중요한 습지 보호
④ 오존층 파괴 물질 생산 및 사용의 단계적 감축

42 환경 문제를 해결하기 위한 개인적 차원의 노력으로 옳지 않은 것은?

① 대중교통 이용하기
② 일회용품 사용 줄이기
③ 환경 영향 평가 실시하기
④ 환경 관련 시민 단체에 가입하기

43 환경 문제를 해결하기 위한 시민 단체의 노력으로 옳은 것은?

① 친환경 제품 개발하기
② 신·재생 에너지 개발하기
③ 정부의 환경 정책 감시하기
④ 환경 보전을 위한 법 제정하기

44 환경 문제 해결을 위한 정부 차원의 노력에 해당하는 것을 〈보기〉에서 고른 것은?

> **보기**
> ㄱ. 생태 도시 육성
> ㄴ. 환경 영향 평가 축소
> ㄷ. 환경친화적 제품 생산
> ㄹ. 탄소 배출권 거래제 실시

① ㄱ, ㄴ
② ㄱ, ㄹ
③ ㄴ, ㄷ
④ ㄷ, ㄹ

45 다음에 나타난 환경 문제와 관계 깊은 국제 협약은?

> 환경 보호 단체인 '미래숲'은 2002년부터 중국과 협약을 맺고 한·중 녹색 봉사단과 함께 중국 네이멍구 자치구의 쿠부치 사막에 나무를 심어 왔다.
>
> – ○○신문 –

① 교토 의정서
② 기후 변화 협약
③ 사막화 방지 협약
④ 생물 다양성 협약

46 다음 그림과 관련된 환경 문제와 이를 해결하기 위한 국가 간 협약이 바르게 연결된 것은?

피부암과 백내장 환자가 늘어난다.

플랑크톤이 감소하고 바닷속 먹이 연쇄가 깨진다.

농작물의 생산량이 감소한다.

	환경 문제	국가 간 협약
①	산성비	기후 변화 협약
②	사막화	소피아 의정서
③	오존층 파괴	몬트리올 의정서
④	지구 온난화	람사르 협약

빠른 정답 체크

36 ④	37 ③	38 ③	39 ①	40 ④	41 ④	42 ③
43 ③	44 ②	45 ③	46 ③			

단원을 끝내는 엔드노트

01 자연환경과 인간 생활

1 기후와 인간 생활

열대 기후	얇고 간편한 옷차림, 개방적인 가옥 구조, 고상 가옥
건조 기후	• **사막**: 온몸을 감싸는 헐렁한 옷, 관개 농업 발달, 흙벽돌집 • **초원**: 가축을 이용한 의식주 생활, 이동식 가옥
온대 기후	• **온대 계절풍 기후**: 여름철이 덥고 강수량이 많아 벼농사 발달 • **서안 해양성 기후**: 비옷을 자주 입음, 혼합 농업 발달 • **지중해성 기후**: 여름철 고온 건조한 기후에 잘 견디는 포도, 올리브 등을 재배하는 수목 농업 발달, 흰색의 가옥 외벽
냉대 기후	구하기 쉬운 통나무로 지은 집
한대 기후	순록 유목이나 어업 생활, 폐쇄적인 가옥 구조

2 지형과 인간 생활

산지 지역	인간 거주에 불리, 밭농사와 임업 발달, 고산 도시 발달
평야 지역	해발 고도가 낮고 지형이 평탄하여 인간 거주에 유리, 농업 발달, 도시 발달
해안 지역	육지와 바다 모두 이용(인간 거주에 유리), 어업과 양식업 발달

3 인간의 삶과 자연재해

자연재해	자연환경이 인간과 인간 생활에 피해를 입히는 현상
종류	• **지질 재해**: 화산 활동, 지진, 지진 해일(쓰나미) 등 • **기상 재해**: 홍수, 가뭄, 열대 저기압, 폭설 등
안전하고 쾌적한 환경에서 살아갈 시민의 권리	• **시민의 권리 보장**: 국민의 안전권, 환경권 등을 법적으로 보장 • **개인적 차원의 노력**: 재해 발생 시 국가의 행동 요령에 따름, 공동체의 빠른 복구를 위해 노력하는 시민 의식 필요

02 인간과 자연의 관계

1 인간 중심주의 자연관

의미	오직 인간만이 본래적 가치를 지니고 있는 존재로 바라보는 관점
특징	• **이분법적 관점**: 인간은 자연보다 우월하고 고귀한 존재임 • **도구적 자연관**: 자연의 도구적 가치를 이용해야 함
의의	자연을 개발하여 경제 성장을 이루는 데 도움을 줌
한계점	자원 고갈, 환경 오염, 생태계 파괴 등 많은 환경 문제 초래

2 생태 중심주의 자연관

의미	자연의 본래적·내재적 가치를 인정하는 관점
특징	• **전일론적 관점**: 인간과 모든 생명체는 자연을 구성하는 한 부분임 • 인간과 자연은 서로 조화와 균형을 이루어야 한다고 주장함
의의	인간과 자연의 공존 방법과 환경 문제 해결 방안을 찾는 데 도움을 줌
한계점	생태계 보호를 위해 인간의 모든 활동을 허용할 수 없다는 입장이기 때문에 비현실적임

3 인간과 자연의 공존 방안

개인적 차원	환경친화적 가치관, 동양의 자연관 계승
사회적 차원	지속 가능한 발전을 위한 정책 마련

03 환경 문제의 해결을 위한 노력

1 오늘날의 환경 문제

원인	인구의 급속한 증가로 인한 자원 소비량 증가
종류	지구 온난화, 사막화, 오존층 파괴, 열대림 파괴 및 생물 다양성 감소, 산성비 등

2 환경 문제의 해결 방안

국가	• **국가 간 환경 협약 체결**: 몬트리올 의정서, 생물 다양성 협약, 사막화 방지 협약, 파리 협정(파리 기후 협약) 등 • 저탄소 녹색 산업 육성, 온실가스 배출권 거래 제도 시행, 인간과 자연이 공존하는 생태 도시 육성
기업	기업 윤리와 사회적 책임 의식, 친환경 상품 생산
시민 단체	정부의 환경 정책 수립과 시행 과정 비판·감시
개인	녹색 소비의 실천, 에너지 절약 일상화

단원을 닫으며 이번 단원은 중등 과정에서 이미 학습한 내용을 부분적으로 다루기 때문에 다른 단원에 비해 수월하게 느껴질 거예요. 환경 문제의 유형은 출제 빈도가 매우 높은 편이기 때문에 꼼꼼하게 학습할 필요가 있습니다.

생활 공간과 사회

01 산업화와 도시화

이번 단원에서는 산업화·도시화로 인해 나타난 생활 공간과 생활 양식의 변화 양상을 이해하고, 이에 따른 문제점을 해결하기 위한 방안을 학습합니다.

1 산업화와 도시화의 전개 <small>산업화와 도시화의 특징과 전개 과정을 알아야 해요.</small>

1. 산업화와 도시화

(1) 등장 배경

산업 혁명[+]을 계기로 산업화가 이루어지면서 도시가 급격하게 성장하게 되었다.

(2) 산업화

① 의미: 농업 중심 사회에서 공업과 서비스업 중심의 사회로 변화해 가는 현상을 말한다.

② 특징: 기계화와 분업화로 제품의 대량 생산과 대량 소비가 가능해졌다.

(3) 도시화

① 의미: 도시의 수가 증가하거나 도시에 거주하는 인구 비율이 높아지는 현상을 말한다.

② 요인: 산업화 이전에는 1차 산업에 유리한 촌락에 거주하다가, 산업화의 영향으로 일자리를 찾아 도시로 이동하는 인구가 많아졌다.

③ 특징: 2·3차 산업(공업·서비스업) 종사자의 비중이 높아지고, 도시적 생활 양식이 확대되었다.

원시 사회 → (농업 혁명) 농업 사회 → (산업 혁명) 산업 사회 → (정보 혁명) 정보 사회[+]

🔺 과학 기술의 발달과 인간 생활의 변화 과정

＋ 산업 혁명

18세기 후반 유럽에서 일어난 생산 기술과 그에 따른 사회 조직의 큰 변화를 말한다. 수공업에서 기계 공업으로 생산 방식의 변화가 나타났으며, 이를 계기로 산업화·도시화가 진행되었다.

＋ 정보 사회

정보가 유력한 자원이 되고, 정보의 가공과 처리에 의한 가치의 생산을 중심으로 사회나 경제가 운영·발전되어 가는 사회를 뜻한다.

쏙쏙 이해 더하기 | 산업화와 도시화에 따른 지역 변화

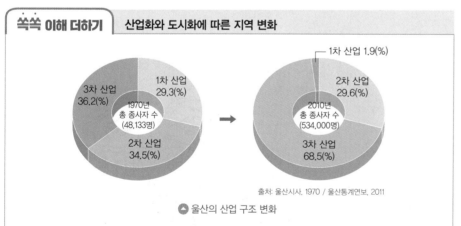

출처: 울산시사, 1970 / 울산통계연보, 2011

🔺 울산의 산업 구조 변화

과거 작은 어촌 마을이었던 울산은 1960년대 초반 정부 주도의 공업 지역 발전 정책으로 급속히 성장하였다. 현재 울산은 석유 화학, 공업 등이 크게 발달하여 우리나라 중화학 공업의 중심 도시로 자리 잡았으며, 최근에는 2차 산업에서 3차 산업 중심으로 변화하고 있다.

📝 **꼼꼼 단어 돋보기**

● 3차 산업

상업, 운수, 통신, 금융 따위의 서비스업

2. 도시화 과정

초기 단계	• 도시화율이 낮음 • 대부분의 인구가 촌락에 분포하고, 1차 산업에 종사함
가속화 단계	• 산업화를 계기로 이촌 향도 현상이 발생하면서 급격한 도시화가 이루어지고, 2·3차 산업이 발달함 • 현재 개발 도상국이 해당됨
종착 단계	• 매우 높은 도시화율을 보이며, 대도시권이 확대됨 • 도시화율의 증가가 점차 느려지거나 정체되어 있음 • 역도시화가 나타나기도 함 • 현재 선진국이 해당됨

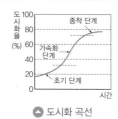

△ 도시화 곡선

3. 오늘날의 산업화와 도시화

(1) 세계의 산업화와 도시화

세계적으로 산업화가 진행되면서 세계의 도시와 도시 거주 인구는 지속적으로 증가해 왔으며, 현재 세계 인구의 절반 이상이 도시에 거주하고 있다.

(2) 선진국과 개발 도상국의 도시화

선진국	18세기 산업 혁명 이후 인구가 촌락에서 도시로 점진적으로 유입되면서 도시화가 완만하게 진행됨 → 종착 단계(도시화율이 매우 높음)
개발 도상국	20세기 이후 급속한 산업화가 이루어지면서 이촌 향도와 도시의 자연적 인구 증가로 인해 도시화가 빠르게 진행됨 → 가속화 단계(도시화 속도가 빠름)

쏙쏙 이해 더하기   우리나라의 산업화와 도시화

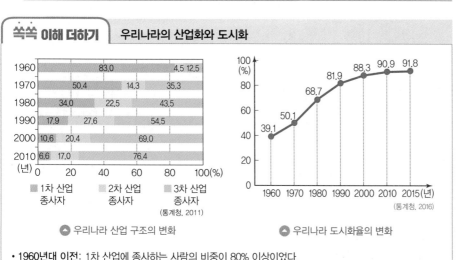

△ 우리나라 산업 구조의 변화

△ 우리나라 도시화율의 변화

- **1960년대 이전**: 1차 산업에 종사하는 사람의 비중이 80% 이상이었다.
- **1960년대 이후**: 수도권과 남동 임해 공업 지역을 중심으로 산업화가 진행되면서 2·3차 산업에 종사하는 사람의 비중이 증가하게 되었고, 일자리를 찾아 이 지역으로 인구가 이동하면서 도시화가 가속화되었다.
- **현재**: 우리나라의 인구 10명 중 9명은 도시에 거주하면서 종착 단계에 이르게 되었다.

🔍 꼼꼼 단어 돋보기

● 도시화율
전체 인구에서 도시에 거주하는 인구가 차지하는 비율

● 이촌 향도
촌락 지역의 인구가 도시로 이주하는 현상

● 역도시화
도시 지역에서 비도시 지역으로의 인구 이동이 전입자 수를 초과하여 대도시의 상주인구가 감소하면서 도시가 쇠퇴하는 현상(= 유턴 현상)

2 산업화와 도시화로 인한 생활 공간의 변화

산업화와 도시화에 따른 거주 공간과 생태계의 변화 모습을 알아야 해요.

1. 거주 공간의 변화

(1) 시가지 면적 증가

인간의 주된 공간이 촌락에서 도시 중심으로 변화한다.

(2) 지역 분화[+]

접근성, 지대, 지가의 차이로 도시 내부의 기능별 지역 분화가 이루어진다.

쏙쏙 이해 더하기 인구 공동화

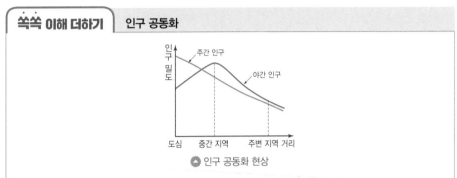

● 인구 공동화 현상

도심의 주간 인구는 많으나, 야간 인구가 적어지는 현상이다. 도심에서 주거 기능의 약화로 상주인구 밀도가 감소하는 현상으로, 도넛 형태와 유사하여 도넛 현상이라고도 한다.

---

(3) 집약적 토지 이용

① 높은 인구 밀도와 지가로 인해 토지 이용이 효율적으로 이루어진다.

② 1차 산업 용도의 토지 이용이 감소하고, 건물의 고층화 및 고밀도화가 나타난다.

(4) 대도시권 형성

① 교외화: 도시 주변 촌락 지역에 도시적 경관이 파급되어 근교 촌락과 주변 도시가 하나의 생활권을 이루는 대도시권이 형성된다. → 교통의 발달에 따라 대도시권의 범위가 확대된다.

② 도시의 주택 문제를 해결하기 위해 대도시 주변의 촌락에 신도시와 위성 도시가 건설된다.

☆ 2. 생태 환경의 변화

변화	• 주택, 공장, 아스팔트 도로 등의 인공적인 토지 이용 확대로 녹지 면적이 감소함 • 하천의 인위적인 개발이 이루어짐
문제점	• 생물 종 다양성이 감소함 • 빗물이 흡수되지 못해 도시 내 홍수 위험이 증가함 • 오염 물질이 과도하게 배출되어 쓰레기 문제, 대기 오염, 수질 오염 등 각종 환경 오염이 발생하여 도시 내 생활 환경이 악화됨

3 산업화와 도시화로 인한 생활 양식의 변화

산업화와 도시화에 따른 생활 양식의 변화를 알아야 해요.

1. 도시성의 확산

① 효율성과 합리성을 추구하며 익명성을 띤 2차적 인간관계가 형성된다.

+ 지역 분화

도심	• 도시의 중심에 위치하여 접근성과 지가가 높음 • 관청, 백화점, 은행, 호텔 등이 위치하며, 중심 업무 지구(CBD)를 이룸 • 인구 공동화 현상이 나타남
중간 지역	• 도심을 둘러싸고 있는 지역 • 구주거지, 상가, 공업 지역이 혼재하는 점이 지대
부도심	교통의 요지에 위치하여 도심의 기능을 분담함
주변 지역	• 도시와 농촌의 경관이 혼재하고 있음 • 대규모 아파트 단지, 공장, 학교 등이 입지하고 있음
개발 제한 구역 (그린 벨트)	도시의 무질서한 팽창 현상을 막고, 도시 주민들에게 녹지 공간을 제공하기 위하여 설정함
위성 도시	대도시 밖 교통의 요지에 위치하여 대도시의 인구와 기능을 분산함

● 도시의 내부 구조

🔍 꼼꼼 단어 돋보기

● 교외화

도시의 인구나 기능, 시설 등이 대도시 주변 지역으로 확산되는 현상

● 도시성

도시에서 살고 있는 사람들의 특징적인 사고나 문화, 생활 양식

● 2차적 인간관계

특정한 목적 의식을 가지고 모인 수단적이고 간접적인 인간 관계

---

② 주민들의 구성이 다양하고 이질적이며, 사회적 관계도 이해타산을 기반으로 형성된다.

③ 편리한 교통수단 및 교육, 여가, 문화 시설 등 다양한 편의 시설이 만들어진다.

④ 산업화와 도시화 과정을 통해 도시성이 도시 주변 지역 및 근교 촌락까지 확산된다.

2. 직업의 분화

① **직업 분화**: 2·3차 산업 중심으로 변하면서 직업이 분화되고, 도시의 주민들은 다양한 직업에 종사하며, 주민들 간의 이질성도 커졌다.

② **직업 전문화**: 각 직업의 전문성이 증가하면서 직업 간 소득 격차가 확대된다.

3. 물질적 풍요

① 기계화와 자동화로 대량 생산이 가능해지면서 경제 활동의 효율성이 증대되며, 그로 인해 소득이 증가하고 생활 수준이 향상된다.

② 기계화로 인해 근로자의 노동 시간이 감소하고, 교통·통신의 발달로 생활 활동 범위가 넓어지면서 여가 활동의 기회가 증가한다.

4. 개인주의 가치관의 확산

① 공동체나 집단보다 개인의 가치와 성취를 중요시한다.

② 개인의 존엄성과 자율성을 중시하되, 공동체와의 조화를 강조하는 가치관이 요구되기도 한다.

③ 개인의 다양성이 존중되는 반면 사회적 유대감이 약화되기도 한다.

④ 핵가족이나 1인 가구와 같은 가족 형태의 비중이 높아진다.

---

4 산업화와 도시화로 인한 문제와 해결 방안   산업화와 도시화에 따른 문제점을 알아야 해요.

☆ 1. 도시 문제와 해결 방안

(1) 도시 문제의 원인

인구와 각종 기능의 과도한 집중으로 도시 기반 시설이 부족하게 되면서 발생한다.

(2) 주택 문제

특징	• 한정된 공간에 과도한 인구 밀집으로 주택 부족 및 집값 상승 문제가 발생함 • 노후화된 건물이 밀집된 곳에 불량 주택 지역이 형성됨
해결 방안	대도시 주변에 신도시 건설 및 도시 재개발 사업 추진 등

(3) 교통 문제

특징	• 교통량 증가에 따라 도로 및 주차 공간이 부족함 • 교통 혼잡, 주차난 등이 발생하고, 교통사고 및 소음이 증가함
해결 방안	• 개인적 차원: 대중교통 이용하기, 이웃 간 주차 공간 배려하기 등 • 사회적 차원: 주차 공간 확대 및 대중교통 수단 확충, 승용차 요일제, 혼잡 통행료 부과 등

꼼꼼 단어 돋보기

● **신도시**
대도시의 주거 기능을 담당하기 위해 만들어진 계획도시

● **도시 재개발 사업**
도시의 노후화된 주택이나 시설물을 개선하고, 교통 시설과 교통 체계를 정비하는 사업

2. 환경 문제와 해결 방안

(1) 열섬 현상

의미	도심의 기온이 주변보다 높게 나타나는 현상
원인	각종 인공 시설물의 증가, 공장에서 배출되는 인공 열, 고층 건물의 바람 순환 방해, 자동차 통행의 증가 등
해결 방안	• 개인적 차원: 자동차 통행 줄이기 등 • 사회적 차원: 옥상 정원 사업, 하천 복원, 바람 순환을 돕는 건물 배치 등

◆ 서울의 열섬 현상

(2) 도시 홍수[+]

원인	콘크리트나 아스팔트로 포장된 면적이 확대되면서 빗물을 흡수하지 못해 홍수 발생 위험도가 높아짐
해결 방안	녹지 면적 확대, 인공 습지·생태 공원 조성, 하천 부지 공간 확충, 투수성 높은 재질의 아스팔트 면적 확대 등

➕ 도시 홍수 증가

인공 상태의 지표면은 빗물을 제대로 흡수하지 못하는데, 이처럼 빗물을 흡수하지 못하는 면적인 불투수 면적이 증가하면서 짧은 시간 안에 빗물이 한꺼번에 하천으로 흘러들면 수위가 빠르게 상승하게 된다.

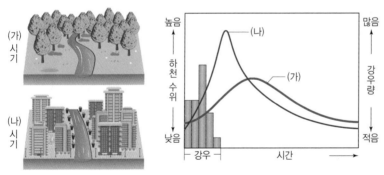

◆ 도시화에 따른 강우의 하천 도달 시간 및 유출량

(3) 기타 환경 문제

종류	• 대기 오염: 화석 연료의 과도한 사용으로 인해 발생함 • 수질 오염: 산업 폐수와 생활 하수 등 오폐수로 인해 발생함 • 토양 오염: 산업 폐기물과 생활 쓰레기 증가로 인해 발생함
해결 방안	• 개인적 차원: 쓰레기 분류 배출, 자원 절약 등 친환경적인 생활 실천하기 • 사회적 차원: 생태 도시와 같은 환경친화적 도시 계획 수립, 생태 하천 조성, 친환경 에너지 사용, 오염 물질 배출 규제 등

3. 사회 문제와 해결 방안

(1) 노동 문제

종류	• 실업 문제: 직업이 변화하면서 일할 의사가 있는 사람들이 일자리를 얻지 못하게 되고 각종 사회 문제가 발생하게 됨 • 노사 갈등 문제: 노동자와 사용자 간의 이해관계가 충돌하면서 갈등이 심화됨
해결 방안	최저 임금제와 비정규직 보호법 등의 제도 마련

(2) 인간 소외 현상[+]

의미	인간을 기계의 부속품처럼 여기는 현상
문제	노동에서 얻은 만족감이나 성취감을 약화시킴
해결 방안	인간의 존엄성을 중시하는 태도 함양

➕ 인간 소외 현상
노동의 주체인 인간이 노동 과정에서 객체나 수단으로 전락하여 소외되는 현상이다.

(3) 공동체 의식 약화

원인	• 타인에 대한 무관심과 이기주의의 확산으로 사회적 유대감 약화 • 개인 중심의 생활과 경쟁을 강조하는 사회 구조
해결 방안	• 개인적 차원: 공동체 의식과 배려·협력의 자세 함양 • 사회적 차원: 마을 공동체 운영, 공동체 주택[+] 건설 등

➕ 공동체 주택
입주자들이 공동체 공간과 규약을 갖추고, 입주자 간 공동 관심사를 상시적으로 해결하여 공동체 활동을 통해 생활하는 주택을 말한다.

(4) 기타 문제 해결 방안

계층 간 빈부 격차 문제	소외 계층을 위한 사회 복지 제도 마련 등
지역 간 경제적 격차 문제	도시의 기능 분산, 지방 도시 육성 등

02 교통·통신의 발달과 정보화

이번 단원에서는 교통·통신의 발달과 정보화로 인해 나타난 생활 공간과 생활 양식의 변화 양상을 이해하고, 이에 따른 문제점을 해결하기 위한 방안을 학습합니다.

1 교통·통신의 발달에 따른 변화

1. 교통·통신의 발달
(1) 교통의 발달 과정

산업 혁명 이전	도보나 우마차, 수레, 범선 등을 이용함
산업 혁명 이후 (18세기 이후)	증기 기관의 발명 이후 증기선, 증기 기관차, 자동차, 프로펠러 항공기가 등장함
오늘날	고속 철도, 고속 항공기가 등장함

(2) 통신의 발달 과정

인편 → 봉화대, 파발 → 우편 → 전신, 전화 → 인공위성, 광케이블⁺, 인터넷, 휴대 전화 등으로 발달하였다.

2. 교통·통신 발달에 따른 변화   교통·통신 발달에 따른 생활 공간 및 생활 양식의 변화에 대해 알아야 해요.

(1) 교통·통신 발달에 따른 생활 공간의 변화

생활권의 확대	• 시간과 물리적인 거리 제약이 극복되면서 통근권 및 통학권, 상권 등이 확대됨 • 고속 철도, 고속 국도 등 교통망이 발달한 대도시의 영향력이 확대되어 대도시권이 형성됨
경제 활동 공간의 확대	• 교통 시설이 입지한 지역은 경제가 활성화되어 국토의 효율적인 이용이 가능해지고 경제 활동 공간이 확대됨 • 대형 선박이나 항공기를 이용하여 대규모 물자 수송이 장거리까지 가능해지면서 국제 거래가 증가함 • 국제 무역 및 다국적 기업의 활동이 활발해짐 • 전자 상거래의 발달과 무점포 상점의 확대로 상권이 확대됨 • 통신을 이용한 금융 거래가 활성화됨 • 세계 각지에서 생산된 다양한 상품을 여러 경로를 통해 구매할 수 있게 됨
여가 공간의 확대	고속 철도, 항공기 등을 이용한 장거리 이동이 가능해지면서 국내외 여행 관광객이 증가함
생태 환경의 변화	• 교통·통신 시설을 구축하는 과정에서 녹지 면적이 감소하고 생태계가 파괴됨 • 교통·통신 시설이 생태 환경에 도움을 주기도 함 ⑩ 헬리콥터 등을 이용하여 야생 동물에게 먹이를 공급함

✚ 광케이블

빛을 이용하여 대량의 데이터를 안정적으로 전달할 수 있는 것으로, 머리카락보다 가는 유리 섬유인 광섬유 여러 가닥을 합친 것을 말한다. 해저 광케이블을 통해 대륙 간 대량 정보 전송이 가능하다.

🔍 꼼꼼 단어 돋보기

● 전신
문자나 숫자를 전기 신호로 바꾸어 전파나 전류로 보내는 통신

(2) 교통·통신 발달에 따른 생활 양식의 변화

풍요롭고 편리한 생활	• 언제 어디서나 필요한 물건을 쉽게 구입할 수 있음 • 세계의 다양한 정보를 쉽고 빠르게 주고받을 수 있게 됨 • SNS⁺를 통해 소통이 다양해지고, 새로운 인간관계가 형성됨
문화 교류 증가	• 다른 지역이나 국가의 문화를 체험할 수 있는 기회가 증가함 • 다른 나라의 문화가 전파되어 새로운 문화가 창조되기도 함

➕ **SNS(소셜 네트워크 서비스, 누리 소통망)**
인맥 구축을 목적으로 개설된 커뮤니티형 웹사이트이다. 다양한 1인 미디어와 정보 공유 등을 포괄하는 개념이며 '사회 관계망 서비스'라고도 부른다.

쏙쏙 이해 더하기 | 교통수단의 발달에 따른 변화

1500~1840년
마차 · 범선
평균 속도 16km/h

1850~1930년
증기선
평균 속도 25km/h

1950년대
프로펠러 비행기
평균 속도 480~640km/h

현재
제트 비행기
평균 속도 800~1,120km/h

(경제 지리학 자료, 2011)

마차나 범선을 이용하던 과거에는 이동할 때 많은 시간이 필요하였으며 세계를 매우 넓은 공간으로 인식하였다. 제트 비행기가 운행되는 현재는 물리적인 거리는 감소되지 않았지만, 시간 거리의 감소를 통해 세계를 비교적 좁은 공간으로 인식하게 되었다. 또한 이동 시간이 짧아지면서 지역 간 교류가 활발해졌고, 세계는 점점 좁아져 하나의 공동체가 되어 가고 있다.

---

2 교통·통신의 발달에 따른 문제와 해결 방안

교통·통신 발달에 따른 문제점과 해결 방안을 파악할 수 있어야 해요.

1. 지역 격차 문제와 해결 방안

문제점	• 교통·통신이 발달한 지역은 지역 경제가 활성화되지만, 교통·통신이 불편한 지역은 인구 유출로 인해 지역 경제가 쇠퇴함 • 도시 간 시간 거리가 가까워지면서 중소 도시의 인구와 자본이 대도시로 흡수되는 빨대 효과가 나타남
해결 방안	• 지방 도시를 육성함 • 교통 시설을 건설하고 대중교통 수단을 확충함 • 지역 특성을 활용한 지역 경쟁력 강화 방안을 마련함

📖 **꼼꼼 단어 돋보기**

● 빨대 효과
대도시와 중소 도시를 연결하는 교통로가 건설되면서 중소 도시의 인구와 경제력이 대도시로 흡수되는 현상

2. 환경 파괴 문제와 해결 방안

문제점	• 교통수단에서 배출되는 오염 물질이 증가하면서 대기 오염, 토양 오염, 해양 오염 등이 발생함 • 도로와 철도 건설로 인한 삼림 훼손과 녹지 면적의 감소로 야생 동식물의 서식지가 줄어들어 생태 공간의 연속성이 단절됨 • 항공기, 자동차, 선박 등에 의해 외래 생물 종이 유입되어 기존 생태계의 교란이 야기됨 • 교통량 증가로 인한 교통 체증 및 교통사고, 소음 문제가 발생함
해결 방안	• 환경 오염 물질 배출량 검사를 강화함 • 환경친화적인 도로나 생태 통로를 건설함 • 선박 평형수 처리 장치의 설치를 의무화함 • 자동차 매연 저감 장치의 장착을 의무화함

3 정보화에 따른 변화 정보화에 따른 생활 공간 및 생활 양식의 변화를 알 수 있어야 해요.

1. 정보화에 따른 생활 공간의 변화

(1) 가상 공간의 등장

인터넷을 통한 여러 가지 활동이 가능해지면서 가상 공간으로까지 생활 공간이 확대되었다.

(2) 공간 정보 기술의 활용

지리 정보 시스템 (지리 정보 체계, GIS)	교통 및 토지 관리, 재해·재난 예방 관리, 최적 입지 선정이나 상권 분석, 자원 탐사 및 삼림 관리 등에 활용됨
위성 위치 확인 시스템(GPS)	항공기·선박·자동차의 내비게이션, 버스 정보 시스템 등에 활용됨
거대 자료 (Big Data)	인터넷 검색 기록, 위치 정보, CCTV 정보 등 다양하고 방대한 자료들이 저장되어 있기 때문에 국가의 정책이나 기업의 마케팅에 활용됨

2. 정보화와 생활 양식의 변화

경제적 영역	• 인터넷 뱅킹을 통한 은행 업무가 가능해짐 • 재택근무 및 원격 근무, 화상 회의가 가능해지면서 업무의 시·공간적 제약이 감소하고 업무의 효율성이 높아짐 • 전자 상거래의 발달로 인터넷 쇼핑이 증가하고 무점포 상점이 많아지면서 상권이 확대됨 • 지식 정보 산업 관련 직업이 증가함
정치·행정적 영역	• 인터넷을 이용한 민원 및 서류 신청 발급이 가능해짐 • 전자 민주주의 실현: 전자 투표, SNS를 통한 인터넷 시민 운동 등 온라인상에서 정치 참여의 기회가 확대됨
사회·문화적 영역	• 직접 방문하지 않아도 원격 진료, 온라인 교육, 원격 교육이 가능해짐 • 인터넷과 스마트폰을 이용하여 언제 어디서든지 대중문화를 즐길 수 있고, 문화의 확산 속도가 빨라짐 • SNS를 통한 쌍방향 소통이 가능해짐 • 권위주의적 인간관계보다 수평적 인간관계가 형성됨 • 대면 접촉보다는 비대면 접촉에 의한 사회적 관계가 증가함

➕ 선박 평형수

선박의 무게 중심을 유지하기 위해 선박 내부에 채워 넣거나 빼내는 바닷물을 말한다. 이 물을 통해 각종 외래종이 유입되어 생태계를 교란시키기도 한다.

➕ 공간 정보 기술

• 지리 정보 시스템(GIS): 컴퓨터를 이용하여 다양한 공간 정보와 속성 정보를 입력, 저장, 처리, 분석, 표현하는 종합적인 관리 시스템
• 위성 위치 확인 시스템(GPS): 인공위성을 통하여 현재 위치를 파악하는 시스템으로 다양한 위치 기반 서비스를 제공함

➕ 전자 상거래의 발달

전자 상거래 발달(홈쇼핑, 인터넷 쇼핑몰 등) → 무점포 상점 증가 → 창고업, 택배업 등의 물류 산업 성장

소비자는 시간 절약, 사업자는 임대료, 인건비 등을 절약할 수 있게 되었다.

🔍 꼼꼼 단어 돋보기

● 생태계 교란
화산 활동, 지진, 홍수, 외래 생물 종의 침입, 식물에 병이나 해충 발생, 상위 포식자나 인간의 활동으로 기존의 생태계가 파괴되거나 악화, 변질되는 현상

● 생태 통로
야생 동물의 이동을 돕기 위하여 설치되는 인공 구조물 또는 식생과 같은 생태적 공간

● 정보화
정보 통신 기술을 활용하여 지식과 정보를 통한 부가 가치를 창출하는 것

4 정보화에 따른 문제와 해결 방안
정보화에 따른 문제점과 해결 방안을 파악할 수 있어야 해요.

1. 인터넷 중독

의미	인터넷을 과다 사용하여 가정이나 직장 등 일상생활에 심각한 지장을 받게 되는 현상
특징	• 불안감, 우울증, 충동 조절 장애 등의 정신 질환이 증가하여 일상생활에 지장을 줌 • 대면적 인간관계가 약해짐
해결 방안	• 개인적 차원: 인터넷 사용 시간을 규정해서 사용하고, 올바른 인터넷 사용 습관을 기름 • 사회적 차원: 인터넷 중독 예방 및 치료 프로그램을 마련하고, 인터넷 및 스마트폰의 올바른 사용에 관한 교육을 강화함

2. 사생활 침해

의미	사이버상에서 개인의 사적 정보가 다른 사람에게 공개되는 현상
특징	• 통신사, 금융 기관의 개인 정보가 해킹되어 각종 사이버 범죄에 악용됨 • 국가나 기업이 범죄 예방을 위해 설치된 CCTV나 정보화 기기에 장착된 위치 추적 기술 등을 이용하여 개인의 생활을 감시할 수 있음
해결 방안	• 개인적 차원: 개인 정보의 공유를 금지하고 각종 개인 정보를 암호화함, 개인 정보 유출 시 즉시 신고함 • 사회적 차원: 개인 정보 보안 전문가를 양성함, 「개인정보보호법」 등 개인 정보와 관련된 법과 처벌 수준을 강화함

3. 정보 격차

의미	새로운 정보에 접근할 수 있는 능력을 보유한 사람과 그렇지 못한 사람 사이에 사회적·경제적 격차가 심화되는 현상
특징	• 도시와 농촌 간, 세대 간, 국가 간의 사회적·경제적 격차가 심화됨 • 소득 격차로 이어져 부의 불평등을 초래함
해결 방안	• 개인적 차원: 정보화 교육에 참여함 • 사회적 차원: 정보 소외 계층을 위한 정보 활용 교육을 지원하고, 정보 격차 해소에 관한 법률을 제정함

쏙쏙 이해 더하기 **소외 계층의 정보 격차 지수**

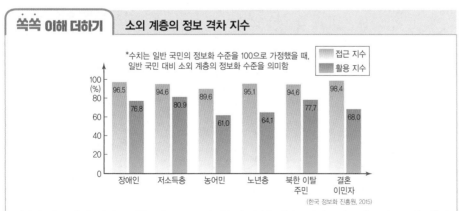

*수치는 일반 국민의 정보화 수준을 100으로 가정했을 때, 일반 국민 대비 소외 계층의 정보화 수준을 의미함

접근 지수 / 활용 지수

구분	접근 지수	활용 지수
장애인	96.5	76.8
저소득층	94.6	80.9
농어민	89.6	61.0
노년층	95.1	64.1
북한 이탈 주민	94.6	77.7
결혼 이민자	98.4	68.0

(한국 정보화 진흥원, 2015)

장애인, 저소득층, 농어민, 노년층 등은 정보 통신 기술의 혜택을 제대로 받지 못하고 있는 정보 소외 계층이다. 접근 지수는 정보 통신 기기의 보유 정도, 성능과 관련한 수치이며, 활용 지수는 컴퓨터나 인터넷 이용률, 사용 시간, 이용의 다양성과 관련된 수치이다.

꼼꼼 단어 돋보기

● 개인정보보호법
각종 사이버 범죄와 개인의 사생활 침해 등 정보화 사회의 역기능을 방지하기 위한 목적으로 제정된 법률

4. 사이버 범죄

의미	정보 통신망을 통해 타인의 명예를 침해하거나 타인에게 피해를 입히는 행위
유형[+]	사이버 폭력, 지식 재산권 침해, 해킹, 인터넷 사기, 사이버 금융 사기 등
해결 방안	• 개인적 차원: 네티켓을 준수하는 등 정보 윤리를 실천함 • 사회적 차원: 사이버 테러 대응 센터나 정보 보안 관련 기구 등을 확충함, 정보 윤리 교육과 사이버 범죄를 막기 위한 법과 제도를 강화함

+ 사이버 범죄의 유형

• 사이버 폭력: 인터넷 게시판에서의 악성 댓글이나 언어폭력 등을 말함. 사이버 폭력은 원인을 밝혀내기도 어렵고, 인터넷을 통해 확산되기 때문에 피해 범위가 넓음

• 사이버 불링: 가상 공간에서 집단으로 따돌리거나 괴롭히는 행위를 말함. 피해자는 24시간 폭력에 시달릴 수 있으며, 가해자는 익명성을 이용하여 과격한 표현을 서슴지 않고 사용하기도 하며, 무엇보다도 가해자가 자신의 행동을 범죄로 느끼는 의식이 매우 낮다는 것이 가장 큰 문제임

• 지식 재산권 침해: 각종 소프트웨어, 음악, 영화, 사진, 서적 등의 저작물을 불법으로 유통시키는 행위 등을 말함

🔍 꼼꼼 단어 돋보기

● **지식 재산권**
가치가 있는 지적 창작물에 부여된 독점적 권리(산업 재산권과 저작권의 총칭)

● **네티켓**
컴퓨터 통신이나 인터넷상에서 지켜야 할 예절

03 지역의 공간 변화

이번 단원에서는 지역의 공간 변화를 파악하는 방법과 지역 조사 과정에 대해 학습합니다.

1 지역의 공간 변화와 지역 조사

지역의 공간 변화에 대한 조사 방법 및 과정에 대해 알 수 있어야 해요.

☆ 1. 지역의 공간 변화

(1) 지역의 공간 변화

산업, 토지 이용, 인구, 환경, 인간관계 등 다양한 요인을 통해 파악할 수 있다.

(2) 지역 조사

의미	지역에 대한 자료를 수집·분석·종합하여 지역 특성과 공간 변화를 파악하는 활동
필요성	공간 변화를 파악하여 지역 문제의 원인을 분석하고 해결 방안을 모색할 수 있음

2. 지역 조사 과정

조사 목적 및 주제 선정	지역의 특성과 지역 문제의 해결 방안을 모색하기 위해 주제를 선정함
조사 계획 수립	조사 항목과 조사 방법을 선정함
지역 정보 수집	• 실내 조사: 문헌 자료, 통계 자료, 신문, 인터넷, 지형도, 항공 사진 등을 통해 지역의 정보를 수집함 • 야외(현지) 조사 : 현장에 나가 면담, 설문 조사, 관찰 등을 통해 직접 정보를 확인하고 새로운 정보를 얻음
지역 정보 정리 및 분석	수집된 자료를 항목별로 정리하고, 정보를 선별하여 도표, 주제도, 그래프 등으로 작성함 → 지역의 변화 모습과 문제점 파악
보고서 작성	결론을 도출하여 지역 변화의 문제점 및 해결 방안 등을 보고서로 작성하고 발표함

✚ 야외 조사
실내 조사만으로는 불충분하거나 직접 정보를 수집해야 할 때 시행한다.

2 지역 변화에 따른 문제점과 해결 방안

구분	문제점	해결 방안
대도시	• 인구 과밀화로 각종 시설 부족 • 도시 내 노후화된 공간 증가	도시 재개발을 통한 환경 개선
지방의 중소 도시	대도시로 인구 유출, 대도시 의존도 심화	지역 특성화 사업 추진
도시와 인접한 촌락(근교 촌락)	도시화 진행으로 인한 전통적 가치관의 변화	지역 공동체를 운영하여 공동체주의 함양
도시와 멀리 떨어진 촌락 (원교 촌락)	• 노동력 부족, 성비 불균형 등 인구 문제 • 각종 시설 부족, 지역 경제 침체	• 지역 브랜드 추진, 지역 축제 개최 등 지역화 전략 • 교육·의료·문화 시설 확충

이론 쏙! 핵심 딱!

쏙딱 TEST

Ⅲ

정답과 해설 **11**쪽

생활 공간과 사회

01 산업화와 도시화

02 교통 · 통신의 발달과 정보화

03 지역의 공간 변화

📢 선생님이 알려 주는 **출제 경향**

그동안 시험에서는 산업화와 도시화의 특징, 도시화 과정, 도시의 내부 구조, 도시 문제, 교통 발달의 영향, GIS와 GPS, 정보화 사회의 특징과 문제점, 지리 조사 과정 등 다양한 주제의 문제가 자주 출제되었습니다.

주제 1 산업화와 도시화

01 (가)에 들어갈 개념으로 적절한 것은? 2017년 2회

> ［ (가) ］란 도시의 수가 증가하거나 도시에 거 주하는 인구 비율이 높아지는 현상을 말한다.

① 교외화 　　　　② 지역화

③ 도시화 　　　　④ 정보화

[02~03] 다음 글을 읽고 물음에 답하시오.

> 산업 혁명으로 인해 ⊙ 농업 중심의 사회가 공업 중심의 사회 로 변화하였다. 이로 인해 촌락의 인구가 일자리를 찾아 도시 로 이동하면서 (ⓛ)가 촉진되었다.

02 밑줄 친 ⊙에 해당하는 용어로 옳은 것은?

① 도시화 　　　　② 정보화

③ 산업화 　　　　④ 세계화

주목

03 ⓛ이 진행된 사회의 특징으로 옳지 <u>않은</u> 것은?

① 포장 면적이 넓다.

② 고층 건물이 밀집한다.

③ 녹지 면적의 비중이 높다.

④ 토지를 집약적으로 이용한다.

04 도시화 과정 중 (가) 단계의 특징을 〈보기〉에서 고른 것은?　　　　　　　　　　　2014년 1회

초기 단계 → (가) 가속화 단계 → 종착 단계

보기
ㄱ. 산업화가 빠르게 진행된다.
ㄴ. 이촌 향도 현상이 나타난다.
ㄷ. 대부분의 인구가 촌락에 거주한다.
ㄹ. 도시에서 농촌으로의 인구 이동이 활발하다.

① ㄱ, ㄴ
② ㄱ, ㄷ
③ ㄴ, ㄷ
④ ㄷ, ㄹ

05 다음 도시화 곡선에 대한 설명으로 옳은 것은?

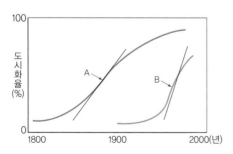

① A는 개발 도상국의 도시화 추세이다.
② A의 도시화는 짧은 시간에 빠르게 진행되었다.
③ B의 공업화 속도가 A의 공업화 속도보다 빠르다.
④ B의 도시화는 산업 혁명 이후 점진적으로 이루어졌다.

06 다음은 도시화 곡선을 나타낸 그래프이다. A 단계에 대한 설명으로 옳은 것은?　　　　　　2013년 2회

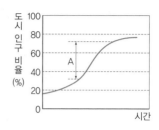

① 도시화의 종착 단계이다.
② 이촌 향도 현상이 나타난다.
③ 농업 중심의 전통 사회이다.
④ 도시 인구 비율이 감소한다.

07 다음 그림을 보고 옳게 분석한 것은?

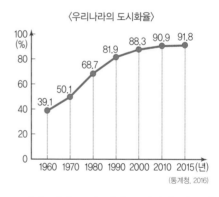

〈우리나라의 도시화율〉

(통계청, 2016)

① 1960년대 이전: 2차 산업 종사자의 비중이 가장 많았던 시기
② 1960년대 이후: 도시화가 종착 단계에 들어선 시기
③ 1970년대 이후: 도시화가 가속화 단계에 있던 시기
④ 2010년대 이후: 1차 산업 종사자의 비중이 가장 많았던 시기

빠른 정답 체크

01 ③　　02 ③　　03 ③　　04 ①　　05 ③　　06 ②　　07 ③

08 도시화와 산업화에 따른 거주 공간의 변화에 대한 설명으로 옳지 <u>않은</u> 것은?

① 촌락의 농경지가 주거지로 변경된다.
② 도시는 촌락에 비해 인구 밀도가 높다.
③ 촌락은 주변 도시와 하나의 생활권을 이루게 된다.
④ 촌락은 도시보다 산업·주거·서비스 기능 지역 등으로 분화가 활발하다.

09 다음 현상을 뜻하는 용어는?　　　　　2016년 1회

> 도심 지역에 있던 주택들이 외곽 지역으로 이전하면서 낮에는 도심에 인구가 많았다가, 밤이 되면 줄어드는 현상

① 산업화
② 집심 현상
③ 종주 도시화
④ 인구 공동화

10 다음 특징이 나타나는 지역은?

> • 중심 업무 지구(CBD)
> • 고층 건물 밀집

① 도심　　　　　　② 중간 지역
③ 그린벨트　　　　④ 위성 도시

11 도심에서 볼 수 있는 모습으로 가장 거리가 <u>먼</u> 것은?　　　　　2010년 1회

① 고층 건물로 출근하는 회사원들
② 많은 차들로 정체가 나타나는 교통로
③ 중화학 공업이 발달한 넓은 공장 지대
④ 백화점에서 물건을 구매하는 소비자들

12 개발 제한 구역 설정의 장점으로 적절하지 <u>않은</u> 것은?　　　　　2019년 2회

① 도시의 무질서한 팽창을 방지할 수 있다.
② 도시 주변의 자연환경을 보전할 수 있다.
③ 도시 주민을 위한 여가 활동 공간을 확보할 수 있다.
④ 개발 제한 구역 내 건축물의 신·증축 등을 자유롭게 할 수 있다.

13 도시화에 따른 생태 환경의 변화로 옳은 내용을 〈보기〉에서 고른 것은?

> **보기**
> ㄱ. 생활 환경 악화
> ㄴ. 열섬 현상 발생
> ㄷ. 홍수 위험성 감소
> ㄹ. 인공적인 토지 이용 확대

① ㄱ, ㄴ, ㄷ　　　　② ㄱ, ㄴ, ㄹ
③ ㄱ, ㄷ, ㄹ　　　　④ ㄴ, ㄷ, ㄹ

14 다음 설명에 해당하는 용어로 옳은 것은?

> 도시에 거주하는 사람들이 가지는 특징적인 사고 및 행동 양식

① 개인성　　　　② 사회성
③ 도시성　　　　④ 지역성

15 다음과 같은 질문에 대한 답변으로 옳은 것은?

> 산업화와 도시화는 사람들의 생활 양식에 어떤 영향을 주었을까?

① 여가 시간이 감소한다.
② 대가족의 비중이 증가한다.
③ 직업이 분화되고 다양해진다.
④ 소득이 증가하여 소득 격차가 감소한다.

16 산업화·도시화로 인해 도시에서 나타나는 문제점으로 옳은 것을 〈보기〉에서 고른 것은?

> **보기**
> ㄱ. 인간 소외 현상
> ㄴ. 공동체 의식 강화
> ㄷ. 사회적 유대감 약화
> ㄹ. 주택 부족 및 집값 상승

① ㄱ, ㄴ, ㄷ　　　　② ㄱ, ㄴ, ㄹ
③ ㄱ, ㄷ, ㄹ　　　　④ ㄴ, ㄷ, ㄹ

17 다음 설명에 해당하는 용어로 옳은 것은?

> 건축물과 도로 포장의 증대, 인공 열과 대기 오염 물질의 발생 등의 요인으로 도시의 기온이 주변 지역보다 높게 나타나는 현상

① 열섬 현상
② 황사 현상
③ 열대야 현상
④ 사막화 현상

18 열섬 현상의 원인으로 옳지 <u>않은</u> 것은?　　　2021년 1회

① 녹지 면적의 증가
② 아스팔트 도로의 증가
③ 콘크리트 건물의 증가
④ 자동차의 배기가스 배출 증가

주목
19 열섬 현상을 완화하기 위한 도시 개발 계획으로 <u>부적절한</u> 것은?

① 옥상 정원 조성
② 하천 복원 사업
③ 대중교통 체계 개선
④ 바람의 순환을 돕는 건물 배치

빠른 정답 체크

08 ④	09 ④	10 ①	11 ③	12 ④	13 ②	14 ③
15 ③	16 ③	17 ①	18 ①	19 ③

20 다음 현상에 의해 나타나는 도시 문제로 보기 어려운 것은? 2015년 2회

> 도시 인구가 짧은 기간 안에 급격히 증가하는 현상

① 집값 하락
② 대기 오염
③ 교통 혼잡
④ 쓰레기 배출 문제

주목

21 도시화가 진행되면서 도시에 나타나는 문제점과 해결 방안이 바르게 연결되지 않은 것은?

① 주택 부족 – 주택 공급 확대
② 대기 오염 – 친환경 에너지 사용
③ 교통 혼잡 – 대중교통 시설 확대
④ 인구 증가 – 대규모 공업 단지 조성

22 (가)에 들어갈 내용으로 적절하지 않은 것은? (단, 도시의 총면적은 변화가 없다고 가정함) 2018년 2회

> 산업화로 도시에 일자리가 많아지자 사람들이 도시로 몰려들었다. 그 결과 도시에서는 _____(가)_____.

① 농업 인구 비중이 증가하였다.
② 인구 밀도가 이전에 비해 높아졌다.
③ 공업뿐만 아니라 서비스업도 함께 발달하였다.
④ 대기 오염을 비롯한 다양한 환경 문제가 나타났다.

23 다음 현상을 설명하는 용어는? 2015년 2회

> 도시의 낡은 시설을 정비하고, 도시 기능을 재활성화하는 것

① 교외화
② 집심 현상
③ 종주 도시화
④ 도시 재개발

24 다음에서 설명하는 것으로 가장 적절한 것은? 2021년 1회

> 산업화로 생산 과정의 자동화가 이루어졌지만 이로 인해 인간을 마치 기계의 부속품처럼 여기게 되어 노동에서 얻는 만족감이나 성취감이 약화되는 현상을 의미한다.

① 연고주의
② 인간 소외
③ 공간 불평등
④ 계층의 양극화

25 산업화로 인한 사회 변화로 옳은 것을 〈보기〉에서 고른 것은?

> **보기**
> ㄱ. 노동 문제의 발생
> ㄴ. 정보 사회의 도래
> ㄷ. 경제적 평등의 실현
> ㄹ. 대량 생산 체제의 확산

① ㄱ, ㄴ
② ㄱ, ㄹ
③ ㄴ, ㄷ
④ ㄷ, ㄹ

주목

26 다음 자료를 통해 알 수 있는 변화 모습으로 옳은 것은?

〈서울 – 부산 간 이동 시간 변화〉

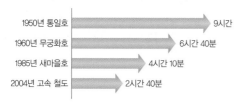

① 장거리 이동이 줄어든다.
② 지역 간 교류가 감소한다.
③ 생활 공간의 범위가 확대된다.
④ 국내 여행 관광 산업이 쇠퇴한다.

27 교통의 발달이 생태 환경에 미친 영향으로 옳은 것은?

① 토양 오염이 감소한다.
② 녹지 면적이 증가한다.
③ 생태계의 연속성이 단절된다.
④ 야생 동물의 서식지가 증가한다.

28 지도는 교통수단의 발달에 따른 우리나라의 상대적 크기 변화를 나타낸 것이다. 이를 보고 추론한 내용으로 적절하지 <u>않은</u> 것은?   2017년 2회

〈교통수단 발달에 따른 우리나라의 상대적 크기 변화〉

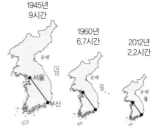

*시간: 서울에서 부산까지 이동하는 데 걸리는 시간 (한국 철도 공사, 2012년)

① 지역 간 접근성이 낮아졌을 것이다.
② 서울의 통근권이 확대되었을 것이다.
③ 교통로 건설로 환경 파괴 문제가 발생했을 것이다.
④ 공간적 제약의 감소로 인구 이동이 활발해졌을 것이다.

29 그림과 같은 변화의 영향으로 적절하지 <u>않은</u> 것은?   2018년 2회

〈교통수단 발달에 따른 지구의 상대적 크기 변화〉

A. 1500~1840년
마차와 범선: 시속 16 km

B. 1850~1930년
증기 기관차: 시속 100 km

C. 1950년대
프로펠러 비행기: 시속 600 km

D. 1980년대
제트 비행기: 시속 1,200 km

① 국가 간의 교역이 활발해졌다.
② 지역 간 문화 교류가 감소하였다.
③ 먼 거리도 가깝다고 느끼게 되었다.
④ 세계 여러 곳을 쉽게 여행할 수 있게 되었다.

빠른 정답 체크

20 ①	21 ④	22 ①	23 ④	24 ②	25 ②	26 ③
27 ③	28 ①	29 ②				

30 다음 그림을 통해 알 수 있는 교통·통신의 발달에 따른 문제점은?

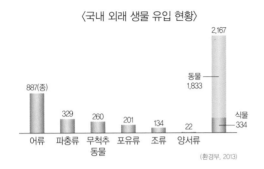

〈국내 외래 생물 유입 현황〉

① 생태계의 연속성이 단절된다.
② 질병이 국경을 초월하여 확산된다.
③ 도로, 철도 등의 건설로 삼림이 훼손된다.
④ 다른 국가의 생물이 전파되어 생태계가 교란된다.

32 다음 밑줄 친 ㉠, ㉡의 해결 방안을 바르게 연결한 것은?

도로와 철도 건설의 증가로 산림이 훼손되면서 ㉠ 생태계의 연속성이 단절되어 야생 동식물의 서식지가 줄어들고 있다. 그리고 ㉡ 항공기, 자동차, 선박 등에 의해 외래 동식물이 유입되어 기존의 생태 환경이 파괴되기도 한다.

	㉠	㉡
①	생태 이동 통로 건설	배기가스 저감 장치 개발
②	생태 이동 통로 건설	선박 평형수 처리 장치 설치
③	배기가스 저감 장치 개발	생태 이동 통로 건설
④	선박 평형수 처리 장치 설치	배기가스 저감 장치 개발

33 다음에서 설명하는 공간 정보 기술은?　　2019년 2회

• 다양한 방법으로 수집된 정보를 수치화하여 컴퓨터에 입력·저장하고 이를 사용자의 요구에 따라 분석하여 공간 정보를 만들어 내는 정보 처리 시스템을 의미한다.
• 공공 시설물의 입지 선정, 교통 문제 및 재난 관리 등에 활용된다.

① 원격 탐사
② 유비쿼터스
③ 지리 정보 체계
④ 소셜 네트워크 서비스

31 교통·통신의 발달에 따른 문제점이 아닌 것은?

① 정보 교환의 공간적·시간적 제약 증가
② 도시와 농촌의 정보량의 지역 차이 발생
③ 청장년층과 노년층의 정보 이용의 차이 발생
④ 새로운 교통로의 건설로 기존의 교통 중심지 쇠퇴

34 다음 설명에 해당하는 공간 정보 기술의 명칭은?

> 인공위성을 이용하여 어느 곳에서든 자신의 위치를 정확히 알 수 있는 공간 정보 기술을 활용하는 시스템이다.

① 전자 지도
② 유비쿼터스
③ 지리 정보 시스템
④ 위성 위치 확인 시스템

35 정보화 사회에 대한 설명으로 거리가 가장 먼 것은?

2014년 1회

① 전통적인 권위주의 문화로 대체되었다.
② 이전에 비해 다양한 정보를 얻기가 쉬워졌다.
③ 정보의 유출로 사회적 문제가 발생하기도 한다.
④ 정보의 자산 가치 중요성에 대한 인식이 확대되었다.

36 지리 정보 시스템(GIS)의 활용 분야가 아닌 것은?

2017년 1회

① 재해 관리
② 도시 계획 수립
③ 학교생활 만족도 조사
④ 공공시설의 입지 선정

[37~38] 다음 표를 보고 물음에 답하시오.

〈정보화로 인한 생활 양식의 변화〉	
경제적 영역	㉠
정치·행정적 영역	전자 민주주의의 실현
사회적 영역	㉡

주목

37 ㉠에 들어갈 내용으로 옳지 않은 것은?

① 전자 상거래 발달
② 인터넷 뱅킹 사용자 증가
③ 온라인 쇼핑 상품 구입 증가
④ 재택근무 증가로 업무의 효율성 감소

38 ㉡에 들어갈 내용으로 옳은 것은?

① 대면 접촉 증가
② 권위주의적 인간관계 증가
③ 원격 진료와 원격 교육 감소
④ SNS를 통한 쌍방향 소통 가능

주목

39 다음 인류 사회의 변천 과정 중 (가), (나) 사회에 대한 설명으로 옳은 것은?

농업 사회 → (가) 사회 → (나) 사회

① (가) 사회에서는 인구의 탈도시화가 진행된다.
② (나) 사회에서 자본주의가 형성·발전되었다.
③ (나) 사회에서는 정보와 지식이 중요한 자원이다.
④ (나) 사회에서보다 (가) 사회에서 인간 생활이 편리하다.

빠른 정답 체크

30 ④	31 ①	32 ②	33 ③	34 ④	35 ①	36 ③
37 ④	38 ④	39 ③				

[40~41] 다음 그림을 보고 물음에 답하시오.

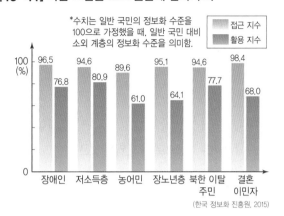

*수치는 일반 국민의 정보화 수준을 100으로 가정했을 때, 일반 국민 대비 소외 계층의 정보화 수준을 의미함.

접근 지수
활용 지수

(한국 정보화 진흥원, 2015)

40 위 그림과 관련된 정보화 사회의 문제점으로 옳은 것은?

① 정보 격차
② 사이버 범죄
③ 인터넷 중독
④ 사생활 침해

41 위 그림과 관련된 문제점을 해결하기 위한 방안으로 적절한 것은?

① 정보 윤리 교육을 시행한다.
② 사이버 테러 대응 센터를 운영한다.
③ 인터넷 중독 치료 프로그램을 시행한다.
④ 정보 소외 계층을 위한 복지 제도를 확충한다.

42 (가)에 들어갈 말로 가장 적절한 것은? **2018년 2회**

	항목	척도				
1	밤 늦게까지 접속해 있느라 잠을 못 잔 적이 있다.	1	2	3	4	5
2	하루라도 온라인 게임을 하지 않으면 생활이 지루하고 재미가 없다.	1	2	3	4	5

(가) 자가 진단표

(1: 전혀 아니다. 2: 드물지만 있다. 3: 가끔 있다. 4: 자주 있다. 5: 항상 그렇다.)

① 정보 격차
② 인터넷 중독
③ 사이버 폭력
④ 개인 정보 유출

43 다음 기사에서 알 수 있는 정보 사회의 문제점은?

2017년 1회

> 검찰은 범인이 4개월 동안 통신사의 서버에 보관되어 있던 가입자의 이름과 전화번호, 주민 등록 번호, 휴대폰 기종, 기기 변경 일수 등 고객 정보 약 800만 건 중 3만여 건을 휴대폰 판매에 몰래 사용했다고 밝혔다.
>
> – ○○신문 –

① 정보 격차
② 인터넷 중독
③ 개인 정보 유출
④ 디지털 피로 증후군

[44~46] 다음 지역 조사 과정을 읽고 물음에 답하시오.

> (가) 보고서 작성하기
> (나) 조사 계획 수립하기
> (다) 지역 정보 분석하기
> (라) 지역 정보 수집하기

44 지역 조사 과정을 순서대로 바르게 나열한 것은?

① (가) − (나) − (다) − (라)
② (나) − (다) − (라) − (가)
③ (나) − (라) − (다) − (가)
④ (라) − (다) − (나) − (가)

45 다음과 같은 활동이 이루어지는 단계는?

> 수집된 자료를 정리하여 도표, 주제도, 그래프 등으
> 로 작성한다.

① (가)   ② (나)
③ (다)   ④ (라)

46 다음과 같은 활동이 이루어지는 단계는?

사진 촬영

시청 면담

김포시의 교통 체증 문제를 어떻게 해결하실 계획이신가요?

서울로 출퇴근하는 지역 주민을 위해 경기도 최초로 2층 버스를 도입했습니다.

① (가)   ② (나)
③ (다)   ④ (라)

47 다음은 지리 조사 과정을 나타낸 것이다. (가)에 들어갈 활동으로 옳은 것은?　　**2013년 1회**

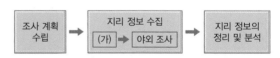

조사 계획 수립 → 지리 정보 수집 [(가) → 야외 조사] → 지리 정보의 정리 및 분석

① 측량, 견학
② 표, 그래프 작성
③ 조사 보고서 작성
④ 문헌, 통계 자료 수집

빠른 정답 체크

40 ①　　41 ④　　42 ②　　43 ③　　44 ③　　45 ③　　46 ④
47 ④

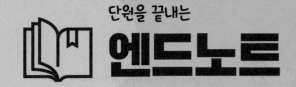

01 산업화와 도시화

1 산업화와 도시화의 의미

산업화	농업 중심 사회에서 공업과 서비스업 중심 사회로 변화하는 현상
도시화	도시의 수가 증가하거나 도시에 거주하는 인구 비율이 높아지는 현상

2 산업화와 도시화로 인한 변화

생활 공간의 변화	• 접근성, 지대, 지가의 차이로 도시 내부의 기능별 지역 분화 • 집약적 토지 이용 • 근교 촌락과 주변 도시가 하나의 생활권을 이루는 대도시권 형성 • 녹지 면적 감소, 홍수 위험 증가, 환경 오염 발생
생활 양식의 변화	도시적 생활 양식인 도시성 확산, 직업 분화, 물질적 풍요, 개인주의 가치관 확산

3 산업화와 도시화로 인한 문제와 해결 방안

도시 문제	주택 문제	대도시 주변에 신도시 건설 및 도시 재개발 사업 추진 등
	교통 문제	대중교통 수단 확충 등
	환경 문제	환경 보호 정책 시행(사회적 차원), 친환경적인 생활 실천(개인적 차원) 등
사회 문제	노동 문제	최저 임금제와 비정규직 보호법 등의 제도 마련 등
	인간 소외 현상	인간의 존엄성을 중시하는 태도 함양 등
	공동체 의식 약화	공동체 의식과 배려·협력의 자세 함양 등

02 교통·통신의 발달과 정보화

1 교통·통신 발달에 따른 변화

생활 공간의 변화	생활권 및 경제 활동 공간의 확대, 국제 거래 증가, 여가 공간의 확대, 녹지 면적 감소, 생태계 파괴 등
생활 양식의 변화	풍요롭고 편리한 생활, 정보 및 문화 교류 증가 등

2 교통·통신의 발달에 따른 문제와 해결 방안

지역 격차 문제	대중교통 수단 확충, 지역 경쟁력 강화 방안 마련 등
환경 파괴 문제	• 삼림 훼손과 녹지 면적 감소 → 생태 통로 건설 • 외래 생물 종 유입 → 선박 평형수 처리 장치 설치 의무화

3 정보화에 따른 변화

생활 공간의 변화	가상 공간의 등장, 공간 정보 기술의 활용 등
생활 양식의 변화	재택근무 증가, 전자 상거래 발달, 전자 민주주의 실현, 원격 진료 및 온라인 교육 증가, 쌍방향 의사소통 가능 등

4 정보화에 따른 문제와 해결 방안

인터넷 중독	인터넷 사용 시간 규정, 인터넷 중독 예방 및 치료 프로그램 마련 등
사생활 침해	개인 정보와 관련된 법과 처벌 수준 강화 등
정보 격차	정보 소외 계층을 위한 정보 활용 교육 지원 등
사이버 범죄	사이버 범죄를 막기 위한 법과 제도의 강화, 정보 윤리 실천 등

03 지역의 공간 변화

1 지역 조사

의미	지역에 대한 자료를 수집·분석·종합하여 지역 특성과 공간 변화를 파악하는 활동
필요성	공간 변화를 파악하여 지역 문제의 원인 분석 및 해결 방안 모색
과정	조사 목적 및 주제 선정 → 조사 계획 수립 → 지역 정보 수집(실내 조사, 야외 조사) → 지역 정보 정리 및 분석 → 보고서 작성

산업화와 도시화, 교통·통신 수단의 발달, 정보화는 엄청난 사회 변화를 초래한 만큼, 이러한 변화를 묻는 문제가 자주 출제되고 있습니다. 각각의 변화에 대한 특징을 꼼꼼하게 정리하는 것이 이번 단원의 중요 포인트입니다.

인권 보장과 헌법

01 인권의 의미와 변화 양상

이번 단원에서는 인권의 의미 및 인권 보장의 역사를 정리하고, 현대 사회에 새롭게 요구되는 인권에 대해 학습합니다.

⭐1 인권의 의미와 특성   인권의 의미와 특성에 대해 알아야 해요.

1. 인권의 의미

① 인간이라면 누구나 누릴 수 있는 기본적인 권리를 말한다.

② 모든 사람이 인간의 존엄성을 유지하며 살아갈 수 있도록 누려야 하는 권리를 말한다.

③ 국가의 법으로 보장되기 이전부터 자연적으로 주어진 권리이다.

④ 인간이라는 이유만으로 존재 가치가 있기 때문에 행복하게 살아갈 권리가 있다는 의미를 담고 있다.

2. 인권의 특성

천부성	인간이라면 누구나 태어나면서부터 하늘로부터 부여받게 되는 당연한 권리
보편성	인종·성별·사회적 지위·종교 등과 관계없이 모든 사람이 동등하게 누리는 권리
불가침성	누구도 함부로 침해할 수 없고, 남에게 양도할 수 없는 권리
항구성	일정 기간에만 한정되는 것이 아니라 영구히 보장되는 권리

2 인권 보장의 역사

1. 시민 혁명의 전개(자유권 및 평등권의 보장)

(1) 배경

① 근대 시민 혁명 이전까지 권력은 절대 군주(왕), 귀족, 성직자 등이 독점하고 있었으며, 대다수의 평민은 신분제에 의한 차별과 절대 군주로부터 억압을 받고 있었다.

② 천부 인권 사상 및 *계몽사상, *사회 계약설 등의 확산, 상공업 발달에 따른 시민 계급의 성장으로 시민 의식이 성장하면서 시민 계급이 자유와 권리를 요구하기 시작하였다.

(2) 과정

17~18세기의 시민 혁명을 통해 인간의 존엄성 및 자유권, 평등권을 명시한 선언들을 발표하고, 시민의 자유권과 평등권을 보장받게 되었다.

> **🔍 꼼꼼 단어 돋보기**
>
> ● **계몽사상**
> 인간의 합리적 이성으로 불합리한 제도를 타파하고 진보를 이룰 수 있다고 보는 사상
>
> ● **사회 계약설**
> 평등한 개인들이 계약을 맺어 국가를 구성하고 자신들의 권리를 국가에 위임하였다는 사상

(3) 3대 시민 혁명

영국 명예혁명 (1688)	과정	의회가 전제 군주를 폐위하고, 평화롭게 정권 교체를 이룸
	관련 문서	권리 장전(1689): 왕에게 청원할 권리, 의회의 동의 없이 과세 금지, 의회 의원 선거의 자유, 언론의 자유 등을 명시함
	의의	세계 최초로 입헌 군주제의 토대가 마련됨
미국 독립 혁명 (1775~ 1783)	과정	영국의 지배를 받고 있던 미국이 영국의 차별에 대항하며 독립 혁명을 일으킴
	관련 문서	• 버지니아 권리 장전(1776): 세계 최초로 행복 추구권을 규정하였으며, 천부 인권, 신체의 자유, 언론·출판의 자유 등을 명시함 • 미국 독립 선언(1776): 국민 주권의 원리, 시민의 자유와 권리 및 저항권 등을 명시함
	의의	세계 최초의 민주 공화국이 탄생함
프랑스 혁명 (1789)	과정	구제도의 모순으로 차별받았던 시민들이 절대 왕정에 대항하여 봉건 체제를 무너뜨림
	관련 문서	인권 선언(1789): 시민에게 천부 인권, 재산권, 자유권, 저항권 등의 불가침의 권리가 있다고 명시함

➕ 구제도의 모순
시민 혁명이 일어나기 전의 프랑스 사회는 철저한 신분제 사회였다. 왕과 귀족, 성직자가 권력을 독점하고, 대부분의 평민은 엄격한 신분제하에서 부당한 대우를 받았다. 정치 참여도 매우 어려웠다.

📑 자료 스크랩   인권 보장 관련 문서

• **미국 독립 선언(1776)**: 천부 인권, 사회 계약설, 자연권, 저항권 등이 반영되었다.

> 모든 사람은 평등하게 태어났고, 누구에게도 양도할 수 없는 생명과 자유, 행복을 추구할 천부적인 권리를 지니고 있다. 정부는 국민의 주권에 의해 만들어지며, 이러한 권리를 보장하는 데 목적이 있다. 어떠한 정부라도 이러한 목적에 어긋날 경우 국민은 새로운 정부를 구성할 권리를 지닌다.

• **프랑스 인권 선언(1789)**: 천부 인권, 자유권, 저항권, 국민 주권, 소유권 불가침 등이 반영되었다.

> 제1조 인간은 자유롭고 평등한 권리를 지니고 태어나서 살아간다. 사회적 차별은 오로지 공공 이익에 근거할 때에만 허용될 수 있다.
> 제2조 모든 정치적 결사의 목적은 그 무엇도 침해할 수 없는 인간의 자연권을 보전하는 데 있다. 이러한 권리로서는 자유권과 재산권과 신체 안전에 관한 권리와 억압에 관한 저항권이다.

2. 참정권의 보장

(1) 배경

시민 혁명 이후에도 직업, 재산, 성별 등에 따라 선거권이 제한되었다.

(2) 과정

노동자, 농민, 여성, 흑인 등이 선거권을 요구하는 참정권 확대 운동을 전개한 결과, 20세기 이후 대다수의 사람들이 참정권을 보장받게 되었다.

(3) 참정권 확대 운동

차티스트 운동 (1838~1848)	영국의 노동자들이 인민헌장을 통해 보통·비밀 선거 등을 요구함 → 실패하였으나 이후 점진적으로 선거권이 확대됨
여성 참정권 운동 (20세기 초)	남성과 동등한 참정권을 보장받지 못한 여성들이 적극적으로 참정권을 요구함
흑인 민권 운동	흑인이 인종 차별에 맞서 백인과 동등한 권리가 있음을 주장함

➕ 시민 혁명의 한계
시민 혁명 이후에도 참정권은 '시민(일정 이상의 재산을 가진 성인 남자)'에게 한정되어 있었다.

🔍 꼼꼼 단어 돋보기

● **입헌 군주제**
군주(왕)의 권력이 헌법에 의하여 제한을 받는 정치 형태

3. 사회권의 보장

(1) 배경
① 18세기 산업 혁명 이후 자본주의가 발전하면서 빈부 격차, 노동 문제 등 각종 사회 문제가 등장하였다.
② 노동자를 비롯한 사회적 약자들에게 최소한의 인간다운 생활을 국가가 보장해 주어야 한다는 생각이 확산되었다.

(2) 관련 문서
독일의 바이마르 헌법(1919)은 최초로 사회권을 명시한 문서로, 이후 여러 국가의 복지 국가 헌법 제정에 크게 영향을 미쳤다.

> **📖 자료 스크랩**   **독일 바이마르 헌법**
>
> 제151조 ① 경제생활의 질서는 모든 사람에게 인간다운 생활을 보장할 것을 목적으로 하는 정의의 원칙에 기초하여야 한다.
> 제163조 ② 모든 국민에게는 노동할 기회가 주어진다. 적절한 일자리를 얻지 못한 국민은 필요한 생계비를 지원받을 수 있다.

4. 연대권의 보장

(1) 세계 인권 선언(1948)

배경	제1·2차 세계 대전 이후 인권 침해에 대한 반성과 인권 문제를 해결하기 위한 인류 공동의 노력이 필요하다는 인식이 확산됨
내용	국제 연합(UN) 총회에서 채택한 문서로, 인권 보장을 인류의 보편적 가치로 선포하고, 인권 보장의 국제 기준을 제시함
영향	국가를 초월하여 인류 전체의 인권 의식 성장에 크게 기여하였으며, 국제 인권법의 토대가 됨

(2) 연대권의 등장[+]

배경	사회적 약자의 인권 보호를 위해 국제적 연대가 필요하다는 인식이 확산됨
의미	국가와 민족을 초월하여 국제적인 연대와 협력을 중시하는 권리
내용	누구나 평등하게 대우받을 권리, •자결권, 발전의 권리, 평화의 권리, 지속 가능한 환경에 대한 권리, 재난으로부터 구제받을 권리 등

➕ 인권의 확대 과정
1세대 인권(자유권) → 2세대 인권(사회권) → 3세대 인권(연대권 또는 집단권)

> **📖 자료 스크랩**   **세계 인권 선언**
>
> 제1조   모든 인간은 태어날 때부터 자유로우며, 누구에게나 동등한 존엄성과 권리가 있다. 인간은 타고난 이성과 양심을 지니며, 형제애의 정신에 입각해서 행동해야 한다.
> 제22조   모든 사람에게는 사회의 일원으로서 사회 보장을 요구할 권리가 있으며, 국가적 노력과 국제적 협력을 통해, 또한 각국의 조직과 지원에 따라 자신의 존엄성과 자신의 인격의 자유로운 발전에 필수 불가결한 경제적·사회적·문화적 권리를 실현할 자격이 있다.
> 제24조   모든 사람은 휴식과 여가를 가질 권리가 있다. 일하는 시간은 적절히 제한되며 유급 휴가를 가진다.
>
> 전문은 인권의 보편성, 천부성, 항구성, 불가침성을 확인하고 국가의 인권 보장 의무를 담고 있다.

🔍 꼼꼼 단어 돋보기

● **자결권**
다른 나라의 간섭 없이 자기 민족이나 집단의 일을 스스로 결정하고 고유한 삶의 방식을 누릴 권리

3 현대 사회의 인권 확장 새로운 인권의 등장 배경과 종류에 대해 알아야 해요.

1. 새로운 인권의 보장

(1) 인권 확장의 배경
오늘날 인권 의식이 높아지고 도시 환경의 변화에 따라 새로운 사회 문제들이 등장하면서 이를 해결하기 위한 새롭고 구체적인 인권이 요구되기 시작하였다.

(2) 인권 확장의 경향
현대 사회의 인권은 인류가 추구해야 할 보편적 가치이자 민주 사회의 기준이 되며, 한 사회의 정의로움을 평가하는 척도가 되기 때문에 중요하게 여겨져 다양한 영역으로 인권이 확장되고 있다.

(3) 현대 사회에서 새롭게 요구되는 인권[+]

종류	의미	배경	국가의 보장 방법
안전권	각종 위험으로부터 안전을 보호받을 권리 ⓔ「재난 및 안전관리 기본법」, 「산업 안전 기본법」 등	재해나 전염병의 피해, 범죄 증가 등	재난 안전 관리 관련 정책을 마련함
주거권	쾌적하고 안정적인 주거 환경에서 인간다운 주거 생활을 할 권리 ⓔ「주거 기본법」 등	주택 부족, 빈곤층의 열악한 주거 환경 등	주거 약자에게 주거비 지원, 주거 환경 정비에 관련된 정책을 마련함
문화권	누구나 문화 활동에 참여하고 문화를 향유할 권리 ⓔ「문화 기본법」, 「문화 예술 진흥법」 등	사회적 약자의 문화생활 기회 제한, 여가 시간 증가 등	문화 소외 계층을 대상으로 문화생활을 누릴 수 있도록 지원함
환경권	건강하고 쾌적한 환경에서 살아갈 권리 ⓔ「환경 정책 기본법」 등	대기 및 수질 오염 등 각종 환경 오염 발생	국민의 권리와 동시에 국민의 의무로 규정하고, 환경 관련 국제 협약을 지키기 위해 노력함

> **[+] 잊힐 권리**
> 인터넷상에서 유통되는 정보, 특히 개인 정보를 당사자가 삭제하거나 수정해 달라고 요청할 수 있는 권리를 말한다. 인터넷이 필수인 현대 정보화 사회에서 발생하는 인권 문제를 해결하기 위해 등장하였다. 이에 대해 국민의 '알 권리'가 침해될 우려가 있다는 반대 의견도 제기되었다.

🖵 자료 스크랩   헌법에서 보장하는 새로운 인권

제22조 ① 모든 국민은 학문과 예술의 자유를 가진다. → 문화권
제34조 ⑥ 국가는 재해를 예방하고 그 위험으로부터 국민을 보호하기 위하여 노력하여야 한다. → 안전권
제35조 ① 모든 국민은 건강하고 쾌적한 환경에서 생활할 권리를 가지며, 국가와 국민은 환경 보전을 위하여 노력하여야 한다. → 환경권
제35조 ③ 국가는 주택 개발 정책 등을 통하여 모든 국민이 쾌적한 주거 생활을 할 수 있도록 노력하여야 한다. → 주거권

02 헌법의 역할과 시민 참여

이번 단원에서는 헌법으로 보장하는 기본권의 종류 및 특징, 기본권 제한의 요건을 이해하고, 이를 바탕으로 인권 보장과 기본권 구제를 위한 제도 및 다양한 시민 참여 방법에 대해 학습합니다.

1 인권 보장을 위한 헌법의 역할

1. 헌법

(1) 의미
① 국가의 최고법이다.
② 국가의 통치 조직 및 운영 원리를 규정하고, 국민의 기본권의 내용과 이를 보장하기 위한 제도를 명시하고 있다.

(2) 역할
국민의 인권 보장을 위한 근본적 토대이자 최후의 보호막 역할을 한다.

(3) 헌법과 인권 보장의 관계[+]
가장 지위가 높은 법인 헌법을 통해 추상적인 인권을 구체적으로 규정하여 실질적으로 보장하고 있다.

2. 기본권
헌법으로 보장되는 국민의 기본적 권리를 말한다.

> **쏙쏙 이해 더하기** | **법의 위계**
>
>
>
> • 헌법: 다른 법률이나 명령으로 변경할 수 없는 한 국가의 최고 법규
> • 법률: 국회에서 만든 법
> • 명령: 대통령이나 행정부에 의하여 제정된 국가의 법령
> • 조례, 규칙: 지방 자치 단체에서 만든 법
>
> (피라미드) 헌법 / 법률 / 명령 / 조례, 규칙
>
> 헌법은 다른 법률이나 명령으로써 변경할 수 없고, 모든 법규는 헌법을 위배하여 제정되어서는 안 된다.

☆ 2 헌법으로 보장하는 기본권 기본권의 종류와 특징에 대해 정확히 알아야 해요.

1. 인간으로서의 존엄과 가치 및 행복 추구권

특징	다른 기본권의 근본이념과 목표에 해당하는 권리
내용	모든 국민은 인간으로서의 존엄과 가치, 행복을 추구할 권리를 가지며, 국가는 이를 보장할 의무를 진다고 명시하고 있음
종류	생명권, 인격권[+] 등

[+] 인권 보장을 위한 법률과 제도
헌법은 기본적 인권을 규정하고 있지만 그 내용이 추상적이기 때문에 인권의 구체적 실현을 위해서는 각종 법률과 제도가 필요하다. 예를 들어 우리나라 헌법 제11조 ①에서는 "모든 국민은 법 앞에 평등하다."라고 하여 평등권을, 제32조 ①에서는 "모든 국민은 근로의 권리를 가진다."라고 하여 근로의 권리를 규정하고 있다. 이러한 평등권과 근로의 권리는 장애 유무 등에 따른 차별을 금지하는 법률과 그 법률을 근거로 만들어진 장애인 의무 고용 제도 등을 통해 실제 생활에서 보장될 수 있다.

[+] 인격권
권리와 주체를 분리할 수 없는 인격적 이익을 내용으로 하는 권리를 말한다.
예 신용권, 명예권, 프라이버시권 등

2. 자유권

의미	국민이 국가 권력으로부터 간섭받지 않고 자신의 의지에 따라 행동할 수 있는 권리
특징	국가 권력이 행사되지 않음으로써 보장되는 소극적 · 방어적 · 포괄적 권리
종류⁺	신체의 자유, 언론 · 출판 · 집회 · 결사의 자유, 양심의 자유, 종교의 자유, 사생활의 자유, 거주 이전의 자유, 재산권 행사의 자유 등

✚ 자유권의 종류

신체의 자유	불법한 체포 · 구속으로부터의 자유
정신적 자유	학문과 예술의 자유, 양심의 자유, 종교의 자유, 언론 · 출판의 자유 등
사회 · 경제적 자유	재산권, 거주 이전의 자유, 직업 선택의 자유 등

3. 평등권

의미	국민이 사회생활에서 정당하고 합리적인 이유 없이 불평등한 대우를 받지 않을 권리
특징	• 자유권과 함께 본질적 · 포괄적 · 핵심적 권리임 • 다른 기본권 보장을 위한 전제 조건의 성격
전제 조건	모든 사람이 실질적인 평등을 누릴 수 있어야 함
종류	법 앞에서의 평등, 차별받지 않을 권리

쏙쏙 이해 더하기 | 평등권

일반적으로 집단으로서 남자는 여자에 비하여 근력, 순발력 등이 우수하고, 여자는 남자에 비하여 유연성 등이 우수한 것으로 평가되는 등 서로 다른 신체적 능력을 보유하고 있다고 보인다. 그런데 전투를 수행함에 있어 요청되는 신체적 능력과 관련하여 본다면, 무기의 소지 · 작동 및 전장의 이동에 요청되는 근력 등이 우수한 남자가 전투에 더욱 적합한 신체적 능력을 갖고 있다고 할 수 있다. …… 이러한 신체적 특징의 차이에 기초하여, 입법자가 최적의 전투력 확보를 위하여 남자만을 징병 검사의 대상이 되는 병역 의무자로 정한 것이 현저히 자의적인 것이라 보기 어렵다.
― 헌법 재판소 2010. 11. 25. 2006헌마328 ―

병역의 의무와 관련하여 남자와 여자는 신체적 능력에 차이가 있기 때문에 남성에게만 병역의 의무를 부여하는 것은 합리적 차별로서 '법 앞에서의 평등'에 위배되지 않는다. 즉, 우리 헌법은 모든 사람을 무조건 동일하게 대우하는 절대적 평등(형식적 평등)이 아니라, 성별, 재산, 교육 수준과 같은 차이에 따른 합리적 차별을 인정하는 상대적 평등(실질적 평등)을 보장하고 있다.

4. 참정권

의미	국민이 국가의 의사 결정 과정과 정치에 참여하여 국가를 통제할 수 있는 권리
특징	능동적 권리
종류	선거권, 국민 투표권, [●]공무 담임권 등
의의	국민이 국가 기관을 견제할 수 있고, 국민 주권주의를 실현할 수 있음

5. 사회권

의미	국민이 인간의 존엄과 가치를 유지하면서 살기 위해 최소한의 인간다운 생활의 보장을 요구할 수 있는 권리
특징	• 국민이 국가에 요구하는 적극적 권리 • 현대 복지 국가에서 강조하는 권리
종류	인간다운 생활을 할 권리, 교육을 받을 권리, 근로의 권리, 사회 보장을 받을 권리, 쾌적한 환경에서 살 권리 등

꼼꼼 단어 돋보기

● 공무 담임권
국민이 국가나 지방 자치 단체의 구성원이 되어 공무를 담당할 수 있는 권리

6. 청구권

의미	다른 기본권들이 침해되었을 때 국민이 국가에 대해 일정한 행위를 요구할 수 있는 권리
특징	다른 기본권 보장을 위한 수단적 권리의 성격
종류+	청원권, 재판 청구권, 형사 보상 청구권, 국가 배상 청구권, 범죄 피해자 구조 청구권 등

✚ 청구권의 종류
- 청원권: 국가 기관에 문서로서 자신의 요구와 의견을 진술할 수 있는 권리
- 형사 보상 청구권: 형사 피의자 또는 피고인이 법률이 정한 불기소 처분을 받거나 무죄 판결을 받았을 때 국가에 보상을 청구할 수 있는 권리
- 국가 배상 청구권: 국가 또는 공무원의 직무상 불법 행위 등으로 손해를 입은 국민이 국가나 공공 단체에 배상을 청구할 수 있는 권리

🗐 자료 스크랩   **국민의 기본권을 보장하는 헌법 조항**

헌법 제10조 모든 국민은 인간으로서의 존엄과 가치를 가지며, 행복을 추구할 권리를 가진다. 국가는 개인이 가지는 불가침의 기본적 인권을 확인하고 이를 보장할 의무를 진다. → 인간으로서의 존엄과 가치 및 행복 추구권
헌법 제11조 ① 모든 국민은 법 앞에 평등하다. 누구든지 성별·종교 또는 사회적 신분에 의하여 정치적·경제적·사회적·문화적 생활의 모든 영역에 있어서 차별을 받지 아니한다. → 평등권
헌법 제12조 ① 모든 국민은 신체의 자유를 가진다. → 자유권
헌법 제24조 모든 국민은 법률이 정하는 바에 의하여 선거권을 가진다. → 참정권
헌법 제26조 ① 모든 국민은 법률이 정하는 바에 의하여 국가 기관에 문서로 청원할 권리를 가진다. → 청구권
헌법 제34조 ① 모든 국민은 인간다운 생활을 할 권리를 가진다. → 사회권

우리나라는 헌법 제10조에 명시된 바에 따라 국가가 불가침의 기본적 인권을 보장해야 한다는 의무를 실천하기 위해 인간으로서의 존엄과 행복 추구권을 바탕으로 다양한 기본권을 규정하고 있다.

☆ 7. 국민의 기본권 제한   국민의 기본권은 법률로써 제한할 수 있어요.

(1) 제한의 목적
국가 안전 보장, 질서 유지, 공공복리를 위해 필요한 경우에 한하여 제한한다.

(2) 제한의 방법
국민의 대표 기관인 국회가 제정한 법률로써만 제한할 수 있다.

(3) 제한의 한계
국민의 자유와 권리의 본질적인 내용은 침해할 수 없다.

(4) 기본권 제한의 한계 설정 목적
국가 권력에 의한 자의적인 기본권 침해를 방지하기 위해서이다.

(5) 헌법 관련 조항

헌법 제37조 ② 국민의 모든 자유와 권리는 국가 안전 보장, 질서 유지 또는 공공복리를 위하여 필요한 경우에 한하여 법률로써 제한할 수 있으며, 제한하는 경우에도 자유와 권리의 본질적인 내용을 침해할 수 없다.

8. 헌법에 열거되지 않은 권리의 보장

(1) 배경
사회가 변화하면서 인간의 존엄을 위해 필요하다고 여겨지는 새로운 권리가 등장하였다.

(2) 사례
일조권, 수면권, 건강권, 문화권 등이 있다.

🔍 꼼꼼 단어 돋보기

● 일조권
햇빛을 받아 쬘 수 있도록 법률상 보호되어 있는 권리

(3) 헌법 관련 조항

> 헌법 제37조 ① 국민의 자유와 권리는 헌법에 열거되지 아니한 이유로 경시되지 아니한다.

📑 자료 스크랩　　**기본권 제한 사례**

국회는 자동차 운전 중에는 휴대 전화로 영상물을 보거나 조작하는 행위를 금지하는 도로 교통법 개정안을 통과시켰다. 이에 경찰은 운전 중 영상물을 표시 및 조작할 경우 범칙금을 부과하기로 하였다. 또 '삼진 아웃제'에 따라 이를 3회 이상 위반할 경우 운전면허를 취소하기로 하였다. 한국 교통 연구원 조사 결과 운전 중 휴대 전화를 보는 경우는 음주 상태로 운전하는 것과 같은 것으로 나타났다.

운전 중에 휴대 전화를 보는 행위는 개인의 자유권에 해당하지만, 교통사고를 유발하여 다른 사람의 생명권과 같은 기본권을 침해할 수 있고 교통질서를 어지럽힐 수 있는 행위이다. 이러한 이유로 국가에서는 질서 유지나 공공복리를 위해 「도로 교통법」이라는 법률을 통해 개인의 자유를 제한하고 있다.

3　인권 보장을 위한 제도적 장치　　권력 분립 제도, 복수 정당 제도에 대해 알아야 해요.

⭐1. 헌법상의 제도적 장치

(1) 국민 주권의 원리
① 의미: 주권이 국민에게 있다는 원리이다.
② 국민 투표를 통해 헌법을 개정하는 경우, 선거를 통해 대통령과 국회 의원을 선출하는 경우에 해당한다.

(2) 권력 분립 제도
① 의미: 국가 권력을 나누어 각각 다른 기관에 분담시켜 상호 견제와 균형을 이루도록 하는 원리이다.
② 목적: 국가 기관의 권력 남용을 막아 국민의 권리를 보장하기 위함이다.
③ 삼권 분립: 입법권은 국회, 행정권은 정부, 사법권은 법원이 담당하도록 하는 제도이다.

➕ 국가 기관
- 입법부(국회): 법률을 만드는 국가 기관으로 국민이 선출한 국회 의원으로 구성
- 행정부(정부): 법률을 집행하고 국가의 목적이나 공익을 적극적으로 실현하는 국가 기관
- 사법부(법원): 법을 해석하고 적용함으로써 분쟁을 해결하는 국가 기관

쏙쏙 이해 더하기　　**권력 분립 제도**

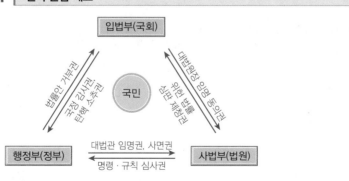

민주 국가에서는 국가 권력을 여러 개로 분리하여 국가 권력의 집중과 남용을 막고, 국민의 자유와 권리를 보장하는 것을 목적으로 한다. 일반적으로 삼권 분립 형태로 나타나는데, 입법부, 행정부, 사법부를 서로 독립된 기관에 맡기고 각 국가 기관에 다른 국가 기관을 견제할 수 있는 권한을 부여하고 있다. 그런데 권력 분립을 통한 국가 기관의 독립성을 지나치게 중시하면 다른 권력 기관이나 국민에 의한 감시와 통제가 오히려 어려워져 국민의 기본권이 침해될 수 있다. 따라서 권력 분립이 원칙이지만 권력 기관 상호 간의 견제를 통해 균형을 이루는 것 또한 중요하다.

(3) 법치주의
① 의미: 국가의 운영이 국회에서 제정한 법률에 근거하여 수행되도록 하는 원리이다.
② 목적: 국가 권력에 의한 자의적·독단적 지배를 막기 위함이다.

(4) 입헌주의
국가의 통치가 헌법에 따라 이루어지도록 하는 원리이다.

(5) 민주적 선거 제도
① 의미: 국민이 선거를 통해 대표자를 선출하는 제도이다.
② 국민의 의사를 정치에 반영할 수 있다.
③ 공무 담임권을 규정하여 국정 운영에 직접 참여할 수 있게 한다.

(6) 복수 정당 제도
① 의미: 두 개 이상의 정당을 인정하는 제도이다.
② 여러 정당이 자유롭게 활동하여 국민의 다양한 정치적 견해가 정책에 반영된다.
③ 정권의 평화적 교체 가능성을 보장함으로써 민주적 기본 질서 유지에 기여한다.

2. 기본권 구제 제도

(1) 법원
인권을 침해받은 국민의 권리를 재판을 통해 구제받게 한다.

(2) 헌법 재판소

성격	• 법률이나 공권력이 헌법에 보장된 국민의 기본권을 침해하였는지 판단하여 구제함 • 국민의 기본권이 충실히 보장되도록 하는 독립된 헌법 기관 • 법원과는 별도로 헌법과 관련된 분쟁을 심판하고, 헌법이 국가 권력보다 우위에 있음을 분명히 밝혀 실질적 법치주의를 실현함
권한	• 헌법 소원 심판: 국가의 공권력 또는 법률에 의해 기본권을 침해당한 국민이 청구할 경우 심판함 • 위헌 법률 심판: 국회가 만든 법률이 헌법에 위반되는지 법원이 제청하는 경우 심판함

(3) 국가 인권 위원회

성격	• 입법, 사법, 행정 어디에도 속하지 않은 인권 보호를 담당하는 독립된 국가 기관 • 민주적 기본 질서 확립, 개인의 인권 보호 및 향상에 관한 모든 사항 등을 다루는 인권 전담 기구
권한	• 일상생활에서 인권 침해가 발생하였을 때, 문제점을 조사하여 개선할 것을 권고하거나 의견을 제시함 • 국민이 인권 침해와 관련된 진정을 하면 조사하여 구제해 줌

(4) 국민 권익 위원회

성격	공직 사회의 부패 예방 등을 통해 국민의 권리를 보호하고 불합리한 행정 제도를 개선하는 국가 기관
권한	• 행정 기관의 잘못된 법 집행 등으로 인해 권리를 침해당한 국민의 고충 민원을 조사하여 개선되도록 유도함 • 행정 기관의 잘못된 행정 처분을 취소시키거나 무효화하는 행정 심판의 권한이 있음

> **꼼꼼 단어 돋보기**
>
> ● 권고
> 어떤 일을 하도록 권함
> ● 진정
> 실정이나 사정을 진술함

4 정의 실현을 위한 준법 의식과 시민 참여

1. 준법 의식

(1) 의미
사회 구성원들이 법이나 규칙을 지키고자 하는 의식을 말한다.

(2) 기능
① 법을 지키지 않으면 갈등이 발생할 수 있기 때문에 법을 지킴으로써 사회 질서 유지가 가능해진다.
② 법을 지킴으로써 타인과 국가 권력으로부터 개인의 권리를 보호하고, 자유로운 생활을 보장받을 수 있게 된다.
③ 사회 정의를 실현할 수 있다.

2. 시민 참여

(1) 의미
시민들이 참여 의식을 가지고 정책 결정 과정에 적극적으로 개입하여 감시하고, 부당한 정책에 대해서는 개선을 요구하는 행위를 말한다.

(2) 기능
① 대의 민주주의를 보완하여 시민의 의사를 정책에 반영하고, 국가 권력이 남용되지 않도록 감시할 수 있다.
② 현실의 문제점을 지적하고 이를 해결하기 위해 우리 사회를 변화시킴으로써 정의로운 사회에 다가설 수 있다.

+ 대의 민주주의(간접 민주주의)
국민이 전문성을 갖춘 대표를 선출하고, 선출된 대표가 국회(의회)에 모여 의사 결정을 하도록 일임하는 형태의 민주주의를 뜻한다. (↔ 직접 민주주의)

☆(3) 시민 참여 방법

선거	국민이 국민의 대표자를 선출하고 정책 결정에 참여하는 가장 기본적인 정치 참여 방법
청원	행정 기관에 대하여 불만이나 요구 사항을 문서로 진술하고 시정을 요구하는 제도
이익 집단	이해관계를 같이하는 사람들이 특수 이익을 실현하기 위해 만든 집단 예 전국 민주 노동조합 총연맹, 대한 의사 협회 등
시민 단체	공익 추구를 목표로 다양한 분야에서 활동하는 단체 → 가장 적극적인 정치 참여 방법 예 경제 정의 실천 시민 연합, 환경 운동 연합 등
기타	공청회나 토론회 참석, 언론 및 SNS를 통한 의견 표현, 집회나 서명 운동, 봉사 활동, 1인 시위, 국민 참여 재판 참여 등

☆3. 시민 불복종

(1) 시민 불복종의 의미
잘못된 법이나 정책을 바로잡기 위해 불이익을 감수하면서도 의도적으로 법을 위반하는 행위로, 비폭력적 수단으로 복종을 거부하는 행위를 말한다.

(2) 필요성
모든 수단을 동원했음에도 바람직하지 못한 정책이 지속되어 인권을 침해할 때, 이를 바로잡아 정의를 실현할 수 있다.

(3) 사례
간디의 소금법 폐지 운동, 마틴 루서 킹의 흑인 민권 운동 등이 있다.

🔍 꼼꼼 단어 돋보기

● 공청회
중요 정책 결정 이전에 관계자나 전문가에게 의견을 듣는 회의

● 국민 참여 재판
국민이 형사 재판에 배심원으로 참여하는 제도

인도 독립운동의 지도자 간디는 영국의 식민 지배를 받던 1900년대 초반에 당시 영국이 시행하던 소금법의 부당함을 알리고자 했다. 소금법은 인도인의 소금 채취 및 판매를 금지하는 법이다. 소금법의 시행으로 영국이 소금을 판매하여 많은 세금을 징수하자 인도 사람들은 소금을 사 먹지 못하는 지경에 이르렀다. 이에 간디는 저항의 의미로 군중과 함께 행진을 전개하고 소금을 직접 채취하였다. 그는 소금 행진에 대해 "이것은 힘과 정의의 싸움이며, 나는 이 싸움에서 세상의 공감을 얻고 싶다."라고 밝혔다.

영국의 식민지였던 인도에서 간디는 소금법 폐지 운동, 일명 '소금 행진'을 벌였다. 영국이 만든 소금법에 대한 저항의 의미로 바닷가를 평화적으로 행진하였는데 이로 인해 6만여 명이 투옥되었다. 결국 영국 정부는 인도에서의 소금 생산을 허용하였다.

(4) 시민 불복종의 정당화 조건(롤스)

정당성(공익성)	사회 정의의 실현을 목표로 하는 행동이기 때문에 반드시 행위의 목적에 정당성이 있어야 함
최후의 수단	모든 합법적인 절차를 거친 후에도 해결되지 않을 때 마지막 수단으로 행사해야 함
비폭력성	폭력적인 방법은 다수의 동의를 얻기 어려우므로 평화적인 방법을 사용해야 함
처벌의 감수	법을 어겼기 때문에 그에 따른 처벌을 감수해야 함

인권 문제의 양상과 해결 방안

이번 단원에서는 사회적 소수자, 청소년 노동권 문제 등 국내 인권 문제와 세계의 다양한 인권 문제에 대해 학습합니다.

1 국내 인권 문제와 해결 방안

1. 사회적 소수자의 인권 문제

(1) 사회적 소수자의 의미

① 신체적 또는 문화적 특징 때문에 사회의 다른 구성원에게 차별을 받고 있으며, 차별받는 집단에 속해 있다고 인식하는 사람들의 집단을 말한다.

② 장애인, 이주 외국인(결혼 이민자, 외국인 근로자 등), 노인, 여성, 비정규직 근로자, 북한 이탈 주민 등이 있다.

(2) 사회적 소수자 차별 사례

① 장애인: 이동의 어려움이나 취업의 어려움을 겪는다.

② 이주 외국인: 언어 소통 문제나 문화적 차이 등으로 인해 차별을 받고 있다.

③ 비정규직 근로자: 저임금 등 노동 조건에서 차별을 받고 있다.

(3) 사회적 소수자 차별의 문제점

편견이나 법과 제도의 미흡 등으로 인해 인권을 침해당하고, 사회생활에서 어려움을 겪는 등 사회 갈등이 발생한다.

(4) 해결 방안

개인적 차원	• 사회적 소수자에 대한 편견을 극복해야 함 • 사회적 소수자가 처한 상황을 진심으로 이해하고 다양성을 존중하는 자세를 지녀야 함 • 나와 다른 사람과의 차이를 인정하는 관용의 자세를 지녀야 함
사회적 차원	• 정부는 지속적인 인권 교육과 의식 개선이 이루어질 수 있도록 적극적으로 지원해야 함 • 차별을 금지하는 법과 불평등 해소를 위한 제도를 마련해야 함

2. 청소년 노동권의 침해 문제

(1) 청소년 노동권 보호

청소년은 성인이 보장받는 노동 조건과 똑같이 보장받거나, 성인에 비해 더 강한 보호를 받는다.

(2) 청소년 노동권 침해 사례

최저 임금보다 낮은 임금 지급, 임금 체불, 근로 가능 시간을 초과한 근로 요구 등이 있다.

(3) 청소년 노동권 침해 원인

청소년 스스로의 노동권에 대한 지식 부족, 고용주의 준법 의식 결여, 법·제도의 미흡 등이 있다.

+ 사회적 소수자의 상대성

시·공간적 상황과 여건에 따라 누구나 사회적 소수자로 규정될 수 있다.

+ 사회적 소수자를 위한 제도

우리나라는 「장애인차별금지 및 권리구제 등에 관한 법률」, 장애인 생활 도우미 제도, 「외국인근로자의 고용 등에 관한 법률」, 결혼 이민자를 위한 지원 프로그램 등을 통해 사회적 소수자를 보호하고 있다.

📖 **꼼꼼 단어 돋보기**

● **노동권**

노동자가 노동할 기회, 임금, 근로 시간 등에서 정당한 대우를 받을 권리

(4) 청소년 노동권 침해 시 문제점
청소년이 성장하면서 사회에 대한 부정적 인식을 가지게 된다.

(5) 해결 방안

개인적 차원	• 고용주는 준법 의식을 가지고 청소년이 일하면서 보장받아야 할 노동권을 보장해야 함 • 청소년은 노동권을 보장받기 위해서 「근로 기준법」 등을 이해하고, 이를 바탕으로 부당한 대우가 발생하였을 경우 적극적으로 대처해야 함 ⑩ 최저 임금보다 낮은 임금을 받는 경우에 고용 노동부에 신고함
사회적 차원	청소년 노동 관련 법률이나 청소년 노동 구제 절차 등의 제도를 마련함

✚ 청소년 노동권 구제 기관
고용 노동부, 국가 인권 위원회, 대한 법률 구조 공단, 청소년 근로 권익 센터 등이 있다.

쏙쏙 이해 더하기 | **청소년이 알아야 할 근로 기준법**

제43조 ① 임금은 통화(通貨)로 직접 근로자에게 그 전액을 지급하여야 한다.
제54조 ① 사용자는 근로 시간이 4시간인 경우에는 30분 이상, 8시간인 경우에는 1시간 이상의 휴게 시간을 근로 시간 도중에 주어야 한다.
제66조 사용자는 18세 미만인 사람에 대하여는 그 연령을 증명하는 가족 관계 기록 사항에 관한 증명서와 친권자 또는 후견인의 동의서를 사업장에 갖추어 두어야 한다.
제67조 ① 친권자나 후견인은 미성년자의 근로 계약을 대리할 수 없다.
② 친권자, 후견인 또는 고용 노동부 장관은 근로 계약이 미성년자에게 불리하다고 인정하는 경우에는 이를 해지할 수 있다.
③ 사용자는 18세 미만인 사람과 근로 계약을 체결하는 경우에는 제17조에 따라 근로 조건을 서면으로 명시하여 교부하여야 한다.
제69조 15세 이상 18세 미만인 사람의 근로 시간은 1일에 7시간, 1주에 35시간을 초과하지 못한다. 다만, 당사자 사이의 합의에 따라 1일에 1시간, 1주에 5시간을 한도로 연장할 수 있다.

노동자는 근로 계약서를 반드시 작성해야 하고, 사용자는 일정한 날짜에 임금을 주어야 한다. 청소년도 성인과 동일한 최저 임금을 적용받으며, 독자적으로 임금을 청구할 수 있으나 위험한 일이나 유해 업종의 일은 할 수 없다.

---

② 세계의 인권 문제 세계 인권 문제의 유형을 알고 인권 문제의 해결 방안을 모색할 수 있어야 해요.

1. 세계의 다양한 인권 문제

(1) 양상
지역별로 인권 보장 수준이 차이가 나며, 정보 통신 기술의 발달로 세계의 다양한 인권 침해 문제를 접할 수 있게 되었다.

✚ 아동
국제 연합(UN), 국제 노동 기구(ILO)에서는 아동을 18세 미만의 모든 사람으로 규정하고 있다.

(2) 다양한 인권 문제

아동 노동 문제	개발 도상국의 아동 중 상당수가 힘든 노동에 내몰려 노동력을 착취당하고 있음
국민의 기본권 침해 문제	국가 체제 유지나 전통적인 관습 유지 등의 이유로 국민의 자유권이나 평등권 등 국민의 기본권을 탄압함 ⑩ 다문화 사회에서의 인종 차별, 종교 박해 문제, 독재 국가에서의 인권 유린 문제

🔍 꼼꼼 단어 돋보기

● 근로 기준법
근로 조건의 기준을 정한 법률로, 근로자의 기본적 생활을 보장하고 균형 있는 국민 경제의 발전을 위해 만든 법률

성차별 문제	종교나 관습, 사회 구조와 편견 등을 이유로 임금 격차나 고용 및 승진, 교육 수준이나 정치 참여 기회 등에서의 남녀 차별이 나타남
빈곤 문제	생존을 위협할 뿐만 아니라 생활 환경, 교육, 직업 등 최소한의 인간다운 삶을 살 수 없도록 만듦 예 전쟁과 내전으로 인한 기아 문제

(3) 해결 방안

개인적 차원	세계 시민[+] 의식을 지니고, 국제 사회의 인권 문제 해결을 위해 관심을 가져야 함
사회적 차원	• 국제적인 여론 조성을 통해 인권 개선이 이루어지도록 유도함 • 국제법에 근거하여 인권 침해에 대해 제재할 수 있도록 국제적인 연대를 강화함 • 국제 연합(UN)이나 국제 비정부 기구(NGO)의 지원이 이루어지도록 함 예 국경 없는 의사회의 난민 구호 활동 • 빈곤 국가에 대한 경제적 지원이 이루어지도록 함

[+] 세계 시민
지구촌을 하나의 공동체로 인식하여 인류 전체를 이웃으로 생각하고, 국제 사회의 평화와 질서, 안정과 공존을 위한 책임감과 협력 의식을 지닌 시민을 의미한다.

쏙쏙 이해 더하기 | 다양한 인권 지수[+]

세계 기아 지수	빈곤 문제를 나타내는 지수로, 아동의 결핍 상태나 사망률, 영양실조 상태인 인구의 비율 등을 통해 측정함
세계 성 격차 지수	매년 각국의 남녀 간 경제 참여 기회, 교육 성취, 건강, 정치적 힘 등 4개 분야를 통해 측정함
세계 언론 자유 지수	매년 각국의 언론 실태를 평가하여 각국의 정치적 압력·통제, 경제적 압력, 실질적인 언론 피해 사례 등을 기준으로 측정함
국가별 민주주의 지수	민주주의 상태를 나타내는 지수로, 선거 절차, 정치 문화 등을 측정함
세계 노동 권리 지수	노동자의 권리 보장 정도를 나타내는 지수로, 노동 제도와 노동권 보장 수준 등을 통해 측정함
세계 자유 지수	언론 및 출판의 자유, 신체의 자유, 사생활 보호, 사상 및 양심의 자유, 집회 및 결사의 자유 등의 항목으로 산출함
인간 개발 지수	국제 연합(UN)이 각 국가의 실질 국민 소득, 교육 수준, 문맹률, 평균 수명 등 여러 가지 인간의 삶과 관련된 지표를 조사해 각국의 인간 발전 정도와 선진화 정도를 측정함

[+] 인권 지수
한 국가나 사회의 인권 보장 수준을 종합적으로 나타내는 지수로, 구조적인 인권 문제를 파악할 수 있는 기초 자료가 된다. 이를 바탕으로 정책을 개발하고, 효과를 모니터링하는 기능 또한 제공한다.

이론 쏙! 핵심 딱!

쏙딱 TEST

IV

정답과 해설 16쪽

인권 보장과 헌법

01 인권의 의미와 변화 양상

02 헌법의 역할과 시민 참여

03 인권 문제의 양상과 해결 방안

📢 선생님이 알려 주는 **출제 경향**

그동안 시험에서는 인권의 특성, 시민 혁명의 배경, 기본권의 종류와 제한, 인권 보장을 위한 제도적 장치, 헌법 재판소와 헌법 소원 심판, 정당·이익 집단·시민 단체, 최저 임금제에 관한 문제가 자주 출제되었습니다. 현대 사회에서 요구되는 새로운 인권, 시민 불복종도 앞으로 출제될 가능성이 높습니다.

주목

01 인권에 대한 설명으로 적절하지 않은 것은? 2021년 1회

① 보편성, 항구성, 불가침성 등의 특성이 있다.

② 인간으로서 마땅히 누려야 할 기본적 권리이다.

③ 현대 사회에서는 과거에 비해 인권의 영역이 축소되고 있다.

④ 국가의 법으로 보장되기 이전부터 자연적으로 주어진 권리이다.

02 다음 내용과 관련된 역사적 사건은?

> • 시민 계급의 성장
> • 계몽사상의 영향
> • 자유주의의 확대

① 산업 혁명

② 시민 혁명

③ 십자군 운동

④ 인클로저 운동

03 문서와 관련 내용이 바르게 연결된 것은?

① 권리 장전 – 영국 명예혁명

② 인권 선언 – 미국 독립 혁명

③ 독립 선언 – 프랑스 혁명

④ 세계 인권 선언 – 최초의 복지 국가 헌법

[04~05] 다음은 인권 보장의 역사와 관련된 문서이다. 물음에 답하시오.

> ㄱ. 권리 장전 ㄴ. 바이마르 헌법
> ㄷ. 세계 인권 선언 ㄹ. 프랑스 인권 선언

04 위의 문서들을 발표된 순서대로 나열한 것은?

① ㄱ - ㄴ - ㄷ - ㄹ
② ㄱ - ㄷ - ㄴ - ㄹ
③ ㄱ - ㄹ - ㄴ - ㄷ
④ ㄴ - ㄱ - ㄹ - ㄷ

05 위의 문서 중 최초로 사회권을 명시한 선언문은?

① ㄱ
② ㄴ
③ ㄷ
④ ㄹ

06 세계 인권 선언에 대한 설명으로 옳지 <u>않은</u> 것은?

① 세계 대전 이후에 채택되었다.
② 참정권이 확대되는 계기가 되었다.
③ 인권 보장의 국제 기준을 제시하였다.
④ 인류 전체에 대한 인권 의식으로 발전하였다.

_{주목}
07 인권 보장의 역사에 대한 설명으로 옳은 것은?

① 미국의 독립 혁명 때 권리 장전이 발표되었다.
② 시민 혁명을 거치면서 인권의 보장 범위가 확대되었다.
③ 독일 바이마르 헌법에서 평등권이 최초로 규정되었다.
④ 프랑스 인권 선언은 인권 보장의 국제 기준을 처음으로 제시하였다.

08 다음 사건들의 직접적인 배경을 〈보기〉에서 고르면?

2012년 2회

> • 명예혁명
> • 미국 독립 혁명
> • 프랑스 혁명

> <u>보기</u>
> ㄱ. 교황권의 강화
> ㄴ. 계몽사상의 전파
> ㄷ. 복지 제도의 발달
> ㄹ. 시민 의식의 성장

① ㄱ, ㄴ
② ㄱ, ㄷ
③ ㄴ, ㄹ
④ ㄷ, ㄹ

09 다음 사건에서 시민들이 요구한 기본권은?

> 영국에서는 의원에 대한 세비 지급, 성년 남자의 보통 선거권 등을 요구하는 차티스트 운동이 있었다.

① 자유권
② 참정권
③ 청구권
④ 사회권

빠른 정답 체크

01 ③ 02 ② 03 ① 04 ③ 05 ② 06 ② 07 ②
08 ③ 09 ②

10 다음과 같은 권리들이 해당되는 인권은?

> 자결권, 발전의 권리, 평화의 권리, 지속 가능한 환경에 대한 권리

① 자유권   ② 평등권
③ 참정권   ④ 연대권

주목

11 다음 헌법 조항이 명시하는 기본권은?

> 제35조 ③ 국가는 주택 개발 정책 등을 통하여 모든 국민이 쾌적한 주거 생활을 할 수 있도록 노력하여야 한다.

① 주거권   ② 안전권
③ 문화권   ④ 환경권

12 다음 사례에서 충돌하고 있는 기본권의 종류는?

> 개발 제한 구역은 도시의 환경을 보전하기 위해 설정된 녹지대이다. 개발 제한 구역으로 설정되면 건축물의 신축·증축 또는 용도 변경 등이 제한된다. 환경을 보호하기 위한 정부의 정책이지만, 이곳에 토지를 소유한 사람들은 개발 제한을 풀어 줄 것을 요구하고 있다.

① 사회권, 청구권
② 사회권, 주거권
③ 자유권, 환경권
④ 평등권, 환경권

주제 2 헌법의 역할과 시민 참여

13 헌법에 대한 설명으로 옳은 것은?

① 법률에 위반되면 개정될 수 있다.
② 국민의 기본권을 규정해 놓은 법이다.
③ 국가 권력이 인권을 제한할 수 있는 근거가 된다.
④ 인권을 보장받지 못하는 국가에서 존재하는 법이다.

14 다음 헌법 조항에 대한 설명으로 옳지 <u>않은</u> 것은?

> 제10조 모든 국민은 인간으로서의 존엄과 가치를 가지며, 행복을 추구할 권리를 가진다. 국가는 개인이 가지는 불가침의 기본적 인권을 확인하고 이를 보장할 의무를 진다.

① 헌법의 최고 가치이다.
② 모든 기본권의 근본 이념이다.
③ 모든 기본권을 포함하는 포괄적 이념이다.
④ 국가 권력의 정당성이 국민의 합의에 기초함을 강조한다.

15 다음 내용에 해당하는 기본권은?   2017년 1회

> 국가의 간섭을 받지 않고 자신의 의지에 따라 행동할 수 있는 권리

① 자유권   ② 사회권
③ 청구권   ④ 평등권

16 다음 빈칸에 해당하지 <u>않는</u> 것은?

> 헌법 제11조 ① 모든 국민은 법 앞에 평등하며 누구든
> 지 (   )에 의하여 정치적·경제
> 적·문화적 생활의 모든 영역에 있어서
> 차별을 받지 아니한다.

① 성별　　　　　　　　② 취미
③ 종교　　　　　　　　④ 사회적 신분

주목
17 다음에 해당하는 기본권은?

> • 인간다운 생활을 할 권리
> • 교육의 권리
> • 근로의 권리

① 자유권　　　　　　　② 사회권
③ 평등권　　　　　　　④ 청구권

18 다음 내용에 해당하는 헌법상의 기본권은?　　2016년 1회

> • '기본권 보장을 위한 기본권'으로 수단적 권리이다.
> • 청원권, 재판 청구권, 형사 보상 청구권 등이 있다.

① 자유권　　　　　　　② 청구권
③ 사회권　　　　　　　④ 참정권

19 다음 설명에 해당하는 국민의 기본권은?　　2018년 2회

> • 국가의 의사 결정에 참여할 수 있는 권리이다.
> • 선거권, 공무 담임권, 국민 투표권이 해당된다.

① 자유권　　　　　　　② 사회권
③ 청구권　　　　　　　④ 참정권

20 사회권에 대한 설명으로 가장 적절한 것은?　　2019년 1회

① 국가의 정치에 참여할 수 있는 권리
② 차별받지 않고 동등한 인격체로서 대우받을 권리
③ 기본권이 침해당했을 때 이를 구제하기 위한 권리
④ 모든 국민이 국가로부터 인간다운 생활을 보장받을 권리

21 헌법상 기본권 제한의 한계로 옳지 <u>않은</u> 것은?

2016년 1회

① 법률로써 제한할 수 있다.
② 기본권 침해로 인한 피해가 최소화되어야 한다.
③ 국민의 자유와 권리의 본질적인 내용을 침해할 수 있다.
④ 국가 안전 보장, 질서 유지, 공공복리를 위해 제한할 수 있다.

빠른 정답 체크

| 10 ④ | 11 ① | 12 ③ | 13 ② | 14 ④ | 15 ① | 16 ② |
| 17 ② | 18 ② | 19 ④ | 20 ④ | 21 ③ | | |

22 다음에 해당하는 국가 기관은?

> 일상생활에서 인권 침해나 차별을 당했을 때 이에 대한 구제를 담당하는 국가 기관으로 2001년에 출범하였다.

① 입법부
② 행정부
③ 헌법 재판소
④ 국가 인권 위원회

주목

23 다음과 같은 제도가 공통적으로 추구하는 목적은?

> • 국민 주권의 원리
> • 입헌주의, 법치주의

① 인권 보장의 실현
② 국가 권력의 확대
③ 국민의 생활 수준 향상
④ 개인과 국가의 갈등 해소

---

24 다음 헌법 조항이 반영된 제도는?　　　2018년 2회

> 헌법　제40조 입법권은 국회에 속한다.
> 　　　　제66조 ④ 행정권은 대통령을 수반으로 하는
> 　　　　　　　　　정부에 속한다.
> 　　　　제101조 사법권은 법관으로 구성된 법원에 속한다.

① 지방 자치　　　　② 복수 정당
③ 권력 분립　　　　④ 민주 선거

---

25 (가)에 들어갈 내용으로 옳은 것은?　　　2016년 1회

> 우리나라의 입법권은 국회, 행정권은 정부, 사법권은 법원에 두면서 서로 견제와 균형을 이루고 있다. 입법부는 행정부에 대하여 국정 감사권을 가지고, 행정부는 입법부에 대하여 　(가)　을 가진다.

① 법률안 거부권
② 대법원장 임명 동의권
③ 위헌 법률 심사 제청권
④ 명령·규칙·처분 심사권

---

26 인권 보장을 위한 제도적 장치가 <u>아닌</u> 것은?

① 복수 정당 제도
② 권력 집중 제도
③ 민주적 선거 제도
④ 국민 주권의 원리

[27~28] 다음 글을 읽고 물음에 답하시오.

> 과거에는 재외 국민 투표가 불가능했다. 이에 한국 국적을 보유하고 있으면서 일본에서 거주하고 있는 A 씨를 비롯한 재일 동포 10여 명은 재외 국민 투표를 막는 것은 자유권을 침해하는 것이라며 (㉠)에 (㉡) 심판을 청구하였다. 그 결과 제19대 국회 의원 선거부터는 재외 국민 투표가 실시되고 있다.
>
> 　　　　　　　　　　　　　　　　　　　－ ○○신문 －

주목

27 ㉠에 들어갈 국가 기관은?

① 입법부
② 헌법 재판소
③ 국가 인권 위원회
④ 국민 권익 위원회

28 ⓛ에 해당하는 용어로 옳은 것은?

① 탄핵
② 헌법 소원
③ 위헌 법률
④ 정당 해산

29 다음 중 헌법 재판소의 기능으로 옳은 것은? 2015년 1회

① 민사 소송
② 형사 소송
③ 행정 심판
④ 위헌 법률 심판

30 다음에서 설명하는 것은? 2020년 1회

시민이 주권자로서 사회에 참여하는 일반적인 방법으로, 국민의 대표를 선출하는 기능이 있다.

① 기부
② 선거
③ 청원
④ 사회봉사

31 다음 내용에 해당하는 것은? 2019년 1회

민주주의 국가에서 다양한 정당 활동과 시민의 폭넓은 정치적 선택을 보장하기 위해 2개 이상의 정당을 인정하는 제도

① 권력 분립제
② 복수 정당제
③ 지방 자치제
④ 민주적 선거제

32 다음과 같은 특징을 갖는 정치 참여 주체는? 2016년 1회

• 정권 획득이나 공익 추구가 아닌 특수한 이익 실현이 목적이다.
• 전문가 단체나 노동자 단체 등이 그 예로 정책 결정에 영향을 준다.

① 정당
② 이익 집단
③ 시민 단체
④ 정부 기관

33 다음과 같은 역할을 담당하는 정치 주체는?

• 공익 추구를 목표로 환경, 인권 등 다양한 분야에서 활동한다.
• 국가 정책을 감시하고 비판한다.

① 정당
② 언론
③ 시민 단체
④ 이익 집단

34 다음 설명에 해당하는 사회 참여 방법은? 2017년 2회

국민이 일정한 사항을 국가 기관에 문서로 작성하여 그 처리를 요구하는 것이다.

① 청원
② 공청회
③ 정당 가입
④ 집회 참여

빠른 정답 체크

22 ④	23 ①	24 ③	25 ①	26 ②	27 ②	28 ②
29 ④	30 ②	31 ②	32 ②	33 ③	34 ①	

35 준법 의식에 대한 설명으로 옳은 것은?

① 직접 민주주의를 실현하는 행위이다.
② 정책 결정 과정을 감시하는 행위이다.
③ 사회 질서가 유지되도록 하는 행위이다.
④ 불합리한 국가 권력에 대한 저항 행위이다.

[36~37] 다음 글을 읽고 물음에 답하시오.

> (   )은/는 잘못된 법이나 정책을 바로잡아 공공의 이익을 지키기 위해 불이익을 감수하면서도 복종을 거부하는 행위이다. 간디의 '소금법 폐지 운동' 등이 대표적인 (   )의 사례로 꼽힌다.

36 빈칸에 들어갈 공통적인 용어는?

① 저항권
② 선거 운동
③ 시민 불복종
④ 시민 단체 활동

주목
37 빈칸에 들어갈 행위가 정당화되기 위한 조건으로 옳은 것은?

① 폭력성
② 목적의 정당성
③ 행위의 적법성
④ 최초의 수단성

38 다음에 해당하는 사례가 아닌 것은?

> 신체적 또는 문화적 특징 때문에 사회의 다른 구성원에게 차별을 받고 있는 사람들 또는 집단

① 노인
② 장애인
③ 공무원
④ 이주 외국인

39 다음 내용의 공통 주제로 옳은 것은?

> • 장애인의 이동권 제한 문제
> • 청소년 노동권의 침해 문제
> • 비정규직 근로자에 대한 차별 문제

① 최저 임금의 부재 문제
② 우리 사회의 인권 문제
③ 적극적 우대 조치의 역차별 문제
④ 사회적 소수자의 노동권 침해 문제

40 다음과 같은 문제를 해결하기 위한 제도적 차원의 방안으로 가장 적절한 것은?

> 휠체어를 탄 장애인은 시외버스를 타고 고향에 내려가려고 해도 버스를 탈 수가 없다. 시외버스에는 장애인용 편의 시설이 없기 때문이다. 이렇듯 대부분의 장애인들은 이동권을 침해받고 있다.

① 장애인에 대한 편견을 버린다.
② 장애인 스스로 권리를 찾도록 노력한다.
③ 장애인의 권리를 보장하는 법률을 제정한다.
④ 장애인 편의 시설 설치를 요구하는 시위에 참여한다.

41 다음 설명에 해당하는 것은? 2019년 2회

- 근로자의 생활 안정을 위하여 매년 시간급으로 정하는 임금 수준이다.
- 사용자에게 정해진 수준 이상의 임금을 노동자에게 지급하도록 강제하는 제도이다.

① 상여금　　　　② 기본 임금
③ 최저 임금　　　④ 최고 임금

주목

42 청소년의 노동권이 침해되는 사례는?

① 청소년을 고용할 때 근로 계약서를 작성한다.
② 만 15세 미만의 청소년은 고용하지 않는다.
③ 위험한 일이나 유해한 업종의 일은 시키지 않는다.
④ 청소년에게는 성인보다 약간 낮은 임금을 적용한다.

43 세계 인권 문제 해결을 위한 국제 사회의 노력으로 보기 어려운 것은?

① 인권 관련 국제 협약 체결하기
② 국제기구를 통해 빈곤 국가 지원하기
③ 개별 국가에 인권 문제 개선 권고하기
④ 국가 인권 위원회를 통해 권리 구제하기

44 다음과 같은 문제를 해결하기 위한 방안으로 가장 적절한 것은?

- 독재 국가에서의 인권 유린 문제
- 전쟁과 내전으로 인한 기아 문제
- 개발 도상국의 아동 노동력 착취 문제

① 군사력을 확보해야 한다.
② 경제 성장을 추구해야 한다.
③ 세계 시민 의식을 가져야 한다.
④ 개발 도상국의 주도로 해결해야 한다.

45 다음 지수들을 통해 공통적으로 알 수 있는 사실은?

- 세계 기아 지수
- 세계 성 격차 지수
- 언론 자유 지수
- 국제 노동 권리 지수

① 한 국가의 남녀 성비를 알 수 있다
② 한 국가의 인구 증가율을 알 수 있다.
③ 한 국가의 인권 보장 수준을 알 수 있다.
④ 한 국가의 경제 발전 수준을 알 수 있다.

빠른 정답 체크

35 ③	36 ③	37 ②	38 ③	39 ②	40 ③	41 ③
42 ④	43 ④	44 ③	45 ③			

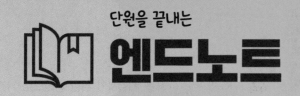
단원을 끝내는
엔드노트

01 인권의 의미와 변화 양상

1 인권

의미	인간이라면 누구나 누릴 수 있는 기본적인 권리
특성	천부성, 보편성, 불가침성, 항구성

2 인권 보장의 역사

자유권·평등권	• 시민 혁명을 통해 보장 • 세계 3대 시민 혁명: 영국 명예혁명(1688), 미국 독립 혁명(1775~1783), 프랑스 혁명(1789)
참정권	영국의 차티스트 운동 및 여성 참정권 운동을 통해 참정권 확대
사회권	• 사회적 약자들의 최소한의 인간다운 생활 보장 • 독일의 바이마르 헌법(1919)에 최초로 명시
연대권	• 세계 시민 모두의 인권 보장을 위해 국제적으로 협력하여 보장받는 권리 • 세계 인권 선언(1948)에서 인권 보장을 인류의 보편적 가치로 선포, 인권 보장의 국제 기준 명시

3 현대 사회의 인권 확장

안전권	각종 위험으로부터 안전을 보호받을 권리
주거권	쾌적하고 안정적인 주거 환경에서 인간다운 주거 생활을 할 권리
문화권	누구나 문화 활동에 참여하고 문화를 향유할 권리
환경권	건강하고 쾌적한 환경에서 살아갈 권리

02 헌법의 역할과 시민 참여

1 인권 보장을 위한 헌법의 역할과 제도적 장치

헌법의 역할	국가의 최고법으로, 국민 인권 보장을 위한 근본적 토대이자 최후의 보호막
국민 주권의 원리	주권이 국민에게 있다는 원리
권력 분립 제도	국가 권력을 나누어 상호 견제와 균형을 이루도록 하는 원리
법치주의	국가 운영이 법률에 근거하여 수행되도록 하는 원리
입헌주의	국가의 통치가 헌법에 따라 이루어지도록 하는 원리
민주적 선거 제도	국민의 대표자를 선출하는 제도
복수 정당 제도	두 개 이상의 정당을 인정하는 제도
기본권 구제 제도	헌법 재판소의 헌법 소원 심판 및 위헌 법률 심판, 국가 인권 위원회 등

2 헌법으로 보장하는 기본권

종류	• **인간으로서의 존엄과 가치 및 행복 추구권**: 다른 기본권의 근본이념과 목표에 해당하는 권리 • **자유권**: 국민이 국가 권력으로부터 간섭받지 않고 자신의 의지에 따라 행동할 수 있는 권리 • **평등권**: 불평등한 대우를 받지 않을 권리 • **참정권**: 국민이 국가의 의사 결정 과정에 참여할 수 있는 권리 • **사회권**: 최소한의 인간다운 생활을 보장받을 권리 • **청구권**: 다른 기본권들이 침해되었을 때 국가에 대해 일정한 행위를 요구할 수 있는 권리
국민의 기본권 제한	국가 안전 보장, 질서 유지, 공공복리를 위하여 필요한 경우에 한하여 법률로써 제한할 수 있음(헌법 제37조 ②)

3 정의 실현을 위한 준법 의식과 시민 참여

준법 의식	법이나 규칙을 지키고자 하는 의식
시민 참여	시민들이 정책 결정 과정에 적극적으로 개입하여 감시하는 행위
시민 불복종	잘못된 법이나 정책을 바로잡기 위해 불이익을 감수하면서도 의도적으로 법을 위반하여 비폭력적 수단으로 복종을 거부하는 행위

03 인권 문제의 양상과 해결 방안

1 사회적 소수자의 인권 문제

사회적 소수자	신체적 또는 문화적 특징 때문에 차별을 받고 있으며, 차별받는 집단에 속해 있다고 인식하는 사람들의 집단
해결 방안	• **개인적 차원**: 편견 극복, 다양성 존중 • **사회적 차원**: 인권 교육과 의식 개선 활동, 차별을 금지하는 법과 제도 마련

2 청소년 노동권의 침해 문제

청소년 노동권 보호	청소년은 성인이 보장받는 노동 조건과 똑같이 보장받거나, 성인에 비해 더 강한 보호를 받음
해결 방안	• **개인적 차원**: 고용주는 청소년의 노동권을 보장하고, 청소년은 부당한 대우가 발생하였을 경우 적극적으로 대처함 • **사회적 차원**: 청소년 노동 관련 법률이나 청소년 노동 구제 절차 등 제도 마련

3 세계의 인권 문제

양상	아동 노동 문제, 국민의 기본권 침해 문제, 성차별 문제, 빈곤 문제
해결 방안	• **개인적 차원**: 세계 시민 의식 지니기 • **사회적 차원**: 국제적인 연대 강화

단원을 닫으며 이 단원은 출제 비중이 매우 높은 단원입니다. 인권(기본권)의 특징과 이를 보장하기 위한 헌법과 제도적 장치에 대해 반드시 숙지하고, 최근 등장한 인권 문제에 대해 관심을 가질 필요가 있습니다.

시장 경제와 금융

재활용 소재로 만든
배낭을 메니
몸도 마음도 가벼워!

윤리적 소비를
위해 노력하는
모습이 멋진 걸?

01 자본주의의 전개 과정과 합리적 선택

이번 단원에서는 자본주의의 의미와 전개 과정, 각각의 자본주의별 특징을 이해하고, 합리적 선택의 의미와 방법에 대해 학습합니다.

1 자본주의의 의미와 특징

1. 자본주의의 의미
사유 재산 제도를 바탕으로 시장에서 자유 경쟁을 통해 상품의 생산, 교환, 분배, 소비의 모든 경제 활동이 이루어지는 시장 경제 체제를 말한다.

2. 자본주의의 특징
(1) 사유 재산 제도의 보장
사적 이익 추구를 통해 획득한 개인의 재산을 자유롭게 관리하고 사용할 수 있도록 법으로 보장한다.

(2) 경제 활동의 자유 보장
시장에서 만난 경제 주체들이 자기 책임하에 자유롭게 경제적 의사 결정을 내릴 수 있다.

(3) 시장 가격에 따른 상품 거래
주로 시장 가격에 의해 상품 거래가 이루어지며 자원이 배분된다.

+ 계획 경제 체제
모든 생산 수단의 국유화, 균등한 소득 보장 등을 특징으로 하는 사회주의 국가의 경제 체제를 말한다.(↔ 시장 경제 체제)

2 자본주의의 전개 과정

1. 상업 자본주의(16~18세기)

등장 배경	15세기 말 유럽에서 신항로 개척과 절대 왕정의 중상주의 정책으로 인해 교역이 확대되면서 상업 자본이 발달하게 됨
특징	• 자본주의 초기 단계로 중상주의 정책을 강조함 • 상품의 생산보다는 유통 과정에서 이윤을 추구함

2. 산업 자본주의(18세기 중반~19세기) 시장의 자유로운 경제 활동 보장을 강조했어요.

등장 배경	• 18세기 중반 영국에서 시작된 산업 혁명으로 공장제 기계 공업에 의한 대량 생산 체제가 가능해짐 • 시민 혁명으로 자유로운 경제 활동을 보장받게 됨
특징	• 애덤 스미스: '보이지 않는 손'이라는 시장의 기능을 강조하면서 국가의 역할을 최대한 배제하려는 자유방임주의 경제학을 제시함 • 작은 정부 추구: 자유방임주의를 바탕으로 정부의 시장 개입을 최소화함 • 생산 시설을 소유한 자본가가 상품의 유통보다 생산 과정에서 이윤을 추구함

+ 보이지 않는 손
자원의 배분이 효율적으로 이루어지도록 하는 시장의 기능, 즉 시장 가격을 말한다.

🔍 꼼꼼 단어 돋보기

● **사유 재산 제도**
개인이 재산을 가질 수 있도록 법으로 보호하는 제도

● **중상주의**
절대 왕정하에서 국내 산업을 보호하기 위해 수출은 적극 장려하고, 수입은 억제하는 등 국가가 상공업 활동에 깊이 개입하는 경제 정책

● **자유방임주의**
국가가 개인의 경제 활동을 최대한 보장하고, 간섭하지 않는 경제 정책

- 개인의 이익 추구가 사회 전체의 조화와 이익을 가져온다. 정부의 시장 개입을 최소화하는 자유방임주의가 가장 적합하다.
- 우리가 저녁을 먹을 수 있는 것은 고기, 술, 빵 등의 판매자가 베푸는 친절이나 자비심 때문이 아니라 그들의 이기심 때문이다.

　　　　　　　　　　　　　　　　　　　　　　　　　　　　　　　　　– 애덤 스미스, 『국부론』 –

3. 독점 자본주의(19세기 말)

등장 배경	지나친 자유 경쟁의 결과 소수의 거대 기업들이 대자본을 기반으로 시장에 대한 지배력을 행사하게 됨 → 자본 집중 현상 심화
특징	• 독과점에 의해 자유로운 경쟁이 줄고 효율적인 자원 배분이 이루어지지 않는 등 시장 실패가 나타나기 시작함 • 19세기 후반부터 사회주의의 확산으로 소득 분배의 불평등과 같은 문제들이 비판받기 시작함

4. 수정 자본주의(20세기)　시장 실패를 해결하기 위해 정부의 적극적 역할을 강조했어요.

등장 배경	소비자의 구매력 하락 및 과잉 생산으로 대공황⁺발생 → 은행·기업 도산, 주가 폭락, 실업자 증가 → 자본주의 운영 방식에 대한 변화의 필요성 대두
특징	• 케인스: 시장 실패와 같은 문제점을 해결하려면 정부의 적극적인 시장 개입을 허용해야 한다고 주장함 • 큰 정부 추구: 정부가 공공사업 시행, 사회 보장 제도 확대 등 다양한 정책을 시행하여 시장에 개입함 → 혼합 경제 체제라고도 불림

➕ 대공황

1929년 미국의 주가 폭락을 계기로 시작하여 전 세계적으로 생산 위축, 기업 도산, 대량 실업 등의 문제가 발생하였다.

정부 기능의 확대는 시장 경제를 침해하는 것이 아니다. 나는 그것이 시장 경제의 전면적 붕괴를 막는 유일한 수단이라고 본다.

5. 신자유주의(20세기 말)　정부의 과도한 개입을 다시 비판했어요.

등장 배경	1970년대 두 차례의 석유 파동⁺으로 인한 ●스태그플레이션이 발생하면서 ●정부 실패가 부각되기 시작함
특징	• 하이에크: 정부가 시장에 개입하는 것이 오히려 비효율적이고 부정부패를 낳기 때문에 다시 시장의 기능을 중시해야 한다고 주장함 • 작은 정부 추구: 정부의 지나친 시장 개입을 비판하고 정부의 규제 완화 및 철폐를 주장함 • 공기업의 민영화, 복지 축소, 기업에 대한 세금 감면, 노동 시장의 유연성 강화 등의 정책을 펼침 • 세계화와 자유 무역의 확대로 세계적으로 시장의 효율성이 증대되었지만 국가 간 빈부 격차는 심화됨

➕ 석유 파동

1970년대 두 차례에 걸친 석유 공급 감소로 국제 석유 가격이 상승하여 전 세계가 경제적 위기와 혼란을 겪은 사건이다.

🔍 **꼼꼼 단어 돋보기**

● **스태그플레이션**
경기 침체와 물가 상승이 동시에 나타나는 현상

● **정부 실패**
정부의 지나친 시장 개입으로 오히려 효율적인 자원 배분을 저해하는 상황

정부가 시장에 개입하는 것은 비효율성이나 부정부패를 낳기 때문에 정부로부터 시장의 자유를 지켜야 한다.

3 합리적 선택 합리적 선택 시 고려 사항과 방법에 대해 알아야 해요.

1. 선택의 문제와 합리적 선택

(1) 선택의 문제

인간의 욕구에 비해 자원이 한정되어 있기 때문에 선택의 문제가 발생한다.

(2) 합리적 선택의 의미

최소의 비용으로 최대의 편익을 얻을 수 있는 선택을 말한다.

(3) 합리적 선택의 필요성

경제 주체들이 합리적으로 결정해야 시장 전체의 효율성을 높일 수 있다.

(4) 합리적 선택의 고려 사항

편익	• 어떤 경제적 선택을 통해 얻게 되는 만족이나 이익 • 금전적·비금전적인 것 모두가 해당됨
기회비용	• 어떤 선택을 함으로써 포기하게 되는 가치 중 가치가 가장 큰 것 • 명시적 비용과 암묵적 비용이 모두 해당됨⁺

2. 합리적 선택의 방법

(1) 비용－편익 분석하기

① 선택에 따른 비용과 편익을 분석하여 비용보다 편익이 큰 쪽을 선택해야 한다.

② 비용이 같다면 편익이 가장 큰 것을, 편익이 같다면 비용이 가장 적게 드는 것을 선택해야 한다.

③ 기회비용이 최소화되도록 선택해야 한다.

(2) 매몰 비용⁺ 고려하지 않기

매몰 비용은 회수할 수 없으므로 합리적 선택을 위해서는 매몰 비용을 고려하면 안 된다.

3. 합리적 의사 결정 단계

1단계	문제 인식	자신에게 놓인 경제 문제를 인식함
2단계	기준 설정	선택의 여러 가지 기준을 설정함
3단계	대안 탐색	선택 가능한 대안에 대한 자료 및 정보를 수집·탐색함
4단계	대안 평가	대안을 구체적으로 비교하고 평가함
5단계	최종 선택 및 실행	대안을 선택하고 실행함

4. 합리적 선택의 한계와 극복

(1) 합리적 선택의 한계

① 합리적 선택으로 발생하는 편익과 비용을 정확히 파악하기 어려운 경우가 있다.

② 효율성을 추구한 합리적 선택이 사회 전체적으로는 효율적이지 않은 경우가 있다.

③ 개인이 지나치게 효율성을 추구하다보면 공공의 이익을 훼손하거나 규범 준수를 간과하기도 한다.

(2) 합리적 선택의 한계를 극복하기 위한 노력

합리적 선택 시 효율성뿐만 아니라 공공의 이익과 형평성도 고려하여 올바른 선택이 이루어지도록 해야 한다.

➕ 기회비용의 구성

• 명시적 비용: 경제 선택을 할 때 직접 지불한 화폐
예 대학 진학 시 등록금
• 암묵적 비용: 경제 선택을 할 때 포기한 대안가치로, 화폐로 지출하지는 않지만 발생하는 비용
예 대학 대신 취업을 했을 때 얻었을 소득

➕ 매몰 비용

이미 지출되어 회수할 수 없는 비용을 말한다.

02 시장 경제와 시장 참여자의 역할

이번 단원에서는 시장 실패의 유형을 이해하고, 시장 경제 발전을 위한 시장 참여자 각각의 역할 및 권리에 대해 학습합니다.

1 시장 경제의 한계 시장 실패의 유형에 대해 알아야 해요.

1. 시장 실패의 유형

(1) 불완전 경쟁

① **독과점:** 공급자가 하나밖에 없는 독점 시장이나 소수의 공급자가 존재하는 과점 시장을 말한다.

② **불완전 경쟁의 문제점과 대책**

문제점	• 새로운 경쟁자가 시장에 들어올 수 없도록 진입 장벽을 만들어 자유롭고 공정한 경쟁을 방해함 • 시장의 경쟁이 제한되기 때문에 값싸고 좋은 품질의 상품을 만들지 않음 • 기업들의 담합 행위로 소비자는 높은 가격에 질 낮은 상품을 소비하게 됨 • 생산자가 높은 가격을 유지하기 위해 사회에서 필요로 하는 양을 충분히 공급하지 않기 때문에 자원이 비효율적으로 배분됨
대책	정부가 공정 경쟁을 위한 규칙과 질서를 마련함

(2) 공공재의 부족

① **공공재의 의미와 특성**

의미	대가를 지불하지 않아도 누구든지 사용할 수 있고, 한 사람이 사용하여도 다른 사람이 사용할 수 있는 공동의 재화나 서비스 예 국방, 철도, 도로, 항만, 치안 서비스, 공원, 가로등 등
특성	• 비배제성: 대가를 지급하지 않은 사람도 소비에 있어 배제되지 않고 소비할 수 있음 • 비경합성: 한 사람이 소비한다고 해서 다른 사람이 소비할 수 있는 몫이 줄어들지 않음

② **공공재 부족의 문제점과 대책**

원인	공공재는 무임승차의 문제가 발생하기 쉬움
문제점	공공재 공급을 시장에만 맡겨둘 경우 아무도 생산하려 하지 않아 사회적으로 필요한 국방, 치안 등과 같은 서비스나 재화가 시장에서 필요한 만큼 충분히 공급되지 않음
대책	국가가 직접 공급하거나 민간 기업에게 보조금을 지급하여 생산을 유도함

(3) 외부 효과의 발생

① **외부 효과의 의미:** 어떤 경제 주체의 행동이 제3자에게 의도하지 않은 혜택이나 피해를 주고도 이에 대한 대가를 받거나 보상을 하지 않는 경우를 말한다.

+ **시장 실패**

시장의 기능이 제대로 작동하지 않아 자원이 효율적으로 배분되지 못하는 상태를 말한다.

🔍 **꼼꼼 단어 돋보기**

● **담합**

비슷한 상품을 생산하는 기업들끼리 서로 짜고 상품의 가격을 올리거나 생산량을 조절하는 등 부당하게 이득을 챙기는 행위

● **무임승차**

어떤 재화나 서비스를 소비하여 이익을 얻었음에도 불구하고 이에 대한 대가를 지급하지 않는 행위

② 외부 효과의 유형

외부 경제 (긍정적 외부 효과)	• 어떤 경제 주체의 행동이 다른 사람에게 의도하지 않은 이익을 가져다주지만 그에 대한 대가를 받지 않는 경우를 말함 • 사회에서 필요로 하는 양보다 적게 생산됨
외부 불경제 (부정적 외부 효과)	• 어떤 경제 주체의 행동이 다른 사람에게 의도하지 않은 손해를 끼치지만 그에 대한 대가를 치르지 않는 경우를 말함 • 사회에서 필요로 하는 양보다 많이 생산됨

③ 외부 효과의 문제점: 재화나 서비스가 사회가 필요로 하는 것보다 적게 생산되거나 많이 생산되어 자원이 비효율적으로 배분된다.

④ 외부 효과의 대책
  ㉠ 외부 경제: 세금 감면, 보조금 지급을 통해 생산을 유도한다.
  ㉡ 외부 불경제: 세금·벌금 부과 및 오염 물질 배출량 제한 등을 통해 생산을 억제한다.

(4) 경제적 불평등 발생

① 문제점: 경제 활동으로 발생한 이익이 사회 구성원들에게 공평하게 배분되지 못하는 경우로, 계층 간 위화감이 발생하여 사회 통합을 저해한다.

② 대책: 사회 보장 제도나 소득 재분배 정책을 마련하여 사회적 불평등을 해소하기 위해 노력해야 한다.

쏙쏙 이해 더하기 | 시장 실패의 사례

• 불완전 경쟁

○○업체들이 담합을 통해 원료 단가를 깎고 최종 판매가를 부당하게 올리다가 적발되었다. 담합 행위로 인해 소비자들은 높은 가격에 제품을 구매하였고, 원료를 공급하는 업자들도 소득이 줄어들었다. 공정 거래 위원회는 이 같은 담합 행위를 지속해 온 회사들에게 과징금을 부과한다고 밝혔다.

• 공공재 부족

국방 서비스는 그것을 이용하는 사람 중 비용을 지불하지 않는 사람과 지불한 사람을 구별하여 혜택을 주는 일이 매우 어려우며(비배제성), 다른 사람의 소비로 인해 나의 국방 서비스의 양이 줄어드는 것이 아니기 때문에(비경합성) 무임승차 문제가 발생한다. 이러한 이유로 민간 기업은 국방 서비스 생산에 참여하지 않기 때문에 시장에 국방 서비스가 충분히 공급되지 않는다.

• 외부 경제

꿀벌이 꽃에서 꿀을 모아 가는 과정에서 과일나무의 열매를 맺는 데 필요한 수분 활동이 이루어진다. 따라서 과수원 주변에 양봉업자가 와서 꿀벌을 치면 과수원 주인은 이전보다 더 많은 과일을 수확할 수 있지만, 그 혜택에 대해 양봉업자에게 대가를 지급하지 않는다. 양봉업자도 더 많은 꿀을 얻게 되지만 그 대가를 지급하지 않는다.

• 외부 불경제

어떤 공장이 오염 물질을 배출하여 대기와 하수가 오염되었다. 이로 인해 인근 주민들이 질환을 얻어 병원을 찾는 경우가 많아졌는데 해당 공장은 아무런 보상을 하지 않았다. 이러한 경우 다른 사람에게 끼치는 손해에 대해 비용을 지불하거나 보상을 하지 않기 때문에 사회적으로 적정한 수준보다 많이 생산되는 문제가 발생한다.

꼼꼼 단어 돋보기

● 보조금
정부나 공공 단체가 기업이나 개인에게 특정 산업의 육성이나 특정 시책의 장려와 같이 일정한 행정 목적을 달성하기 위해 교부하는 돈

● 과징금
규약 위반에 대한 제재로 징수하는 돈

❷ 시장 경제 발전을 위한 시장 참여자의 역할

시장 경제 발전을 위한 시장 참여자의 역할에 대해 알아 두어야 해요.

⭐ 1. 정부의 역할

공정한 경쟁 유도	• 독과점 기업의 횡포를 방지하고 불공정한 거래 행위를 규제함 • 개인과 기업이 자유롭게 경쟁하며 경제 활동을 할 수 있는 환경을 조성함 • 관련 기관 운영: 공정 거래 위원회⁺, 한국 소비자원 등 • 관련 법률 제정:「독점규제 및 공정거래에 관한 법률」(공정 거래법) 등
공공재 생산	국방, 치안, 도로, 항만 등과 같이 사회 운영에는 꼭 필요하지만, 시장에서 충분히 생산되지 않는 공공재의 생산과 관리를 담당함
외부 효과 개선	• 외부 경제(긍정적 외부 효과): 보조금 지급, 세금 혜택 등 긍정적 유인을 통해 생산이나 소비가 증가하도록 유도함 • 외부 불경제(부정적 외부 효과): 오염 물질 배출량 제한, 세금·벌금 부과 등 부정적 유인을 통해 생산이나 소비가 감소하도록 유도함
경제적 불평등 개선	• 누진세와 같은 소득 재분배 정책을 통해 소득 불평등 현상을 해소함 • 사회 보장 제도를 통해 빈곤층에 대한 복지를 강화함

➕ 공정 거래 위원회

소비자와 중소기업을 보호하기 위해 독점을 규제하고 시장에서 자유로운 경쟁을 지원하는 업무를 수행하는 정부 기관이다.

2. 기업의 역할

(1) 기업의 목적

최소 비용으로 최대 이윤을 추구하는 것(이윤 극대화)이다.

(2) 기업의 경제적 역할

재화와 서비스의 공급⁺	재화와 서비스를 생산하여 소비자의 수요를 충족시킴
생산 요소의 수요자⁺	가계로부터 생산 요소(노동, 토지, 자본 등)를 제공받고, 그 대가로 임금, 지대, 이자 등을 가계에 지불함
일자리 제공	생산 활동을 통해 일자리를 창출하고, 국민 소득을 증대시켜 경제 활성화에 이바지함

➕ 경제 활동의 순환

⭐ (3) 기업가 정신⁺

의미	미래의 불확실성을 무릅쓰고 혁신을 통해 새로운 가치를 창조하려는 기업가의 도전하는 자세
내용	신제품 개발, 새로운 생산 방식, 새로운 기술 개발, 새로운 시장 개척, 새로운 조직 형성 등에 힘씀
의의	• 기업의 생산성을 향상시키고, 고용을 창출하는 등 경제 활성화에 이바지함 • 노사 관계의 안정에도 기여함

➕ 기업가 정신

• 슘페터: 기술 혁신을 통해 완전히 새롭게 바꾸는 창조적 파괴를 기업가 정신의 본질이라고 보고, 새로운 발명품, 새로운 시장 개척, 새로운 생산 방식 도입 등을 혁신으로 봄
• 피터 드러커: 위험을 무릅쓰고 포착한 기회를 사업화하려는 모험과 도전 정신을 기업가 정신의 본질이라고 봄

🗐 자료 스크랩   **기업가 정신**

미국의 한 경제 전문지에서 선정한 '우리 시대 최고의 기업가 12인' 중의 1위로 A사의 창업주인 스티브 잡스가 선정되었다. 잡스는 획기적인 상품 개발로 사람들의 삶의 방식을 바꾸었으며, 새로운 아이디어에 대한 큰 위험을 기꺼이 감수하고 이를 실현시키며 혁신을 이끌었다는 평가를 받고 있다. B사의 회장인 프레드 스미스는 3위를 차지하였다. 지난 2008년 글로벌 금융 위기 당시 B사는 극심한 불황으로 위험에 처해 있었는데, 스미스는 탁월한 리더십을 발휘하여 위기를 타개하였다. 그는 경영진의 연봉 삭감을 비롯하여 근로자의 근로 시간을 단축하는 강력한 구조 조정을 단행하였으며, 정보 통신 분야에 약 54억 달러를 투자하여 B사를 물류 시장의 선두 주자로 이끌었다.

－ ○○신문, 2012. 3. 23. －

🔍 꼼꼼 단어 돋보기

● 누진세

소득이나 재산이 많을수록 세율을 높여 세금을 부과하는 제도

(4) 기업의 사회적 책임[+]

① 기업 윤리를 토대로 법규를 준수하며 공정하게 경쟁하고 건전한 이윤을 추구해야
한다.
② 노동자나 소비자의 권리를 존중하고, 환경이나 공동체 전체를 배려하는 책임 의식
을 지녀야 한다.

✚ 기업의 사회적 책임 실현

장애인 고용, 환경 보호, 재능 기부, 낙
후된 지역에 시설 설치 등의 활동을
통해 기업이 얻는 이익을 사회에 환원
한다.

3. 노동자의 역할과 권리

(1) 노동자의 역할

기업에 노동을 제공하고 그 대가로 받은 임금을 토대로 생활하며, 노동을 통해 자아
를 실현한다.

(2) 노동자의 책임

근로 계약에 따라 성실히 업무를 수행하고, 바람직한 노사 관계에 힘써야 하며, 자신
의 능력 개발과 생산성 향상을 위해 노력해야 한다.

☆(3) 노동자의 권리

① 사용자에 비해 노동자는 상대적으로 약자의 위치에 있기 때문에 법적으로 노동권
을 보장받고 있다.
② 관련 법규: 노동 3권, 「근로 기준법」[+], 「최저 임금법」, 「노동조합 및 노동관계조정
법」 등이 있다.
③ 노동 3권(근로 3권) 노동 3권의 각 권리를 구분할 수 있어야 해요.

단결권	근로자들이 근로 조건의 유지·향상을 위해 단체(노동조합)를 설립할 수 있는 권리
단체 교섭권	근로 조건의 유지·개선을 위해 근로자 단체가 사용자와 교섭하고 협약을 체결할 수 있는 권리
단체 행동권	근로자가 근로 조건을 위해 사용자에 대항하여 단체 행동(각종 쟁의 행위)[+]을 할 수 있는 권리

✚ 근로 기준법

헌법에 따라 근로 조건의 기준을 정해
근로자의 기본적인 생활을 보장하고
더 나아가 국민 경제의 발전을 목적으
로 한다. 근로 계약, 임금, 근로 시간,
재해 보상, 근로자의 안전과 보건, 여
성과 청소년의 근로 등에 관해 규정을
두고 있다.

✚ 쟁의 행위

근로자 측이 자신들의 주장을 관철시
키기 위한 행동으로, 파업, 태업, 불매
운동 등이 있다. 반면 사용자 측의 쟁
의 행위로는 직장 폐쇄가 있다.

📄 자료 스크랩 **헌법에 명시된 노동자의 권리**

제33조 ① 근로자는 근로 조건의 향상을 위하여 자주적인 단결권·단체 교섭권 및 단체 행동권을 가진다.

쏙쏙 이해 더하기 **최저 임금제**

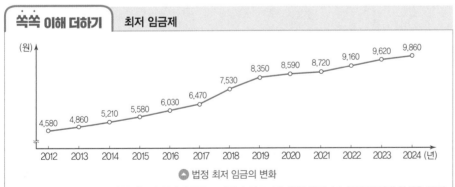

● 법정 최저 임금의 변화

최저 임금제는 근로자에 대한 임금의 최저 수준을 보장하여 근로자의 생활 안정과 노동력의 질적 향상을 통해
국민 경제의 발전에 이바지하기 위해 만들어진 제도이다. 법정 최저 임금은 국가가 법적 강제력을 가지고 매년
정하는 임금의 최저 한도로, 사용자는 최저 임금 이하의 수준에서 근로자를 고용할 수 없다. 만약 이를 지키지
않으면 처벌을 받게 된다.

4. 소비자의 역할과 권리

(1) 소비자의 역할

기업이 생산한 재화와 서비스의 수요자이다.

(2) 소비자 주권

의미	자본주의 경제에서 생산물의 종류와 수량을 결정하는 최종적인 권한이 소비자에게 있음을 뜻하는 것
필요성	환경과 건강을 해치는 상품이나 부당한 영업 행위 등을 감시하기 위해 소비자들이 소비자 권리를 행사해야 함
의의	소비자의 소비가 시장 가격 결정이나 기업의 생산에 영향을 끼침으로써 자원 배분의 방향을 결정함

(3) 합리적 소비

의미	최소의 비용으로 최대의 편익(만족)을 얻으려는 소비 → 효율성 추구
방법	• 한정된 자원으로 비용과 편익을 고려함 • 주어진 소득 내에서 가장 큰 만족을 얻도록 선택해야 함
한계점	합리적 소비만 추구할 때 소비에 따른 사회적 영향을 고려하지 않는 경우가 발생함 ⑩ 소비자가 가격만 중시할 경우 기업은 생산비를 낮추기 위해 노동자의 임금 삭감 등을 요구할 수 있음

쏙쏙 이해 더하기 | 비합리적 소비

과소비	소득과 지불 능력의 범위를 넘어서 과도하게 소비하는 형태
충동 소비	계획 없이 즉흥적으로 소비하는 형태
과시 소비(베블런 효과)	남에게 보여 주기 위해 이루어지는 소비 형태
모방 소비(밴드왜건 효과)	다른 사람의 소비를 무조건 따라 하는 소비 형태
개성 소비(스노브 효과)	귀하거나 남들과 다르게 특색 있다는 이유로 소비하는 형태

---

(4) 윤리적 소비(착한 소비)

의미	인간, 동물, 환경에 해를 끼치거나 사회적 책임을 다하지 않는 기업의 상품을 사지 않고, 윤리적인 상품을 구매하는 것
의의	• 환경과 공동체를 고려하는 소비임 • 원료 재배, 생산, 유통 등의 전 과정이 소비와 연결되어 있다는 것을 인식함 • 소비자가 윤리적 소비를 할 때 기업도 노동자의 인권을 보장하고 친환경적인 상품 생산을 위해 노력함

➕ 윤리적 소비

• 공정 무역: 개발 도상국 생산자의 경제적 자립과 지속 가능한 발전을 위해 생산자에게 보다 유리한 무역 조건을 제공하는 무역 형태
• 에너지 소비 효율 등급 표시 제도: 에너지 소비가 많고 보급률이 높은 제품을 대상으로 1~5등급으로 에너지 소비 효율 등급을 나누고, 효율 미달 제품은 생산·판매를 금지하는 제도
• 비동물 실험 인증 마크(크루얼티 프리): 화장품을 개발하는 데 있어 이미 검증된 원료를 이용하거나 동물 실험을 대체하는 실험법을 사용하는 것

03 국제 무역의 확대와 영향

이번 단원에서는 국제 무역의 발생 이유 및 필요성을 이해하고, 국제 무역의 확대로 인한 긍정적·부정적 영향 및 국제 무역을 통한 다양한 경제 협력의 모습에 대해 학습합니다.

1 국제 분업과 무역

1. 국제 분업의 의미

국가별로 가장 유리한 상품을 특화하여 생산하는 것을 말한다.

2. 무역(국제 거래)

(1) 의미

국가 간에 국경을 넘어 상품, 서비스, 생산 요소 등을 거래하는 것을 말한다.

(2) 배경

교통·통신 기술의 발달로 시·공간의 제약이 감소하면서 국가 간 무역이 확대되기 시작하였다.

(3) 무역 품목의 다양화

과거	자원, 공산품, 농산물 등이 주요 품목임
오늘날	자원, 공산품, 농산물뿐만 아니라 생산 요소, 기술, 지식 재산권의 거래도 활발해짐

3. 국제 분업과 무역의 발생 원리

절대 우위	한 국가가 어떤 상품을 다른 국가보다 더 저렴한 생산비로 생산하는 것
비교 우위⁺	한 국가가 다른 국가에 비해 상대적으로 더 적은 기회비용으로 상품을 생산하는 것

☆ 4. 국제 분업과 무역의 필요성

① 한 국가가 모든 상품을 생산할 수 없고, 자국에서 얻기 힘든 상품이나 생산 요소를 얻을 수 있다.

② 국가마다 자연환경이 다르고, 소유하고 있는 생산 요소(천연자원, 노동, 자본, 기술 등)의 질과 양도 차이가 나기 때문이다. 즉, 상대적인 생산비의 차이가 발생한다.

③ 생산 조건에 따라 분업 및 특화⁺를 통해 상품을 생산하고 교환하면 거래 당사자 국가 모두 이익을 얻을 수 있다.

> **쏙쏙 이해 더하기** **국제 무역을 통한 식량 소비의 세계화**
>
> 각 나라의 소비자들은 제철이 아니어도 신선한 농산물을 공급받을 수 있는 기회가 많아지고 있다. 그들은 생산 시장과는 멀리 떨어져 다른 지역에 살면서도 상품을 구입할 수 있다. 예를 들어 북반구의 겨울에 해당하는 기간 동안 북반구 시장에는 남반구에서 생산된 농산물을 수입하여 팔 수 있다. 우리나라의 경우 제철 국산 과일이 없는 3~4월에는 칠레의 포도가 잘 팔리고 있다. 이처럼 세계의 농산물은 생산 지역 간 상호 보완성 때문에 국가 간에 다양한 거래가 이루어지고 있다.

+ 비교 우위

특정 재화나 서비스의 생산에 상대적으로 유리한 입장에 있는 경우를 말한다. 한 국가에서 모든 상품을 생산하기보다 다른 국가에 비해 상대적으로 유리한 상품을 상호 교역하는 것이 가장 합리적이라는 이론으로, 각 국가의 산업 분업이나 국제 무역은 비교 우위의 원리에 의한 것이다.

+ 특화

다른 나라에 비해 생산하기에 유리한 상품을 전문적으로 생산하여 경쟁력을 갖추는 것을 말한다. 자신이 가지고 있는 생산 자원을 특정 재화나 서비스에 집중시켜 자신이 잘할 수 있는 분야에 역량을 집중하여 경쟁력을 갖출 수 있다.

2 국제 무역의 확대로 인한 영향　국제 무역의 확대로 인한 긍정적·부정적 영향에 대해 알아야 해요.

1. 국제 무역의 확대로 인한 긍정적 영향

(1) 개인적 측면
　① 국제 무역을 통해 상품을 더 싸고 쉽게 구매할 수 있어 상품 선택의 폭이 넓어지고 소비자의 만족감이 증대된다.
　② 개인의 투자 기회가 확대되고 투자 수단이 다양화되면서 소득 증가에 이바지한다.

(2) 기업적 측면
　① 외국 기업과의 경쟁에서 이기기 위해 기술 개발과 생산성 향상 등 기업의 혁신이 초래되어 기업 경쟁력이 강화된다.
　② 원자재를 저렴하게 구할 수 있어 생산 비용이 절감된다.
　③ 세계 시장을 대상으로 판매하기 때문에 생산량이 증가한다.
　④ 기술 개발과 생산성 향상을 통해 비교 우위가 있는 상품을 대량 생산하여 규모의 경제+가 실현된다.

(3) 국가·사회적 측면
　① 생산 기술이나 자본, 경영 기법이 이전되어 개발 도상국의 경제 발전에 도움이 된다.
　② 세계의 다양한 문화를 누릴 수 있게 된다.
　③ 각국의 자원 및 기술 부족 문제를 완화할 수 있다.

2. 국제 무역의 확대로 인한 부정적 영향
　① 국제 경쟁력을 갖추지 못한 국내 산업이나 기업은 위축되고, 이는 일자리와 소득 감소로 이어져 사회적 불평등 현상을 심화시킬 수 있다.
　② 국가 간 상호 의존도 심화에 따라 무역 의존도가 높은 국가는 국외의 경제 상황+에 크게 영향을 받는다. 예 2008년 미국의 금융 위기로 전 세계 경제가 침체됨
　③ 선진국과 개발 도상국 간의 경제적 격차가 확대된다.
　④ 경제 정책의 자율성이 외국 기업이나 외국 정부에 의해 침해될 수 있다.
　　예 국가 간 무역 마찰을 피하려다 자국 산업 보호 조치의 시행이 어려운 경우가 발생함

+ 규모의 경제
생산량이 늘어나거나 생산 규모가 커질수록 평균 생산 단가가 하락하는 것을 말한다. 생산비의 하락으로 인해 기업은 더 큰 이익을 얻을 수 있다. 선박이나 자동차와 같은 대규모 생산 시설이 필요한 산업에서 자주 나타나는 현상이다.

+ 국외의 경제 상황이 국내 경제에 미치는 파급 효과
• 국제 주가, 환율 변동, 국제적 투기 자본(핫머니)의 유입 등으로 국내 경제가 불안정해진다.
• 한 국가에서 발생한 경제 위기가 순식간에 다른 국가나 지역으로 전파되기도 한다.

📑 자료 스크랩　　**경제 위기가 국제 사회에 미치는 영향**

　2008년 세계 금융 위기는 미국의 서브프라임 모기지 사태가 발단이 되었다. 서브프라임 모기지란 비우량 주택 담보 대출을 의미하는 것으로, 신용 등급이 낮은 저소득층을 대상으로 주택 자금을 빌려주는 주택 담보 대출 상품을 말한다. 그런데 금리 인상으로 서브프라임 모기지 대출자들의 이자 부담이 증가하고 주택 경기 침체로 대출자들의 연체가 급증하면서, 미국의 대형 금융 회사들이 모기지 사업에서 대규모 손실을 기록하고 대형 투자 은행이 파산하게 되었다. 서브프라임 모기지의 부실 충격으로 미국의 경기는 최악으로 침체되었고, 이는 미국뿐만 아니라 국제 금융 시장에 신용 경색을 불러오는 국제적인 경제 위기를 초래하였다.

　오늘날 국경을 초월한 금융 거래의 증가로 인해 한 지역의 금융 위기가 전 세계에 파급되는 문제를 일으키기도 한다. 이는 자본 시장의 개방과 통합으로 국가 간 상호 의존성이 높아지면서 일어나는 현상이다. 경제의 대외 의존도가 높은 우리나라의 경우 국제 금융 위기에 대한 철저한 방안을 강구해야 한다.

❸ 국제 무역을 통한 경제 협력의 모습

1. 세계 무역 기구(WTO: World Trade Organization)

(1) 의미
국가 간 무역 장벽을 제거하고 자유 무역을 확대하기 위해 1995년에 설립된 정부 간 국제기구이다.

(2) 역할
관세 인하, 무역 장벽 제거, 자유 무역을 방해하는 각종 불공정 무역 행위 규제, 무역 분쟁 조정 등을 담당한다.

(3) 영향
① 자유 무역이 확대되고 국가 간 상호 의존 관계가 심화된다.
② 국내외에서 교역을 둘러싼 경쟁이 심화된다.
③ 공산품뿐만 아니라 농산물, 서비스, 자본, 기술 등 무역 대상의 확대를 가져온다.

2. 지역 경제 협력체

(1) 의미
지리적으로 인접하여 상호 의존성이 높은 국가들이 경제적 효율성을 높이기 위해 결성한 경제 공동체이다.

(2) 사례
유럽 연합(EU), 북아메리카 자유 무역 협정(NAFTA), 동남아시아 국가 연합(ASEAN), 아시아·태평양 경제 협력체(APEC) 등이 있다.

(3) 장점
국가 간 관세나 무역 장벽을 철폐 또는 완화하여 자원의 효율적 이용이 가능해진다.

(4) 단점
회원국 간에만 혜택을 주기 때문에 상대적으로 비회원국에 대한 차별이 나타날 수 있다.

➕ 북아메리카 자유 무역 협정 (NAFTA)
1994년 미국, 캐나다, 멕시코 간의 관세와 무역 장벽을 폐지하고 자유 무역 권을 형성한 협정이다.

➕ 동남아시아 국가 연합(ASEAN)
1967년 인도네시아, 말레이시아, 타이, 필리핀, 싱가포르 5개국이 결성한 이후, 브루나이, 베트남, 라오스, 미얀마, 캄보디아가 추가로 가입한 아세안 단일 시장과 생산 기반의 경제 공동체 이다.

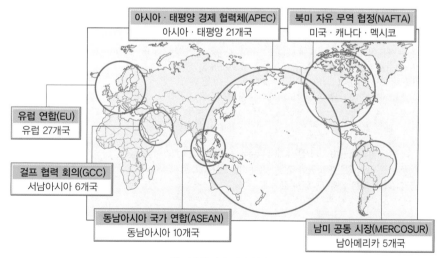

🔵 다양한 지역 경제 협력체

3. 자유 무역 협정(FTA: Free Trade Agreement)

(1) 의미

① 수출 경쟁력을 유지하고 안정적인 국외 시장을 확보하기 위해 국가 간에 이루어지는 협정이다.

② 협정 당사국 간 교역을 할 때 무역 장벽을 완화하거나 제거하려는 목적으로 체결된다.

> 참고 우리나라와 체결한 국가: 칠레(최초), 싱가포르, 미국, 유럽 연합(EU), 동남아시아 국가 연합(ASEAN) 등

(2) 특징

① 협정을 체결한 국가 간에는 이익을 볼 수 있다.

② 한 나라 안에서 경쟁력이 높은 산업은 이익을 보고 경쟁력이 취약한 산업은 손해를 볼 수 있다.

③ 관세 철폐로 수입품 가격이 하락하여 수입량이 증가한다.

④ 비회원국은 상대적으로 불리하고, 정부의 관세 수입은 감소한다.

✚ 무역 장벽

국가 간의 상품이나 서비스의 이동을 방해하는 장벽을 의미한다.
- 관세 장벽: 관세를 높게 매겨서 수입품의 가격을 높이는 방법
- 비관세 장벽: 관세 이외의 방법으로 정부가 외국 상품을 차별하는 규제로, 수량 제한, 수입 절차상의 제한, 기술 장벽 등의 모든 무역 장벽

쏙쏙 이해 더하기 자유 무역 협정(FTA)에 대한 쟁점

노지포도와 시설포도, 블루베리, 당근이 올해 자유 무역 협정(FTA) 피해보전 직불금 지급 대상으로 확정됐다. 이 중에서 노지포도, 시설포도는 지난해에 이어 2년 연속 폐업 지원 대상이고, 블루베리는 올해 처음 대상 품목이 됐다. 그동안 농촌의 소득 작목으로 여겨졌던 이들 품목이 수입 피해로 인해 폐업 지원 대상이 된 것은 우리 농업의 미래를 볼 때 암담한 현실이 아닐 수 없다.

이런 문제는 정부가 농업 강국과 잇따라 FTA를 체결하면서 상당수 품목의 관세를 조기 철폐하는 바람에 비롯되고 있다. 정부가 FTA를 확산시키면서 예상되던 일이지만, 이미 포도 · 체리 · 블루베리 등은 관세가 거의 사라졌다.

포도의 경우 지난해 전체 농가의 13%, 재배 면적의 11%가 농사를 포기했다. …… 바로 이것이 FTA 시장 개방의 무서운 점이다. 품목별로 개방을 유예하거나 개방 속도를 늦췄다고 하지만, 결과적으로는 대체 소비, 풍선 효과로 인해 전 품목에 피해가 전가된다. 이제는 어떤 작목도 미래를 장담할 수 없는 상황이다.

– ○○신문, 2016. 6. 3. –

- 자유 무역 협정(FTA) 찬성 입장: 시장이 확대되고 소비자의 혜택이 증가할 것이다.
- 자유 무역 협정(FTA) 반대 입장: 저개발국은 선진국에 종속될 가능성이 커지고, 국가 간 빈부 격차가 심화될 것이며, 국내의 취약 산업은 피해를 볼 것이다.

🔍 꼼꼼 단어 돋보기

● 풍선 효과

풍선의 한쪽을 누르면 다른 쪽이 튀어나오는 것처럼 어떤 현상이나 문제를 해결하면 다른 현상이나 문제가 새로이 불거져 나오는 현상

04 자산 관리와 금융 생활

이번 단원에서는 자산 관리의 기본 원칙 및 다양한 금융 자산의 특징을 이해하고, 생애 주기별 과업 및 금융 설계에 대해 학습합니다.

1 자산과 자산 관리

1. 자산

(1) 자산의 의미

개인이나 기업이 보유하고 있는 유형 혹은 무형의 경제적 가치가 있는 재산을 말한다.

(2) 자산의 종류

금융 자산	현금, 예금, 주식, 채권, 보험, 펀드 등 눈에 보이지 않는 자산
실물 자산	주택이나 건물, 토지와 같은 부동산, 자동차나 귀금속, 골동품과 같은 동산 등 눈에 보이는 자산

2. 자산 관리의 의미

좁은 의미	저축이나 투자 등을 통해 금융 자산을 관리하는 것
넓은 의미	• 개인의 모든 자산(금융 자산+실물 자산)을 관리하는 것 • 안정적인 경제생활을 위해 어떻게 자산을 모으고 투자할 것인지를 계획하고 관리하는 것

3. 자산 관리의 필요성

① 불확실한 미래와 예기치 못한 지출에 대비하기 위하여 충분한 자산을 확보해야 한다.
② 평균 수명의 증가에 따른 노후 대비와 안정적이고 행복한 삶을 영위하기 위해 필요하다.
③ 신용⁺ 관리의 중요성이 증대되고 있다.

⭐ 4. 자산 관리의 기본 원칙　자산 관리의 기본 원칙과 원칙 간의 상관관계에 대해 알아야 해요.

안전성	• 의미: 투자한 자산의 원금과 이자가 안전하게 보전될 수 있는 정도 • 특징: 안전성이 높은 자산일수록 수익성이 낮음 참고 예금은 원금 손실 가능성이 거의 없기 때문에 안전성이 매우 높음
수익성	• 의미: 투자한 자산으로부터 기대할 수 있는 가격 상승이나 이자 수익의 정도 • 특징: 수익성이 높은 자산일수록 안전성이 낮음 참고 주식은 예금이나 채권보다 수익성은 높으나 안전성이 가장 낮고, 채권은 수익성이 예금보다 높으나 주식보다는 낮음
유동성 (환금성)	• 의미: 보유하고 있는 자산을 쉽게 현금화할 수 있는 정도 • 특징: 자산을 현금으로 전환하는 데 시간이 오래 걸리거나 거래 가격이 높아 팔기 어려우면 유동성이 낮음 참고 예금은 언제든지 현금으로 찾을 수 있기 때문에 유동성이 매우 높고, 부동산은 매매하는데 많은 시간이 소요되기 때문에 유동성이 낮음

➕ 신용

미래의 어느 시점에 갚을 것을 약속하고 상품이나 돈을 얻을 수 있는 능력을 말한다. 신용을 잘 관리하기 위해서는 지나치게 많은 빚을 지지 않고 과소비나 연체를 하지 말아야 한다.

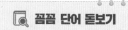
🔍 꼼꼼 단어 돋보기

● 동산
부동산 이외의 재산

5. 합리적인 자산 관리 방법

① 안전성과 수익성이 균형을 이루도록 분산 투자(포트폴리오 투자)[+]한다.
② 장기적 관점에서 유동성 수준을 파악하여 자신이 돈을 써야 하는 목적이나 시기에 맞추어 적절하게 현금화할 수 있도록 관리한다.

[+] 분산 투자(포트폴리오 투자)

'계란을 한 바구니에 담지 마라.'라는 말은 계란을 한 바구니에 담으면, 바구니를 떨어뜨릴 경우 계란이 모두 깨질 수 있다는 것을 의미한다. 따라서 합리적으로 자산을 관리하기 위해서는 포트폴리오를 구성하여 다양한 자산에 분산 투자하여 투자로 인한 위험성을 줄이는 것이 바람직하다.

2 다양한 금융 자산
금융 자산의 종류와 특징에 대해 알아야 해요.

1. 예금

의미	금융 기관에 자금을 예치하고 이자를 받는 금융 상품
종류	• 요구불 예금: 입금과 출금이 자유로운 예금 ❶ 보통 예금, 당좌 예금 등 • 저축성 예금[+]: 이자 수입을 목적으로 하는 예금 ❶ 정기 적금, 정기 예금 등
장점	• 예금자 보호 제도[+]를 통해 일정 수준의 원금을 보호받을 수 있어 안전성이 높음 • 비교적 유동성이 높음
단점	• 수익성이 상대적으로 낮음 • 만기일 이전에 찾으면 이자 수익이 감소함

2. 주식

의미	주식회사가 경영 자금을 마련하기 위해 투자자로부터 돈을 받고 발행하는 증서로, 회사 소유권의 일부를 투자자에게 주는 증표 참고 주식은 증권 거래소에서 거래됨
장점	• 기업의 실적에 따라 배당금이 달라지기 때문에 예금보다 높은 수익을 얻을 수 있음 • 주식 가격이 낮을 때 매수하여 가격이 오른 시점에 팔면 시세 차익을 얻을 수 있음
단점	주식 가격이 폭락하거나 기업의 실적이 악화될 경우 원금 손실의 위험성이 높아 안전성이 낮음

3. 채권

의미	국가, 지방 자치 단체, 공공 기관, 기업 등이 투자자로부터 필요한 자금을 빌리면서 미래의 정해진 시점에 원금과 일정한 이자를 지급하기로 약속한 증표로, 금액, 금리, 만기 등이 표시되어 있음
종류	• 국공채: 정부에서 발행한 국채와 지방 자치 단체 및 공공 기관에서 발행한 공채가 회사채에 비해 안전성은 높고 수익성은 낮음 • 회사채: 사기업이 발행한 채권으로, 국공채에 비해 안전성은 낮고 수익성은 높음
장점	• 만기 시에 발행 기관의 성과에 상관없이 일정한 이자를 얻을 수 있음 • 중앙 및 지방 정부, 신용도가 높은 회사에서 발생한 채권은 원금과 이자에 대한 안전성이 주식에 비해 높은 편이며, 시세 차익을 통해 수익을 얻을 수 있음
단점	물가가 빠르게 상승한 경우 채권에 투자한 돈의 가치가 투자 이전보다 하락할 수 있음

[+] 저축성 예금

• 정기 적금: 일정 기간을 정하여 정기적으로 정해진 금액을 입금하고 만기일에 원금과 이자를 받는 예금
• 정기 예금: 가입액을 정하여 미리 목돈을 입금하고 만기일에 원금과 이자를 받는 예금

[+] 예금자 보호 제도

금융 기관이 예금을 지급할 수 없는 상황에 대처하기 위해 금융 기관당 그리고 1인당 5천만 원 한도 내에서 국가가 원금과 이자의 지급을 보장하는 제도이다.

[+] 금융 상품별 수익과 위험의 관계

정기 예금은 주식에 비해 수익성이 낮고, 주식은 기대 수익이 높은 대신 원금 손실의 위험이 존재한다. 즉, 수익성과 안전성은 서로 상충 관계에 있다.

꼼꼼 단어 돋보기

● 배당
주식회사에서 회사 경영을 통해 얻은 이익 가운데 일부를 투자 지분에 따라 나누어 주는 것

● 시세 차익
투자자들이 가격이 낮게 책정되어 있을 때 매수했던 금융 상품을 가격이 오른 시점에 내다 팔아서 얻는 이익

펀드	의미	투자자로부터 모은 자금을 전문적인 운용 기관이 주식이나 채권 등에 투자하여 그 수익을 투자자에게 분배하는 간접 투자 상품
	장점	• 소액 투자가 가능함 • 전문가가 대신 투자하기 때문에 복잡한 금융 상품에 대한 지식이 없는 소비자도 투자가 가능함
	단점	원금 손실이 발생하더라도 판매 회사나 운용 회사 측에서 책임지지 않음
연금	의미	경제 활동을 하는 동안 일정 금액을 적립해 두었다가 은퇴 등으로 소득이 없어지는 시기에 일정 금액을 정기적으로 지급받는 상품
	특징	노후 보장의 성격이 강해 저출산·고령화 사회에서 그 중요성이 높아지고 있음
	종류	공적 연금(국민연금 등), 사적 연금(퇴직 연금, 개인연금 등)
보험	의미	미래의 사고 대비 수단으로 매달 정기적으로 보험료를 내고, 사고가 나면 약속한 보험금을 받는 상품
	종류	생명 보험, 손해 보험 등

3 생애 주기와 금융 생활의 설계 <small>생애 주기별 과업과 재무 설계에 관한 내용을 구분할 수 있어야 해요.</small>

1. 생애 주기

(1) 의미

　시간의 흐름에 따라 개인의 삶이 어떻게 변해가는지 그 양상을 단계별로 나타낸 것을 말한다.

(2) 구분

　① 연령대에 따른 구분: 10대, 20대, 30대, 40대, 50대, 60대 이후
　② 성장 발달 단계에 따른 구분: 아동기, 청년기, 중·장년기, 노년기

★(3) 생애 주기별 과업과 수입 및 지출의 변화

아동기	• 교육과 성장의 시기: 미래의 자아실현을 위한 준비와 진로 탐색이 이루어짐 • 부모의 소득에 의존하며 용돈 관리가 필요함
청년기	• 성인으로서의 신념을 확립하는 시기임 • 취업을 통해 소득이 생기는 시기임 • 결혼, 자녀 출산, 주택 마련 등에 따른 지출이 발생함
중·장년기	• 가정과 직장에서 책임 있는 구성원으로서의 역할을 수행함 • 소득이 가장 많지만, 지출 규모도 큰 시기임 • 주택 마련 및 확장, 자녀 대학 교육, 자녀 결혼 자금이 필요함 • 은퇴 준비와 노후 준비 자금이 필요함
노년기	• 은퇴 이후 건강 관리와 안정된 노후 생활을 유지하는 것이 목표임 • 경제적 은퇴로 수입은 감소하고, 연금 등으로 생활함

✚ 소득의 유형
• 근로 소득: 노동을 제공한 대가로 받은 소득 예 임금, 성과급
• 재산 소득: 자본, 토지 등을 제공한 대가로 받은 소득 예 이자, 지대, 배당금
• 사업 소득: 직접 사업을 경영하여 얻은 소득 예 이윤
• 이전 소득: 생산 활동과 관계없이 무상으로 주어지는 소득 예 연금, 실업 수당, 정부 생활 보조금, 기초 생활비

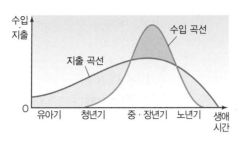

생애 주기에 걸친 소득과 소비의 흐름을 통해 자신이 버는 소득을 어느 시점에서 얼마나 소비하고 미래를 위해 얼마나 남겨 둘 것인가를 결정할 수 있다. 개인이 일생 동안 저축할 수 있는 기간은 개인마다 다르지만, 소득이 지출보다 많은 시기에 저축이 가능한 것은 동일하다. 일반적으로 소득은 대체로 청년기부터 중·장년기에 높은 수준으로 오르고 은퇴 이후에는 감소한다. 따라서 소득이 많은 시기에는 은퇴 이후를 대비하는 자산 관리가 필요하며, 전 생애에 걸친 재무 설계가 중요하다.

(4) 생애 설계

자신의 생애 주기에 따른 단계별 과업을 설정하고, 각 단계에 어떤 준비가 필요한지 구체적인 계획을 세우는 것을 말한다.

2. 재무 설계

(1) 재무 설계의 의미

생애 주기 전체를 고려하여 설정한 재무 목표를 달성하기 위해 연령대에 맞게 자금 계획을 세우는 것을 말한다.

(2) 재무 설계의 방법

자산, 부채, 수입, 지출 등의 개인적 자료를 수집하고 분석한 후 자신이 원하는 목표에 도달할 수 있도록 계획, 실행, 평가한다.

(3) 재무 설계의 필요성

생애 주기의 각 단계에 따라 소득이 달라지고, 필요한 자금의 내용과 크기가 달라지기 때문에 계획을 수립해야 한다.

(4) 재무 설계 과정

재무 목표 설정	• 주택 마련, 결혼 자금, 은퇴 준비 등 생애 주기에 따른 대표적인 과업을 재무 목표로 정함 • 단기, 중기, 장기로 나누어 목표를 설정함
재무 상태 분석	• 현재 소득과 지출 상황, 부채, 보유 자산 등을 점검함 • 목표 달성을 위해 부족한 예산을 확인함
목표 달성을 위한 대안 모색	• 재무 목표의 우선순위와 시간 계획 등을 설정함 • 재무 목표를 달성하기 위해 저축, 주식, 채권, 부동산 등으로 포트폴리오를 구성함
재무 행동 계획 실행	재무 목표를 달성하기 위해 가장 적합하고 빠른 방법으로 행동 계획을 실행함
실행 평가와 수정	정기적으로 포트폴리오를 점검하고, 소득과 지출이 변화하거나 문제점이 나타나면 목표나 계획을 수정함

꼼꼼 단어 돋보기

● 재무
개인이나 가정, 단체 등의 자금을 운용하는 행위

● 부채
재화나 서비스의 차입을 전제로 부담한 금전상의 의무(빚, 채무)

이론 쏙! 핵심 딱!

쏙딱 TEST

정답과 해설 **20**쪽

V 시장 경제와 금융

01 자본주의의 전개 과정과 합리적 선택

02 시장 경제와 시장 참여자의 역할

03 국제 무역의 확대와 영향

04 자산 관리와 금융 생활

📢 선생님이 알려 주는 **출제 경향**

그동안 시험에서는 자본주의의 특징, 공정 거래 위원회, 경제 주체, 노동 3권, 비합리적 소비, 비교 우위, WTO, 지역 경제 협력체, FTA, 국제 거래에 따른 변화, 자산 관리의 원칙, 신용, 다양한 저축 수단, 재무 설계에 관한 문제 등이 출제되었습니다. 기회비용, 시장 실패의 유형, 윤리적 소비도 앞으로 출제될 가능성이 높습니다.

주제 1 **자본주의의 전개 과정과 합리적 선택**

[01~02] 다음 글을 읽고 물음에 답하시오.

> 우리는 자신의 이익을 실현하기 위해 물건을 생산하거나 소비하면서 자유로운 경제생활을 누리고 있다. 이러한 생활이 가능한 이유는 우리가 (   ) 사회에 살고 있기 때문이다.

01 빈칸에 들어갈 경제 체제의 유형은?

① 사회주의
② 자본주의
③ 공산주의
④ 계획 경제 체제

주목

02 빈칸에 해당하는 경제 체제의 특징으로 가장 적절한 것은?

① 복지 확대 주장
② 모든 생산 수단의 국유화
③ 개인의 사유 재산권 보장
④ 누구에게나 균등한 소득 보장

03 초기 자유방임주의 경제의 문제점이 <u>아닌</u> 것은?

2011년 2회

① 실업 발생
② 복지 비용 증가
③ 환경 오염 심화
④ 부익부 빈익빈

[04~05] 다음 글을 읽고 물음에 답하시오.

1929년 미국에서 과잉 생산과 소비 부족으로 인해 주가가 폭락하면서 (　　　)이/가 시작되었다.

04 빈칸에 들어갈 용어로 옳은 것은?

① 대공황
② 정부 실패
③ 석유 파동
④ 산업 혁명

주목

05 위와 같은 상황을 해결하기 위해 등장한 자본주의의 특징을 〈보기〉에서 고른 것은?

보기

ㄱ. 케인스의 주장
ㄴ. 작은 정부 추구
ㄷ. 시장의 기능 강조
ㄹ. 정부의 적극적 역할 강조

① ㄱ, ㄷ
② ㄱ, ㄹ
③ ㄴ, ㄷ
④ ㄴ, ㄹ

06 다음 내용에 부합하는 주장으로 옳지 <u>않은</u> 것은?

정부는 시장의 기능을 다시 신뢰하고 시장 개입을 최소화해야 한다.

① 복지 축소 주장
② 공기업의 민영화 주장
③ 시장 실패의 위험성 강조
④ '보이지 않는 손'의 기능 중시

07 자본주의의 발달 과정을 순서대로 나열한 것은?

ㄱ. 산업 자본주의　　　ㄴ. 독점 자본주의
ㄷ. 수정 자본주의　　　ㄹ. 상업 자본주의

① ㄱ - ㄴ - ㄷ - ㄹ
② ㄴ - ㄹ - ㄷ - ㄱ
③ ㄷ - ㄱ - ㄴ - ㄹ
④ ㄹ - ㄱ - ㄴ - ㄷ

[08~09] 다음 표를 보고 물음에 답하시오.

〈합리적 선택의 고려 사항〉	
(가)	어떤 경제적 선택을 통해 얻게 되는 만족
(나)	어떤 선택을 함으로써 포기하게 되는 가치 중 가치가 가장 큰 것

08 (가)와 (나)에 들어갈 용어가 바르게 연결된 것은?

	(가)	(나)
①	편익	기회비용
②	이익	매몰 비용
③	편익	암묵적 비용
④	이익	명시적 비용

주목

09 (가)와 (나)를 고려한 합리적 선택에 대한 설명으로 옳은 것은?

① 기회비용은 최대화되도록 한다.
② 편익과 비용이 항상 같아야 한다.
③ 같은 편익이라면 비용을 최소화해야 한다.
④ 최대의 비용으로 최소의 편익을 추구해야 한다.

빠른 정답 체크

01 ②　　02 ③　　03 ②　　04 ①　　05 ②　　06 ③　　07 ④
08 ①　　09 ③

주목

10 다음 사례의 공통점으로 옳은 것은?

> • 독과점 발생
> • 공공재 부족
> • 외부 효과 발생
> • 경제적 불평등 발생

① 정부 실패
② 시장 실패
③ 인플레이션
④ 불완전 경쟁

[11~12] 다음 글을 읽고 물음에 답하시오.

> 사용한 만큼 비용을 부담하기 어렵고 사용을 제한하기도 어려운 재화의 경우 사람들은 돈을 지불하지 않고 이용하려고 한다.

11 위의 글에서 나타나는 시장 실패의 유형은?

① 외부 효과
② 독과점의 문제
③ 공공재의 부족 문제
④ 경제적 불평등 현상

12 위의 글에서 나타나는 문제를 해결하기 위한 대책으로 가장 적절한 것은?

① 기업이 해결해야 한다.
② 정부가 직접 생산한다.
③ 개인이 해결해야 한다.
④ 시장의 기능에 맡겨야 한다.

13 다음 내용에 대한 설명으로 옳은 것은?

> 독감 백신을 접종하는 사람들이 많을수록 독감 바이러스의 번식이 억제되어 주변 사람들이 독감에 걸릴 가능성이 줄어든다.

① 외부 경제가 나타난다.
② 무임승차의 문제가 발생한다.
③ 사회적으로 필요한 만큼 생산된다.
④ 사회적으로 과다 생산되는 문제가 발생한다.

주목

14 다음 사례에 나타난 정부의 활동이 추구하는 목적으로 옳은 것은?

> 정부는 폐수, 폐기물, 화학 물질 등 환경 오염 물질을 불법으로 배출한 공장을 적발하고, 오염 물질 불법 배출 시설을 설치하지 않으면 법적 제재를 받도록 관련 규정을 개정하였다.

① 정부 실패를 보완한다.
② 외부 불경제를 개선한다.
③ 공평한 소득 분배를 이룬다.
④ 공공재 부족 문제를 해결한다.

15 다음 설명과 같은 일을 하는 정부 기관은?   2018년 2회

> 소비자와 중소기업을 보호하기 위해서 독점을 규제하고 시장에서 자유로운 경쟁을 지원하는 업무를 수행한다.

① 공정 거래 위원회
② 최저 임금 위원회
③ 국가 인권 위원회
④ 지역 발전 위원회

16 다음 내용에 해당하지 <u>않는</u> 것은?

> 미래의 불확실성을 무릅쓰고 혁신을 통해 새로운 가치를 창조하려는 기업가의 도전하는 자세를 말한다.

① 새로운 상품을 개발한다.
② 새로운 생산 방식을 도입한다.
③ 새로운 경영 기법을 도입한다.
④ 가격이 하락하면 생산을 줄인다.

17 다음 대화의 ㉠에 해당하는 법은?　　　2020년 1회

> 임금, 근로 시간, 휴일, 유급 휴가 등 근로 조건에 대해 알고 싶은데 무엇을 찾아보면 될까요?

> (㉠)을 찾아보렴. 근로자의 기본적인 생활을 보장하기 위하여 헌법에 근거한 근로 조건의 최저 기준이 나와 있단다.

① 근로 기준법
② 노인 복지법
③ 다문화가족지원법
④ 독점규제 및 공정거래에 관한 법

18 노동자의 권리를 보호하기 위한 법률이 <u>아닌</u> 것은?

① 근로 기준법
② 최저 임금법
③ 노동조합 및 노동관계조정법
④ 독점규제 및 공정거래에 관한 법률

19 (가)~(다)에 나타난 노동 3권을 바르게 연결한 것은?

> (가) 근로자가 사용자와 노동조합을 통해 자주적으로 근로 조건에 관하여 협의할 수 있는 권리
> (나) 근로자가 근로 조건 개선을 위하여 노동조합을 결성하고 가입하여 활동할 수 있는 권리
> (다) 협정이 원만하게 이루어지지 않아 일정한 절차를 거쳐 파업이나 합법 시위를 할 수 있는 권리

	(가)	(나)	(다)
①	단결권	단체 교섭권	단체 행동권
②	단체 교섭권	단체 행동권	단결권
③	단체 교섭권	단결권	단체 행동권
④	단체 행동권	단결권	단체 교섭권

20 다음 사례에 나타난 소비 형태는?

> 농가에서 직거래로 유기농 채소를 구입할 경우 유통 단계가 줄어들어 농가에 도움이 된다.

① 과소비　　　　② 모방 소비
③ 윤리적 소비　　④ 합리적 소비

21 합리적 소비 자세로 적절하지 <u>않은</u> 것은?

① 자신의 소득 범위 안에서 계획적으로 소비한다.
② 비용에 비해 편익이 가장 작은 대안을 선택한다.
③ 상품 정보를 충분히 수렴하고 비판적으로 분석한다.
④ 소비의 목적을 분명히 파악하고, 그 우선순위를 판단한다.

22 다음 대화에서 A의 소비 행태로 적절한 것은?

명품 브랜드 정도는 입어 줘야 있는 티가 좀 나지.

맞아. 그건 그래.

A

B

① 모방 소비
② 과시 소비
③ 충동 소비
④ 개성 소비

23 ㉠에 들어갈 민수의 대답으로 가장 적절한 것은?

2020년 1회

〈밴드왜건 효과의 사례〉

수진: 어제 최신 스마트폰을 샀어. 너도 살 거니?
민수: _____㉠_____

① 나는 미래의 소비를 위해 저축하겠어.
② 나도 유행에 질 수 없어. 당장 사러 가야겠어.
③ 나는 너와 달라 보이고 싶기 때문에 사지 않겠어.
④ 나는 지금 가지고 있는 스마트폰을 더 사용할 거야.

24 시장 경제 발전을 위한 시장 참여자의 역할로 옳은 것은?

① 소비자: 공공재를 공급한다.
② 기업: 사회적 책임을 다한다.
③ 정부: 소비자 주권을 확립해 나간다.
④ 기업: 공정한 경쟁을 위한 법률을 만든다.

25 다음 대화의 빈칸에 들어갈 내용으로 옳은 것은?

A: 지금 태국산 망고를 먹고 있는데 아주 달고 맛있어.
B: 그런데 태국산 망고가 먼 우리나라까지 이동한 이유가 뭘까?
A: (   )

① 태국과 우리나라의 자연 조건이 같기 때문이야.
② 태국과 우리나라가 보유한 생산 요소의 종류가 같기 때문이야.
③ 우리나라는 손해를 보지만 태국은 이익을 볼 수 있기 때문이야.
④ 태국과 우리나라 모두에게 무역을 통해 얻는 이익이 발생하기 때문이야.

26 국제 무역이 발생하는 근본적인 원인은?

① 화폐 가치의 차이
② 경기 변동의 차이
③ 생산비의 상대적 차이
④ 고용 상태의 상대적 차이

27 한 나라에서 국제 경쟁력을 높이기 위해 특정한 산업이나 주력 수출 상품을 전문화하는 것은?

① 특화
② 대중화
③ 집약화
④ 획일화

28 다음에서 설명하는 경제 개념은? 2014년 1회

> 어떤 재화가 생산비나 생산량에서 다른 나라보다 상대적으로 유리한 위치에 있는 것을 말한다.

① 보호 무역
② 공정 무역
③ 비교 우위
④ 절대 우위

29 국제 무역 확대로 인한 영향으로 옳지 <u>않은</u> 것은?

① 소비자가 선택하는 상품의 폭이 넓어진다.
② 자국의 기업을 보호하려는 노력이 강화된다.
③ 외국인의 투자로 주가와 환율의 변동 폭이 커진다.
④ 국내 경제가 국제 경제의 영향에 민감하게 반응한다.

30 대화를 통해 알 수 있는 개념으로 가장 적절한 것은?

2021년 1회

조선소에서는 선박 생산 규모를 늘리면 선박 1대당 평균 생산 비용이 하락한다고 해.

맞아. 선박이나 자동차와 같은 대규모 생산 시설이 필요한 산업에서 자주 나타나는 현상이야.

① 시장 실패
② 소득 재분배
③ 규모의 경제
④ 스태그플레이션

31 국제 무역의 확대로 인한 부정적인 영향으로 옳지 <u>않은</u> 것은?

① 외국에 의해 경제 정책의 자율성이 침해될 수 있다.
② 선진국과 개발 도상국 간의 경제적 격차가 약화된다.
③ 국가 간 상호 의존성이 심화되면서 경제 마찰이 증가한다.
④ 경쟁력을 갖추지 못한 산업이나 기업은 시장에서 도태된다.

32 다음 내용과 관련 있는 것은? 2013년 1회

> • 국제 무역과 관련된 규범의 제정과 운영
> • 회원들 간에 발생하는 무역 마찰 문제 해결
> • 1995년에 출범하여 전 세계의 자유 무역 실현

① 유럽 연합(EU)
② 세계 무역 기구(WTO)
③ 북미 자유 무역 협정(NAFTA)
④ 동남아시아 국가 연합(ASEAN)

빠른 정답 체크

22 ②	23 ②	24 ②	25 ④	26 ③	27 ①	28 ③
29 ②	30 ③	31 ②	32 ②			

33 다음 설명에 공통으로 해당하는 지역 경제 협력체는?

2017년 2회

> • 우리나라와 자유 무역 협정을 체결하였다.
> • 1967년에 결성되었으며, 현재 동남아시아 10개국이 회원국이다.

① APEC
② ASEAN
③ EU
④ NAFTA

34 다음에서 설명하는 것은?

2018년 1회

> • 국가 간에 상품이나 서비스의 교역에서 관세 및 무역 장벽을 완화하거나 제거하는 양자 간의 경제 협정을 말한다.
> • 우리나라는 수출 경쟁력을 유지하고 안정적인 국외 시장의 확보를 위해 세계 여러 나라와 이 협정을 맺고 있다.

① EU
② FTA
③ APEC
④ ASEAN

주목
35 다음 밑줄 친 기구에 해당하지 않는 것은?

> 특정 종교 내 테러 집단의 활동을 막거나, 세계화에 따른 경제 문제를 해결하기 위해서 문화권이나 경제권을 중심으로 지역 협력체가 더 많이 생길 것이다.

① 유럽 연합(EU)
② 국제 연합(UN)
③ 아시아·태평양 경제 협력체(APEC)
④ 북아메리카 자유 무역 협정(NAFTA)

36 국제 무역의 확대로 나타나는 문제점을 해결하기 위한 방안으로 적절하지 않은 것은?

① 공정 무역 확대
② 수출 시장의 다변화
③ 특정 국가에 대한 의존도 강화
④ 기술 개발 등 기업 경쟁력 강화

주제 4　　자산 관리와 금융 생활

37 금융 자산이 아닌 것은?

① 예금
② 현금
③ 주식
④ 부동산

38 다음 내용을 바탕으로 고려해야 할 자산 관리의 원칙에 해당하지 않는 것은?

> '계란을 한 바구니에 담지 마라.'

① 수익성
② 고정성
③ 안전성
④ 유동성

주목
39 다음 ㉠~㉢에 들어갈 말을 바르게 연결한 것은?

> 자산 관리의 기본 원칙으로 세 가지 요소를 고려해야 한다. 즉, 투자한 자산이 얼마나 안전하게 보호될 수 있는가를 의미하는 (㉠), 투자한 자산으로부터 기대할 수 있는 이익의 정도인 (㉡), 그리고 보유한 자산을 얼마나 쉽게 현금으로 바꿀 수 있는가를 뜻하는 (㉢) 등이 있다.

	㉠	㉡	㉢
①	안전성	유동성	수익성
②	안전성	수익성	유동성
③	유동성	수익성	안전성
④	수익성	안전성	유동성

40 다음 대화의 ㉠에서 나타나는 자산 관리의 기본 원칙은?

2018년 2회

재무 설계사님, 저는 어떻게 투자를 하는 것이 좋을까요?

고객님은 젊으니까 공격적인 투자를 추천해 드립니다. 위험성은 높지만 ㉠ 많은 이익을 기대할 수 있는 ○○펀드를 추천해 드립니다.

① 유동성
② 안전성
③ 수익성
④ 공공성

41 다음 설명에 해당하는 저축 수단은?

2017년 1회

> 정해진 이자를 기대하고 금융 기관에 돈을 맡기는 것으로, 보호 제도를 통해 원금이나 이자의 일정 부분을 보장받을 수 있어 안전성이 높다.

① 채권
② 주식
③ 예금
④ 펀드

주목
42 다음 (가), (나)에 해당하는 자산의 유형을 바르게 연결한 것은?

> (가) 정부, 공공 기관, 신용도가 높은 회사에서 발행하는 것으로 안전성이 높은 편이며, 만기 이전에도 언제든 사고팔 수 있다.
> (나) 실물 자산에 해당하며 소유자가 직접 이용하거나 임대가 가능하지만, 거래가 복잡하고 급할 때 현금으로 전환하기에 어려운 점이 있다.

	(가)	(나)
①	주식	예금
②	채권	부동산
③	채권	주식
④	예금	부동산

빠른 정답 체크

33 ②	34 ②	35 ②	36 ③	37 ④	38 ②	39 ②
40 ③	41 ③	42 ②				

43 다음 설명에 해당하는 자산은? 2018년 2회

> • 기업이 자금 조달을 위해서 투자자에게 돈을 받고 발행하는 증서로 증권 거래소에서 거래된다.
> • 시세의 변동이 크기 때문에 투자를 통해 많은 이익을 얻을 수 있지만 원금 손실의 가능성도 높다.

① 예금　　　　　　② 주식
③ 귀금속　　　　　④ 부동산

44 다음에서 설명하는 것은? 2021년 1회

> 시간의 흐름에 따라 변해 가는 삶의 모습을 단계별로 나타낸 것으로, 각 단계에는 달성해야 할 과업이 있다.

① 가치 판단　　　　② 비교 우위
③ 생애 주기　　　　④ 매몰 비용

45 다음 (가)~(다)에 해당하는 생애 주기 단계를 바르게 연결한 것은?

> (가) 학교생활을 통해 진로를 탐색하는 시기
> (나) 소득이 가장 많지만 자녀 양육, 주택 마련 등으로 지출 규모가 큰 시기
> (다) 취업을 통해 소득이 생기는 시기

	(가)	(나)	(다)
①	아동기	노년기	청년기
②	중년기	아동기	노년기
③	아동기	중년기	청년기
④	청년기	중년기	노년기

46 개인의 재무 설계에 대한 설명으로 적절하지 <u>않은</u> 것은? 2019년 2회

① 자금에 대한 계획을 세우는 것이다.
② 생애 주기 전체를 고려하여야 한다.
③ 재무 목표를 세우고 합리적인 투자 계획을 수립한다.
④ 미래 소득을 제외하고 현재 소득만을 고려하여 재무 목표를 세워야 한다.

47 (가)에 공통으로 들어갈 단어는? 2018년 2회

> • (가) 은 장래에 갚을 것을 약속하고 현재에 돈을 빌려 사용할 수 있는 능력을 의미한다.
> • (가) 을 잘 관리하기 위해서는 지나치게 많은 빚을 지지 않고 과소비나 연체를 하지 말아야 한다.

① 신용　　　　　　② 이윤
③ 세금　　　　　　④ 배당

48 다음에서 설명하는 것은?

2020년 1회

- 재화나 서비스의 차입을 전제로 부담한 금전상의 의무이며, 빚 또는 채무라고 한다.
- 자신의 상환 능력을 고려하지 않고 과소비를 할 때 발생할 수 있다.

① 현금   ② 소득
③ 예금   ④ 부채

빠른 정답 체크

43 ②   44 ③   45 ③   46 ④   47 ①   48 ④

단원을 끝내는 엔드노트

01 자본주의의 전개 과정과 합리적 선택

1 자본주의의 전개 과정

상업 자본주의	절대 왕정의 중상주의 정책으로 인해 발달, 상품의 유통 과정에서 이윤 추구
산업 자본주의	• 산업 혁명으로 등장, 생산 과정에서 이윤 추구 • 애덤 스미스: '보이지 않는 손'이라는 시장의 기능 강조, 자유방임주의 경제학 제시, 작은 정부 추구
독점 자본주의	• 19세기 말 소수 거대 기업들의 시장 지배로 발달 • 독과점 등 시장 실패가 나타남
수정 자본주의	• 1929년 대공황을 해결하기 위한 방안으로 등장 • 케인스: 정부의 적극적인 시장 개입 주장, 큰 정부 추구
신자유주의	• 1970년대 두 차례의 석유 파동으로 인한 스태그플레이션 등으로 정부 실패가 부각되어 이를 해결하기 위한 방안으로 등장 • 작은 정부 추구: 정부의 시장 개입 비판, 정부의 규제 완화 및 철폐

2 합리적 선택

의미	최소의 비용으로 최대의 편익을 얻을 수 있는 선택
고려 사항	편익(만족감), 기회비용(포기하게 되는 가치 중 가치가 가장 큰 것)
합리적 선택의 방법	• 비용이 같다면 편익이 큰 것, 편익이 같다면 비용이 적은 것 선택 • 매몰 비용 고려하지 않기 • 기회비용이 최소화되도록 선택

02 시장 경제와 시장 참여자의 역할

1 시장 실패

의미	시장에서 자원이 효율적으로 배분되지 못하는 상태
유형	독과점과 같은 불완전 경쟁, 공공재 부족, 외부 효과(제3자에게 의도하지 않은 혜택이나 피해를 주고도 이에 대한 대가를 받거나 보상을 치르지 않는 경우) 발생, 경제적 불평등

2 시장 경제 발전을 위한 시장 참여자의 역할

정부	공정한 경쟁 촉진, 공공재 생산, 외부 효과 개선(보조금 지급 또는 세금 부과), 경제적 불평등 개선
기업	미래의 불확실성을 무릅쓰고 도전하는 자세인 기업가 정신 발휘, 사회적 책임 실현
노동자	• 책임: 능력 개발과 생산성 향상을 위해 노력 • 노동 3권(근로 3권) 보장: 단결권, 단체 교섭권, 단체 행동권
소비자	인간, 동물, 환경에 해를 끼치거나 사회적 책임을 다하지 않는 기업의 상품을 사지 않는 윤리적 소비 실천

03 국제 무역의 확대와 영향

1 국제 분업과 무역

국제 분업	국가별로 가장 유리한 상품을 특화하여 생산하는 것
무역	국가 간에 국경을 넘어 상품, 서비스, 생산 요소 등을 거래하는 것
필요성	상대적인 생산비의 차이로 비교 우위 상품을 분업·특화하여 교역하면 거래 당사국 모두 이익을 얻을 수 있음

2 국제 무역을 통한 경제 협력의 모습

세계 무역 기구(WTO)	국가 간 무역 장벽을 제거하고 자유 무역을 확대하기 위해 설립된 정부 간 국제기구
지역 경제 협력체	지리적으로 인접한 국가들이 경제적 효율성을 높이기 위해 결성한 경제 공동체(EU, NAFTA, ASEAN, APEC 등)
자유 무역 협정(FTA)	국가 간 무역 장벽을 완화하거나 제거하려는 목적으로 체결된 협정

04 자산 관리와 금융 생활

1 자산 관리의 기본 원칙 및 합리적 자산 관리

자산 관리의 기본 원칙	안전성	투자한 자산의 원금과 이자가 안전하게 보전될 수 있는 정도
	수익성	투자한 자산으로부터 기대할 수 있는 수익의 정도
	유동성	보유하고 있는 자산을 쉽게 현금화할 수 있는 정도
합리적 자산 관리		다양한 자산에 분산 투자(포트폴리오 투자)

2 다양한 금융 자산

예금	금융 기관에 자금을 예치하고 이자를 받는 금융 상품
주식	주식회사가 경영 자금 마련을 위해 투자자로부터 돈을 받고 발행하는 증서
채권	국가, 지방 자치 단체, 공공 기관, 기업 등이 자금을 빌리면서 이자를 지급하기로 약속한 증표

3 생애 주기에 따른 재무 설계(금융 생활 설계)

생애 주기	시간의 흐름에 따라 개인의 삶이 어떻게 변해가는지 그 양상을 단계별로 나타낸 것
재무 설계	생애 주기 전체를 고려하여 생애 주기 연령대에 맞게 자금 계획을 세우는 것

단원을 닫으며

우리는 자본주의 사회에서 살고 있습니다. 이러한 자본주의의 특징 및 문제점(시장 실패), 국제 무역에 대해서 정리해 두도록 합니다. 또한 고령화 사회에 대비하기 위해 자산 관리가 필요한 만큼 출제 빈도가 높은 자산(예금, 주식, 채권 등)의 특징에 대해 숙지하길 바랍니다.

어둠다고 불평하는 것보다
촛불을 켜는 것이 더 낫다.
고민하는 대신
거기 언제나 무엇인가
할 수 있는 일이 있다.

– 아잔 브라흐마(Ajan Brahma), 「술 취한 코끼리 길들이기」

사회 정의와 불평등

01 정의의 의미와 실질적 기준

이번 단원에서는 정의를 바라보는 학자들의 관점 및 의미를 파악하고, 업적·능력·필요에 따른 정의의 실질적 기준에 대해 학습합니다.

1 정의의 의미와 역할 정의의 의미와 역할에 대해 알아야 해요.

1. 정의의 의미[+]

좁은 의미	같은 것은 같게 대우하고 다른 것은 다르게 대우하는 것, 즉 마땅히 받을 만한 몫을 공정하게 받는 것 → 분배적 정의
넓은 의미	개인과 사회가 지켜야 할 올바르고 공정한 가치
현대 사회의 의미	• 공정한 절차에 따라 자유와 평등이 실현된 상태 • 사회가 추구해야 할 최고의 덕목으로서 '사회 정의'를 말함

＋ 동서양의 정의의 의미
- 동양: 인간이 마땅히 따라야 할 올바른 도리(義. 의로움, 옳음)
- 서양: 개인이나 사회적 관계에서의 공정함. 사람들이 지켜온 보편적 가치로 각자에게 그의 몫을 주는 것

☆ 2. 정의에 관한 다양한 관점

공자		천하의 정도(正道)를 이루는 것이 정의라고 주장함
플라톤		• 국가가 지녀야 할 가장 필수적 덕목 • 각자의 능력과 소질에 따라 사회적 지위와 역할을 배분하였을 때 '정의로운 사회'를 이룰 수 있다고 봄
아리스토텔레스	일반적 정의	공익 실현을 위한 법을 준수하는 것
	특수적 정의	• 분배적 정의: 각자가 지닌 능력에 따라 권력이나 부, 명예 등의 몫을 공정하게 분배하는 것 • 교정적 정의: 사람들 간의 동등하지 않은 손해와 이익을 바로잡는 것(배상), 잘못된 것을 바로잡는 것(형벌) • 교환적 정의: 교환의 결과가 공정하게 이루어지는 것

＋ 정의의 여신상(서양)

- 저울 → 형평성
- 칼 → 강제성
- 안대 → 공정성

📄 자료 스크랩 **아리스토텔레스의 분배적 정의**

당사자들이 동등함에도 동등하지 않은 몫을, 혹은 동등하지 않은 사람들이 동등한 몫을 분배받아 갖게 되면 바로 거기서 싸움과 불평이 생겨난다. 그러므로 정의로운 것은 일종의 비례적인 것이다.

– 아리스토텔레스, 「니코마코스 윤리학」 –

아리스토텔레스는 각자의 가치에 비례하는 몫의 분배를 추구하는 것을 분배적 정의로 보고, 권력과 명예, 재화가 각자의 가치에 따라 분배되어야 한다고 주장하였다.

3. 정의의 역할

사회 구성원의 권리 보장	사회 구성원들의 기본권을 보장하고, 각자 누려야 할 몫을 분배해 줌 → 인간다운 삶 실현
갈등의 공정한 해결	옳고 그름에 대한 판단 기준 → 사회의 무질서와 혼란 방지
사회 통합의 기반 마련	정의가 실현될 때 개인과 사회가 추구하는 목적이 달성되며, 사회 구성원들이 공동체 발전을 위해 적극 협력하게 만듦 → 개인선과 공동선이 조화를 이루어 사회 통합 실현 가능

＋ 개인선과 공동선
- 개인선: 개인이 추구하는 가치나 개인의 이익. 사적인 이익
- 공동선: 사회가 추구하는 공동의 목표와 가치. 공공의 이익

4. 정의의 실현 방법

과거	근대 시민 혁명을 통해 잘못된 행위나 사회 제도를 바로잡아 정의를 실현하였고, 정의의 내용을 헌법에 명시함
오늘날	사회 제도의 공정성에 대한 비판이나 정의 판단의 기준에 대한 논의가 진행되고 있음 → 사회 제도의 개선 및 발전이 이루어짐

2 정의의 실질적 기준 다양한 정의의 분배 기준을 알아야 해요.

1. 업적에 따른 분배

의미	성취한 성과에 비례하여 소득이나 사회적 지위 등을 분배하는 것 → 기회의 평등을 전제로 함 ⓓ 판매 우수 사원 성과급 지급, 성적 우수자 장학금 지급
장점	• 객관화·수량화할 수 있기 때문에 분배의 몫을 정하기 쉬움 • 주관적 편견을 배제하여 공정성 확보가 가능함 • 성취동기를 자극하여 생산성을 높일 수 있음 • 사회 구성원들의 잠재력을 개발하도록 자극함
단점	• 서로 다른 종류의 업적을 비교하기 어려움 • 업적의 평가 기준을 마련하기 어려우므로 분배 결과에 대한 갈등이 일어나기도 함 • 상대적으로 능력이 부족한 사회적 약자에 대한 배려가 부족하고, 빈부 격차가 커질 수 있음 • 업적을 쌓으려는 경쟁이 과열되어 사회적 갈등을 유발할 수 있음

+ 분배의 대상이 되는 재화와 가치
• 이익이 되는 것: 권리, 부, 사회적 지위
• 부담이 되는 것: 세금, 사적·공적 의무, 사회적 책임

2. 능력에 따른 분배 +

의미	신체적·정신적 능력에 따라 분배와 보상이 이루어지는 것 ⓓ 기업에서 능력을 중심으로 사원을 선발하는 것, 대학 입시에서 잠재력과 재능을 보고 학생을 선발하는 것
장점	• 성취동기를 자극하여 개인이 지닌 잠재력을 실현할 수 있는 기회를 제공함 • 능력이 뛰어난 사람을 우대하여 업무의 효율성을 높임
단점	• 결과로 나타나지 않으면 능력이나 잠재력을 평가하는 정확한 기준을 마련하기 어려움 → 주관적 편견이 개입될 가능성이 높음 • 능력은 재능이나 환경과 같은 선천적 요소의 영향을 받음 → 이를 간과하면 사회적 약자의 소외감을 유발하고 사회 불평등이 심화될 수 있음

+ 능력에 따른 분배
개개인의 직무 수행에 필요한 전문적 지식이나 자질에 따라 입학이나 취업의 기회, 소득, 사회적 지위 등을 분배하는 것을 말한다.

3. 필요에 따른 분배

의미	기본적 욕구 충족이 어려운 사람들에게 재화나 가치를 우선적으로 분배하는 것 → 기회의 평등을 넘어 결과의 평등, 실질적 평등 추구 ⓓ 실업 수당 제도, 장애인 고용 촉진 제도, 저소득층 교육비 지원 제도 등
장점	• 사회 불평등을 개선하여 경제적 안정성을 도모함 • 사회적 약자를 비롯한 최대한 많은 사람의 인간다운 삶을 보장함 • 다양한 복지 제도와 사회 안전망을 마련하는 근거가 됨
단점	• 사회적 자원이 한정되어 있으므로 모든 사람의 필요와 욕구를 만족시킬 수 없음 • 개인의 성취동기, 노동 의욕, 창의성을 저하시켜 경제적 비효율성이 증가함

+ 기회의 평등과 결과의 평등
• 기회의 평등: 모든 사람에 대해 개인의 차이를 인정하지 않고, 동등한 기회를 부여하는 것
• 결과의 평등: 결과적으로 나타나는 차별이나 격차를 줄이기 위해 사람들이 처한 조건을 인정하고 그들을 적극적으로 배려하는 것(합리적 차별)

02 다양한 정의관의 특징과 적용

이번 단원에서는 자유주의적 정의관과 공동체주의적 정의관의 장단점 및 사상가를 비교·이해하고, 바람직한 정의관에 대해 학습합니다.

1 자유주의적 정의관 자유주의적 정의관의 특징과 한계점에 대해 알아야 해요.

☆1. 자유주의적 정의관의 특징

(1) 이념적 근거

자유주의+	• 개인의 자유와 권리를 보장하는 것을 가장 소중한 가치로 여기는 사상 • 국민의 자유와 권리를 보호하기 위해 국가와 사회가 존재함 • 개인주의를 바탕으로 함
개인주의	• 국가나 사회보다 개인이 우선한다는 사상 • 사회는 자유롭고 독립적인 개인의 합에 불과하다고 여김 • 개인의 독립성과 자율성을 중시함

+ 자유주의의 전제 조건
타인의 자유와 권리를 침해해서는 안되며, 법을 준수해야 한다.

+ 자유의 종류
• 소극적 자유: 외부로부터의 간섭, 강제, 방해가 없는 상태
• 적극적 자유: 자신의 결정에 따라 삶이 실현되는 상태

(2) 개인과 공동체에 대한 입장

개인의 역할	• 개인은 합리적인 사고력을 바탕으로 자기 삶을 선택하고 공정하게 경쟁할 수 있는 독립적인 존재임 • 사회적 불평등 문제는 국가보다 개인의 노력으로 해결해야 함
공동체의 역할	• 공동체(국가, 사회)는 개인의 자유와 권리를 최대한 보장하되 개입은 최소화해야 함 • 공동체는 개인의 선택과 자율성을 허용하고 특정한 가치를 개인에게 강요해서는 안 됨 → 가치 중립적 입장 • 국가는 개인의 자유로운 활동을 보장하기 위해 법질서 유지, 공공재 공급 등 최소한의 역할만 담당해야 함

(3) 특징

① 개인의 자유와 권리를 최대한 보장하여 개인선을 실현하는 것은 공정한 절차를 통해 취득한 이익이므로 정의롭다.

② 개인의 이익 추구는 개인의 욕구 충족뿐만 아니라 사회 전체의 부로 이어져 공동선에 이바지한다.

(4) 장점과 한계점

① 장점: 개인의 선택과 권리, 사적 이익 추구를 최대한 보장한다.

② 한계점

ⓐ 타인의 권리나 공동체의 이익을 침해하는 극단적 이기주의로 변질될 수 있다.

ⓑ 지나친 사익 추구로 인해 공동선이 사라지고 사회 구성원 모두가 피해를 입을 수 있다. **예** 공유지의 비극+

ⓒ 사회에 대한 무관심이 증가할 수 있다.

ⓓ 우연적 조건이나 운에 의해 형성된 분배가 지속되거나 사회적 약자의 자유로운 경쟁이 불가능할 경우, 사회적 약자들은 경쟁에서 도태될 수 있다.

+ 공유지의 비극
개인의 재산권이 인정되기 어려운 공기와 물, 숲 등의 공유 자원은 소유자가 명확하지 않고, 모두가 제한 없이 사용할 수 있기 때문에 사람들은 더 많이 사용하려고 한다. 그러다 보면 결국 고갈되어 아무도 사용할 수 없게 되는데, 이러한 현상을 '공유지의 비극'이라고 한다. 즉, 개인의 지나친 사익 추구가 공동선을 파괴할 수 있음을 의미한다. 이를 막기 위해서는 개인선과 공동선의 조화를 추구해야 한다.

2. 자유주의적 정의관 사상가

노직[+]	• 소유 권리로서의 정의: 개인의 자유와 소유권을 최대한 보장하는 것이 정의롭고, 개인의 선택과 노력에 의해 얻은 소유권을 생명권과 같은 절대적 가치로 인정함 • 국가의 역할: 개인의 소유권을 보호하는 최소한의 역할만 강조하고, 조세 정책이나 복지 정책을 시행하는 것에 부정적임
롤스[+]	• 모든 사람은 기본적 자유를 최대한 누릴 수 있는 평등한 권리를 가져야 함 • 공정으로서의 정의: 공정한 절차를 통해 합의된 것이라면 정의로움 • 국가의 역할: 사회적 불평등을 해소하고 사회적 약자를 배려하기 위한 국가의 역할은 필요하다고 인정함

[+] 국가의 역할에 대한 노직과 롤스의 입장

노직	• 국가의 소득 재분배 정책은 개인의 자유와 권리를 침해함 • 사회적 약자의 삶은 개개인의 자발적인 자선 행위를 통해 개선해야 함
롤스	• 국가의 소득 재분배 정책은 필요함 • 국가는 사회적 약자의 복지를 배려해야 함

📄 자료 스크랩　　롤스의 자유주의적 정의관

내가 강조하는 정의의 원칙은 다음과 같다. 첫째, 각 사람은 기본적 자유에 대해 평등한 권리를 가져야 한다(평등한 자유의 원칙). 둘째, 사회적·경제적 불평등은 다음과 같은 두 조건을 충족하도록 조정되어야 한다. 최소 수혜자에게 최대의 이익이 되고(차등의 원칙), 기회균등의 조건하에서 모든 사람에게 지위와 직책이 개방되어야 한다(기회균등의 원칙). 두 가지 원칙 중 첫 번째 원칙은 두 번째 원칙에 우선한다(자유 우선의 원칙).

－ 롤스, 『정의론』 －

롤스는 정의란 사회 제도가 추구해야 할 제1의 덕목으로 보았으며, 사회 제도가 정의롭지 못하면 사회 구성원의 기본적 권리를 침해할 수 있기 때문에 개선되어야 한다고 주장하였다. 또한 아무리 공익에 도움이 된다고 할지라도, 구성원 모두의 인권을 존중하며 소수를 희생시키지 않는 것이 정의라고 보았다. 롤스는 사람들이 자신이 어떤 사회적 위치에 있는지 모르는 무지의 상태에서 정의의 원칙을 도출하는 것이 가장 공정하다고 생각하고 이를 위해 원초적 입장을 가정하기도 하였다.

② 공동체주의적 정의관　공동체주의적 정의관의 특징과 한계점에 대해 알아야 해요.

⭐ 1. 공동체주의적 정의관의 특징

(1) 이념적 근거(공동체주의)

① 인간의 삶에서 공동체가 가지는 의미를 우선시하는 사상이다.
② 개인의 사회적 책임과 공동체의 연대를 강조하는 입장이다.
③ 개인의 권리보다 공동선과 공익을 중시한다.
④ 개인이 책임과 의무를 다할 때 공동체가 올바르게 유지되어 개인의 삶 또한 행복해질 수 있다.
⑤ 공동체의 전통과 규범을 중시한다.

[+] 공동체주의의 등장 배경과 전제 조건

공동체에 대한 개인의 사회적 책임이 소홀해지고 전통의 가치가 전승되지 않을 우려가 제기되며 등장하였다. 공동체주의는 개인은 공동체를 통해 소속감과 자아 정체성을 형성하므로 개인과 공동체는 상호 유기적 관계에 있다고 본다.

(2) 개인과 공동체에 대한 입장

개인의 역할	개인은 정의로운 사회를 위해 ●연대 의식을 가지고 공동선 달성을 위한 자발적인 봉사 등 책임과 의무를 다해야 함
공동체의 역할	• 공동체는 개인이 공동체의 가치를 내면화하고 소속감을 가질 수 있도록 이끌어 주어야 함 • 공동체는 개인의 가치 판단에 개입하는 가치 지향적 입장이어야 함 • 사회적 불평등 문제는 개인이 아니라 국가가 복지 제도를 통해 해결해야 함 • 공동체 구성원이 공유하는 가치와 목적을 고려하여 공정한 분배의 기준을 결정해야 함

🔍 꼼꼼 단어 돋보기

● 연대 의식
사회 구성원 상호 간 또는 구성원과 사회 간의 상호 의존을 지탱하는 의식(= 공동체 의식, 연고 의식)

(3) 특징

① 공동체에 속한 개인이 각자의 역할과 의무를 다하면서 공동선을 추구하는 것이 정의로운 것이라고 본다.
② 공동선의 실현은 공동체 속에서 살아가는 개인들의 개인선으로 이어진다.

(4) 장점과 한계점

장점	• 개인과 사회 모두의 행복을 증진시킴 • 개인이나 지역 이기주의 문제를 해결하는 데 도움을 줌
한계점	• 특정 집단의 이념과 이익을 지나치게 강조하여 개인의 자유와 권리를 억압할 우려가 있음 • 공동체의 목적 달성을 위해 집단을 지나치게 강조하고 개인의 희생을 정당화하는 집단주의로 변질될 수 있음 ⑩ 독일의 나치즘, 일본의 군국주의 • 연고주의와 같이 개인의 능력이나 노력과 관계없이 개인이 속한 집단에 따라 사회적 가치가 불평등하게 배분될 우려가 있음 • 사회 갈등이 발생하여 공동체에 대한 불신이 나타날 수 있음

2. 공동체주의적 정의관 사상가

매킨타이어	• 개인은 공동체의 역사적 흐름 속에서 자신의 삶을 구성하는 존재임 • 공동체의 가치와 전통을 존중해야 한다고 주장함
왈저[+]	• 모든 가치는 사회적 가치임 • 한 영역에서 우월한 위치를 차지한 사람이 이를 이용하여 다른 영역까지 소유하면 안 됨
샌델	연고 의식, 책임 의식을 가지고 공동체의 활동에 참여해야 한다고 주장함
타일러	개인의 자아 정체성은 공동체의 삶을 토대로 형성됨

＋ 왈저의 공동체주의적 정의관

왈저는 다원화된 현대 사회에 적합한 분배 정의의 기준을 공동체주의적 관점에서 찾고자 하였다. 사회적 가치를 분배함에 있어 공동체의 문화적 특수성과 차이를 고려해야 한다고 보았고, 사회적 가치를 갖는 재화마다 각기 다른 분배 기준이 있어야 한다고 주장하였다.

🗐 자료 스크랩　　매킨타이어의 공동체주의적 정의관

나는 공동체와 분리된 독립된 존재가 아니다. 왜냐하면 내 삶의 역사는 항상 내가 그것으로부터 나의 정체성을 도출해 내는 공동체의 역사 속에 편입되어 있기 때문이다. 나는 가족, 도시, 친족, 민족, 국가 등 다양한 공동체의 구성원이다. 나는 내 가족, 나의 도시, 나의 민족, 나의 국가로부터 다양한 빚과 유산, 적절한 기대와 의무를 물려받는다.

－ 매킨타이어, 『덕의 상실』 －

🔳 자유주의와 공동체주의적 정의관의 바람직한 관계

개인선과 공동선의 조화	• 자유주의적 정의관 입장에서는 개인이 자유롭게 이익을 추구하면 공동선에 이바지할 수 있다고 주장함 • 공동체주의적 정의관 입장에서는 공동선의 실현이 사회 구성원 개개인의 개인선으로 이어진다고 주장함 • 결론: 두 정의관 모두 개인선과 공동선 및 정의를 추구하므로 두 정의관이 조화를 이루어야 함
개인의 권리와 의무	• 자유주의는 개인의 권리를 강조하고, 공동체주의는 공동체에 대한 의무를 중시함 • 결론: 정의로운 사회를 이루기 위해서는 개인의 권리와 공동체에 대한 의무가 조화를 이루어야 함

🔍 꼼꼼 단어 돋보기

● 연고주의

혈연, 학연, 지연 등으로 맺어진 관계를 중요하게 여기거나 우선시하는 태도

03 사회 및 공간 불평등 해결과 정의의 실현

이번 단원에서는 사회 계층의 양극화, 공간 불평등, 사회적 약자에 대한 차별 등 여러 불평등 현상을 이해하고, 이를 해결하기 위한 다양한 사회 복지 제도 및 지역 개발 방식에 대해 학습합니다.

1 사회 불평등

1. 사회 불평등의 의미와 특징

(1) 사회 불평등의 의미
부, 권력, 사회적 지위 등 희소한 사회적 자원이 차등적으로 분배되어 개인, 집단 및 지역이 서열화되어 있는 현상을 말한다.

(2) 사회 불평등의 특징
사회 불평등은 어느 사회나 나타나는 불가피한 현상이지만 국가나 시대마다 그 모습이 다르게 나타날 수 있다. 오늘날에는 다양한 형태의 사회 불평등이 나타나고 있다.

2. 사회 불평등의 영향

(1) 긍정적 영향
어느 정도의 불평등은 개인에게 성취동기를 부여한다.

(2) 부정적 영향
구조적으로 불평등이 심화될 경우 정의로운 사회 실현을 방해하고, 개인의 노력으로 불평등을 극복할 수 없을 경우 사회 통합을 저해한다.

☆ 2 다양한 불평등 양상 · 다양한 불평등 양상과 그 원인에 대해 알아야 해요.

1. 사회 계층의 양극화

의미	사회 계층⁺ 중 중간 계층이 줄고 상층과 하층의 비중이 극단적으로 많아지는 현상
발생 원인	재산과 소득의 차이에 따른 경제적 격차로 인해 발생함
문제점	• 사회 계층 이동을 막는 계층 대물림 현상으로 인해 계층 간 위화감과 갈등이 발생함 • 사회 발전의 원동력과 사회 통합을 저하시킴 • 단순한 경제적 격차를 넘어서 인간다운 삶을 위한 주거, 여가, 교육 등의 격차로 이어질 수 있음

➕ 사회 계층
한 사회 내에서 사회 구성원들이 차지하고 있는 사회적 지위에 따라 위계가 발생하는데, 그러한 위계가 같거나 비슷한 사람들의 집합체이다. 상층, 중층, 하층으로 구분된다.

2. 공간 불평등

의미	불균등한 자원 분배로 인해 발생하는 지역 간의 사회적·문화적·교육적·경제적 수준의 차이
발생 원인	1960년대 이후 추진된 성장 거점 개발 방식으로 인해 거점 지역(수도권, 대도시)은 인구와 산업이 지나치게 집중된 반면, 비거점 지역(비수도권, 농어촌 지역)은 상대적으로 낙후되었음

📖 꼼꼼 단어 돋보기

● 성장 거점 개발
발전 가능성이 높은 지역에 집중적으로 투자하여 그 효과를 주변으로 확산시키는 개발 방식

양상	• 지역별 대중교통, 문화 시설 및 교육 시설 등의 격차, 주변 및 주거 환경의 격차 등으로 나타남
	• 지역 간 불평등: 수도권과 비수도권 간 불평등, 도시와 농어촌 간 불평등
	  – 수도권과 도시 지역은 인구·산업·편의 시설 등이 집중되어 경제가 발전함
	  – 비수도권 및 농어촌 지역은 인구 유출로 지역 경제가 침체됨
	• 지역 내 불평등(도시 내부의 불평등): 저소득층이 거주하는 지역은 대다수 주택이 노후화되는 등 주거 환경이 열악함

문제점	• 경제적 차원뿐만 아니라 생활 환경 전반의 불평등으로 이어질 수 있음 • 국토의 효율적인 이용과 국가 발전에 악영향을 미침 • 낙후 지역 주민들의 경제적·사회적·문화적 생활 수준을 저하시켜 상대적으로 발전된 지역 주민들과의 갈등이 유발되고 사회 통합이 저해됨

3. 사회적 약자에 대한 차별

(1) 사회적 약자의 의미

정치·경제·사회적 측면에서 열악한 위치에 있어 사회적으로 배려와 보호의 대상이 되는 개인 또는 집단 ⑩ 빈곤층, 여성, 노인, 어린이, 장애인, 다문화 가정 자녀, 외국인 근로자 등

(2) 사회적 약자에 대한 차별 실태

원인	• 개인적 측면: 성별, 나이 등 신체적 조건이나 경제적·사회적 지위 등을 기준으로 선입견과 편견을 가짐 • 사회적 측면: 차별을 용인하는 사회적 환경
양상	• 사회 진출 및 승진 등에 있어서 여성에 대한 차별[+] • 신체적·정신적 능력이 부족한 노인, 어린이, 장애인에 대한 차별 • 열악한 경제적 상황에 있는 빈곤층의 의료 및 교육 기회의 부족 • 외국인 근로자, 북한 이탈 주민, 다문화 가정에 대한 차별
문제점	• 개인의 능력이나 업적을 인정해 주지 않음 • 개인의 능력을 발휘할 기회를 막기 때문에 구성원의 기본적 권리가 침해됨 • 사회 갈등을 유발하여 사회 통합을 저해함

[+] 여성에 대한 차별 – 유리 천장

자격과 능력을 갖추었음에도 조직의 상층부로 올라가지 못하도록 가로막는, 보이지 않는 장벽을 이르는 말이다. 2016년 우리나라의 유리 천장 지수는 경제 협력 개발 기구(OECD) 국가 중 최하위인 29위를 기록하였다.

[+] 소득 5분위 배율

5분위 계층(상위 20%)의 평균 소득을 1분위 계층(하위 20%)의 평균 소득으로 나눈 값을 말한다. 소득 5분위 배율의 값이 클수록 소득 분배의 불평등 정도가 심하다고 볼 수 있다.

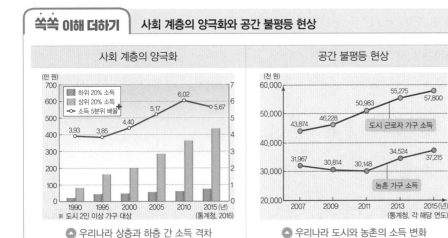

쏙쏙 이해 더하기 사회 계층의 양극화와 공간 불평등 현상

▲ 우리나라 상층과 하층 간 소득 격차

소득 수준 하위 20%와 상위 20% 간의 소득 격차가 점점 커지고 있다. 이를 통해 사회 양극화 현상이 더욱 심화될 것으로 예상된다.

▲ 우리나라 도시와 농촌의 소득 변화

수도권 중심 개발로 인해 비수도권은 상대적으로 경제 수준이 낙후되었다. 이에 따라 도시와 농촌 간의 소득 격차는 더욱 벌어지고 있다.

3 정의로운 사회를 위한 제도적 차원의 방안

불평등 현상을 해소하기 위한 사회적 차원의 방안에 대해 알아야 해요.

1. 사회 복지 제도

(1) 의미

사회 구성원들이 질병, 실업, 빈곤, 재해 등 다양한 사회적 위험으로부터 벗어나 인간다운 생활을 누릴 수 있도록 지원하는 제도를 말한다.

(2) 목표

사회 구성원들의 삶의 질을 향상시키고, 불평등 또는 사회 계층의 양극화 현상을 완화하기 위함이다.

(3) 종류⁺

사회 보험	의미	일정 소득이 있는 국민에게 보험 방식을 적용하여 사회적 위험(질병, 실업)에 대비함
	특징	• 사전 예방적 성격을 띰 • 개인, 사업주, 국가가 부담함 • 가입자 간의 상호 부조의 성격을 띰 • 강제 가입이 원칙이며, 보험료는 소득의 크기에 비례함
	종류	국민 건강 보험 제도, 국민연금 제도, 고용 보험 제도, 산업 재해 보상 보험 제도, 노인 장기 요양 보험 제도⁺등
공공 부조	의미	생계유지 능력이 부족한 사람들에게 최저 생활을 보장하고 자립하도록 지원함
	특징	• 사후 처방적 성격을 띰 • 수혜자의 보험료 부담이 없고, 국가가 전액 부담하는 형태임 • 소득 재분배 효과가 매우 큼
	종류	국민 기초 생활 보장 제도,⁺ 의료 급여 제도, 기초 연금 제도⁺등
사회 서비스	의미	도움이 필요한 사회적 약자에게 비금전적인 지원을 하여 자립의 기회를 제공함
	특징	• 상담, 재활, 관련 시설 이용, 사회 참여 등을 지원함 • 지방 자치 단체 및 민간이 부담함
	종류	산모·신생아 건강 관리 지원 사업, 가사·간병 방문 지원 사업, 발달 장애인 부모 심리 상담 지원 사업 등

⁺ 사회 복지 제도 비교

구분	사회 보험	공공 부조	사회 서비스
개인 부담	○	×	△ (이용자 및 정부 부담)
강제 가입	○	×	×
지원 방법	금전적(경제적, 물질적 지원)		비금전적 지원

⁺ 노인 장기 요양 보험 제도

고령이나 노인성 질병으로 일상생활을 수행하기 어려운 노인에게 판정 등급에 따라 장기 요양 급여를 지급하는 제도이다.

⁺ 국민 기초 생활 보장 제도

최저 생계비에 미달하는 소득 빈곤층에게 생계, 주거, 의료 등 필요한 급여를 지급하는 제도이다.

⁺ 기초 연금 제도

65세 이상의 전체 노인 중 소득과 재산을 평가하여 하위 70%에 해당하는 생활이 어려운 노인에게 매달 일정액의 연금을 지급하는 제도이다.

2. 적극적 우대 조치

(1) 의미

차별을 받아온 집단의 구성원(여성, 장애인 등)에게 우선적으로 기회를 부여하거나 적극적인 특혜를 주는 사회 정책이다.

⑩ 장애인 의무 고용 제도, 여성 고용 할당 제도, 지역 할당 제도 등

(2) 목표

기회의 평등, 형식적 평등을 넘어서 결과의 평등, 실질적 평등을 이루는 것이다.

(3) 유의점

사회적 약자에게 더 많은 기회를 제공함으로써 그렇지 않은 사람들의 기회가 줄어드는 역차별⁺이 발생할 수 있다. 이를 방지하기 위해 사회적 약자를 배려하는 방법에 대한 구체적인 사회적 합의가 필요하다.

⁺ 역차별

차별을 받는 대상을 보호하기 위한 제도나 장치가 지나쳐 오히려 상대적으로 유리한 입장에 있던 대상이 차별을 받는 것을 말한다.

장애인 의무 고용 제도	장애인의 고용 기회를 확대하기 위해 일정 수 이상의 근로자를 고용하고 있는 사업주에게 의무적으로 일정 비율의 장애인을 고용하도록 하는 제도
여성 고용 할당 제도	채용과 승진, 공직 진출 시 일정 수의 인원을 여성에게 분배하도록 하는 제도
농어촌 지역 학생 특별 전형	대학 입시에서 농어촌 지역 학생에 대해 특별 전형으로 혜택을 주는 방식
지역 할당 제도	교육 여건이 열악한 지역의 학생들에게 일정 비율의 입학 정원을 배정하여 대학 입학의 기회를 제공하는 제도

3. 공간 불평등 완화 노력

(1) 목표

국토의 균형 발전과 효율적인 이용을 위해 실시한다.

(2) 지역 격차 완화 노력

① 지역 간 불평등 완화

　㉠ 국토 균형 개발: 지역의 특성을 고려하고, 지역 간 연계 및 협력 증진을 통하여 지역 경쟁력을 높이는 개발 방식을 추진한다.

　㉡ 자립형 지역 발전 전략: 지역 특산품, 관광 자원 개발, 장소 마케팅⁺ 등을 통해 지역 경쟁력을 높인다.

　㉢ 공공 기관이나 공기업을 지방으로 이전시켜 인구를 분산시킨다.

　㉣ 수도권 내 공장, 대학 등의 대규모 개발 사업을 규제한다.

　㉤ 「국가균형발전 특별법」, 「행정중심복합도시 건설 특별법」 등의 법을 제정한다.

② 도시 내 불평등 완화: 노후 불량 주택 개량 등 도시 정비 사업, 도시 환경 정비 사업, 도시 재개발 사업 실시, 공공 임대 주택 및 장기 전세 주택 공급 등을 추진한다.

＋ 장소 마케팅

지역의 특정 장소 혹은 도시 공간을 상품화함으로써 지역의 이미지를 높이고 지역 경제를 활성화하기 위한 전략을 말한다.

쏙쏙 이해 더하기 | 지역 개발 방식

구분	성장 거점 개발 방식	균형 개발 방식
개발 방향	하향식 개발	상향식 개발
개발 방법	투자 효과가 큰 성장 거점 지역을 선정하여 우선적으로 투자함(파급 효과)	낙후된 지역에 우선적으로 투자함
장점	자원의 효율적 투자가 가능함	지역 간 균형 발전이 가능함
단점	지역 격차 심화(역류 효과)	비용이 많이 들어 투자 효율성이 낮음
적용 국가	개발 도상국	선진국
그림	파급 효과 / 주변 지역 / 성장 거점 / 주변 지역 / 파급 효과	전국 생활권 / 대도시 생활권 / 중소 도시 생활권

4 정의로운 사회를 위한 실천 방안

(1) 개인적 차원의 방안

① 불평등 문제를 인식하고 해결 의지를 가져야 한다.

② 사회적 약자에 대한 편견과 고정 관념을 버린다.

③ 사회적 약자의 입장에 대해 공감하고 누구나 동등한 인격체로 대우하는 공동체 의식과 관용적인 태도를 지녀야 한다.

④ 기부나 봉사 활동, 시민 단체 활동 등에 적극적으로 참여하여 ●사회적 자본을 형성하는 데 기여한다.

(2) 시민 사회 차원의 방안

사회 복지 제도에 대해 지속적으로 논의를 제안하여 복지 제도를 개선·발전시키는 역할을 담당한다.

꼼꼼 단어 돋보기

● 사회적 자본
사회 구성원 간 협력이나 거래가 이루어질 수 있도록 하는 신뢰, 규범 등과 같은 일체의 사회적 자산

이론 쏙! 핵심 딱!

쏙딱 TEST

VI

정답과 해설 **25**쪽

사회 정의와 불평등

01 정의의 의미와 실질적 기준

02 다양한 정의관의 특징과 적용

03 사회 및 공간 불평등 해결과 정의의 실현

📢 선생님이 알려 주는 **출제 경향**

정의의 의미와 관점, 정의의 기준, 자유주의적 정의관과 공동체주의적 정의관, 사회 불평등 양상과 해결 방안에 관한 문제가 출제될 가능성이 매우 높습니다. 사회 복지 제도, 적극적 우대 조치, 사회적 약자 보호 정책 등은 지금처럼 계속 자주 출제될 것입니다.

---

01 사회 구성원들이 추구해야 할 올바르고 공정한 도리를 무엇이라고 하는가?

① 규칙   ② 관습
③ 정의   ④ 법률

02 다음에서 설명하는 것은?   2021년 1회

> • 공정한 분배의 기준이 되며 옳음, 공정성, 공평성 등과 유사한 의미를 가지고 있다.
> • '같은 것은 같게, 다른 것은 다르게 대우하는 것', '각자에게 각자의 몫을 주는 것' 등으로 표현된다.

① 소비   ② 정의
③ 종교   ④ 통일

03 다음 내용에 나타난 사회에서 정의가 필요한 이유로 가장 적절한 것은?

> 구성원들은 사회에 대한 불신을 가지고 있으며, 개인이나 집단 간 갈등이 심화되고 있다.

① 개인선을 실현할 수 있다.
② 구성원의 권리를 보장할 수 있다.
③ 사회 통합의 기반을 마련할 수 있다.
④ 받을 만한 몫을 공정하게 받을 수 있다.

04 다음 기사의 내용을 바르게 분석한 것은?

> 청년 실업의 늪이 깊어지는 가운데 '금수저' 부모 덕분에 좋은 직장을 얻는 취업 불평등이 만연하다. …… 이 같은 관행은 여전히 취업난에 허덕이고 있는 구직자에게 상대적 박탈감을 넘어 분노를 안겨 주고 있다.
> — ○○신문 —

① 공정한 절차가 마련된 사회이다.
② 자신의 능력과 노력이 발휘되는 사회이다.
③ 정의롭지 못한 사회에서 나타나는 현상이다.
④ 부모의 재력이 자녀의 취업에 영향을 미치지는 못한다.

05 정의의 필요성으로 적절하지 <u>않은</u> 것은?

① 사회 갈등을 예방한다.
② 공동체의 발전에 기여한다.
③ 사회 구성원의 기본적인 권리를 보장한다.
④ 사회 구성원들에게 똑같은 몫을 분배할 수 있다.

[06~08] 다음 글을 읽고 물음에 답하시오.

> 정의란 같은 것을 같게, 다른 것을 다르게 대우하는 것이며, 각자에게 각자의 몫을 주는 것이다.

06 위의 주장을 한 사람은?

① 롤스　　　　　② 플라톤
③ 매킨타이어　　④ 아리스토텔레스

07 위의 글에서 설명하는 정의의 종류는?

① 일반적 정의　　② 분배적 정의
③ 교정적 정의　　④ 교환적 정의

08 위의 글에서 설명하는 정의의 역할로 가장 적절한 것은?

① 공동체가 나아갈 방향의 기준이 된다.
② 공정한 분배를 위한 중요한 기준이 된다.
③ 법률과 제도의 정당성을 판단하는 기준이 된다.
④ 집단 간 갈등을 조정하여 사회 문제를 해결한다.

09 다음에 해당하는 정의의 실질적 기준에 대한 설명으로 옳은 것은?

> 성과가 더 높은 사람에게 더 많은 성과급을 지급한다.

① 생산성을 높인다.
② 능력에 따라 분배하고 있다.
③ 주관적 편견 개입 가능성이 높다.
④ 사회적 약자에 대한 배려를 강조한다.

10 다음에 해당하는 정의의 실질적 기준은?

> 해외 파견 연수 대상자를 선발할 때 파견 근무지의 언어를 잘하는 사람을 우선하여 선발한다.

① 업적에 따른 분배
② 능력에 따른 분배
③ 필요에 따른 분배
④ 사회적 약자에 대한 분배

빠른 정답 체크

01 ③	02 ②	03 ③	04 ③	05 ④	06 ④	07 ②
08 ②	09 ①	10 ②				

11 다음의 제도와 관련 있는 분배 방식의 문제점으로 가장 적절한 것은?

> - 최저 임금제
> - 장애인 의무 고용제

① 성취동기를 저하시킨다.
② 사회적 불평등이 심화된다.
③ 구성원 간 과열 경쟁을 유발한다.
④ 차별받는 사회 구성원이 많아진다.

12 다음 그림에서 알 수 있는 분배의 기준에 대한 설명으로 옳지 <u>않은</u> 것은?

오늘 100개를 배송한 갑에게는 10만 원, 120개를 배송한 을에게는 12만 원의 일당이 지급됩니다.

① 객관화·수량화가 쉽다.
② 공정성 확보가 가능하다.
③ 결과에 대한 기여도에 따라 분배한다.
④ 사람들의 필요에 따라 다르게 분배한다.

13 자유주의적 정의관과 관련된 내용으로 가장 적절한 것은?

① 공동선 추구
② 개인주의 중시
③ 매킨타이어의 사상
④ 개인보다 국가를 우선시

[14~15] 다음 자료를 읽고 물음에 답하시오.

> (가) 모든 사람은 기본적 자유를 최대한 누릴 수 있는 평등한 권리를 가져야 하며, 국가는 사회적 약자를 배려하기 위해 노력해야 한다.
> (나) 개인의 소유물을 어떻게 사용할 것인가는 개인의 자유로운 선택에 맡겨야 하며, 국가는 개인의 소유권을 보호하는 역할에 머물러야 한다.

14 (가)와 (나)에 해당하는 사상가는?

	(가)	(나)
①	샌델	롤스
②	롤스	노직
③	노직	롤스
④	매킨타이어	노직

주목

15 (가), (나)에 대한 설명으로 옳지 <u>않은</u> 것은?

① (가)는 사회 복지 제도에 대해 찬성한다.
② (나)는 사회 복지 제도에 대해 반대한다.
③ (가), (나) 모두 자유주의 정의관의 입장이다.
④ (가), (나) 모두 공동체주의 정의관의 입장이다.

16 자유주의적 정의관에 대한 설명으로 옳지 <u>않은</u> 것은?

① 집단주의 문제가 발생할 수 있다.
② 개인의 독립성과 자율성을 우선시한다.
③ 국가는 국민을 보호하기 위해 존재한다.
④ 개인선 실현이 공동선에 이바지하는 것이다.

17 공동체주의적 정의관에서 개인의 역할과 관련된 내용을 〈보기〉에서 고른 것은?

> **보기**
> ㄱ. 공동선   ㄴ. 개인선
> ㄷ. 연대 의식   ㄹ. 이기주의

① ㄱ, ㄴ   ② ㄱ, ㄷ
③ ㄴ, ㄷ   ④ ㄴ, ㄹ

주목
18 다음 대화에서 알 수 있는 정의관에 대한 설명으로 옳은 것은?

기부를 하게 된 동기에 대해 말씀해주세요.

우리 민족은 예로부터 상부상조의 정신을 가지고 있었습니다. 우리는 이 정신을 이어나가야 한다고 생각합니다.

① 국가의 간섭을 최소화해야 한다.
② 개인의 자유를 최대한 보장해야 한다.
③ 공동선을 실현하는 것이 정의로운 행동이다.
④ 국가보다 개인을 우선해야 한다는 입장이다.

[19~20] 다음 글을 읽고 물음에 답하시오.

> 인간의 삶에서 공동체가 가지는 의미를 중시하는 사상으로, 개인이 공동체의 영향을 받으며 소속감과 정체성을 형성해 나가는 존재임을 강조한다.

19 위의 글과 입장이 <u>다른</u> 사상가는?

① 롤스
② 샌델
③ 타일러
④ 매킨타이어

20 위의 글에 나타난 정의관의 특징을 〈보기〉에서 고른 것은?

> **보기**
> ㄱ. 공동체의 가치 강조
> ㄴ. 국가의 재분배 정책 반대
> ㄷ. 개인의 책임과 의무 강조
> ㄹ. 개인의 자유와 권리 보장

① ㄱ, ㄴ   ② ㄱ, ㄷ
③ ㄴ, ㄹ   ④ ㄷ, ㄹ

21 공동체주의적 정의관에서 바라보는 개인과 공동체의 관계에 대한 설명으로 옳지 <u>않은</u> 것은?

① 개인은 전통 가치를 중시해야 한다.
② 개인과 공동체는 상호 유기적 관계에 있다.
③ 국가는 특정한 가치를 개인에게 강요해서는 안 된다.
④ 개인의 자아 정체성은 자신이 속한 공동체 안에서 이루어진다.

22 다음 헌법 조항을 정의의 관점에서 옳게 해석한 것은?

> 대한민국 헌법 제23조
> ① 모든 국민의 재산권은 보장된다. 그 내용과 한계는 법률로 정한다.
> ② 재산권의 행사는 공공복리에 적합하도록 하여야 한다.

① 개인의 희생을 강요한다.
② 공동선을 가장 우선시한다.
③ 개인선을 가장 우선시한다.
④ 개인선과 공동선의 조화를 추구한다.

[23~24] 다음 글을 읽고 물음에 답하시오.

> 아동 빈곤 문제와 노숙자 문제를 해결하기 위해 소득 상위 1%를 대상으로 증세를 해야 한다고 생각한다. 부를 축적한 사람은 사회의 공정한 몫을 부담할 능력과 책임이 있기 때문이다.

23 위의 글과 관련된 정의관으로 옳은 것은?

① 자유주의적 정의관
② 사회주의적 정의관
③ 공동체주의적 정의관
④ 신자유주의적 정의관

24 위의 글과 관련된 정의관을 지나치게 강조할 경우 발생할 수 있는 문제점을 〈보기〉에서 고른 것은?

> **보기**
> ㄱ. 개인선 실현 방해
> ㄴ. 공동선 실현 방해
> ㄷ. 개인의 자유와 권리 훼손
> ㄹ. 지나친 개인의 권리 보장

① ㄱ, ㄴ   ② ㄱ, ㄷ
③ ㄴ, ㄷ   ④ ㄴ, ㄹ

[25~26] 다음 자료를 보고 물음에 답하시오.

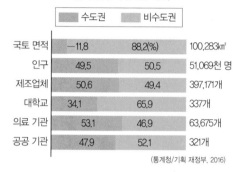

〈수도권과 비수도권 비교〉

	수도권	비수도권	
국토 면적	−11.8	88.2(%)	100,283㎢
인구	49.5	50.5	51,069천 명
제조업체	50.6	49.4	397,171개
대학교	34.1	65.9	337개
의료 기관	53.1	46.9	63,675개
공공 기관	47.9	52.1	321개

(통계청/기획 재정부, 2016)

〈도시와 농촌의 가구당 연간 소득〉

*( )안은 도시 근로자 소득 대비 농가 소득 비율(%)

25 위의 자료와 관련 있는 사회적 불평등의 유형은?

① 계층 대물림 현상
② 공간 불평등 현상
③ 사회 계층의 양극화
④ 사회적 약자에 대한 차별

26 위의 자료와 관련 있는 사회적 불평등 현상이 나타난 이유로 가장 적절한 것은?

① 상향식 개발
② 편견과 선입견
③ 자원의 희소성
④ 성장 거점 개발 방식

27 다음 그림을 통해 알 수 있는 사회 불평등의 유형은?

〈갑국의 중산층 비율〉

*2인 이상 도시 가구 기준
중산층은 중위 소득 50~150%

75.4 75.3 71.7 69.2 64.2

1995 2000 2005 2010 2015 (년)

① 공간 불평등
② 사회 계층의 양극화
③ 승진에 대한 여성 차별
④ 대기업 위주의 경제 정책

28 지역 격차를 해소하기 위한 정책으로 알맞은 것은?

2017년 1회

① 독과점의 제한
② 여성 고용 할당제
③ 장애인 의무 고용제
④ 공공 기관 지방 이전

주목
29 공간 불평등 문제를 해결하는 방법으로 옳지 <u>않은</u> 것은?

① 성장 거점을 중심으로 개발한다.
② 국토 균형 개발 정책을 추진한다.
③ 수도권 대규모 개발 사업을 규제한다.
④ 공기업을 지방으로 이전시켜 인구를 분산한다.

30 사회적 약자에 대한 차별 사례를 〈보기〉에서 고른 것은?

보기

ㄱ. 용모 단정한 여성을 채용 조건으로 한다.
ㄴ. 여자 기숙사 사감은 여성으로만 고용한다.
ㄷ. 회사가 어려울 때 기혼 여성을 우선 해고한다.
ㄹ. 변호사 사무실 직원 채용에 법학 전공자를 우대한다.

① ㄱ, ㄴ   ② ㄱ, ㄷ
③ ㄴ, ㄷ   ④ ㄴ, ㄹ

31 다음의 사회 복지 제도에 대한 설명으로 옳은 것은?

• 국민연금 제도
• 고용 보험 제도
• 국민 건강 보험 제도

① 강제 가입이 원칙이다.
② 국가가 전액 부담한다.
③ 소득 재분배 효과가 크다.
④ 비금전적 지원을 기본으로 한다.

빠른 정답 체크

| 22 ④ | 23 ③ | 24 ② | 25 ② | 26 ④ | 27 ② | 28 ④ |
| 29 ① | 30 ② | 31 ① | | | | |

32 (가), (나)에 해당하는 사회 복지 제도가 바르게 짝지어진 것은?

> (가) 국민 기초 생활 보장 제도
> (나) 국민 건강 보험 제도

	(가)	(나)
①	사회 보험	공공 부조
②	공공 부조	사회 서비스
③	공공 부조	사회 보험
④	사회 서비스	사회 보험

33 다음에 나타난 사회 복지 제도에 대한 설명으로 옳은 것은?

> **'기초 노령 연금'**
> **수급 자격 및 신청 방법을 알려 드립니다.**
>
> 대상: 만 65세 이상 어르신 중 소득 인정액이 선정 기준액 이하인 어르신

① 소득 재분배 효과가 가장 크다.
② 사전 예방적 성격이 강한 보험이다.
③ 수혜자와 국가가 함께 비용을 부담한다.
④ 취약 계층에게 필요한 서비스를 제공한다.

34 삶의 질 향상을 위한 복지 제도 중 ㉠에 들어갈 것은?

2019년 2회

> • 사회 보장 제도에는 사회 보험 제도와 (㉠)이/가 있다.
> • (㉠)에는 국민 기초 생활 보장 제도와 의료 보호 제도 등이 있다.

① 공공 부조
② 국민연금
③ 고용 보험
④ 국민 건강 보험

35 다음과 같은 제도의 목적으로 가장 적절한 것은?

> 공공 부조, 사회 보험, 사회 서비스

① 다문화 사회의 갈등을 완화하기 위해서
② 사회 계층의 양극화 현상을 완화하기 위해서
③ 사회적 약자가 차별받지 않도록 하기 위해서
④ 사회적 약자에 대한 선입견과 편견을 없애기 위해서

36 사회 양극화 문제를 해결하기 위한 대책으로 적절한 것은?

① 신자유주의 추구
② 작은 정부의 지향
③ 사회 복지 제도 강화
④ 시장 중심의 자원 배분

37 다음 설명에 해당하는 사회 보장 제도가 아닌 것은?

2018년 2회

> 사회 보험은 국가 또는 기업이 수혜자와 함께 비용을 부담하여 운영되며, 수혜자가 부담하는 보험료는 소득의 크기에 비례한다.

① 국민연금 제도
② 고용 보험 제도
③ 국민 건강 보험 제도
④ 국민 기초 생활 보장 제도

38 다음에서 설명하는 것은? 2020년 1회

> • 주로 교육이나 고용 분야에서 차별받아 온 집단의 구성원에게 우선적으로 기회를 주는 것이다.
> • 대입 농어촌 학생 특별 전형, 여성 고용 할당제 등이 해당한다.

① 섯다운제
② 부당 노동 행위
③ 환경 영향 평가제
④ 적극적 우대 조치

주목
39 적극적 우대 조치에 대한 설명으로 옳지 않은 것은?

① 장애인 의무 고용제 등이 해당한다.
② 주로 교육이나 고용 분야에서 발생한다.
③ 기회의 평등, 형식적 평등을 이루는 것이 목적이다.
④ 적극적 우대 조치로 인해 역차별이 발생할 수 있다.

40 적극적 우대 조치를 실현하기 위한 방안을 〈보기〉에서 고른 것은?

보기
ㄱ. 성적 우수 장학금을 인상한다.
ㄴ. 장애인 의무 고용제를 시행한다.
ㄷ. 전 국민의 의무 교육 기간을 연장한다.
ㄹ. 농어촌 지역 학생에게 대학 입학 전형에 가산점을 부여한다.

① ㄱ, ㄴ
② ㄴ, ㄷ
③ ㄴ, ㄹ
④ ㄷ, ㄹ

41 다음과 같은 문제의 해결 방안으로 적절하지 않은 것은?

> 직장 내 여성 차별이 여전히 존재하고 있다. 기업 정보를 공유하는 한 게시판에는 성차별, 남성 중심 문화를 겪는 여성 직장인들의 사연이 이어지고 있다.

① 양성평등 문화 마련하기
② 여성 고용 할당제 실시하기
③ 성별에 대한 선입견 버리기
④ 남성과 여성의 업무 분리하기

42 사회적 약자를 보호하기 위한 정책으로 적절하지 않은 것은? 2018년 1회

① 노인 복지 제도 확대
② 부자 감세 제도 도입
③ 장애인 의무 고용제 시행
④ 국민 기초 생활 보장 정책 실시

빠른 정답 체크

32 ③	33 ①	34 ①	35 ②	36 ③	37 ④	38 ④
39 ③	40 ③	41 ④	42 ②			

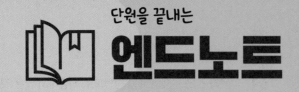
01 정의의 의미와 실질적 기준

1 정의

의미	• 넓은 의미: 개인과 사회가 지켜야 할 올바르고 공정한 가치 • 좁은 의미: 마땅히 받을 만한 몫을 공정하게 받는 것
역할	사회 구성원의 권리 보장, 갈등의 공정한 해결, 사회 통합의 기반 마련
사상가의 관점	• 공자: 천하의 정도(正道)를 이루는 것 • 플라톤: 국가가 지녀야 할 가장 필수적 덕목 • 아리스토텔레스: 분배적 정의(각자가 지닌 능력에 따라 각자의 몫을 공정하게 분배하는 것), 교정적 정의, 교환적 정의

2 정의의 실질적 기준

업적에 따른 분배	• 의미: 성과에 비례하여 분배와 보상이 이루어지는 것 • 장점: 객관화·수량화 가능, 공정성 확보, 성취동기 자극, 생산성 향상 • 단점: 사회적 약자에 대한 배려 부족, 과열 경쟁 유발
능력에 따른 분배	• 의미: 신체적·정신적 능력에 따라 분배와 보상이 이루어지는 것 • 장점: 잠재력 실현 기회 제공, 업무 효율성 증대 • 단점: 주관적 편견 개입 가능성 존재, 평가 기준 설정의 어려움, 선천적 요소의 영향을 배제하기 어려움
필요에 따른 분배	• 의미: 기본적 욕구 충족이 어려운 사람들에게 재화나 가치를 우선적으로 분배하는 것 • 장점: 사회 불평등 개선, 다양한 복지 제도와 사회 안전망 마련 • 단점: 개인의 성취동기와 창의성 저하

02 다양한 정의관의 특징과 적용

1 자유주의적 정의관

이념적 근거	자유주의, 개인주의
특징	• 개인의 자유와 권리를 최대한 보장하여 개인선을 실현하는 것이 정의로움 • 공동체(국가나 사회)의 개입 최소화
장점	개인의 권리 및 사적 이익 추구를 최대한 보장함
한계점	• 극단적 이기주의로 변질될 수 있음 • 지나친 사익 추구로 공동선이 사라지고 사회 구성원 모두가 피해를 입을 수 있음 예 공유지의 비극
사상가	• 노직: 소유 권리로서의 정의, 국가의 복지 정책에 반대 • 롤스: 공정으로서의 정의, 사회적 약자 배려를 위한 국가의 역할 필요

2 공동체주의적 정의관

이념적 근거	공동체주의
특징	• 공동체에 속한 개인이 각자의 역할과 의무를 다하면서 공동선을 추구하는 것이 정의로움 • 공동선의 실현은 공동체 속에서 살아가는 개인들의 개인선으로 이어짐
장점	개인과 사회 모두의 행복 증진
한계점	개인의 희생을 정당화하는 집단주의로 변질될 수 있음
사상가	매킨타이어, 왈저, 샌델, 타일러

03 사회 및 공간 불평등 해결과 정의의 실현

1 다양한 불평등 양상

사회 계층의 양극화	중간 계층의 비중이 줄고 상층과 하층의 비중이 극단적으로 많아지는 현상
공간 불평등	지역 간 불균등한 자원 분배로 인해 지역 간에 발생하는 사회적·문화적·교육적·경제적 수준의 차이
사회적 약자에 대한 차별	사회적으로 배려와 보호의 대상이 되는 개인 또는 집단에 대한 차별

2 사회 복지 제도

사회 보험	일정 소득이 있는 국민에게 보험 방식을 적용하여 사회적 위험에 대비함 예 국민 건강 보험 제도, 국민연금 제도 등
공공 부조	생계유지 능력이 부족한 사람들의 최저 생활 보장 예 국민 기초 생활 보장 제도, 기초 연금 제도 등
사회 서비스	도움이 필요한 사회적 약자에게 상담, 재활 등 비금전적 서비스 지원

3 적극적 우대 조치

의미	차별을 받아 온 집단의 구성원에게 우선적으로 기회를 부여하거나 특혜를 주는 정책
사례	장애인 의무 고용 제도, 여성 고용 할당 제도, 지역 할당 제도 등
유의점	사회적 약자에게 더 많은 기회를 제공함으로써 그렇지 않은 사람들의 기회가 줄어드는 역차별 문제가 발생할 수 있음

4 지역 격차 완화 노력

지역 간 불평등	국토 균형 개발, 자립형 지역 발전 전략, 공공 기관이나 공기업의 지방 이전
도시 내 불평등	도시 정비 사업 실시, 공공 임대 주택 및 장기 전세 주택 공급 등

단원을
닫으며

이번 단원을 통해 현대 사회에서 가장 중요한 이념인 정의에 대해 생각해 보는 계기가 되길 바랍니다. 정의의 기준, 정의를 바라보는 관점, 사회 복지 제도의 종류가 이번 단원의 핵심입니다.

문화와 다양성

01 세계의 다양한 문화권

이번 단원에서는 문화권 형성에 영향을 주는 자연환경 및 인문 환경, 종교에 따른 문화 경관, 세계의 다양한 문화권의 특징에 대해 학습합니다.

1 문화와 문화권

1. 문화

한 사회의 구성원들이 만들어 낸 의식주, 언어, 종교 등 모든 생활 양식이나 행동 양식의 총체를 말한다. **예** 한국 문화, 서양 문화, 음식 문화, 주거 문화 등

2. 문화권(문화 지역)

의미	의식주, 종교, 언어, 산업 등의 문화적 특성이 비슷하게 나타나는 지리적 공간 범위
특징	• 같은 문화권 내에서는 비슷한 생활 양식과 문화 경관이 나타남 • 오랜 기간 비교적 넓은 범위에 걸쳐 형성되며, 영구 고정된 것이 아니라 문화 전파 등에 따라 변화하기도 함 • 어떤 문화 요소를 기준으로 삼느냐에 따라 문화권이 다양하게 구분됨
경계 기준	• 산맥, 하천, 사막 등 자연환경에 의해 구분됨 • 문화권과 문화권이 만나는 경계 지역에는 대부분 점이 지대가 존재함

2 문화권 형성에 영향을 주는 요인

1. 자연환경

기후, 지형, 토양, 식생 등으로, 의식주의 차이에 큰 영향을 미친다.

의복 문화	• 열대 기후 지역: 통풍이 잘 되는 옷을 입음 • 건조 기후 지역: 강한 햇빛과 모래바람으로부터 몸을 보호하기 위해 온몸을 감싸는 헐렁한 옷을 입음 • 한대 기후 지역: 추위로부터 몸을 보호하기 위해 털옷이나 가죽옷을 입음
음식 문화	• 아시아의 고온 다습한 계절풍 기후 지역: 벼농사에 유리하여 쌀을 이용한 음식이 발달함 • 유럽과 건조 기후 지역: 밀 농사와 목축업에 유리하여 빵과 고기를 이용한 음식이 발달함 • 라틴 아메리카의 고산 지역: 냉량한 기후에서 잘 자라는 감자와 옥수수를 이용한 음식이 발달함
주거 문화	• 열대 기후 지역: 습기와 열기, 해충을 막기 위한 고상 가옥이나 수상 가옥이 발달함 • 건조 기후 지역: 흙을 이용한 흙집과 이동식 가옥(유목 지역)이 발달함 • 냉대 기후 지역: 통나무를 이용한 통나무집이 발달함 • 한대 기후 지역: 언 땅이 녹았을 때의 가옥 붕괴를 막기 위한 고상 가옥과 얼음집이 발달함

> **꼼꼼 단어 돋보기**
>
> ● 문화 경관
> 어떤 장소에 오랫동안 거주하면서 만들어 놓은 그 지역만의 문화적 특성
>
> ● 점이 지대
> 각기 다른 지리적 특성을 가진 지역이 만나는 경계에 위치하여 두 지역의 특성이 함께 나타나는 지대

2. 인문 환경

종교, 언어, 산업, 관습 등에 따라 문화 경관 및 생활 양식이 다르게 나타난다.

☆ (1) 종교에 따른 문화 경관+   이슬람교 문화권의 특징을 눈여겨볼 필요가 있어요.

① 크리스트교 문화권
　⑤ 믿음과 사랑을 강조하고, 예수의 구원을 믿는다.
　⑥ 십자가와 종탑이 있는 성당이나 교회에서 예배하고, 결혼식이나 장례식 등 전
　　반적인 생활에 종교 의식이 영향을 미친다.

② 이슬람교 문화권
　⑤ 유일신 알라를 숭배하고, 쿠란을 따르는 생활을 한다.
　⑥ 둥근 돔이 있는 모스크 사원에서 예배한다.
　⑥ 여성들은 히잡, 부르카 등으로 몸과 얼굴을 가린다.+
　⑥ 술과 돼지고기를 금기시한다.
　⑩ 다섯 가지 의무(라마단 기간의 금식, 성지 순례, 자선 활동, 신앙 고백, 하루 다
　　섯 번의 예배)를 지켜야 한다.

③ 불교 문화권
　⑤ 인간의 평등과 자비, 개인의 수양을 강조하고 윤회 사상을 믿는다.
　⑥ 사찰, 불상, 탑(부처의 사리 보관), 연등, 승려 등을 볼 수 있다.
　⑥ 육식을 금기시하고, 주로 채식 위주의 식사를 한다.

④ 힌두교 문화권
　⑤ 다양한 신(다신교)들이 조각되어 있는 힌두교 사원이 있다.
　⑥ 윤회 사상을 믿고, 갠지스강에서 목욕이나 시신을 화장하는 의식을 치른다.
　⑥ 소를 신성시하여 소고기를 먹지 않는다.

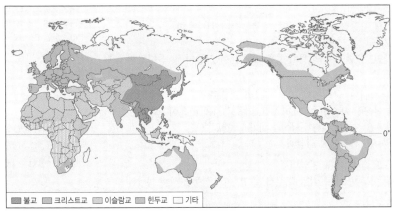

🔺 세계의 종교 분포

(2) 산업 발달에 따른 문화 경관

산업이 발달한 지역	• 상공업 중심의 문화권에 속함 • 인구가 많고, 산업 시설과 고층 건물이 밀집되어 있음 • 주민들은 현대적인 도시 생활을 함
산업이 낙후된 지역	• 원래의 자연환경과 전통적인 생활 양식을 유지함 • 농경 문화권: 공동체 문화가 발달하고, 곡물 수확을 기원하는 행사를 볼 수 　있음 • 유목 문화권: 이동식 유목 생활을 하고, 가축으로부터 의식주의 재료를 얻음

+ **종교와 문화 경관**

종교는 인간의 가치관 및 행동 양식에 크게 영향을 미치기 때문에 독특한 문화 경관을 형성한다.

+ **이슬람교의 여성 의상**
- 히잡: 이슬람 여성의 전통 복식으로 머리에 두르는 스카프
- 차도르: 집 밖에 나갈 때 착용하는 전신 망토로 안에는 작은 헤드 스카프를 두름
- 니캅: 눈을 제외한 얼굴 전체를 가리는 일종의 얼굴 가리개
- 부르카: 눈 부위를 망사로 대고 전신을 가리는 통옷

🔺 히잡

🔺 차도르

🔺 니캅

🔺 부르카

📝 **꼼꼼 단어 돋보기**

● **인문 환경**
사람들이 만들어 낸 인위적인 환경

동(부)아시아 문화권	• 계절풍 기후 지역으로 벼농사가 발달함 • 유교, 불교, 한자, 젓가락을 사용함(우리나라, 일본, 중국)
동남아시아 문화권	• 태평양과 인도양 사이에 위치하여 해양과 대륙을 잇는 교통의 요지임 • 다양한 민족과 종교(불교, 이슬람교, 크리스트교, 힌두교)가 분포함 • 계절풍 기후 지역으로 벼농사가 발달함(베트남, 필리핀, 인도네시아 등)
남부 아시아 문화권	• 힌두교와 불교의 발상지(인도와 그 주변 국가) • 힌두교(인도, 네팔), 이슬람교(파키스탄, 방글라데시), 불교(스리랑카)를 믿음 • 종교와 언어, 민족이 다양하고 복잡함
건조(이슬람) 문화권	• 북부 아프리카와 서남아시아 일대의 건조 기후 지역이 해당됨 • 사막과 초원이 나타나고, 유목 및 ●오아시스 농업이 발달함 • 이슬람교의 발상지로, 주민 대부분이 아랍어를 사용하고 이슬람교를 믿음 • 석유 개발에 따른 국제 분쟁이 심화되고 있음
아프리카 문화권	• 사하라 사막 이남의 아프리카 지역으로, 대부분 열대 기후가 나타남 • 다양한 언어와 부족이 분포하고, 부족 단위의 공동체 문화와 토속 신앙이 발달함 • 원시 농업, 이동식 화전 농업, 플랜테이션 농업이 발달함 • 과거 유럽 식민 지배의 영향으로 부족의 구분과 국경선이 일치하지 않아 잦은 분쟁이 발생함
유럽 문화권✛	• 크리스트교 문화가 발달함, 북서 유럽, 남부 유럽, 동부 유럽으로 구분됨 • 산업 혁명·시민 혁명의 발상지로 경제 발전 수준이 높고, 민주주의가 발달함
앵글로 아메리카 문화권	• 북서 유럽의 식민 지배를 받음(리오그란데강 이북 지역의 미국, 캐나다) • 다인종·다민족 국가로, 주로 영어를 사용하고 크리스트교(개신교)의 비율이 높음 • 세계 최대의 경제 중심지이자 세계적인 농산물 수출 지역임
라틴 아메리카 문화권	• 과거 남부 유럽(포르투갈, 에스파냐)의 식민 지배를 받은 리오그란데강 이남 지역의 국가들이 해당함 • 대부분 에스파냐어를 사용하지만 브라질은 포르투갈어를 사용함 • 주로 크리스트교(가톨릭교)를 믿음 • 원주민과 아프리카인, 유럽인 간의 문화 융합으로 혼혈 인종이 많고 다양한 문화가 나타남
오세아니아 문화권	• 오스트레일리아, 뉴질랜드, 남태평양의 섬 지역이 해당함 • 영국의 식민 지배로 영어를 사용하고, 크리스트교(개신교)의 비율이 높음 • 유럽 문화가 전파되어 원주민✛의 문화가 없어질 위기에 처함 • 관광업 및 기업적 농업·목축업이 발달함
북극 문화권	• 북극해 연안 지역으로 한대 기후 지역임 • 사모예드족, 라프족, 이누이트족 등이 순록 유목, 수렵, 어로 활동을 하며 생활함

✛ 유럽 문화권의 구분

• 북서 유럽: 게르만족, 개신교, 산업 혁명·시민 혁명의 발상지, 서안 해양성 기후, 혼합 농업·낙농업 발달
• 남부 유럽: 라틴족, 가톨릭, 그리스·로마 문화의 발상지, 지중해성 기후, 수목 농업 발달 ◍ 올리브, 오렌지, 포도, 코르크 등
• 동부 유럽: 슬라브족, 그리스 정교, 다른 유럽 지역보다 농업 종사자 비율이 높음

✛ 오세아니아의 원주민

대표적으로 오스트레일리아의 애버리지니와 뉴질랜드의 마오리족이 있다.

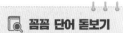

▲ 세계의 문화권

📖 꼼꼼 단어 돋보기

● 오아시스 농업
사막 지대에서 오아시스의 물을 이용하여 밀, 대추야자 등을 생산하는 농업

02 문화 변동과 전통문화의 창조적 계승

이번 단원에서는 문화 변동의 요인 및 문화 접변의 결과로 나타나는 다양한 양상을 이해하고, 전통문화의 의미에 대해 학습합니다.

1 문화 변동의 요인과 양상 문화 변동의 요인과 문화 변동의 양상에 대해 알아야 해요.

1. 문화 변동

(1) 문화 변동의 의미
한 사회의 문화가 새로운 문화 요소의 등장이나 다른 사회와의 접촉으로 크게 변화하는 현상을 말한다.

(2) 문화 변동의 요인
① 내재적 요인
  ㉠ 의미: 한 사회의 내부에서 새로운 문화 요소가 등장하는 것을 말한다.
  ㉡ 유형

발명	이전에 없었던 문화 요소와 원리를 새롭게 만들어 내는 것 예 종이, 한글, 휴대 전화의 발명
발견	이미 존재하고 있었으나 알려지지 않은 문화 요소나 원리를 찾아내는 것 예 불, 비타민의 발견

② 외재적 요인(문화 전파)
  ㉠ 의미: 한 사회가 다른 사회와 교류하거나 접촉하는 과정에서 새로운 문화 요소가 전달되어 정착하는 현상을 말한다.
  ㉡ 유형

직접 전파	어떤 매개체를 거치지 않고 사람이 직접 다른 문화와 접촉하여 이루어지는 전파 예 중국과의 교류를 통해 우리나라에 들어온 한자
간접 전파	인쇄물, 인터넷 등과 같은 간접적인 매개체를 통해 다른 사회의 문화가 전파되는 것 예 인터넷을 통해 세계적으로 유행한 한류 열풍
자극 전파	다른 사회의 문화 요소로부터 아이디어를 얻어 새로운 문화 요소를 만들어내는 것 예 설총이 한자의 영향을 받아 만든 신라의 이두 문자, 북아메리카 원주민인 체로키족이 알파벳에 아이디어를 얻어서 만든 체로키 문자

2. 문화 변동의 양상

(1) 문화 접변의 의미
두 문화가 장기간 접촉을 통해 문화 변동이 일어나는 것을 말한다.

(2) 문화 접변의 유형
① **자발적 문화 접변**: 다른 문화를 필요에 의해 자발적으로 받아들이는 현상을 말한다.
② **강제적 문화 접변**: 다른 문화를 외부의 강제적 압력에 의해 받아들이는 현상을 말한다.

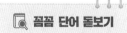

꼼꼼 단어 돋보기

● 문화 요소
기술, 언어, 예술, 가치 규범 등 문화를 구성하는 기본 요소

(3) 문화 접변의 결과

문화 동화	기존의 문화가 외부에서 들어온 문화에 의해 완전히 흡수되거나 대체되는 현상 → 문화 정체성이 상실될 수 있음 예 아메리카 원주민 문화가 백인 문화와 접촉하면서 자기 문화를 상실한 경우, 가로쓰기 형식의 도입으로 세로쓰기 형식이 사라진 경우
문화 병존 (문화 공존)	기존 문화와 외래문화가 각각의 독립성과 정체성을 유지하면서 함께 존재하는 현상 예 우리나라에 있는 이슬람 사원, 차이나타운
문화 융합	기존의 문화와 외래문화가 합쳐져 이전의 두 문화와는 다른 새로운 제3의 문화가 나타나는 현상 예 돌침대, 퓨전 음식, 우리나라 사찰에서 보이는 칠성각[+] 가톨릭과 멕시코의 문화가 만나 새롭게 탄생한 과달루페의 성모[+]

+ 칠성각
우리나라 사찰에서만 볼 수 있는 특유의 전각 중 하나로, 불교와 민간 신앙이 결합되어 나타난 것이다.

+ 과달루페의 성모

2 전통문화의 계승

1. 전통문화의 의미와 역할

(1) 전통문화의 의미
오랜 시간 이어져 내려온 그 사회의 고유한 문화를 말한다.

(2) 전통문화의 역할
① 구성원의 사고방식에 영향을 끼침으로써 문화의 정체성과 고유성을 지킬 수 있다.
② 사회 구성원 간에 유대감을 높여 사회 통합에 기여한다.
③ 전통문화들이 모여 세계 문화가 더욱 다양해진다.

2. 전통문화의 창조적 계승
① 전통문화를 현실적 변화에 맞게 재해석하여 재창조해야 한다.
② 새로운 문화 콘텐츠로 발전시켜 세계화 시대에 그 가치를 더욱 높여야 한다.
③ 외래문화의 요소를 비판적으로 수용하여 전통문화와의 조화를 이루어야 한다.

꼼꼼 단어 돋보기

● 문화 정체성
한 문화에 속한 사람들이 공유하는 동질감 또는 그 문화에 대한 자긍심

03 문화 상대주의와 보편 윤리적 성찰

이번 단원에서는 자문화 중심주의, 문화 사대주의, 문화 상대주의의 특징을 비교·이해하고, 극단적 문화 상대주의의 한계 및 바람직한 문화 이해의 태도에 대해 학습합니다.

1 문화의 다양성[+]

1. 문화의 다양성의 의미

음식, 의복, 언어, 예술, 도덕 등 문화는 인간이 살아가는 모든 사회에 보편적으로 존재하지만, 문화의 구체적인 모습은 사회마다 다르게 나타난다.

2. 문화의 다양성의 원인

① 각 사회마다 서로 다른 역사적·사회적 배경과 자연환경이 다르기 때문이다.
② 시대의 흐름에 따라 다른 방식으로 적응하면서 발전하였기 때문이다.

3. 문화의 다양성의 의의

① 서로 다른 문화끼리 교류하는 과정에서 새로운 문화가 창조되거나 합리적인 문화로 발전할 수 있다.
② 특정 문화권에 속하지 않는 사람은 이해하기 어렵더라도 그 문화권에 속한 사람들에게는 나름의 고유한 의미가 있음을 보여 준다.
③ 다양한 문화를 통해 인간의 삶이 더욱 풍요로워진다.

> **[+] 문화의 보편성과 다양성**
> 의식주 문화, 장례와 혼례 문화 등은 어느 사회나 존재한다. 이처럼 어느 시대, 어느 사회에나 있는 공통의 문화 현상을 문화의 보편성이라고 하고, 지역마다 그 문화가 다른 모습으로 나타나는 현상을 문화의 다양성이라고 한다.

2 문화를 이해하는 태도

1. 문화 절대주의   문화의 가치 판단에 절대적인 기준이 있다고 보아요.

(1) 문화 절대주의의 의미

문화의 다양성과 상대성을 부정하는 태도를 말한다.

☆(2) 문화 절대주의의 유형

① 자문화 중심주의

의미	• 자기 문화의 관점에서 다른 문화를 평가하는 태도 • 자기 문화의 우수성만을 내세우고 다른 문화를 무시하는 태도
사례	중국의 중화사상, 19세기 서구 열강의 백인 우월주의, 나치의 인종주의 등
필요성	• 자기 문화의 주체성과 정체성을 지킬 수 있음 • 전통문화의 유지·발전 및 사회 통합에 기여함
문제점	• 국수주의로 발전하여 국제적 고립을 초래함 • 문화 간 교류를 방해하여 문화의 질적 발전이 저하됨 • 다른 민족에 대한 차별이나 문화 제국주의 침략을 정당화하는 근거가 됨 • 문화 간에 갈등이 발생할 수 있음

> **🔍 꼼꼼 단어 돋보기**
>
> ● **국수주의**
> 자기 문화에 대한 우월감을 바탕으로 다른 문화를 열등하게 여기고 배척하려는 태도
>
> ● **문화 제국주의**
> 다른 나라에 자기의 문화를 강제적으로 이식하려는 것

② 문화 사대주의

의미	자기 문화를 무시하거나 낮게 평가하고 다른 사회의 문화만을 우수하다고 믿는 태도
사례	조선 사대부의 중국 숭배 사상, 서구 문물에 대한 무조건적인 수용 등
필요성	• 다른 문화를 수용하는 데 매우 용이함 • 자기 문화를 개선하는 데 기여함
문제점	• 외래문화를 무비판적으로 수용함으로써 문화적 주체성과 정체성을 상실할 우려가 있음 • 사회 구성원 간 소속감이나 일체감이 약화됨

2. 문화 상대주의 　문화의 가치를 판단하지 않고 상대성을 존중해야 한다는 입장이에요.

(1) 문화 상대주의의 의미

① 한 사회의 문화를 그 사회의 특수한 환경과 사회적·역사적 맥락에서 이해하려는 태도를 말한다.

② 문화의 다양성과 상대성을 인정하는 태도를 말한다.

(2) 문화 상대주의의 특징

① 문화의 우열이 없다고 보기 때문에 문화를 평가의 대상으로 보지 않는다.

② 어느 문화든지 나름의 고유한 의미와 가치를 가진다고 보기 때문에 문화의 다양성을 인정한다.

(3) 문화 상대주의의 필요성

① 자기 문화뿐만 아니라 다른 문화에 대한 올바른 이해가 가능하다.

② 오늘날과 같은 세계화·다문화 시대에 문화의 다양성을 인정함으로써 문화 갈등을 예방할 수 있고, 문화의 다양성을 보전하는 데 기여한다.

(4) 문화 상대주의의 문제점

인류의 보편적 가치를 무시하는 문화까지도 인정하는 극단적 문화 상대주의에 빠질 우려가 있다.

쏙쏙 이해 더하기 ｜ 문화를 이해하는 태도

(가) 옛날 중국 사람들은 일종의 문화적 선민사상을 가지고 있어 자기들의 문화는 우수하고, 주변의 다른 민족들은 모두 오랑캐 또는 야만인이라고 생각하고 멸시하였다.

(나) 세종 대왕이 훈민정음을 창제할 당시 양반들과 신하들은 거세게 반발하였다. 특히 최만리는 훈민정음 창제를 반대하는 상소문을 올려, 훌륭한 글자인 한자를 두고 한글을 만드는 것은 중국을 섬기는 우리나라로서 잘못된 태도라고 주장하였다.

(다) 이슬람교를 믿는 외국인 유학생이 늘면서 A대학은 학생 식당에 이슬람 요리 코너를 마련하였다. 이슬람 요리는 돼지고기를 비롯해 못 먹는 음식이 많은 이슬람 학생들이 마음 편히 먹을 수 있도록 이슬람 율법에 따라 요리한 것이다. 또한 이슬람 성지가 있는 서쪽을 보며 하루에 다섯 번씩 기도해야 하는 이슬람 학생들을 위해 학교 내에 기도실을 갖추는 대학들도 늘고 있다.

(가)에서 중국인들은 자신의 문화만을 우월하다고 믿고 다른 문화를 부정하는 자문화 중심주의의 태도를 보이고 있다. (나)에서 최만리는 중국을 선진 문화라고 생각하고 무조건 따르려는 문화 사대주의적 태도를 보이고 있다. (다)에서는 대학가에서 이슬람교를 믿는 유학생의 문화를 배려하는 문화 상대주의의 태도가 나타나 있다.

③ 문화 상대주의의 한계와 보편 윤리

1. 극단적 문화 상대주의 보편 윤리에 어긋나므로 인정되어서는 안 돼요.

(1) 극단적 문화 상대주의의 의미
생명 존중, 인간 존엄성과 같은 인류의 보편적 가치를 무시하는 문화에 대해서도 그 문화가 처한 상황 속에서 이해해야 한다는 극단적인 태도를 말한다.

(2) 극단적 문화 상대주의의 사례
① 이슬람 사회의 '명예 살인'
② 중국의 전족 풍습⁺
③ 아프리카 소수 민족의 식인 풍습
④ 남편이 죽으면 부인도 따라 죽는 인도의 '사티'

(3) 극단적 문화 상대주의의 문제점
① 인권, 자유, 평등과 같은 인류의 보편적 가치의 실현을 방해한다.
② 모든 문화를 이해한다는 명분하에 오히려 문화의 발전을 저해한다.
③ 문화의 다양성과 상대성을 인정하듯이, 어느 사회의 윤리든지 그 상대성을 인정해야 한다는 [•]윤리 상대주의에 빠질 수 있다.

> **+ 전족 풍습**
> 과거 중국에서는 어린 여자아이의 발을 천으로 단단히 감고 작은 신발을 신겨 발이 자라지 못하게 하는 '전족'이라는 풍습이 있었다. 전족을 한 여성은 혼자서는 걸을 수 없을 정도에 이르게 되는데, 결혼한 여성이 도망가지 못하게 하는 수단으로 악용되기도 하였다.

📑 자료 스크랩   **극단적 문화 상대주의**

> 파키스탄 북동부의 산간 벽지인 길기트 지방에서 15세와 16세 자매가 어머니와 함께 총에 맞아 숨진 채 발견되었다. 이 자매는 6개월 전 쯤 밖에서 비를 맞으며 춤을 추는 동영상을 찍었다가 의붓 형제와 공범들의 공격을 받아 숨진 것으로 조사되었다. 범인들은 이 동영상이 퍼지자 집안의 명예를 회복하겠다면서 살인을 결심한 것으로 전해졌다. 파키스탄에서는 명예 살인 피해자가 매년 1,000여 명에 달한다.

명예 살인이란 가족이나 공동체의 명예를 실추할 것으로 간주되는 구성원을 살해하는 관습이다. 이러한 관습이 문화 상대주의의 이름 아래 인정받는다면 이는 생명 존중, 인권, 정의와 같은 인류의 보편적 가치가 무시된 것이다.

---

2. 바람직한 문화 이해

(1) 보편 윤리의 의미
시대와 사회를 초월하여 사람이라면 누구나 따라야 할 보편타당한 윤리를 말한다.
🔵 인간의 존엄성, 생명 존중, 자유와 평등, 정의 등의 도덕적 가치

(2) 바람직한 문화 이해의 태도
① 보편 윤리의 관점에서 극단적 문화 상대주의를 경계해야 한다.
② 문화 상대주의를 바탕으로 각 문화의 가치를 인정하되, 자문화와 타 문화를 모두 비판적으로 성찰해야 한다.

> **🔍 꼼꼼 단어 돋보기**
>
> **● 윤리 상대주의**
> 윤리에 관해서는 옳고 그름에 관한 보편적 기준이 없다는 태도

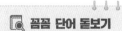

04 다문화 사회와 문화적 다양성 존중

이번 단원에서는 다문화 사회로 인한 긍정적·부정적 영향을 이해하고, 다문화 사회의 갈등 해결 방안 및 이민자 정책 이론에 대해 학습합니다.

1 다문화 사회

1. 다문화 사회의 형성

(1) 다문화 사회의 의미
다양한 인종, 종교, 언어 등 서로 다른 문화적 배경을 가진 사람들이 함께 살아가는 사회를 말한다.

(2) 다문화 사회의 형성 배경
세계화와 교통·통신의 발달로 사람들 간의 접촉이 활발해지면서 다문화 사회로 빠르게 변화하고 있다.

(3) 우리나라 다문화 사회의 현황[+]
① 외국인 노동자: 중소기업의 노동 인력 부족을 해결하기 위해 유입되었다.
② 국제결혼 이민자: 국제결혼이 증가하면서 외국인 결혼 이민자가 유입되었다.
③ 북한 이탈 주민: 북한의 식량난 등으로 급속하게 유입되었다.
④ 외국인 유학생이 증가하였다.

> **[+] 주요 외국인 거주 지역**
> • 안산 외국인 타운: 전국에서 외국인이 가장 많이 거주하고 있는 지역. '안산 다문화 마을 특구'로 지정
> • 인천 차이나타운: 인천항이 개항된 이후 중국인이 모여 살면서 형성된 지역
> • 서울 광희동 몽골타운: 인근 산업 단지에서 일하는 몽골인 근로자들이 모인 지역
> • 서울 서래마을: 국내 거주 프랑스인의 40%인 약 800여 명이 모여 살고 있는 지역
> • 거제 북유럽타운: 조선소에서 일하는 노르웨이, 덴마크 직원 및 가족 9,000여 명이 살고 있는 지역

[📷 자료 스크랩] 우리나라 이주 외국인 현황

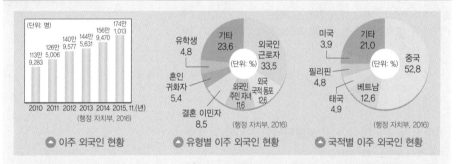

(단위: 명)
113만 9,283 (2010) · 126만 5,006 (2011) · 140만 9,577 (2012) · 144만 5,631 (2013) · 156만 9,470 (2014) · 174만 1,013 (2015. 11.)(년)
(행정 자치부, 2016)
▲ 이주 외국인 현황

(단위: %) 기타 23.6 / 외국인 근로자 33.5 / 외국 국적 동포 12.6 / 외국인 주민 자녀 11.6 / 결혼 이민자 8.5 / 혼인 귀화자 5.4 / 유학생 4.8
(행정 자치부, 2016)
▲ 유형별 이주 외국인 현황

(단위: %) 기타 21.0 / 중국 52.8 / 베트남 12.6 / 태국 4.9 / 필리핀 4.8 / 미국 3.9
(행정 자치부, 2016)
▲ 국적별 이주 외국인 현황

우리나라의 이주 외국인 수는 증가하고 있는 추세이다. 이주 외국인 중 가장 높은 비율을 차지하는 유형은 외국인 근로자이고, 그 다음은 외국 국적 동포이다. 국적별로는 중국인 이주민 비율이 가장 높다.

2. 다문화 사회의 영향

긍정적 영향	• 새로운 문화 요소의 도입으로 문화의 발전 가능성과 다양성이 확대됨 • 새로운 문화 유입으로 문화 경험의 기회가 확대됨 • 외국인 근로자의 유입으로 노동력 부족 문제가 해결됨
부정적 영향	• 서로 다른 문화를 이해하지 못하여 문화 갈등이 발생함 • 사회적 편견과 차별로 인한 인권 침해 문제가 발생함 • 국내 노동자와 외국인 근로자 간 일자리 경쟁이 심화됨 • 이주민들이 언어, 가치관의 차이로 인해 사회 적응에 어려움을 겪음 • 다문화 사회 구성원들을 지원하기 위한 사회적 비용이 필요하게 됨

2 다문화 사회에서의 갈등 해결 방안

1. 다문화 사회에서의 갈등 발생 원인
① 다른 문화를 가진 사람들에 대한 편견과 배타적 태도 및 차별로 인해 갈등이 발생한다.
② 타 문화에 대한 이해가 부족한 상태에서 다수 집단이 소수 집단에게 자신의 문화를 강요하기 때문이다.

☆ 2. 다문화 사회에서의 갈등 해결 방안

> 다문화 사회의 갈등을 해결하기 위한 의식적·제도적 차원의 방안에 대해 알아야 해요.

의식적 차원	• 문화의 다양성을 이해하고 문화 상대주의의 관점에서 타 문화를 이해해야 함 • 단일 민족의식에서 탈피하여 관용과 개방의 자세를 지녀야 함 • 이주민을 동등한 사회 구성원으로 인정하는 세계 시민 의식을 함양해야 함
제도적 차원	• 샐러드 볼 이론(다문화주의 관점)에 근거한 다문화 정책을 추진함 • 외국인의 인권을 보호하는 법적 장치를 마련함 **예**「재한외국인 처우 기본법」등 • 결혼 이민자의 국내 정착을 돕기 위한 정책을 마련함 **예** 한국어 교육 프로그램 운영,「다문화가족지원법」제정 등 • 서로의 문화적 차이를 존중하기 위한 다양한 다문화 프로그램을 시행함

3. 다문화 사회의 이민자 정책 이론[+]
(1) 용광로 이론

의미	이민 과정을 용광로에 비유하여 금, 철, 구리 등과 같은 서로 다른 여러 물질을 용광로에 넣으면 모두 녹아 하나가 되는 것처럼, 이민자들도 자신의 언어나 정체성이 약화되고 이민 사회의 문화에 완전히 동화된다고 보는 이론
특징	• 기존 문화에 이주민의 문화를 흡수하여 단일한 정체성을 이루어야 한다는 동화주의적 관점임 • 이주민들이 그들의 언어나 문화적 특성을 버리고 기존 문화에 녹아들어야 한다고 주장함 • 단일 문화로 통합하려는 동질성을 추구함 • 이민자의 문화 정체성을 훼손할 우려가 있음 • 개별 문화를 인정하면 사회 갈등과 혼란을 초래할 수 있기 때문에 단일 문화를 이루어야 한다고 주장함

(2) 샐러드 볼 이론

의미	이민 과정을 커다란 샐러드 볼 안에서 각기 다른 맛과 색을 가진 다양한 채소와 과일들이 고유한 맛을 지키면서 섞인 샐러드에 비유하여, 모든 문화가 자기만의 독특한 특성을 유지하면서도 하나의 새로운 문화로서 의의를 가지도록 하려는 이론
특징	• 기존 문화와 이주민 문화가 동등하게 조화를 이루어야 한다는 다문화주의적 관점임 • 이주민 문화와 기존 문화의 공존을 추구하면서 사회 통합을 추구함 • 문화 간 차이를 인정하는 관용의 자세를 중시함 • 문화의 다양성에 기여함

[+] **재한외국인 처우 기본법(제1조)**
이 법은 재한외국인에 대한 처우 등에 관한 기본적인 사항을 정함으로써 재한외국인이 대한민국 사회에 적응하여 개인의 능력을 충분히 발휘할 수 있도록 하고, 대한민국 국민과 재한외국인이 서로를 이해하고 존중하는 사회 환경을 만들어 대한민국의 발전과 사회 통합에 이바지함을 목적으로 한다.

[+] **다문화 정책의 경향**
용광로 정책은 과거 소수 집단에 대한 동화 정책으로 악용되었다. 최근에는 문화의 다양성을 보장하고, 이를 통한 사회 통합을 강조하는 샐러드 볼 정책이 부각되고 있다.

🔍 꼼꼼 단어 돋보기

● **편견**
특정 집단에 대해 한쪽으로 치우친 의견이나 견해를 가지는 태도

● **관용**
다른 사람이나 집단의 문화가 자기 집단의 문화와 다를지라도 이를 존중하는 태도

● **세계 시민 의식**
지구촌 구성원 모두를 이웃으로 여기고, 세계 곳곳에서 일어나는 다양한 문제를 함께 해결해 나가야 할 공동의 문제로 받아들이는 태도

이론 쏙! 핵심 딱!

쏙딱 TEST

VII

정답과 해설 **29**쪽

문화와 다양성

📢 선생님이 알려 주는 **출제 경향**

그동안 시험에서는 종교 문화권, 문화 접변의 결과가 자주 출제되었으며, 문화를 이해하는 태도에 관한 문제는 매회 출제될 정도로 중요합니다. 세계의 문화권, 문화 변동의 요인도 앞으로 출제될 가능성이 높습니다.

주제 1 　 **세계의 다양한 문화권**

01 문화권에 대한 설명으로 옳은 것은?

① 종교, 산업 등 자연환경의 영향을 받는다.
② 기후, 지형 등 인문 환경의 영향을 받는다.
③ 하나의 문화권은 민족이나 언어 등이 동일하다.
④ 종교, 의식주 등의 생활 양식이 비교적 비슷한 지역이다.

02 다음 그림과 같은 기후가 나타나는 지역에서 볼 수 있는 문화 경관은?

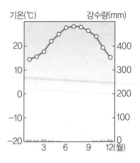

① 고상 가옥에서 사는 사람들
② 동물의 털로 만든 옷을 입은 사람들
③ 온몸을 감싸는 얇은 옷을 입은 사람들
④ 지붕의 경사가 급한 가옥에서 사는 사람들

03 다음과 같은 모습이 나타나는 지역은?

> 벼농사에 유리하여 쌀을 주식으로 하는 음식이 발달하였다.

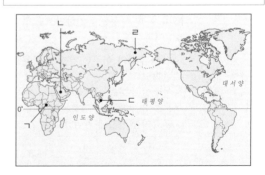

① ㄱ ② ㄴ
③ ㄷ ④ ㄹ

04 다음 빈칸에 들어갈 내용으로 적절하지 <u>않은</u> 것은?

경제 수준에 따라 문화 경관이 다르게 나타나는데, 산업 발달 수준과 경제 성장 정도가 높은 지역에서는 (   )와/과 같은 문화 경관이 나타난다.

① 고층 건물
② 넓은 도로
③ 현대적인 생활 방식
④ 잘 보존된 자연환경

05 다음에 해당하는 종교는?   2020년 1회

• 히잡과 부르카 등의 복식 문화가 있다.
• 카슈미르 지역에서 힌두교와 갈등이 있다.
• 무함마드가 창시자이며 쿠란이라는 경전을 사용한다.

① 불교   ② 유대교
③ 이슬람교   ④ 크리스트교

06 다음 내용과 관련 있는 문화권은?   2013년 2회

• 만민 평등과 유일신 신앙으로 사회 통합 달성
• 생활 규범과 법질서의 토대로 쿠란이 보편화

① 불교 문화권
② 힌두교 문화권
③ 이슬람교 문화권
④ 크리스트교 문화권

[07~08] 다음 지도를 보고 물음에 답하시오. (단, A~D는 종교 문화권을 나타낸다.)

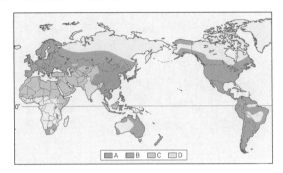

주목
07 다음과 같은 특징이 나타나는 종교 문화권은?

갠지스강에서 종교 의식으로 목욕을 하고, 소를 신성시하여 소고기를 먹지 않는다.

① A   ② B
③ C   ④ D

08 A 종교 문화권의 특징으로 옳은 것은?

① 돼지를 신성시한다.
② 쿠란을 따르는 생활을 한다.
③ 사찰, 불상, 탑을 볼 수 있다.
④ 모스크 사원에서 예배를 드린다.

빠른 정답 체크

01 ④   02 ③   03 ③   04 ④   05 ③   06 ③   07 ④
08 ③

09 다음 내용과 관련 있는 문화권은? 2013년 1회

> • 대표적인 사상가는 공자, 맹자
> • 인(仁)과 예(禮)를 중심으로 한 도덕 정치 주장

① 유교 문화권
② 불교 문화권
③ 이슬람 문화권
④ 크리스트교 문화권

[10~14] 다음은 세계의 문화권을 나타낸 것이다. 지도를 보고 물음에 답하시오.

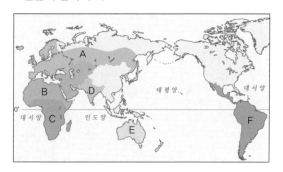

10 다음 내용과 관련 있는 문화권은?

> • 크리스트교 문화의 발달
> • 산업 혁명과 시민 혁명의 발상지

① A   ② B
③ C   ④ D

주목
11 B 문화권에 대한 설명으로 옳지 <u>않은</u> 것은?

① 건조 기후가 나타난다.
② 주로 영어를 사용한다.
③ 주로 이슬람교를 믿는다.
④ 유목 및 오아시스 농업이 발달하였다.

12 다음 내용과 관련 있는 문화권은?

> • 힌두교와 불교의 발상지
> • 다양하고 복잡한 종교 및 언어 분포

① C   ② D
③ E   ④ F

13 E 문화권의 명칭으로 옳은 것은?

① 유럽 문화권
② 아프리카 문화권
③ 오세아니아 문화권
④ 라틴 아메리카 문화권

14 F 문화권에 대한 설명으로 옳은 것은?

① 한대 기후 지역
② 세계 경제의 중심지
③ 원주민인 마오리족 분포
④ 포르투갈어와 에스파냐어 사용

15 다음에서 설명하는 것은?   2014년 1회

> 새로운 문화 요소가 등장하거나 다른 문화와 접촉하면서 기존 문화의 특성이 변화하는 것

① 문화 정체
② 문화 단절
③ 문화 변동
④ 문화 장벽

16 다음 내용을 통해 알 수 있는 문화 변동의 요인은?

> 나침반은 먼 바다를 항해하는 선원들에게 생명이나 다름없는 소중한 존재였고, 과거에 콜럼버스의 신대륙 발견도 나침반 없이는 불가능하였다.

① 발명
② 발견
③ 전파
④ 쇠퇴

17 ㉠~㉢에 들어갈 문화 변동의 요인을 알맞게 짝지은 것은? (단, ㉠~㉢은 각각 발명, 발견, 문화 전파 중 하나이다.)   2021년 1회

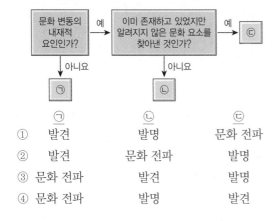

	㉠	㉡	㉢
①	발견	발명	문화 전파
②	발견	문화 전파	발명
③	문화 전파	발견	발명
④	문화 전파	발명	발견

18 문화 동화의 사례로 가장 적절한 것은?   2016년 1회

① 국악기와 서양악기가 협연하는 퓨전 국악 공연 문화
② 한복의 화려함과 양복의 편리함이 결합한 의복 문화
③ 서양식 결혼식과 전통 폐백이 동시에 존재하는 결혼 문화
④ 백인 문화로 대체되어 가는 아메리카 원주민들의 토착 문화

주목
19 다음에 나타난 문화 변동의 양상은?

> 자메이카에서는 1950년대 이후 미국의 리듬 앤 블루스의 영향을 받아 1960년대 말에 느긋한 리듬이 특징적인 '레게' 음악이 등장하였다.

① 문화 동화
② 문화 융합
③ 문화 병존
④ 문화 저항

20 다음과 관련된 문화 변동의 양상은?

> 외국으로부터 가로쓰기 형식이 도입되면서 우리나라에서는 세로쓰기 형식이 거의 사라졌다.

① 문화 동화
② 문화 융합
③ 문화 병존
④ 문화 저항

빠른 정답 체크

09 ①	10 ①	11 ②	12 ②	13 ③	14 ④	15 ③
16 ①	17 ④	18 ④	19 ②	20 ①		

21 다음 사례를 설명하는 개념으로 가장 적절한 것은?

2015년 2회

> 우리나라 사찰에서 흔히 볼 수 있는 칠성각은 칠성신을 모시는 민간 신앙과 불교가 결합하여 나타난 새로운 문화 요소이다.

① 문화 지체　　　　② 문화 발명
③ 문화 융합　　　　④ 문화 갈등

주목

22 다음 사례를 통해 알 수 있는 내용으로 옳은 것은?

> 싱가포르는 중국인, 말레이인, 인도인 등 다양한 민족이 같이 살아가며, 언어도 중국어, 영어, 말레이어, 타밀어 등을 함께 사용한다.

① 외래문화가 변형되어 정착하였다.
② 한 사회의 문화가 다른 사회의 문화로 대체되었다.
③ 서로 다른 문화 요소가 결합하여 제3의 문화가 형성되었다.
④ 각기 다른 문화가 한 사회 속에서 고유성을 유지하며 함께 존재한다.

23 전통문화의 의의로 옳지 <u>않은</u> 것은?

① 사회 통합에 이바지한다.
② 문화의 다양성을 증진한다.
③ 외래문화의 유입을 막을 수 있다.
④ 문화 정체성을 지키며 살아갈 수 있다.

주제 3 **문화 상대주의와 보편 윤리적 성찰**

24 다음 사례에 나타난 문화 이해의 태도는?　　2013년 2회

> 미국의 선교사들은 인디언들의 문화를 사악한 것이라고 여기고 무시하며, 자신들의 문화를 우수하다고 생각했다.

① 문화 사대주의
② 문화 상대주의
③ 자문화 중심주의
④ 극단적 문화 상대주의

25 문화 사대주의 관점을 가지고 있는 사람은?　2016년 1회

① 갑: 나무 위에서 생활하는 민족은 우리보다 미개해.
② 을: 서양의 옷은 한복보다 모든 면에서 고급스럽고 세련되었어.
③ 병: 이슬람교의 돼지고기 금식은 기후를 고려한 합리적 생각이야.
④ 정: 다양한 장례 풍습은 그 지역의 환경, 역사와 관련이 깊어서 존중해야 해.

26 〈보기〉에서 문화 상대주의에 대한 설명으로 옳은 것은?

2012년 1회

> **보기**
> ㄱ. 문화의 다양성과 상대성을 인정한다.
> ㄴ. 소수 민족의 문화는 무조건 무시한다.
> ㄷ. 자신의 문화만을 가장 우수한 것으로 여긴다.
> ㄹ. 다른 문화를 그 사회의 환경과 맥락에서 이해한다.

① ㄱ, ㄴ　　　　② ㄱ, ㄹ
③ ㄴ, ㄷ　　　　④ ㄷ, ㄹ

27 자문화 중심주의에 대한 설명으로 옳은 것은?　2020년 1회

① 다양한 문화를 존중하는 태도이다.
② 다른 문화의 관점에서 자신의 문화를 비하한다.
③ 문화 간에 열등함과 우월함을 평가하지 않는다.
④ 자기 문화를 기준으로 다른 문화를 낮게 평가한다.

28 다음 사례와 같은 문화를 바라보는 가장 바람직한 태도는?

> • 중국의 전족 문화
> • 이슬람 문화의 명예 살인

① 문화의 우열이 있기 때문에 인정할 수 없다.
② 자기 문화의 우수성을 나타내기 때문에 인정해야 한다.
③ 그 사회가 처한 환경과 역사적 맥락에서 인정해야 한다.
④ 인류의 보편적 가치를 훼손하는 것이므로 인정할 수 없다.

29 다음에 나타난 문화 이해의 태도에 대한 옳은 설명을 〈보기〉에서 고른 것은?

> 우리나라 음식은 너무 짜고 맵기만 하기 때문에 선진국의 음식 문화를 본받아야 한다.

보기

ㄱ. 문화의 우열은 없다고 본다.
ㄴ. 자기 문화를 낮게 평가한다.
ㄷ. 자기 문화를 개선하는 데 기여한다.
ㄹ. 문화의 정체성을 상실할 우려가 있다.

① ㄱ, ㄴ, ㄷ   ② ㄱ, ㄴ, ㄹ
③ ㄱ, ㄷ, ㄹ   ④ ㄴ, ㄷ, ㄹ

30 다음 주장에 대한 반박으로 가장 적절한 것은?

> 명예 살인은 주로 여성이 노출이 심한 옷을 입었거나 집안에서 반대하는 결혼을 했을 때 일어난다. 이러한 명예 살인은 그들의 오랜 관습에 따른 것으로, 있는 그대로 인정할 필요가 있다.

① 문화의 상대성을 인정해야 한다.
② 다른 문화를 있는 그대로 존중해야 한다.
③ 문화가 평가의 대상이 아님을 알아야 한다.
④ 보편 윤리의 관점에서 문화를 성찰해야 한다.

31 다음 자료에 나타난 문화 이해 태도는?   **2018년 2회**

> 힌두교에서 소를 신성하게 여기는 것, 이슬람교에서 돼지고기를 금기하는 것은 해당 지역의 환경에 적응한 결과 나타난 문화이므로 우열을 평가하지 말고 차이를 존중해야 한다.

① 문화 제국주의   ② 문화 사대주의
③ 문화 상대주의   ④ 자문화 중심주의

주목

32 다음 (가), (나)에 들어갈 개념을 바르게 연결한 것은?

> 시대와 지역에 관계없이 누구나 인정하는 (가) 가 존재하기 때문에 인권을 침해하는 문화까지도 허용하는 (나) 는 지양해야 한다.

	(가)	(나)
①	특수 윤리	보편적 문화 절대주의
②	보편 윤리	극단적 문화 상대주의
③	보편 윤리	보편적 문화 절대주의
④	특수 윤리	극단적 문화 상대주의

33 다음의 견해에 부합하는 진술은?

> 우리나라에서는 예전부터 체벌이라는 교육 문화가 있었다. 체벌을 통해 아동·청소년이 폭력과 복종을 내면화하고, 이는 학교 폭력 문제로 이어지기 때문에 체벌은 반드시 교육 현장에서 없어져야 한다.

① 문화 상대주의의 입장이다.
② 체벌은 보편 윤리에 어긋난다.
③ 체벌은 특수 윤리에 어긋나지 않는다.
④ 체벌은 교육적 효과가 뛰어난 수단이다.

빠른 정답 체크

| 21 ③ | 22 ④ | 23 ③ | 24 ③ | 25 ② | 26 ② | 27 ④ |
| 28 ④ | 29 ④ | 30 ④ | 31 ③ | 32 ② | 33 ② |

34 다음의 현상과 관련 있는 사회는?

> - 북한 이탈 주민 증가
> - 외국인 노동자 증가

① 미래 사회
② 고령화 사회
③ 다문화 사회
④ 단일 민족 사회

35 다문화 가정 학생 수가 증가하는 이유로 가장 적절한 것은?

① 노인 관련 산업 성장
② 결혼 이민자의 증가
③ 출산의 지속적인 감소
④ 외국인 근로자의 유출

36 다문화 사회에서의 갈등에 대한 설명으로 옳지 <u>않은</u> 것은?

① 언어의 차이로 의사소통에 문제가 생길 수 있다.
② 국내 노동자와 외국인 근로자 사이의 일자리 경쟁이 심화된다.
③ 서로 다른 문화적 차이를 인정하는 태도는 문화 갈등의 원인이 된다.
④ 일부 다문화 가정 자녀는 학습 부진, 학교 부적응 등의 어려움을 겪고 있다.

37 다문화 가정을 위한 제도적 차원의 노력으로 적절하지 <u>않은</u> 것은?

① 구직 활동 지원
② 정신 상담 및 치료
③ 육아 휴직 제도 보완
④ 한국 문화 체험 시설 설립

38 다음 사례를 통해 알 수 있는 다문화 사회의 영향으로 적절한 것은?

> 경기도 안산의 원곡동 일대는 3D 업종의 기피 현상으로 공단의 20% 이상이 외국인 근로자로 채워졌다.

① 전통문화의 정체성을 높인다.
② 노동력 부족 문제 해소에 기여한다.
③ 다양한 문화적 경험을 할 수 있게 한다.
④ 일자리 증가로 지역 경제에 이바지한다.

주목

39 다문화 사회 갈등 해결 방안 중 성격이 <u>다른</u> 것은?

① 단일 민족의식에서 탈피해야 한다.
② 외국인 근로자의 인권을 보호하는 정책을 마련한다.
③ 외국인 근로자의 사회 보장 확대를 위한 관련 법을 제정한다.
④ 외국인 근로자를 대상으로 지방 자치 단체 산하 상담 기구를 설치한다.

40 다문화 정책 이론 중 샐러드 볼 이론에 대한 설명으로 옳은 것은?

① 타 문화의 정체성을 훼손할 수 있다.
② 타 문화에 대한 관용적 태도를 중시한다.
③ 이주민 문화를 주류 문화에 편입시켜야 한다고 본다.
④ 개별 문화를 인정하면 사회 혼란에 빠지기 쉽다고 본다.

41 다음에 나타난 다문화 정책에 대한 설명으로 옳은 것은?

> 이민자의 소수 문화가 우리 사회의 주류 문화에 적응하고 통합되도록 하는 정책을 펼치는 것이 바람직하다.

① 용광로 이론에 대한 설명이다.
② 문화 병존을 지지하는 입장이다.
③ 샐러드 볼 이론에 대한 설명이다.
④ 문화의 다양성을 지지하는 입장이다.

42 다음 내용과 가장 관계 깊은 것은?   2019년 1회

> • 한국어 기초 강좌 개설
> • 외국인 상담 및 취업 알선 사업
> • 결혼 이주 여성을 위한 법률 정보 제공

① 고령화 문제가 심각해지고 있다.
② 통일의 필요성이 강조되고 있다.
③ 자연환경의 중요성이 강조되고 있다.
④ 다문화 사회 정책이 다양하게 실시되고 있다.

43 다음 그림을 통해 알 수 있는 사회의 변화 모습으로 적절하지 않은 것은?

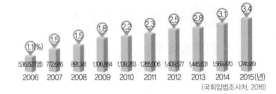

〈외국인 주민 수와 비율 추이〉

(국회입법조사처, 2016)

🟫 외국인 주민 수(명) 🔵 외국인 주민 비율(%)

① 다문화 가정이 증가할 것이다.
② 다양한 문화를 즐길 수 있을 것이다.
③ 외국인과 내국인 간의 갈등이 감소할 것이다.
④ 외국인에 대한 인권 침해 문제가 증가할 것이다.

44 다문화 사회의 갈등을 해결하기 위한 바람직한 방안으로 옳은 것을 〈보기〉에서 고른 것은?   2017년 2회

> **보기**
> ㄱ. 이주민이 자기 문화를 버리도록 강요한다.
> ㄴ. 학교와 지역 사회에서 다문화 교육을 강화한다.
> ㄷ. 서로 다른 문화 간의 소통과 관용의 자세를 가진다.
> ㄹ. 자기가 속한 문화 이외의 다른 문화는 배척한다.

① ㄱ, ㄴ   ② ㄱ, ㄹ
③ ㄴ, ㄷ   ④ ㄷ, ㄹ

빠른 정답 체크

34 ③	35 ②	36 ③	37 ③	38 ②	39 ①	40 ②
41 ①	42 ④	43 ③	44 ③			

01 세계의 다양한 문화권

1 문화와 문화권

문화	한 사회의 구성원들이 만들어 낸 모든 생활 양식이나 행동 양식의 총체
문화권	문화적 특성이 비슷하게 나타나는 지리적 공간 범위

2 문화권 형성에 영향을 주는 자연환경

의복 문화	• **열대 기후 지역**: 통풍이 잘 되는 옷을 입음 • **건조 기후 지역**: 온몸을 감싸는 헐렁한 옷을 입음 • **한대 기후 지역**: 털옷이나 가죽옷을 입음
음식 문화	• **아시아의 계절풍 기후 지역**: 쌀을 이용한 음식 발달 • **유럽과 건조 기후 지역**: 빵과 고기를 이용한 음식 발달 • **라틴 아메리카의 고산 지역**: 감자와 옥수수를 이용한 음식 발달
주거 문화	• **열대 기후 지역**: 고상 가옥, 수상 가옥 • **건조 기후 지역**: 흙집, 이동식 가옥(유목 지역) • **냉대 기후 지역**: 통나무집 • **한대 기후 지역**: 고상 가옥, 얼음집

3 문화권 형성에 영향을 주는 인문 환경

종교	• **크리스트교**: 교회 예배, 예수의 구원을 믿음 • **이슬람교**: 쿠란을 따름, 술과 돼지고기를 금기시함, 모스크 건축 • **힌두교**: 소를 신성시함, 갠지스강에서 종교 의식 • **불교**: 육식을 금기시함, 개인의 수양 강조
산업	• **산업이 발달한 지역**: 상공업 중심의 문화권 • **산업이 낙후된 지역**: 농경 문화권, 유목 문화권

4 세계의 문화권

아시아 문화권	• 계절풍 기후 지역으로 벼농사 발달 • 동부·동남·남부 아시아 문화권으로 나뉨
유럽 문화권	크리스트교 문화, 시민 혁명·산업 혁명의 발상지
건조 문화권	이슬람교, 유목과 오아시스 농업 발달
아프리카 문화권	대부분 열대 기후, 부족 단위의 공동체 문화와 토속 신앙 발달
아메리카 문화권	• **앵글로아메리카**: 영어 사용, 개신교 • **라틴 아메리카**: 포르투갈어와 에스파냐어 사용, 가톨릭교
오세아니아 문화권	영어 사용, 개신교, 관광업 및 기업적 농업·목축업 발달
북극 문화권	순록 유목, 어로 활동, 이동 생활

Ⅶ 문화와 다양성

02 문화 변동과 전통문화의 창조적 계승

1 문화 변동의 요인

내재적 요인	• **발명**: 이전에 없었던 문화 요소와 원리를 새롭게 만들어 내는 것 • **발견**: 이미 존재하고 있었으나 알려지지 않은 문화 요소나 원리를 찾아내는 것
외재적 요인	• **직접 전파**: 사람이 직접 다른 문화와 접촉하여 이루어지는 전파 • **간접 전파**: 인터넷 등과 같은 간접적인 매개체를 통해 이루어지는 전파 • **자극 전파**: 아이디어를 얻어 새로운 문화 요소를 만들어 내는 것

2 문화 접변의 결과

문화 동화	기존의 문화가 외부 문화에 의해 완전히 흡수되거나 대체되는 현상
문화 병존(공존)	기존 문화와 외래문화가 함께 존재하는 현상
문화 융합	이전의 두 문화와는 다른 새로운 제3의 문화가 나타나는 현상

03 문화 상대주의와 보편 윤리적 성찰

1 문화 절대주의

자문화 중심주의	자기 문화의 우수성만을 내세우고 다른 문화를 무시하는 태도
문화 사대주의	다른 사회의 문화만을 우수하다고 믿는 태도

2 문화 상대주의

의미	한 사회의 문화를 그 사회의 사회적·역사적 맥락에서 이해하려는 태도
한계점	인류의 보편적 가치를 무시하는 문화까지도 인정하는 극단적 문화 상대주의에 빠질 우려가 있음 → 누구나 따라야 할 보편 윤리의 관점에서 극복해야 함

04 다문화 사회와 문화적 다양성 존중

다문화 사회	다양한 인종, 종교, 언어 등 서로 다른 문화적 배경을 가진 사람들이 함께 살아가는 사회
다문화 사회의 영향	• **긍정적 영향**: 문화의 발전 가능성과 다양성 확대, 노동력 부족 문제 해결 • **부정적 영향**: 문화 갈등, 외국인 인권 침해 문제, 국내 노동자와 외국인 근로자 간 일자리 경쟁
갈등 해결 방안	• **의식적 차원**: 문화 상대주의, 관용과 개방의 자세, 세계 시민 의식 함양 • **제도적 차원**: 샐러드 볼 이론에 근거한 다문화 정책 수립, 다문화 교육 강화

단원을 닫으며

이번 단원 또한 중등 과정을 부분적으로 다루기 때문에 그만큼 중요 단원임을 알고 학습할 필요가 있습니다. 각 문화권의 특징, 문화 이해의 태도(문화 상대주의, 자문화 중심주의, 문화 사대주의), 다문화 사회 관련 내용은 거의 매회 출제되는 핵심 내용입니다.

세계화와 평화

01 세계화의 양상과 문제의 해결

이번 단원에서는 세계화의 의미와 지역화 전략 및 다국적 기업의 활동에 대해 정리하고, 세계화에 따른 다양한 문제점 및 해결 방안에 대해 학습합니다.

1 세계화와 지역화 세계화와 지역화의 의미에 대해 알아야 해요.

1. 세계화

(1) 세계화의 의미

생활권의 범위가 개별 국가의 국경을 넘어 전 지구로 확대되고, 전 세계가 하나로 통합되어 가는 현상을 말한다.

(2) 등장 배경

① 교통·통신의 발달로 시·공간적 거리가 축소되었다.
② 세계 무역 기구(WTO) 체제의 출범으로 자유 무역이 확대되었다.
③ 환경·빈곤·자원 문제 등 국가 간 상호 협력의 필요성이 증대되었다.
④ 국가 간 정치적·경제적·문화적 경계가 약화되면서 지구촌 공동체가 확립되었다.

(3) 특징

정치적 측면	• 전 지구적인 문제를 해결하기 위한 초국가적 정치 기구가 등장함 • 민주주의와 인류의 보편적 가치인 인권이 확산됨
경제적 측면	• 국가 간 무역 규모가 확대되고 경제적으로 상호 의존성이 증대됨 • 국경을 넘어 상품·자본·노동 등이 자유롭게 이동함 • 소비자의 상품 선택의 기회가 확대됨
사회·문화적 측면	• 현대적인 생활 양식이 전 세계로 확산됨 • 의식주, 영화, 음악, 스포츠 등 다양한 분야에서 문화 교류가 이루어짐 • 다양한 문화를 즐길 수 있는 기회가 확대되고, 세계 문화가 등장함

2. 지역화

(1) 지역화의 의미

어떤 지역이 그 지역만이 가지고 있는 독특한 사회적·전통적·문화적 특성을 살려 세계적인 경쟁력을 갖추게 되는 현상을 말한다.

(2) 등장 배경

세계화 시대에 지역 간의 교류도 활발해지면서 특수한 지역적 요소들이 지역의 수준을 넘어 세계적으로 그 가치를 인정받았다. → '가장 지역적인 것이 세계적인 것이다.'

(3) 특징

① 지역이 세계화의 주체로 등장하면서 지역 경제의 활성화에 이바지한다.
② 인류의 문화 다양성 증진에 기여하며, 지역의 정체성을 확보한다.
③ 세계화와 지역화는 동시에 나타난다.

(4) 다양한 지역화 전략[+]

지리적 표시제	상품의 특성, 품질, 명성 등이 근본적으로 해당 지역에서 시작되는 경우, 그 지역을 원산지로 생산·제조·가공된 상품임을 증명하고 표시하는 제도 예 보성 녹차, 이천 쌀, 순창 고추장, 프랑스 카망베르 치즈
지역 브랜드	지역에서 생산되는 상품이나 지역 자체에 고유한 상표를 부여한 제도 예 WE♥NYC(뉴욕) / SEOUL, MY SOUL(서울)[+]
장소 마케팅	특정 장소 혹은 도시 공간을 상품으로 인식하고 개발하여 장소의 경제적 가치를 상승시키는 홍보 전략 예 중국의 만리장성, 미국의 자유의 여신상
지역 축제	지역의 고유한 특성을 이용한 축제 예 보령 머드 축제, 함평 나비 축제, 브라질 리우 카니발

[+] 지역화 전략의 기능

다른 지역과 구별되는 고유한 이미지를 창출하여 지역 경제를 활성화한다.

[+] 서울시의 지역 브랜드

2 세계화의 다양한 양상 다국적 기업과 세계 도시의 특징에 대해 알아야 해요.

☆ 1. 다국적 기업의 활동

(1) 다국적 기업

의미	세계 각지에 지사, 연구소, 생산 공장 등을 세우고 여러 나라를 대상으로 제품을 생산하고 판매하는 기업
특징	• 교통과 통신의 발달로 기업의 활동 제약이 감소함 • 세계 무역 기구(WTO)의 출범과 자유 무역 협정(FTA)이 확대되면서 다국적 기업의 활동이 증가함 • 생산 비용 절감 등 이윤 극대화를 위해 각 기능에 따라 공간적 분업이 이루어짐

(2) 기능별 공간적 분업[+]

본사	경영 및 자본 관리, 정보 수집 등 총체적 의사 결정 기능을 담당하기 때문에 선진국의 대도시에 입지함
연구소	연구 및 개발을 담당하므로 연구 시설과 전문 인력이 풍부한 선진국에 입지함
생산 공장	• 생산, 판매 등을 담당하기 때문에 저렴한 지가와 노동력을 확보할 수 있는 개발 도상국에 입지함 • 해외 시장 개척과 무역 장벽을 극복하기 위해 선진국으로 진출하기도 함

[+] 공간적 분업

기업의 규모가 커지면서 각각의 기능이 공간적으로 분리되는 현상을 말한다. 의사 결정 및 관리 기능을 담당하는 본사, 연구·개발을 담당하는 연구소, 생산을 담당하는 생산 공장, 판매를 담당하는 지점 등으로 분리된다.

쏙쏙 이해 더하기 | 다국적 기업의 공간적 분업

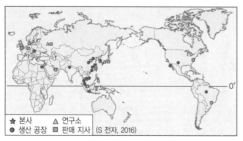

★ 본사 △ 연구소
● 생산 공장 ■ 판매 지사 (S 전자, 2016)

다국적 기업은 단순히 해외에 지점 또는 자회사를 두고 있는 것이 아니라, 현지 국적을 취득한 현지 법인으로서의 생산 공장 또는 판매 회사를 가지고 있으며, 현지의 실정에 따라 움직이는 국제적인 기업 조직이다. 주로 본사와 연구소는 선진국에 위치해 있으며, 생산 공장은 임금이 상대적으로 저렴한 개발 도상국에 위치하고 있다.

🔍 꼼꼼 단어 돋보기

● 지사
본사의 관할 아래 일정한 지역에서 본사의 일을 대신 맡는 곳

(3) 다국적 기업의 등장에 따른 변화

투자 유치국 (개발 도상국)	긍정적 영향	• 국내 일자리가 증가하여 지역 경제가 활성화됨 • 다국적 기업과 경쟁 시 국내 기업의 국제 경쟁력이 강화됨 • 다국적 기업의 경영 기법이나 선진 기술을 습득함
	부정적 영향	• 다국적 기업의 본국에 대한 경제 의존도가 높아짐 • 상대적으로 경쟁력이 약한 국내 기업은 쇠퇴함 • 이윤을 가로채 해외로 유출시킬 가능성이 있음 • 환경 오염 방치 문제가 발생함
투자국 (선진국)	긍정적 영향	• 해외의 저렴한 지가와 노동력, 자원 등을 확보할 수 있음 • 해외 시장을 개척하고 무역 장벽을 극복할 수 있음
	부정적 영향	• 생산 공장의 이전으로 실업자가 증가함 • 산업 공동화 현상으로 지역 경제가 침체됨

2. 세계 도시의 등장

의미	정치, 경제, 문화, 정보 등 다양한 측면에서 전 세계적으로 중심지 역할을 수행하는 도시 ⓔ 뉴욕, 파리, 런던, 도쿄 등
특징	• 국제 연합(UN)과 같은 국제기구의 본부가 위치하여 국제회의를 개최하고 있음 • 교통 및 통신망의 세계적인 중심지로서 인적·물적 교류가 활발함 • 세계 도시들은 기능적으로 유기적 관계를 맺고 있어 한 도시의 변화는 다른 국가에 연쇄적으로 영향을 끼침 • 다국적 기업의 본사나 국제 금융 업무 관련 기업의 입지로 전 세계의 자본과 정보, 고급 인력이 모여 있음 • 생산자 서비스 기능을 제공함

✚ 산업 공동화 현상
지역에 입지해 있던 산업이 다른 지역이나 국가로 이전하면서 해당 산업이 쇠퇴하는 현상을 말한다.

✚ 생산자 서비스
생산자가 제품과 서비스를 생산하고 유통하는 과정에서 필요한 회계, 법률, 광고, 금융, 보험, 부동산 임대업 등의 생산자를 위한 서비스를 말한다.

❸ 세계화에 따른 문제점과 해결 방안　세계화에 따른 문제점과 해결 방안을 알아야 해요.

✦ 1. 국가 간 빈부 격차 심화 문제

(1) 국가 간 빈부 격차의 의미
세계의 부가 일부 국가나 지역에 집중되어 국가 간·지역 간·한 지역 내에서 빈부 격차가 심화되는 현상을 말한다.

(2) 국가 간 빈부 격차의 배경
국가 간 무역 구조의 차이가 크다.

선진국	풍부한 자본과 기술, 개발 도상국의 저렴한 노동력을 이용하여 첨단 산업, 기술 집약적 산업 등 부가 가치가 높은 산업이 발달함 → 세계적으로 부가 집중됨
개발 도상국	선진국에 비해 낮은 임금을 받고, 제조업, 농업과 같은 부가 가치가 낮은 산업이 발달함 → 상대적으로 경쟁력이 약하기 때문에 선진국과의 경쟁에서 밀려남

(3) 국가 간 빈부 격차의 양상✚
선진국과 다국적 기업 중심의 세계화로 개발 도상국이 경제적으로 종속될 가능성이 더욱 커지고 있다.

✚ 국가 간 빈부 격차의 양상
서부 유럽, 북아메리카 등의 선진국과 아프리카, 남아메리카 등의 개발 도상국과의 경제적 격차가 더욱 심화될 것이다.

(4) 국가 간 빈부 격차 해결 방안

공정 무역[+]	불공정한 무역 구조를 해결하기 위해 개발 도상국의 생산자가 만든 친환경 상품을 공정한 가격으로 구매하여 노동에 대한 정당한 대가를 지불하고자 하는 무역 형태 예 커피, 초콜릿, 설탕, 수공예품 등
공정 여행[+]	여행에서 소비되는 비용이 지역 경제에 환원이 되고, 현지의 환경을 해치지 않는 여행
공적 개발 원조 (ODA)	개발 도상국의 경제 개발과 복지 증진을 위해 선진국이 개발 도상국에게 자원과 기술 등을 지원하는 제도
기타	• 국제기구를 통해 개발 도상국에게 경제적으로 지원해 줌 • 분배 정의 실현 문제에 대해 세계 시민 의식을 가지고 관심을 가져야 함

[+] 공정 무역

중간 유통 단계를 거치지 않고, 생산자와 직접 거래하기 때문에 개발 도상국의 생산자에게 더 많은 이익이 돌아갈 수 있다. 공정 무역의 목표는 생산자의 노동 조건 개선, 친환경적인 제품 생산 추구 등에 있다.

▲ 공정 무역 마크

[+] 공정 여행

공정 무역에서 따온 개념으로, 기존의 즐기기만 하는 여행에서 초래되는 환경 오염, 문명 파괴, 낭비 등을 반성하며 현지 주민의 경제적 자립을 돕고, 환경 보전을 추구하는 여행 형태이다.

쏙쏙 이해 더하기 | 선진국과 개발 도상국의 무역 구조

(단위: 십억 달러)
수출 총 1,508 — 85.4% / 6.7% / 2.1% / 5.8% / 1.5% / 9.8%
독일 (2014년)
수입 총 1,216 — 17.3% / 71.4%

(단위: 십억 달러)
수출 총 4 — 81.8% / 9.4% / 8.8% / 0.1% / 10.3% / 21.6%
에티오피아 (2014년)
수입 총 19 — 68.0%

(세계 무역 기구, 2015)

☐ 농산물 ☐ 연료 및 광물 ☐ 공업 제품 ■ 기타

독일은 부가 가치가 높은 공업 제품의 수출 비중이 크고, 에티오피아는 부가 가치가 낮은 농산물의 수출 비중이 가장 크다. 이러한 무역 구조의 차이로 인해 국가 간 경제적 격차는 더욱 심화되고 있다.

2. 문화의 획일화 문제

의미	국가 간 문화 교류가 증가하면서 세계의 문화가 비슷해지는 현상 예 음식(햄버거, 커피), 의복(청바지, 양복), 예술(미국 할리우드 영화) 등
양상	세계 문화가 선진국의 제도나 의식주 등으로 보편화되고 있음
문제점	• 선진국 문화로의 획일화 현상으로 문화의 다양성이 훼손됨 • 약소국의 문화적 정체성이 상실되고, 지역의 전통문화가 파괴되기도 함 • 문화권 간 갈등이 증가함
해결 방안	• 문화의 다양성을 보존하기 위해 국가 간 문화 다양성 협약[+] 등을 체결함 • 자국 문화의 정체성을 지키면서 외래문화를 비판적으로 수용해야 함 • 세계 시민 의식을 지녀야 함

[+] 문화 다양성 협약(유네스코, 2005)

제1조 문화 다양성이 인류의 중요한 특성임을 확인한다.
제2조 문화 다양성은 인류 공동의 유산이며, 모든 이들의 이익을 위하여 소중하게 보존되어야 한다는 점을 깨닫는다.

자료 스크랩 | 문화의 획일화

세계 곳곳으로 출장을 다니는 A 씨는 친구를 만나 불평을 늘어놓았다. "어디서나 ○○ 햄버거 가게를 만나게 되다니 정말 끔찍해. 부자 나라든 가난한 나라든 이제 세계 어디를 가건 상점마다 핫도그와 치즈버거를 팔고 있어. 모든 것이 다 비슷해져 버렸어. 예전에는 그렇지 않았어. 에스파냐나 프랑스, 미국을 가면 다른 데서는 찾을 수 없는 그 도시만의 흥미롭고 독특한 물건들을 볼 수 있었지."

– 게르트 슈나이더, 「왜 세계화가 문제일까?」 –

☆ 3. 보편 윤리와 특수 윤리 간 갈등 문제

(1) 입장 차이

보편 윤리	• 모든 사회의 구성원들이 지켜야 할 윤리 • 인간 존엄성·인권·자유·평등·평화 등과 같은 보편적 가치를 중시함 • 사회를 유지하고, 사회 구성원의 행위를 규제함
특수 윤리	• 특정 지역에서만 공유하는 윤리 • 보편적 가치보다 국가의 주권이나 자국 시민의 복지를 더 우선시함

(2) 배경
① 세계화로 인해 다문화 사회가 등장하면서 문화 갈등이 증가한다.
② 빈곤과 기아, 난민 문제 등을 해결하는 과정에서 국가 간의 입장이 충돌한다.
③ 각 사회의 사회적·문화적 상황을 고려하지 않고, 보편 윤리를 강요할 때 갈등이 발생한다.

(3) 해결 방안
① 특수 윤리가 인류의 보편적 가치를 훼손하는지 비판적으로 성찰한다.
② 보편 윤리를 존중하면서 각 사회의 특수 윤리를 편견 없이 바라보아야 한다.

🗐 자료 스크랩　　**보편 윤리와 특수 윤리 간의 갈등**

싱가포르는 공공 시설물 파손 행위에 대해 강력한 처벌을 하고 있는 국가이다. 1994년 미국인 소년이 싱가포르에서 공공 시설물을 파손하자, 싱가포르 정부는 미국인 소년에게 강력한 형벌을 내리기로 결정하였다. 이에 미국 대통령과 세계 인권 단체는 보편 윤리를 앞세워 싱가포르 정부에 강력한 항의를 하였다. 그러나 싱가포르 정부는 미국인 소년에게 태형 6대를 집행하였다.

태형이란 형벌은 보편 윤리적 입장에서 보면 인간의 존엄성을 훼손하는 방법이지만, 특수 윤리적 입장에서 보면 공공 시설물 파손을 엄격하게 처벌한 정당한 방법이라고 할 수 있다.

02 국제 사회의 모습과 평화의 중요성

이번 단원에서는 국제 사회의 협력과 갈등의 다양한 모습 및 국제 사회의 행위 주체에 대해 학습하고, 국제 평화의 중요성에 대해 이해합니다.

1 국제 사회의 협력과 갈등

1. 국제 협력과 갈등

(1) 국제 협력의 필요성
국제 사회의 다양한 문제는 우리의 삶에 영향을 미치며, 특정 국가나 특정 집단의 노력만으로 해결하기 어렵다.

(2) 국제 갈등의 배경
개별 국가는 자국의 이익을 최우선으로 추구하기 때문에 국가 간의 갈등과 분쟁이 발생한다.

2. 국제 협력과 갈등의 양상
① 세계화의 흐름 속에서 국가 간 상호 의존성이 증대되면서 국제 갈등과 협력이 동시에 진행되고 있다.
② 국제 사회의 갈등과 분쟁은 영역, 자원, 민족, 언어, 종교 등 여러 가지 원인이 복잡하게 얽혀 나타나는 경우가 많다.

원인	사례
민족·종교	카슈미르 분쟁, 이스라엘과 팔레스타인 간 갈등 등
자원 확보	카스피해 분쟁, 북극해 분쟁, 국제 하천을 둘러싼 물 분쟁 등
환경 문제	오염 물질 배출 규제와 관련된 개발 도상국과 선진국 간 갈등

③ 갈등 문제는 국가 간에 긴밀히 연결되어 있고, 세계적으로 영향을 미친다.

3. 국제 갈등의 해결 방안
① 국가 간 양보와 타협을 통해 평화적인 해결책을 모색한다.
② 다양한 국제기구나 비정부 기구(NGO)의 조정을 통해 해결한다.
③ 국제 협약 등 국제법을 통해 해결한다.

🔵 세계의 분쟁 지역

쏙쏙 이해 더하기 | 세계의 다양한 분쟁 지역

갈등 원인	내용
언어	• 벨기에: 북부 네덜란드 언어권과 남부 프랑스 언어권 간의 갈등 • 캐나다 퀘벡주: 프랑스어를 사용하고 프랑스 문화를 유지하려는 퀘벡주의 분리 독립 요구
종교	• 팔레스타인 분쟁: 아랍인(이슬람교)과 유대인(유대교) 간의 갈등 • 카슈미르: 인도(힌두교)와 파키스탄(이슬람교) 간의 갈등 → 현재 양국이 분할 통치하고 있음 • 북아일랜드: 영국으로부터의 독립을 요구하는 가톨릭교도와 개신교도 간의 갈등 • 나이지리아: 북부(이슬람교)와 남부(개신교) 간의 갈등
민족	• 아프리카: 과거 식민지 시대에 유럽 열강에 의한 민족과 부족 분포가 무시된 일방적인 국경선 획정으로 인해 갈등이 발생함 • 구 유고슬라비아의 분쟁: 유고슬라비아 연방 공화국이 해체되는 과정에서 발생한 세르비아계와 다른 민족 간의 갈등 • 쿠르드족의 독립 운동: 서아시아의 터키, 이라크 등지에 흩어져 사는 유랑 민족인 쿠르드족이 독립 국가 건설을 요구함
자원·영역	• 카스피해: 러시아, 이란, 카자흐스탄, 아제르바이잔, 투르크메니스탄이 유전 지대의 영유권을 두고 분쟁 • 북극해: 러시아, 캐나다, 미국, 노르웨이, 덴마크가 석유와 천연가스 지대의 영유권을 두고 분쟁 → 지구 온난화로 북극의 빙하가 녹으면서 개발 가능성이 높아짐 • 센카쿠 열도(다오위다오): 동중국해의 중국, 일본 간의 가스전 분쟁 • 난사 군도: 남중국해의 중국, 타이완, 필리핀, 브루나이, 말레이시아 등이 유전 지대의 영유권을 두고 분쟁 • 포클랜드 제도: 현재 영국령에 속해 있지만 아르헨티나가 유전 지대에 대한 영유권을 주장하고 있음 • 나일강: 강 상류에 위치한 에티오피아가 댐을 건설하면서 물을 통제하여 강 하류에 위치한 이집트와 수단이 물 부족 문제를 겪고 있음

➕ **쿠르드족**

대부분 이슬람교도로, 고유한 언어를 가지고 있지만 독립 국가를 이룬 적이 없다. 터키, 이란, 이라크 등지에 흩어져 살면서 독립 국가 건설을 위해 투쟁하고 있다.

🔺 서남아시아 내 이스라엘 위치

🔺 이스라엘·팔레스타인 분쟁

🔺 카슈미르 분쟁

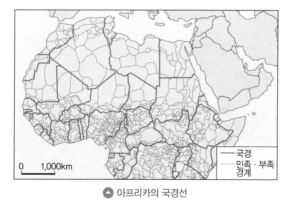
🔺 아프리카의 국경선

② 국제 사회의 행위 주체 국제 사회의 행위 주체의 특징을 알아야 해요.

1. 국가

의미	• 일정한 영토와 국민을 바탕으로 하며 주권을 가진 집단 • 가장 기본적인 국제 사회의 행위 주체
특징	• 국제 사회에서 *외교를 통해 자국의 이익을 최우선으로 추구함 • 다른 국가와 갈등을 겪기도 하고 협력을 하기도 함
역할	• 당사국의 합의나 제3자의 조정 및 협약을 통해 국가 간 갈등을 해결함 • 빈곤 국가를 원조하거나 재난 국가를 위한 구호 활동을 벌임

2. 국제기구(정부 간 국제기구)

의미	각 국가의 정부를 회원으로 하는 국제 사회의 행위 주체
종류	국제 연합(UN), 유럽 연합(EU), 동남아시아 국가 연합(ASEAN), 경제 협력 개발 기구(OECD), 세계 무역 기구(WTO), 국제 통화 기금(IMF) 등
역할	• 제3자로서 국가 간 이해관계를 조정함 • 국제 평화 유지 및 다양한 영역에서 국제 협력 활동을 벌임 • 세계적인 경제 성장과 금융 안정을 추구함 • 국제 규범을 정립함

➕ 국제 연합(UN)

제2차 세계 대전 이후 세계 평화와 안전 유지를 위해 1945년에 창설된 국제기구이다. 국제 연합은 국제 분쟁 지역에 평화 유지군을 파견하여 분쟁 지역의 치안 유지와 재건 활동에 힘쓰며, 군비 축소 및 국제 협력 관련 활동을 수행하고 있다.

3. 국제 비정부 기구(NGO)

의미	개인이나 민간단체를 회원으로 하는 자발적 시민 단체
종류	국제 적십자사, 그린피스, 국경 없는 의사회, 국제 사면 위원회(국제 앰네스티), 유니세프, 월드비전 등
역할	• 전 지구적 차원의 문제를 제기하고 국제적인 연대를 통해 해결 방안을 모색함 • 권력이나 이윤을 추구하지 않고, 환경 보호, 인권 보장과 같은 공익을 추구함 • 국제 사회의 다양한 행위 주체들을 감시하고 견제함 • 오늘날 시민 사회의 영향력이 강화되면서 역할이 확대됨

➕ 그린피스

국제 환경 보호 단체로 시작하여 지금은 핵 실험 반대, 기후 변화 억제, 산림 보호 등을 위해 활동하는 단체이다.

➕ 국경 없는 의사회

의료 혜택을 받지 못하는 사람들에 대한 긴급 구호를 실시하는 단체이다.

4. 국제적으로 영향력 있는 개인

의미	세계의 정치, 문화 등 특정 분야에서 권위를 가진 개인
사례	전직 국가 원수, 국제 연합(UN) 사무총장, 노벨상 수상자, 종교인, 연예인, 운동선수 등

5. 국가 내부적 행위체

의미	한 국가에 속해 있지만 독자적인 영역에서 국제적으로 활동하는 행위 주체
사례	다국적 기업, 각 국가의 지방 정부, 소수 인종, 소수 민족 등

📖 꼼꼼 단어 돋보기

● 외교

국제 사회에서 정치적 목적을 달성하거나 분쟁을 해결하기 위해 국가 간에 맺는 일체의 대외 관계

3 국제 평화 소극적·적극적 평화의 의미에 대해 알아야 해요.

1. 평화의 의미

(1) 소극적 평화

① 의미: 전쟁, 테러, 폭행과 같은 물리적·직접적인 폭력이 없는 상태를 말한다.

② 한계: 폭력의 원인이 근본적으로 해결된 것은 아니다.

(2) 적극적 평화

의미	• 물리적·직접적 폭력뿐만 아니라 구조적·문화적 폭력인 간접적 폭력까지 모두 제거된 상태 • 진정한 의미에서의 평화
의의	• 직접적 폭력의 원인이 근본적으로 해결된 상태 • 모든 사람이 물리적 폭력뿐만 아니라 각종 차별과 억압에서 벗어나 인간의 존엄성을 보장받으며 살아갈 수 있음

➕ 구조적 폭력과 문화적 폭력

• 구조적 폭력: 사회 제도와 관습, 경제적 상태, 정치와 법률, 개발로 인해 발생하는 억압과 착취 등에 의한 폭력 **예** 빈곤, 기아, 정치적 억압, 경제적 착취, 차별 등

• 문화적 폭력: 종교·사상·언어·예술·과학 등의 문화적 영역이 직접적 폭력이나 구조적 폭력을 정당화하는데 이용되는 것

☆ 2. 국제 평화의 중요성

① 인류의 안전과 생존을 보장해 줌으로써 소극적 평화를 실현한다.

② 빈곤, 차별, 불평등, 환경 문제 등을 해결하여 국제 정의 실현에 이바지하고 인류의 삶의 질이 향상된다.

③ 인류가 쌓아온 문화유산과 자연환경을 보존함으로써 물질적으로 풍요로워지고, 다음 세대에게 정신적 문화의 가치를 전수한다.

쏙쏙 이해 더하기 | **평화의 중요성**

1990년 후투족과 투치족 간에 '르완다 내전'이 발생하였다. 이 전쟁으로 르완다 인구의 약 10%인 80만 명 이상이 사망하고, 200만여 명의 난민이 발생하였다. 내전은 지루하게 계속되다가 2000년 투치족 출신 카가메 대통령이 당선된 후 내전을 봉합하는 정책을 펴면서 잦아들었다. 이후 르완다 정부가 해외 투자 유치 정책을 꾸준히 추진한 결과, 오늘날 르완다는 상당히 긍정적인 투자처로 인식되고 있으며 국민들도 과거의 불안과 공포에서 벗어나고 있다.

르완다는 내전을 극복하고 경제적 발전을 모색하고 있다. 이처럼 국제 사회에서 소극적 평화는 인류의 안전한 삶을 위해 매우 중요한 가치이다. 이와 함께 궁극적으로 지구촌의 모든 사람이 인간다운 삶을 누릴 수 있는 적극적 평화까지 실현되어야 한다.

---

3. 국제 평화를 위한 방안

① 국가: 외교를 통해 국가 간 갈등을 평화적으로 해결한다.

② 정부 간 국제기구: 국제 연합(UN) 등이 중재자 역할을 담당한다.

③ 국제 비정부 기구: 인도주의적 구호 활동이나 인권 침해 방지 운동 등 다양한 활동을 한다.

④ 개인: 세계 시민 의식을 가져야 한다.

03 동아시아 갈등과 국제 평화

이번 단원에서는 남북 분단 배경 및 과정, 통일의 필요성에 대해 파악하고, 동아시아의 다양한 영토 분쟁 및 역사 갈등 사례에 대해 학습합니다.

1 남북 분단의 배경과 통일의 필요성
분단의 배경과 통일의 필요성에 대해 알아야 해요.

1. 남북 분단의 배경과 과정

(1) 남북 분단의 배경

국제적 배경	• 제2차 세계 대전 이후 미국과 소련을 중심으로 냉전＋ 체제가 심화됨 • 우리나라의 지정학적 위치＋가 미국과 소련의 관심 대상이 됨
국내적 배경	• 민족 내부의 응집력 부족으로 통일 정부 수립 노력이 실패함 • 6·25 전쟁 발발로 남북 분단이 더욱 고착화됨

(2) 남북 분단의 과정

8·15 광복(1945)	제2차 세계 대전에서 일본의 항복과 독립운동의 결실로 광복을 이룸
미군과 소련군의 주둔	북위 38도선을 경계로 미국, 소련이 각각 군대를 주둔시킴
5·10 총선거 (1948)	국제 연합(UN)에서 남북한 총선거가 결정되었으나 소련과 북한의 거부로 남한만의 총선거가 실시됨
대한민국 정부 수립 (1948. 8. 15.)	제헌 헌법(1948. 7. 17. 공포)을 토대로 대한민국 정부가 수립됨
6·25 전쟁 (1950~1953)	• 북한의 남침으로 6·25 전쟁이 일어남 • 휴전 협정 체결(1953) 이후 휴전선(군사 분계선)을 경계로 오늘날까지 분단이 고착됨 • 남북 모두 인적·물적 피해(수많은 사상자, 이산가족·전쟁고아 발생, 각종 시설 파괴 등)를 입었고, 서로에 대한 적대감이 심화되면서 분단이 더욱 고착화됨

☆ 2. 통일의 필요성

(1) 정치적 측면
① 북한의 인권 문제를 개선하고 전쟁의 위협에서 벗어나게 된다.
② 세계 유일한 분단 국가의 통일로 군사적 위험을 해소하여 세계 평화에 이바지할 수 있다.

(2) 경제적 측면
① 분단 비용＋을 절감하여 경제 발전과 복지 사회 건설을 위해 사용할 수 있다.
② 남한의 자본과 기술, 북한의 천연자원 및 노동력을 결합하여 국가 경쟁력을 강화시킬 수 있다.
③ 남북한 단일 시장이 형성되어 국내 경제가 활성화될 수 있다.
④ 거주, 직업 등 다양한 분야에서 선택의 기회가 확대되어 사회 구성원이 풍요로운 삶을 누릴 수 있게 된다.

＋ 냉전

직접적으로 무력을 사용하지 않고, 경제·외교·정보 등을 수단으로 하는 국제적 대립을 뜻한다. 특히, 제2차 세계 대전 이후 미국을 중심으로 한 자본주의 진영과 소련을 중심으로 한 사회주의 진영이 이념을 중심으로 대립한 것을 말한다.

＋ 우리나라의 지정학적 위치

우리나라는 대륙과 해양을 연결하는 지정학적 요충지이기 때문에 강대국들의 관심 대상이었다.

＋ 분단 비용

남북이 분단되어 있어 지속적으로 발생하는 소모성 비용을 말한다.
⑩ 국방비(방위비), 체제 경쟁을 위한 외교비 등

⑤ 유라시아 대륙과 태평양을 잇는 반도국이라는 지리적 이점을 이용하여 물류의 중심지로 성장할 수 있다.

⑥ 국토의 일체성을 회복하여 효율적인 국토 이용이 가능해진다.

(3) 민족적·문화적 측면

① 이산가족의 고통을 해소할 수 있다.

② 언어의 이질화 극복 등 민족 정체성을 회복하고, 민족 공동체를 실현할 수 있다.

③ 민족의 이념이나 지역 갈등을 해소하고, 민족 문화를 발전시킬 수 있다.

쏙쏙 이해 더하기 | **통일 한국의 미래**

△ 아시안 하이웨이

△ 대륙 철도

- **아시안 하이웨이**: 아시아의 32개국을 연결하는 고속도로망으로, 이 도로의 완공으로 아시아 국가 간 물적·인적 교류와 협력이 증대될 것이다.
- **대륙 철도**: 통일 한국과 철도망이 연결되어질 때, 한반도가 동북아시아의 물류 중심지로 부상할 수 있다. 육상 교통을 이용한 유럽과의 교역이 확대될 것이며, 현재보다 확보할 수 있는 해외 시장이 증가할 것이다. 또한 유라시아 대륙과 태평양을 잇는 전략적 요충지로 부상할 수 있다.

---

3. 통일을 위한 노력

① 남북 정상 회담, 이산가족 상봉, 스포츠 대회 단일팀 구성 등 남북 간의 지속적인 교류를 통해 군사적 긴장감을 완화하고 서로 간의 신뢰를 회복해야 한다.

② 통일 비용⁺과 통일 교육이 마련되어야 한다.

③ 남북통일이 동아시아와 국제 사회에 평화를 가져올 수 있다는 점을 주변국에게 알려 지지를 이끌어내고 통일에 우호적인 국제 환경을 조성한다.

➕ 통일 비용과 통일 편익
- 통일 비용: 남북의 다른 체제와 제도 등을 통합하는 과정에서 드는 비용
  예 통일 후 경제 개발을 위한 비용, 남북한 주민의 갈등 해결 비용, 행정 비용 등
- 통일 편익: 통일로 얻을 수 있는 경제적·비경제적 편익
  예 분단 비용의 소멸, 이산가족 문제 해결 등

독일의 통일은 통일에 대해 준비가 부족한 상황 속에서 이루어진 탓에 통합 과정에서 동독 경제를 재건하기
위한 통일 비용 문제, 동서독 주민 간 갈등과 같은 여러 문제가 발생했다. 그러나 이러한 문제들은 연방 정부
의 노력으로 점차 해소되었고, 동독 지역의 경제가 점차 활성화되면서 통일의 효과가 나타나기 시작하였다.
동독 지역의 1인당 소득 수준은 1991년에 서독의 47%였으나 지금은 80%를 웃도는 등 통일을 통해 독일은
경제 규모가 더욱 확대되었고, 유럽 통합 과정에서도 주도적 역할을 담당할 수 있게 되었다.

– 통일 교육원, 『2016 통일 문제의 이해』 –

2 동아시아의 역사 갈등 동아시아의 역사 갈등에 대해 알아야 해요.

1. 영토 분쟁

(1) 갈등의 배경

역사적 배경과 맞물려 해양 자원의 중요성이 강조되면서 영토 분쟁이 더욱 심화되고
있다.

(2) 영토 분쟁 사례[+]

쿠릴 열도 (북방 4도)	• 해당 국가: 러시아, 일본 • 역사적 배경: 1905년 러·일 전쟁에서 승리한 일본의 영토로 편입됨 → 제2차 세계 대전 이후 일본이 패전하여 러시아의 영토로 귀속 → 현재 러시아가 실효 지배하고 있음
센카쿠 열도 (댜오위다오)	• 해당 국가: 중국, 일본, 타이완 • 역사적 배경: 청·일 전쟁에서 승리한 일본이 차지함 → 제2차 세계 대전 이후 미국이 점령함 → 1972년 미국이 일본에 반환하면서 현재 까지 일본이 실효 지배하고 있음
시사 군도 (파라셀 제도)	• 해당 국가: 중국, 베트남 • 역사적 배경: 1970년 이전까지 동쪽의 쉬안더 군도는 중국이, 서쪽 의 융러 군도는 베트남이 점유함 → 1974년 중국 어선이 융러 군도 해역에 진입하였을 때 베트남 해군이 발포하였고, 중국이 융러 군도 를 무력 점령하여 시사 군도 전체를 장악함 → 현재 중국이 실효 지 배하고 있음
난사 군도 (스프래틀리 군도)	• 해당 국가: 중국, 타이완, 필리핀, 베트남, 브루나이, 말레이시아 • 현재: 중국, 타이완, 필리핀, 베트남 등이 나누어 실효 지배하고 있음

2. 일본의 역사 왜곡

역사 왜곡 문제	• 역사 교과서 왜곡: 일본의 식민 지배와 침략을 정당화하고 미화하고 있음 • 일본군 '위안부'를 강제 동원한 사실을 은폐하고, 이에 대한 사과가 부족함 • 일제 강점기 때 징용 및 징병의 강제성을 축소·은폐하고 있음 • 야스쿠니 신사[+] 참배 문제: 총리 및 일본 주요 정치인들의 참배 → 진실한 반성과 사과 거부

[+] 동아시아의 영토 분쟁

[+] 야스쿠니 신사

19세기 이후 일본이 벌인 주요 전쟁
(청·일 전쟁, 러·일 전쟁, 만주 사변,
제2차 세계 대전 등)에서 숨진 군인 등
246만 명을 신격화하여 제사를 지내
는 곳이다. 이곳에는 침략 전쟁을 수행
한 A급 전범이 합사되어 있다. 일본은
고위 정치인이 야스쿠니 신사를 참배
하는 것을 신앙의 자유라고 주장하고
있으나, 이러한 행위는 침략 전쟁을 미
화하는 것이기 때문에 한국과 중국을
비롯하여 전쟁 피해를 당한 동아시아
국가들과의 갈등 요소가 되고 있다.

독도 영유권 주장 문제	• 독도는 역사적·지리적·국제법적으로 명백한 우리 영토임 • 1905년 러·일 전쟁 중 시마네현의 고시로 독도가 일본의 영토로 편입되었 다며, 현재 한국이 불법으로 차지하고 있다고 왜곡된 주장을 함

3. 중국의 동북공정(중국의 역사 왜곡)

의미	동북 3성(랴오닝성, 지린성, 헤이룽장성)의 역사, 지리, 민족 등에 대해 체계적으 로 연구하는 사업
내용	현재 중국의 영토(만주 지역)에서 활동하였던 고조선, 고구려, 발해를 중국사로 편입시킴
목적	• 한반도 통일 시 발생할 수 있는 영토 분쟁을 방지하기 위함 • 소수 민족의 분리 독립을 막아 중국의 현재 영토와 국경 지역을 확고히 하고자 함

4. 역사 갈등의 해결 방안

국가적 차원	• 일본 정부와 화해를 위해 외교적으로 지속적인 노력을 해야 함 • 일본과 중국의 역사 왜곡에 대해 논리적인 근거를 토대로 우리의 주장을 국 제 사회에 널리 알리고 국제 연대를 통해 외교적으로 대처함 • 동북아 역사 재단을 설립하여 역사 왜곡에 대응하는 연구를 지원함
시민 사회 차원	• 공동 역사 연구를 통해 역사 인식의 차이를 극복함 ⑩ 한·일 역사 연구 공동 위원회 설립(2002), 한·중·일 공동 역사 교과서 출간(2005) • 시민 단체 등이 앞장서 민간 차원에서의 교류를 통해 서로의 역사를 이해할 수 있는 기회를 마련함 ⑩ 동아시아 청소년 역사 캠프 개최, 여성 국제 전범 법정 개최 등

3 국제 사회의 평화에 기여하는 대한민국

국제 사회에서의 우리나라의 위상과 역할에
대해 알아야 해요.

★ 1. 세계 속의 우리나라

지리적 측면	• 유라시아 대륙과 태평양을 연결하는 지리적 요충지로 국제 물류의 중심지가 될 가능성이 높음 • 주변 국가 간의 갈등을 중재할 수 있는 곳에 위치함
경제적· 정치적 측면	• 1960년대 이후 정부 주도의 적극적인 산업화 정책과 국민의 노력으로 고도의 경제 발전을 이룸 • 경제 협력 개발 기구(OECD), 아시아·태평양 경제 협력체(APEC) 등에 가입 하여 주도적인 역할을 담당함 • 원조를 받던 국가에서 원조를 하는 국가가 됨(2010년 OECD 산하 '개발 원조 위원회'의 회원국이 됨) • 현재 세계 10위권의 무역 강국이자 정보 산업의 강국임 • 국제 연합(UN) 안전 보장 이사회의 비상임 이사국을 역임함 • G20 정상 회의 등 다양한 국제회의를 개최함
문화적 측면	• 드라마, K-POP 등 '한류'와 같은 대중문화가 전 세계적으로 유행하고 있음 • 석굴암, 불국사 등 유네스코 세계 유산을 보유하고 있음 • 2018년 평창 동계 올림픽을 비롯한 세계 3대 스포츠 대회를 유치함

🔍 꼼꼼 단어 돋보기

● 한류
1990년대 말부터 아시아에서
일어난 우리나라 대중문화에
대한 열풍

2. 국제 평화를 위한 방안

정부 차원	• 개발 도상국에 원조를 확대하고, 재난을 당한 국가에 대한 긴급 구호 물품을 제공함 ⓓ 우리나라는 한국 국제 협력단(KOICA), 공적 개발 원조(ODA) 등에 참여함 • 국제 연합 평화 유지군(UNPKF) 파견 등 국제 연합(UN)의 활동을 지원함 • 테러 확산 방지 등 국제 문제를 해결하기 위해 국제 사회와 협력함 • 세계 평화에 기여하기 위해 남북 간의 긴장 완화와 평화 통일을 이루어야 함 • 탄소 배출량 감축 등 지구 온난화 방지에 적극 동참해야 함
개인·민간 차원	• 세계 시민 의식을 가지고 빈곤, 기아 등 전 지구적 차원의 문제에 관심을 가져야 함 • 국제 비정부 기구를 통해 반전 및 평화 운동에 참여함

쏙딱 TEST

정답과 해설 **34쪽**

세계화와 평화

📢 **선생님이 알려 주는 출제 경향**

그동안 시험에서는 세계화로 인한 영향, 다국적 기업, 공정 무역, 세계 분쟁 지역, 동아시아의 영토·역사 갈등에 관한 문제가 자주 출제되었습니다. 다양한 지역화 전략, 세계 도시, 국제 사회의 행위 주체, 평화의 의미, 남북통일의 필요성도 앞으로 출제될 가능성이 높습니다.

주제 1	세계화의 양상과 문제의 해결

주목

01 다음 그림에서 학생의 질문에 대한 대답으로 옳은 것은?

① 국가 간 무역 장벽이 더욱 강화되었기 때문이야.

② 오늘날은 과거에 비해 시간과 공간의 제약이 심해졌기 때문이야.

③ 세계 무역 기구(WTO)의 등장으로 자유 무역이 확대되었기 때문이야.

④ 교통과 통신의 발달로 물적 교류에 비해 인적 교류가 증가하였기 때문이야.

02 세계화의 영향으로 나타나는 변화로 적절하지 않은 것은?　　　　2019년 1회

① 국가 간 상호 의존성이 약화되고 있다.

② 국내에 거주하는 외국인의 수가 증가하고 있다.

③ 외국의 전통 음식을 우리나라에서도 쉽게 접할 수 있다.

④ K-POP, 한국 음식 등의 한류 문화가 세계 시장에서 유행하고 있다.

03 다음 사례가 설명하는 것은?　　　　2018년 1회

> • 우리나라에서 여러 나라의 와인을 맛볼 수 있게 되었다.
> • 난타 공연은 우리나라에서 시작되었지만 외국인들도 즐기는 문화가 되었다.

① 차별화　　　　② 양극화

③ 세계화　　　　④ 도시화

04 다음의 내용과 관련 있는 것은?

> • 지리적 표시제
> • 장소 마케팅

① 세계화   ② 지역화
③ 경제 블록   ④ 지역 공동체

05 세계화에 대한 설명으로 옳지 <u>않은</u> 것은?

① 교통·통신의 발달로 가속화된다.
② 전 세계의 상호 의존성이 높아진다.
③ 전 세계의 경쟁이 완화되고, 화해와 협력이 이루어진다.
④ 국가의 경계를 넘어 정치, 경제, 문화적으로 연결된다.

06 (가)로 인한 사회 변화로 옳지 <u>않은</u> 것은?   2018년 2회

> • ☐(가)☐ : 국가 간 상호 의존성이 높아지고 국제 사회가 하나의 지구촌으로 통합되는 과정

① 외국산 제품의 구입이 쉬워졌다.
② 한류 문화를 즐기는 세계인이 늘었다.
③ 기업 활동에 대한 국경의 제약이 커졌다.
④ 우리나라를 찾는 외국인의 수가 증가하였다.

[07~09] 다음 지도를 보고 물음에 답하시오.

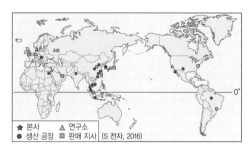

★ 본사   △ 연구소
● 생산 공장   ■ 판매 지사   (S 전자, 2016)

07 위 지도에 나타난 기업의 유형은?

① 국내 기업   ② 공정 기업
③ 윤리적 기업   ④ 다국적 기업

주목

08 위 지도에 나타난 기업의 유형을 유치한 지역의 변화로 옳지 <u>않은</u> 것은?

① 일자리 증가
② 실업자 증가
③ 선진 기술의 습득
④ 지역 경제 활성화

09 위 지도에 나타난 기업의 유형이 증가할수록 나타날 수 있는 문제점은?

① 국가 간 무역이 줄어들 것이다.
② 보호 무역이 더욱 강화될 것이다.
③ 세계화 현상이 점점 감소할 것이다.
④ 경쟁력이 약한 산업은 경쟁에서 쇠퇴할 것이다.

빠른 정답 체크

01 ③   02 ①   03 ③   04 ②   05 ③   06 ③   07 ④
08 ②   09 ④

10 다국적 기업이 개발 도상국에 세우는 것은?

① 본사
② 연구소
③ 생산 공장
④ 생산자 서비스

13 세계 도시에 대한 설명으로 옳지 <u>않은</u> 것은?

① 아시아와 아프리카에 위치해 있다.
② 다국적 기업의 본사가 집중되어 있다.
③ 생산자 서비스 기능이 집중되어 있다.
④ 세계적인 중심지 역할을 수행하는 도시이다.

11 다음 설명에 해당하는 것은?　　　2019년 2회

> 기업의 규모가 커지고 교통과 통신이 발달하면서, 둘 이상의 국가에서 법인을 설립하여 제품을 생산·판매하는 기업이다.

① 소호(SOHO)
② 다국적 기업
③ 사회적 기업
④ 도시 광산 사업

14 다음 설명에 해당하는 용어는?

> 금융업, 광고업, 법률업, 회계업, 연구 개발업 등의 서비스업

① 2차 산업
② 4차 산업
③ 생산자 서비스업
④ 소비자 서비스업

12 다음 사례의 공통점으로 옳은 것은?

> • 다국적 기업의 등장
> • 세계 도시의 등장
> • 국가 간 경쟁 치열

① 세계화의 양상
② 세계화의 쇠퇴
③ 지역화의 등장
④ 보호 무역의 등장

15 다음과 같은 현상의 영향으로 옳지 <u>않은</u> 것은?

> 국제 사회가 정치·경제·사회·문화 등 모든 면에서 하나의 공동체로 통합되어 가는 과정이다.

① 소비자의 선택 기회가 확대된다.
② 전 세계가 하나의 시장으로 통합된다.
③ 특정 문화가 확산되면 문화의 다양성을 확보할 수 있다.
④ 노동력, 주식 등의 자본 거래도 국경을 넘어 이루어진다.

16 국가 간 상호 의존성이 심화되면서 나타나는 부정적 영향은? 2017년 1회

① 국가 간 무역 마찰을 가져온다.
② 자원을 효율적으로 이용할 수 있다.
③ 소비자는 다양한 상품을 소비할 수 있다.
④ 국가 간 협력을 통해 지구 환경 문제를 해결할 수 있다.

17 세계화의 문제점을 해결하기 위한 방안으로 옳지 <u>않은</u> 것은?

① 공정 여행 참여
② 공정 무역 제품 구입
③ 개발 도상국 간의 협력
④ 개발 도상국에 대한 국제기구의 지원

18 다음 글에 나타난 세계화의 문제점은?

> 싱가포르는 공공 시설물 파손 행위에 대해 강력한 처벌을 하고 있는 국가이다. 1994년 미국인 소년이 싱가포르에서 공공 시설물을 파손하자, 싱가포르 정부는 미국인 소년에게 강력한 형벌을 내리기로 결정하였다. 이에 미국 대통령과 세계 인권 단체는 보편 윤리를 앞세워 싱가포르 정부에 강력한 항의를 하였다. 그러나 싱가포르 정부는 미국인 소년에게 태형 6대를 집행하였다.

① 문화의 획일화
② 보편 윤리와 특수 윤리 간의 갈등
③ 선진국과 개발 도상국의 빈부 격차 심화
④ 개발 도상국에 대한 선진국의 정치적 간섭

19 다음에서 설명하는 것은? 2019년 1회

> • 선진국과 개발 도상국 간의 경제적 불평등이 심화되는 무역 구조를 개선하기 위한 것이다.
> • 저개발 국가에서 생산되는 제품에 대해 정당한 가격을 지불하여 생산자에게 무역의 혜택이 돌아가도록 하자는 운동이다.

① 공정 무역
② 보호 무역
③ 자유 무역
④ 관세 무역

20 공정 무역이 추구하는 목표로 옳은 것은?

① 생산자의 소득 증가
② 소비자의 이익 극대화
③ 선진국의 무역 구조 개선
④ 다국적 기업의 이윤 극대화

21 세계화 시대의 경제에 우리나라의 대응 방안으로 옳은 것은?

① 보호 무역 정책을 강화한다.
② 특정 국가에 대한 의존성을 늘려야 한다.
③ 미래 지향 산업에 대해 투자를 강화한다.
④ 국제 경쟁력이 낮은 취약 산업은 포기한다.

빠른 정답 체크

10 ③	11 ②	12 ①	13 ①	14 ③	15 ③	16 ①
17 ③	18 ②	19 ①	20 ①	21 ③		

22 다음 대화에 등장하는 지역은?　　2019년 1회

이 지역은 힌두교와 이슬람교 간의 종교적 갈등이 매우 심각해.

그래서 국제 연합의 중재로 분할 통치하고 있지만, 분쟁이 끊이지 않고 있어.

① 벨기에　　② 카슈미르
③ 쿠릴 열도　　④ 팔레스타인

[23~24] 다음 지도를 보고 물음에 답하시오.

주목

23 위 지역에 해당하는 곳의 명칭은?

① 카슈미르　　② 카스피해
③ 난사 군도　　④ 팔레스타인

24 위 지역에서 분쟁이 일어나는 원인은?

① 언어　　② 인종
③ 종교　　④ 자원

25 다음에서 설명하는 국제 사회의 행위 주체는?

2021년 1회

일정한 영역과 국민을 바탕으로 주권을 가진 국제 사회의 가장 기본적이고 대표적인 행위 주체이다.

① 개인　　② 국가
③ 이익 집단　　④ 비정부 기구

주목

26 다음 국제 사회의 행위 주체에 대한 설명으로 옳은 것은?

국제 연합(UN), 유럽 연합(EU), 세계 무역 기구(WTO)

① 가장 기본적인 행위 주체이다.
② 각 국가의 정부를 회원으로 한다.
③ 개인이나 민간단체를 회원으로 한다.
④ 특정 국가의 이익을 최우선으로 한다.

27 다음에 나타난 국제 사회의 행위 주체는?

아이티에서 대지진이 일어나자 국경 없는 의사회, 적십자 등 1,700여 명에 이르는 구조 팀이 구호 대열에 동참하였다.

① 국가
② 정부 간 국제기구
③ 국제 비정부 기구
④ 국가 내부적 행위체

28 다음 〈보기〉의 국제 협력 기구를 바르게 짝지은 것은?

보기

ㄱ. 국제 통화 기금
ㄴ. 국제 사면 위원회
ㄷ. 국제 적십자사
ㄹ. 세계 무역 기구

	정부 간 국제기구	국제 비정부 기구
①	ㄱ, ㄴ	ㄷ, ㄹ
②	ㄴ, ㄹ	ㄱ, ㄷ
③	ㄱ, ㄹ	ㄴ, ㄷ
④	ㄷ, ㄹ	ㄱ, ㄴ

29 다음에서 설명하는 것은?   2020년 1회

• 정부의 간섭 없이 시민 개개인이나 민간단체가 중심이 되어 만들어진 조직이다.
• 환경과 평화를 위하여 활동하는 그린피스 등이 있다.

① 소호(SOHO)
② 국제 연합(UN)
③ 비정부 기구(NGO)
④ 세계 무역 기구(WTO)

30 다음에서 설명하는 용어로 옳은 것은?

직접적 폭력의 원인이 근본적으로 해결된 상태로, 모든 사람이 물리적 폭력뿐만 아니라 각종 차별과 억압에서 벗어나 인간의 존엄성을 보장받으며 살아갈 수 있다.

① 적극적 평화
② 소극적 평화
③ 적극적 자유
④ 적극적 평등

주목

31 다음 (가), (나)에 해당하는 사례를 바르게 연결한 것은?

• 소극적 평화: (가) 물리적 폭력이 없는 상태
• 적극적 평화: (나) 구조적 폭력이 해소된 상태

	(가)	(나)
①	기아, 전쟁	빈곤, 테러
②	기아, 빈곤	전쟁, 테러
③	차별, 테러	빈곤, 폭행
④	전쟁, 테러	기아, 빈곤

32 다음 글의 제목으로 가장 적절한 것은?

국경 없는 의사회는 전쟁과 자연재해, 전염병 등으로 모두가 피하는 곳에 가서 마지막까지 구호 활동을 펼쳐 '인류의 절망을 치료하는 사람들'이라고 불린다. 2000년 이후 캄보디아와 카메룬, 케냐, 남아프리카 공화국에서 에이즈가 퍼질 때 가장 먼저 발 벗고 뛰어든 사람들 역시 국경 없는 의사회였다.

① 소극적 평화의 중요성
② 적극적 평화의 중요성
③ 국제 비정부 기구의 소극적 평화를 위한 노력
④ 국제 비정부 기구의 적극적 평화를 위한 노력

빠른 정답 체크

22 ②	23 ④	24 ③	25 ②	26 ②	27 ③	28 ③
29 ③	30 ①	31 ④	32 ④			

33 다음 남북 분단의 과정에 대한 설명으로 옳지 <u>않은</u> 것은?

> ⊙ 1945년 8·15 광복 직후에 38도선을 기준으로 미군과 소련군에 의해 분단이 되었다. 이후 소련과 북한의 거부로 ⓒ 1948년 5·10 총선거가 남한에서만 치러지고, ⓒ 남한에서 대한민국 정부가 수립되었다. ⓔ 1950년 소련의 지원을 받은 남한의 북침으로 6·25 전쟁이 일어났다.

① ⊙ 　　　　　　② ⓒ
③ ⓒ 　　　　　　④ ⓔ

34 통일의 필요성으로 적절하지 <u>않은</u> 것은?

① 세계 평화에 이바지
② 강력한 군사력 보유
③ 이산가족의 아픔 해소
④ 분단 비용 절감으로 경제 발전

35 다음 표를 통해 알 수 있는 통일의 필요성은?

남한어	빙수	도시락	화장실
북한어	단얼음	곽밥	위생실

① 지리적 이점을 활용할 수 있다.
② 문화의 정체성을 회복할 수 있다.
③ 북한의 인권 문제를 해결할 수 있다.
④ 남북한 단일 시장을 형성할 수 있다.

36 다음 글의 주제로 가장 적절한 것은?

> 주제: (　　　　　　　　)
>
> 통일이 되면 국내 총생산(GDP)이 30~40년 후 미국을 제외한 선진 7개국 수준과 비슷하거나 더 높을 것으로 전망한다. 북한의 경우 지난해 GDP의 140배에 달하는 천연자원과 경쟁력을 지닌 인적 자원을 갖췄다. 통일이 되면 남한의 기술 및 자금력과 북한의 천연자원 및 노동력의 결합으로 강력한 국가 경쟁력을 갖게 될 것이다.

① 남북한의 경제력 차이
② 남북통일의 경제적 기대 효과
③ 남북통일이 동아시아에 미치는 영향
④ 남북통일을 위한 여러 국가들의 역할

37 다음 표에 나타난 문제의 해결 방안으로 옳은 것은?

남한어	노크	주스	대중가요
북한어	손기척	과일 단물	군중 가요

① 서로 다른 언어의 차이를 인정해야 한다.
② 제3의 언어를 공용화하는 정책을 마련한다.
③ 언어 이외의 다른 문화에서 민족의 동질성을 찾아야 한다.
④ 통일 후에 혼란을 겪지 않도록 정보화 시대에 맞는 언어 정책이 필요하다.

38 동아시아 지역의 역사 갈등의 배경으로 가장 적절한 것은?

① 자국의 실리를 추구하기 때문이다.

② 냉전 체제가 지속되고 있기 때문이다.

③ 우리나라의 위상이 점차 높아지고 있기 때문이다.

④ 동아시아 국가 간 긴밀한 협력 관계를 맺고 있기 때문이다.

40 다음 지도에 표시된 지역의 분쟁과 관련된 내용으로 옳지 <u>않은</u> 것은?

① 일본과 중국 등의 영토 분쟁 지역이다.

② 동중국해상에 무인도와 암초로 이루어진 지역이다.

③ 1895년 청·일 전쟁에서 승리한 일본의 영토에 편입되었다.

④ 제2차 세계 대전 후 소련에 이어 러시아가 실효 지배하고 있다.

39 지도에 표시된 분쟁 지역의 공통적인 분쟁 국가는?

2017년 1회

① 독일
② 일본
③ 칠레
④ 중국

[41~42] 다음 지도를 보고 물음에 답하시오.

주목

41 다음의 설명에 해당하는 지역은?

> 원래 베트남이 점유하고 있던 곳을 중국이 무력 점령하면서 영토 분쟁이 발생한 곳

① A   ② B
③ C   ④ D

42 다음의 설명에 해당하는 지역은?

> • 1905년 러·일 전쟁에서 일본 영토로 편입됨
> • 현재 러시아가 실효 지배하고 있음

① A   ② B
③ C   ④ D

주목

43 다음과 같은 역사 인식 태도를 보여 주는 사례로 가장 적절한 것은?

> 일본은 교과서에서 식민지 지배와 침략 전쟁을 정당화하고 역사를 왜곡하고 있다.

① 동북공정
② 야스쿠니 신사 참배
③ 동북아 연구 재단 설립
④ 한·중·일 공동 역사 연구

주목

44 중국의 동북공정에 대한 내용으로 옳지 않은 것은?

① 중국은 독도를 자국의 영토라고 주장하고 있다.
② 중국 내 소수 민족의 독립을 막기 위해 추진하고 있다.
③ 한반도 통일 시 발생할 수 있는 영토 분쟁을 막기 위해 추진하고 있다.
④ 현재 중국의 영토 지역에 있었던 우리의 역사를 모두 중국의 역사라고 주장하고 있다.

45 다음과 같은 해결 방안에 대한 설명으로 옳지 않은 것은?

> 2002년 한·중·일의 역사학자와 교수, 시민이 모여 동아시아 삼국의 근현대 공동 역사 교재 『미래를 여는 역사』를 출간하였다.

① 동아시아 역사 갈등을 해결하는 데 기여한다.
② 국가 간 역사 인식의 차이를 극복하는 데 기여한다.
③ 역사 갈등을 해결하기 위한 시민 사회 차원의 방안이다.
④ 역사 갈등을 해결하는 국가적 차원의 방안보다 효과가 적다.

46 국제 평화를 위한 개인적 차원의 방안으로 적절한 것을 〈보기〉에서 고른 것은?

ㄱ. 환경 협약 체결하기
ㄴ. 세계 시민 의식 가지기
ㄷ. 각종 캠페인 활동 참여하기
ㄹ. 정부 간 국제기구 활동에 참여하기

① ㄱ, ㄴ   ② ㄱ, ㄹ
③ ㄴ, ㄷ   ④ ㄴ, ㄹ

47 다음 (가)에 들어갈 내용으로 적절하지 <u>않은</u> 것은?

〈우리나라의 위상〉

구분	구체적 사례
경제적 · 정치적 측면	(가)
지리적 측면	유라시아 대륙과 태평양을 연결하는 지리적 요충지에 위치

① 정보 산업의 강국
② 다양한 국제기구 가입
③ 큰 규모의 군사비 지출
④ 세계 10위권의 무역 강국

48 다음 글을 통해 파악할 수 있는 우리나라의 위상으로 옳은 것은?

유네스코(UNESCO)는 인류 전체를 위해 보호되어야 할 가치가 있는 것을 세계 유산으로 지정하고 있다. 우리나라는 2019년까지 불국사를 비롯한 13점의 문화 유산과 1점의 자연 유산이 등록되어 있다.

① 세계적인 문화 강국
② 세계 정보 산업의 강국
③ 세계 10위권의 경제 대국
④ 국제 사회에서의 주도적 역할

빠른 정답 체크

41 ③   42 ①   43 ②   44 ①   45 ④   46 ③   47 ③
48 ①

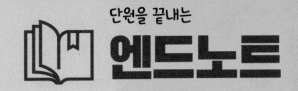

단원을 끝내는
엔드노트

01 세계화의 양상과 문제의 해결

1 세계화와 지역화

세계화	생활권의 범위가 개별 국가의 국경을 넘어 전 지구로 확대되고, 전 세계가 하나로 통합되어 가는 현상
지역화	어떤 지역이 그 지역만이 가지고 있는 독특한 특성을 살려 세계적인 경쟁력을 갖추게 되는 현상

2 세계화의 다양한 양상

다국적 기업의 활동	• 의미: 세계 각지에 지사, 연구소, 생산 공장 등을 세우고 여러 나라를 대상으로 제품을 생산하고 판매하는 기업 • 공간적 분업: 본사와 연구소는 선진국, 생산 공장은 개발 도상국에 입지 • 투자 유치국: 지역 경제 활성화, 경쟁력이 약한 국내 기업 쇠퇴 • 투자국: 저렴한 노동력·자원 확보, 실업자 증가
세계 도시의 등장	정치, 경제, 문화, 정보 등 다양한 측면에서 전 세계적으로 중심지 역할을 수행하는 도시

3 세계화에 따른 문제점과 해결 방안

국가 간 빈부 격차	• 의미: 세계의 부가 일부 국가나 지역에 집중되어 국가 간·지역 간·한 지역 내에서 빈부 격차가 심화되는 현상 • 해결 방안: 공정 무역, 공정 여행, 공적 개발 원조(ODA) 등
문화의 획일화	• 국가 간 문화 교류 증가로 세계의 문화가 비슷해지는 현상 • 해결 방안: 외래문화를 비판적으로 수용, 세계 시민 의식 함양
보편 윤리와 특수 윤리 간 갈등	• 보편 윤리: 모든 사회의 구성원들이 지켜야 할 윤리 • 특수 윤리: 특정 지역에서만 공유하는 윤리 • 해결 방안: 보편 윤리를 존중하면서 각 사회의 특수 윤리를 편견없이 바라보아야 함

02 국제 사회의 모습과 평화의 중요성

1 국제 사회의 행위 주체

국가	가장 기본적인 국제 사회의 행위 주체
정부 간 국제기구	각 국가의 정부를 회원으로 하는 국제 사회의 행위 주체 예 국제 연합(UN), 세계 무역 기구(WTO) 등
국제 비정부 기구(NGO)	개인이나 민간단체를 회원으로 하는 자발적 시민 단체 예 그린피스, 국경 없는 의사회 등
기타	국제적으로 영향력 있는 개인, 국가 내부적 행위체

2 국제 평화

소극적 평화	전쟁, 테러, 폭행과 같은 물리적·직접적인 폭력이 없는 상태
적극적 평화	물리적·직접적 폭력뿐만 아니라 구조적·문화적 폭력인 간접적 폭력까지 모두 제거된 상태
국제 평화의 중요성	인류의 안전과 생존 보장, 국제 정의 실현, 인류의 삶의 질 향상

03 동아시아 갈등과 국제 평화

1 남북 분단의 배경과 통일의 필요성

배경	• **국제적 배경**: 냉전 체제 심화 • **국내적 배경**: 민족 내부의 응집력 부족, 6·25 전쟁 발발로 남북 분단 고착화
필요성	• **정치적 측면**: 세계 평화에 이바지 • **경제적 측면**: 분단 비용 절감, 국내 경제 활성화, 지리적 이점 이용 등 • **민족적·문화적 측면**: 민족 정체성 회복, 이산가족의 고통 해소 등

2 동아시아의 역사 갈등

영토 분쟁	쿠릴 열도(북방 4도), 센카쿠 열도(댜오위다오), 시사 군도(파라셀 군도), 난사 군도(스프래틀리 군도)
일본의 역사 왜곡	역사 교과서 왜곡, 일본군 '위안부' 강제 동원 사실 은폐, 강제 징용 및 강제 징병 문제, 야스쿠니 신사 참배 문제, 독도 영유권 주장 문제
중국의 동북공정	현재 중국의 영토(만주 지역)에서 활동하였던 고조선, 고구려, 발해를 중국사로 편입시키는 연구 사업
해결 방안	공동 역사 연구를 통해 역사 인식의 차이 극복, 민간 차원에서 교류

3 국제 사회의 평화에 기여하는 대한민국

세계 속의 우리나라	• 유라시아 대륙과 태평양을 연결하는 지리적 요충지 • 고도의 경제 발전을 이룸 • 현재 세계 10위권의 무역 강국이자 정보 산업의 강국 • '한류'와 같은 대중문화가 전 세계적으로 유행
국제 평화를 위한 방안	• **정부 차원**: 개발 도상국에 원조 확대, 국제 연합(UN)의 활동 지원 • **개인·민간 차원**: 세계 시민 의식 함양, 국제 비정부 기구 활동에 참여

단원을 닫으며

우리는 세계화 시대에 살고 있습니다. 다국적 기업이 등장하는 등 국경을 넘나드는 교류가 이루어지지만 그로 인한 각종 분쟁도 증가하고 있습니다. 이번 단원을 통해 국제 평화의 중요성에 대해 인식해야 하며, 특히 출제 빈도가 높은 동아시아 역사·영토 갈등에 대해 반드시 숙지하길 바랍니다.

IX

미래와
지속 가능한 삶

세계의 인구와 인구 문제

이번 단원에서는 세계의 인구 분포에 영향을 주는 요인 및 인구 이동 사례에 대해 파악하고, 선진국과 개발 도상국의 인구 문제 및 대책에 대해 학습합니다.

■ 세계의 인구 성장

1. 인구 성장 요인

① 산업 혁명 이후 생활 수준이 향상되었다.
② 농업 기술의 발달과 산업화로 인구 부양력┼이 증대되었다.
③ 의학 기술 발달로 사망률이 감소하였다.

☆2. 세계 인구 규모 변화

과거	높은 사망률로 매우 느린 속도의 인구 증가가 나타남
산업 혁명 이후	• 경제 성장으로 급속한 인구 증가가 나타남 • 선진국: 산업화가 일찍 시작되어 18세기 말부터 20세기 초까지 인구가 증가함 • 개발 도상국: 제2차 세계 대전 이후 산업화가 진행되면서 인구가 빠르게 급증함
현재	• 개발 도상국의 인구 성장 속도가 선진국에 비해 빠름 • 선진국: 경제 수준이 높고 출생률이 낮으므로 인구 증가율이 낮거나 정체 상태임 • 개발 도상국: 사망률이 현저히 낮아진 것에 비해 출생률은 여전히 높기 때문에 인구가 급증하고 있음
미래	세계 인구에서 아시아, 라틴 아메리카, 아프리카에 위치한 개발 도상국의 인구 비율이 점점 높아질 것으로 예상됨

┼ **인구 부양력**

한 나라의 인구가 그 나라의 사용 가능한 자원에 의해 생활할 수 있는 능력을 말한다. 이는 그 지역이 어느 정도의 인구를 수용할 수 있는지를 나타내는 지표가 된다.

┼ **인구 변동의 구분**

• 지연적 증감: 출생과 사망에 의한 변동
• 사회적 증감: 전입과 전출에 의한 변동

쏙쏙 이해 더하기 | 세계의 인구 성장

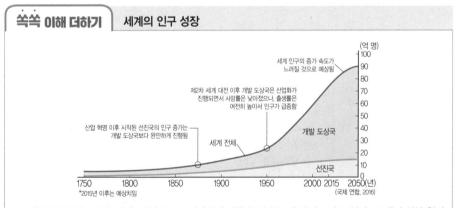

산업 혁명 이전에는 기아, 전쟁, 질병 등으로 사망률이 매우 높아 인구 증가 속도가 느렸다. 18세기 산업 혁명 이후에는 의학 기술의 발달로 사망률이 낮아지면서 세계 인구가 10억 명을 넘어섰고, 2011년을 기준으로 70억 명을 넘어섰다. 이러한 추세라면 2050년에는 세계 인구가 약 90억 명에 이를 것으로 예상된다.

3. 인구 변천 단계

1단계 다산 다사	• 높은 출생률과 높은 사망률로 인구 증가율이 매우 낮은 단계(인구 정체) → 산업화 이전 단계의 국가가 해당함 • 높은 사망률의 원인: 식량 부족, 질병, 낮은 의료 수준 등

2단계 다산 감사	• 출생률은 여전히 높은 상태에서 사망률의 급격한 감소로 인구의 자연 증가율이 매우 높은 단계(인구 증가) → 주로 개발 도상국이 해당함 • 사망률 감소의 원인: 인구 부양력 증대, 의료 기술 발달 등
3단계 감산 소사	• 낮은 사망률과 출생률의 급격한 감소로 인구 증가율이 둔화되는 단계(인구 증가) → 선진국에 진입하는 국가가 해당함 • 출생률 감소 원인: 여성의 사회적 지위 향상, 정부의 산아 제한 정책, 자녀에 대한 가치관 변화 등
4단계 소산 소사	• 낮은 출생률과 낮은 사망률로 인구의 자연 증가율이 매우 낮은 단계(인구 정체) → 주로 선진국이 해당함 • 저출산·고령화 사회 진입 원인: 핵가족 선호, 평균 수명의 연장 등

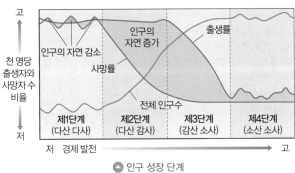

● 인구 성장 단계

☆ 2 세계 인구 분포 세계 인구 분포에 영향을 미치는 요인에 대해 알아야 해요.

1. 인구 분포에 영향을 미치는 요인

자연적 요인	주로 농경 사회에서 중시하는 요인 ⓓ 지형, 기후, 식생, 토양 등 자연환경
인문·사회적 요인	• 산업화 이후 중시하는 요인 ⓓ 정치, 경제, 산업, 교통, 문화, 종교 등 • 최근에는 인문·사회적 요인의 영향력이 커지고 있음

2. 인구 밀집 지역

자연적 요인	• 냉·온대 기후 지역의 하천 주변과 해안 지역 • 벼농사에 유리한 평야 지역 ⓓ 동부 및 남부 아시아 지역 • 풍부한 천연자원이 매장되어 있는 지역
인문·사회적 요인	• 산업이 발달하고 일자리가 풍부한 지역 ⓓ 서부 유럽, 미국의 북동부 지역 • 편의 시설이 풍부하고, 교통이 편리한 지역 • 정치적으로 안정된 곳

3. 인구 희박 지역

자연적 요인	• 열대·건조·한대 기후 지역 • 험준한 산지, 사막, 극지방, 토양이 척박한 지역
인문·사회적 요인	• 산업화가 이루어지지 않고, 일자리가 부족한 지역 • 전쟁이나 분쟁이 발생하는 지역 • 편의 시설이 부족하고 교통이 불편한 지역

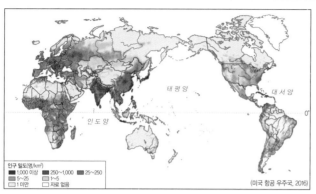

인구 밀도(명/km²)
■ 1,000 이상 ■ 250~1,000 ■ 25~250
■ 5~25 ■ 1~5
□ 1 미만 □ 자료 없음

(미국 항공 우주국, 2016)

• 거주에 유리한 지역에 집중 분포하며, 전 세계에 불균등하게 분포되어 있다.
• 북반구 중위도(20°~40°)의 아시아, 서부 유럽, 미국 북동부에 밀집되어 있다.
• 농업 발달에 유리한 냉·온대 기후 지역에 가장 많은 인구가 분포되어 있다.
• 온대 기후 지역의 하천 주변과 해안 지역에 세계 인구의 절반 이상이 거주하고 있다.
• 중국을 포함한 아시아 대륙에 전체 인구의 약 60%가 거주하고 있다.
• 오세아니아 대륙에는 가장 적은 인구가 거주하고 있다.

3 세계의 인구 이동 과거와 현재의 세계 인구 이동의 특징을 알아야 해요.

1. 인구 이동의 요인

흡인 요인	풍부한 일자리, 고임금, 풍부한 생활 편의 시설, 편리한 교통, 쾌적한 주거 환경 등
배출 요인	부족한 일자리, 저임금, 부족한 생활 편의 시설, 불편한 교통, 환경 오염, 빈곤 등

➕ 인구 이동의 유형
• 이동 기간: 일시적 이동, 영구적 이동
• 이동 의지: 자발적 이동, 강제적 이동
• 이동 범위: 국내 이동, 국제 이동
• 이동 원인: 경제적 이동, 종교적 이동, 정치적 이동, 자연재해에 의한 환경적 이동 등

2. 과거의 국제 이동

(1) 특징
종교적·강제적 이동의 비중이 컸다.

(2) 사례

종교적 이동	16세기 이후 종교의 자유를 위한 영국 청교도의 북아메리카로의 이동
강제적 이동	• 노예 무역으로 인한 아프리카 흑인들의 유럽·아메리카로의 이동 • 고려인의 중앙아시아로의 강제 이동
경제적 이동	중국인(화교)들의 동남아시아 및 전 세계로의 이동

3. 최근의 국제 이동

(1) 특징
① 세계화로 인해 일자리, 유학, 환경 등의 다양한 요인에 따른 인구 이동이 나타나고 있다.
② 경제적·정치적 이동의 비중이 커졌으며, 주로 개발 도상국에서 산업이 발달한 선진국으로의 이동이 많은 편이다.

(2) 사례

경제적 이동	• 중국, 동남아시아, 중앙아시아 등지에서 우리나라로의 이동 • 석유 개발로 경제가 성장한 서남아시아로의 이동 • 라틴 아메리카에서 미국 서남부 지역으로의 이동 • 북부 아프리카에서 서부 유럽으로의 이동
정치적 이동	• 분쟁이나 전쟁에 의한 *난민의 이동 **예** 아프리카 대륙, 서남아시아 등지에서 발생 • 정치적 탄압에 의한 망명
환경적 이동	해수면 상승, 사막화 등 대규모 자연재해가 발생한 국가에서 환경 난민*의 이동

✚ 환경 난민

홍수, 태풍, 사막화 등 자연재해에 의한 피해로 해당 지역에서 더 이상 살 수 없는 상태의 사람들을 말한다. 최근 지구 온난화 등으로 인해 침수 피해가 증가하면서 환경 난민도 증가하고 있다.

쏙쏙 이해 더하기 │ 세계 인구의 국제 이동

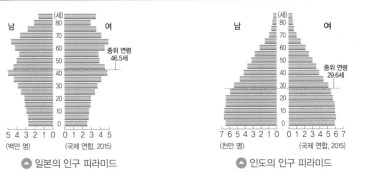

경제적 이동은 주로 개발 도상국에서 선진국으로의 이동이 이루어진다. 라틴 아메리카와 아시아에서 앵글로 아메리카로의 이동이나 북부 아프리카에서 서부 유럽으로의 이동이 경제적 이동의 사례에 해당한다. 정치적 이동은 주로 내전이나 전쟁으로 인한 난민의 이동으로 아프리카 지역에서 가장 많이 발생하고 있다.

4 세계의 인구 구조 선진국과 개발 도상국의 인구 구조에 대해 알아야 해요.

1. 국가 간 경제 수준에 따른 인구 구조

선진국	• 유소년층이 적고 노년층이 많은 종형 또는 방추형의 구조 • 상대적으로 중위 연령이 높음
개발 도상국	• 유소년층이 많고 노년층이 적은 피라미드형 구조 • 상대적으로 중위 연령이 낮음

🔍 꼼꼼 단어 돋보기

● 난민

인종, 종교, 재해 또는 정치적·사상적 차이 등의 이유로 인해 다른 나라로 이주하는 사람

● 인구 구조

연령, 성, 인종과 같은 자연적 특성과 직업, 국적, 종교와 같은 사회적 특성에 따라 분류한 인구 구성의 상태

● 중위 연령

전체 인구를 연령 순서로 세웠을 때 중간에 속해 있는 사람의 연령

△ 일본의 인구 피라미드

△ 인도의 인구 피라미드

2. 가치관에 따른 인구 구조

남아 선호 사상이 남아 있는 국가에서는 남초 현상⁺이 나타난다.

3. 산업의 종류에 따른 인구 구조

광업이나 중화학 공업이 발달한 산업 지역에서는 청장년층에서 남초 현상이 나타난다.

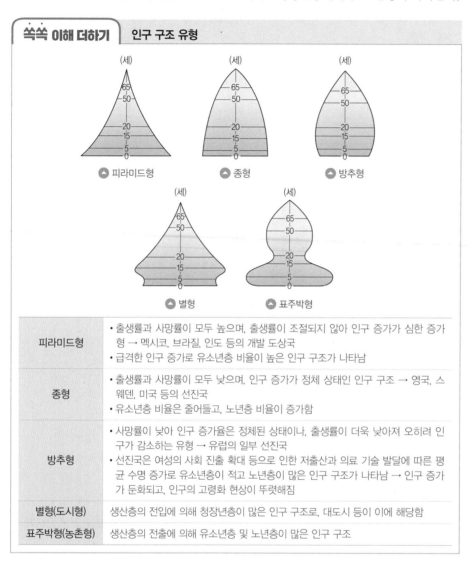

쏙쏙 이해 더하기 | 인구 구조 유형

피라미드형	• 출생률과 사망률이 모두 높으며, 출생률이 조절되지 않아 인구 증가가 심한 증가형 → 멕시코, 브라질, 인도 등의 개발 도상국 • 급격한 인구 증가로 유소년층 비율이 높은 인구 구조가 나타남
종형	• 출생률과 사망률이 모두 낮으며, 인구 증가가 정체 상태인 인구 구조 → 영국, 스웨덴, 미국 등의 선진국 • 유소년층 비율은 줄어들고, 노년층 비율이 증가함
방추형	• 사망률이 낮아 인구 증가율은 정체된 상태이나, 출생률이 더욱 낮아져 오히려 인구가 감소하는 유형 → 유럽의 일부 선진국 • 선진국은 여성의 사회 진출 확대 등으로 인한 저출산과 의료 기술 발달에 따른 평균 수명 증가로 유소년층이 적고 노년층이 많은 인구 구조가 나타남 → 인구 증가가 둔화되고, 인구의 고령화 현상이 뚜렷해짐
별형(도시형)	생산층의 전입에 의해 청장년층이 많은 인구 구조로, 대도시 등이 이에 해당함
표주박형(농촌형)	생산층의 전출에 의해 유소년층 및 노년층이 많은 인구 구조

+ 남초 현상

남초 현상은 남자에 비해 여자가 부족한 현상을 말한다. 여자 100명당 남자 수를 성비라고 하는데, 성비가 100보다 크면 남초 현상, 100보다 작으면 여초 현상이라고 한다.

5 세계의 다양한 인구 문제   개발 도상국과 선진국의 인구 문제 및 대책에 대해 알아야 해요.

☆ 1. 인구 이동에 따른 문제

인구 유입 국가	• 긍정적 측면: 노동력이 증가하여 경제가 활성화되고, 이주민의 다양한 문화 유입으로 문화의 다양성이 증대됨 • 부정적 측면: 원주민과 이주민 간의 일자리 경쟁이나 문화적 충돌, 난민 문제를 둘러싼 갈등이 심화됨

인구 유출 국가	• 긍정적 측면: 해외 이주 노동자들의 송금으로 외화 획득에 유리함 • 부정적 측면: 노동 가능 인구의 유출로 노동력이 감소하여 지역 경제가 침체됨

2. 개발 도상국의 인구 문제

(1) 인구 문제

개발 도상국의 인구 문제는 인구 과잉 문제이다.

(2) 해당 지역

아시아, 아프리카, 라틴 아메리카 등이 속한다.

(3) 급속한 인구 증가 문제

원인	제2차 세계 대전 이후 산업화와 의료 기술의 보급으로 사망률이 감소하면서 인구는 급증하였으나 인구 부양력이 매우 낮아짐 → 인구 증가 속도가 경제 발전 속도를 넘어섰기 때문에 식량, 자원 등이 부족해짐
문제점	식량 및 자원이 부족하여 빈곤과 기아 문제가 발생하고, 실업 문제가 발생함
대책	• 인구 부양력을 높이기 위한 경제 성장 정책을 실시함 • 가족계획 사업과 산아 제한 정책을 시행함 • 인력을 해외로 진출시키는 정책을 시행함

(4) 도시로의 인구 집중 문제

원인	산업화 이후 이촌 향도 현상으로 도시의 인구가 급증함
문제점	일자리와 주택, 사회 기반 시설 등이 부족해지고, 환경 오염이 심해짐
대책	중소 도시 육성 정책 및 촌락의 생활 환경 개선 등을 통해 지역 간 균형 발전을 도모함

☆ 3. 선진국의 인구 문제

(1) 인구 문제

선진국의 인구 문제는 저출산·고령화[+] 문제이다.

(2) 해당 지역

산업화를 통해 일찍 경제 발전을 이룬 유럽, 앵글로아메리카, 일본, 우리나라 등이 속한다.

(3) 저출산 문제

원인	• 여성의 사회 진출 증가 등으로 여성의 결혼 연령이 상승함 • 가족 중심의 가치관에서 개인주의 가치관으로 변화함 • 가사 부담의 여성 집중과 양육비 증가에 대한 부담으로 합계 출산율이 감소함
문제점	• 생산 가능 인구(경제 활동 인구) 감소로 경제 성장률이 하락함 • 노동력 부족 및 소비 감소로 인해 경기가 침체됨 • 청장년층의 노인 부양비가 증가하여 세대 간 갈등이 심화됨
대책	• 각종 출산 장려 정책과 보육 정책을 실시함 (예) 각종 비용 지원, 출산 휴가와 육아 휴직 보장, 보육 시설 확충 등 • 여성의 사회 활동을 보장하는 법과 제도를 마련함 • 가족과 자녀의 소중함을 인식하는 가족 친화적인 가치관을 확립함 • 가정이나 직장에서 양성평등주의 가치관을 확립함

+ 고령화

전체 인구에서 고령 인구(65세 이상의 노인 인구)가 차지하는 비율이 높아지는 현상을 말한다.

고령화 사회	65세 이상 인구 비율이 7% 이상~14% 미만인 사회
고령 사회	65세 이상 인구 비율이 14% 이상~20% 미만인 사회
초고령 사회	65세 이상 인구 비율이 20% 이상인 사회

🔍 꼼꼼 단어 돋보기

● 가족계획

행복한 가정생활을 위해 부부의 생활 능력에 따라 자녀의 수나 출산의 간격을 계획적으로 조절하는 일

● 산아 제한 정책

인구의 빠른 증가 추세를 둔화시키기 위해 인위적인 방법을 통해 출산을 제한하는 정책

● 합계 출산율

가임 나이인 15세~49세의 여성 1명이 평생 동안 낳을 수 있는 평균 자녀 수

● 생산 가능 인구

생산 활동을 할 수 있는 만 15세~64세의 청장년층 인구

(4) 고령화 문제

원인	• 의학 기술 발달로 평균 수명이 연장되면서 노인 인구 비율이 증가함 • 출산율이 감소함
문제점	• 생산 가능 인구 감소로 경기가 침체됨 • 노년층의 경제적 어려움과 노인 소외 현상이 사회 문제로 등장함 • 의료 및 노인 복지 등을 위한 정부 지출 증가로 국가 재정 부담이 증가함 • 청장년층의 노인 부양 부담 증가, 정년 연장 및 노인 일자리 창출 등과 관련하여 세대 갈등이 심화됨
대책	• 정년 연장, 연금 제도, 임금 피크제, 국민연금, 주택 연금 등 사회 보장 제도를 확충함 • 노인 복지 시설과 실버산업을 확충하고 노인 일자리 창출에 힘씀 • 외국인 근로자를 활용함 • 미래 세대의 부담을 줄이고 청장년층의 권리를 침해하지 않으면서도 노년층의 인간다운 삶을 보장함 • 노후를 대비하기 위해 연금이나 저축 등 경제적 대책을 마련함 • 가족 구성원 간의 유대감을 강화함 • 노인을 부양의 대상으로 보지 않고 지혜와 경험을 간직한 사회 구성원으로 인정하고 공경함

쏙쏙 이해 더하기 | 우리나라의 인구 문제

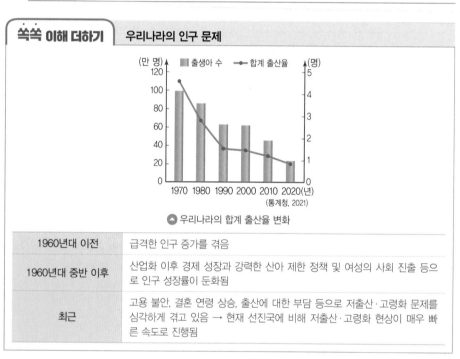

● 우리나라의 합계 출산율 변화

1960년대 이전	급격한 인구 증가를 겪음
1960년대 중반 이후	산업화 이후 경제 성장과 강력한 산아 제한 정책 및 여성의 사회 진출 등으로 인구 성장률이 둔화됨
최근	고용 불안, 결혼 연령 상승, 출산에 대한 부담 등으로 저출산·고령화 문제를 심각하게 겪고 있음 → 현재 선진국에 비해 저출산·고령화 현상이 매우 빠른 속도로 진행됨

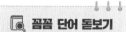

꼼꼼 단어 돋보기

● 임금 피크제

일정 나이가 되면 임금을 삭감하고 정년을 보장하는 제도

세계의 자원과 지속 가능한 발전

이번 단원에서는 다양한 에너지 자원의 특징 및 분포, 자원을 둘러싼 여러 분쟁 지역에 대해 학습하고, 지속 가능한 발전의 의미에 대해 이해합니다.

1 자원의 의미와 특성

1. 자원의 의미
① 자연으로부터 얻을 수 있는 것 중 인간 생활에 유용하게 쓰이는 모든 것을 말한다.
② 인간의 기술로 개발과 이용이 가능하고 경제적으로 가치가 있는 것을 말한다.

2. 자원의 종류
(1) 범위에 따른 분류

좁은 의미의 자원	천연자원(광물·에너지·식량 자원 등)
넓은 의미의 자원+	천연자원＋인적 자원＋문화적 자원

(2) 재생 가능성에 따른 분류

재생 자원(순환 자원)	태양열, 물 등과 같이 계속 새로 만들어져 재생이 가능한 에너지
비재생 자원(고갈 자원)	석유, 석탄 등과 같은 화석 에너지로 재생이 불가능한 에너지

＋ 넓은 의미의 자원
• 천연자원: 광물 자원(철광석, 구리, 텅스텐, 보크사이트 등), 에너지 자원(석탄, 석유, 천연가스 등), 식량 자원(쌀, 밀, 옥수수, 소, 돼지 등)
• 인적 자원: 노동력, 기술, 창의력 등
• 문화적 자원: 예술, 종교, 전통, 법, 제도 등

3. 자원의 특성

가변성	기술 발달, 사회·문화적 배경, 경제적 수준 등에 따라 자원의 가치가 변화하는 특성
유한성	• 자원의 매장량이 한정되어 있어 사용하면 고갈되는 특성 • 자원의 가채 연수가 계속 줄고 있음
편재성	• 자원이 지구상에 고르게 분포하지 않고 일부 지역에 집중되어 분포하는 특성 • 편재성으로 인해 자원의 생산지와 소비지가 불일치하는 경우가 많고, 자원의 국제적 이동이 나타남

2 에너지 자원의 분포와 소비

1. 에너지 자원
(1) 에너지 자원의 의미
인간이 기본적인 생활을 유지하고 생산 활동을 하는 데 필요한 에너지를 얻을 수 있는 자원을 말한다. **예** 석유, 석탄, 천연가스 등

(2) 에너지 자원의 소비 실태
① 분포 특징: 전 세계에 골고루 분포하지 않고 특정 지역에 매장되어 있다.
② 소비 실태
㉠ 전 세계 에너지 자원의 소비량은 지속적으로 증가하고 있다.

> **🔍 꼼꼼 단어 돋보기**
>
> ● 가채 연수
> 현재 파악된 매장량을 바탕으로 앞으로 그 자원을 몇 년간 사용할 수 있는지를 나타낸 지표

ⓛ 선진국이나 공업이 발달한 국가에서 절반을 소비하고 있으며, 나머지는 개발
도상국에서 소비하고 있다.
ⓒ 산업화 이후 석탄과 석유가 많이 사용되었으며, 최근에는 천연가스의 사용량이
증가하고 있다.
ⓔ 현재 세계 소비량[+]: 석유 > 석탄 > 천연가스 > 수력 > 원자력

☆ **2. 주요 에너지 자원의 특징** 주요 에너지 자원의 종류와 특징에 대해 알아야 해요.

(1) 석탄

특징	• 산업 혁명 때 철광석과 함께 주요 자원으로 이용되었으며, 현재 제철 공업의 원료나 화력 발전의 연료 등 산업용으로 사용됨 • 화석 에너지 중 역사가 가장 오래되었음 • 주로 생산지에서 소비되기 때문에 석유에 비해 국제 이동량이 적은 편임 • 연소 시 오염 물질 배출량이 많음
분포	• 주로 고생대 지층, 고기 습곡 산지, 북반구 냉·온대 지역 등 넓은 지역에 분포함 • 석유에 비해 비교적 여러 지역에 고르게 분포함
국가	• 수출국: 오스트레일리아, 인도네시아 등 • 수입국: 인도, 중국, 일본 등

(2) 석유

특징	• 세계적으로 가장 많이 사용되고 있는 에너지 자원임 • 주로 자동차와 비행기의 연료 등 수송용으로 이용됨 • 산업용, 발전용, 석유 화학 공업의 원료로 이용됨 • 열효율이 높고 수송과 저장, 사용이 편리함 • 편재성이 크고 사용 비중이 높기 때문에 국제 이동량이 매우 많음 • 국제 경제 및 정치에 미치는 영향력이 매우 큰 자원임
분포	• 신생대 제3기 배사 구조의 지층에 많이 매장되어 있으며, 최대 생산지는 서남아시아의 페르시아만 연안임 • 비교적 좁은 지역에 분포되어 있기 때문에 편재성이 큼
국가	• 수출국: 사우디아라비아, 아랍 에미리트, 러시아 등 • 수입국: 미국, 유럽, 아시아의 공업 국가 등

쏙쏙 이해 더하기 │ 석유와 석탄의 국제적 이동

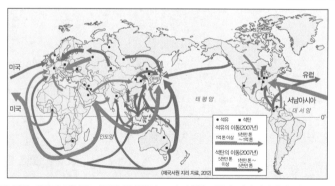

석유는 석탄에 비해 매장과 생산의 지역적 편재성이 크다. 석유는 특히 서남아시아의 페르시아만 지역에서의 수출량이 많고, 산업이 발달한 유럽, 북아메리카 등에서 주로 소비하기 때문에 국제 이동량이 많은 편이다. 석탄은 석유에 비해 비교적 넓은 지역에 분포한다. 중국, 미국, 오스트레일리아 등에서 생산하며, 서부 유럽과 동부 아시아 등으로 수출한다. 석탄은 석유와 달리 생산지에서 소비하는 경우가 많아 국제 이동량이 적은 편이다.

+ 세계의 에너지 소비량

원자력 626.2 (5.2%)
신·재생 158.6 (1.3%)
수력 775.6 (6.5%)
석유 4,028.2 (33.6%)
천연가스 2,858.1 (23.8%)
총 에너지 소비량 12,002.5
석탄 3,555.8 (29.6%)
(단위: 백만 TOE)

📖 **꼼꼼 단어 돋보기**

● 배사 구조
지층이 횡압력에 밀려 형성된 습곡에서 볼록한 모양으로 솟은 부분

(3) 천연가스

특징	• 에너지 효율이 높은 편으로 가정용으로 많이 이용되며, 자동차의 연료 등에도 사용됨 • 연소 시 대기 오염 물질 배출량이 적은 청정에너지임 • 냉동 액화 기술의 발달로 장거리 수송이 가능해지면서 국제 이동량이 증가하고 있음 • 생산과 소비가 증가하면서 국제 이동량이 증가함
분포	신생대 제3기의 배사 구조에 석유와 함께 매장되어 있는 경우가 많음
국가	• 수출국: 러시아, 카타르, 노르웨이 등 • 수입국: 유럽, 아시아의 공업 국가 등

╋ 냉동 액화 기술
기체 상태의 천연가스를 냉각시켜 액체로 변환하는 기술로, 부피가 크게 줄어들어 운반과 사용이 편리해졌다.

쏙쏙 이해 더하기 | 세계의 에너지 소비 특성

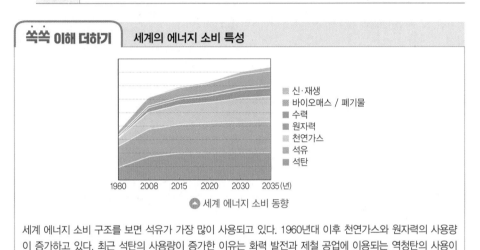

▲ 세계 에너지 소비 동향

세계 에너지 소비 구조를 보면 석유가 가장 많이 사용되고 있다. 1960년대 이후 천연가스와 원자력의 사용량이 증가하고 있다. 최근 석탄의 사용량이 증가한 이유는 화력 발전과 제철 공업에 이용되는 역청탄의 사용이 증가하였기 때문이다.

---

3 자원으로 인한 문제 및 해결 방안   자원으로 인한 다양한 문제와 해결 방안에 대해 알아야 해요.

1. 자원의 분포와 소비에 따른 문제점

(1) 자원 확보를 둘러싼 국가 간 갈등
① 자원의 편재성과 유한성 때문에 자원 확보를 둘러싼 갈등이 발생한다.
② 자원의 생산지와 소비지가 불일치하고, 자원 민족주의╋의 대두로 자원을 확보하기 위한 국가 간 영역 분쟁이 발생한다.

(2) 자원 고갈 및 부족 문제
인구 증가와 생활 수준의 향상으로 자원의 소비량은 증가하는 데 반해 자원은 고갈되고 있다.

(3) 환경 오염 문제
① 화석 연료 연소 시 발생하는 대기 오염 물질로 인한 대기 오염이 심각해지고 있다.
② 이산화 탄소 등 온실가스 배출로 인한 지구 온난화가 심화되고 있다.
③ 자원의 채굴 과정에서 생태계가 파괴되기도 한다.

╋ 자원 민족주의
자원 보유국들이 자국에서 생산되는 자원을 무기화하여 자국의 이익을 극대화하려는 것이다. 석유 수출국 기구(OPEC)의 결성을 통해 석유 생산량과 가격을 조절하는 경우가 이에 해당한다.

╋ 석유 수출국 기구(OPEC)
1960년에 산유국들이 결성한 협의체로 총 13개국이 가입되어 있다. 전 세계 매장량의 81%, 생산량의 43%를 차지하고 있다.

(4) 에너지 소비 격차 문제

세계 에너지 소비 상위 10개국이 전체 화석 에너지 소비량의 절반 이상을 차지하고 있으며, 그에 반해 대부분의 국가들은 에너지 빈곤 지역에 해당한다.

⭐ 2. 자원을 둘러싼 영토 분쟁 지역

카스피해+	러시아, 이란, 카자흐스탄, 아제르바이잔, 투르크메니스탄이 석유와 천연가스 지대의 영유권을 두고 분쟁
북극해+	러시아, 캐나다, 미국, 노르웨이, 덴마크가 석유와 천연가스 지대의 영유권을 두고 분쟁
동중국해	중국, 일본 간의 가스전 분쟁으로, 센카쿠 열도(댜오위다오) 분쟁이라고도 함
남중국해	중국, 타이완, 필리핀, 브루나이, 말레이시아 등이 석유 및 천연가스 지대의 영유권을 두고 분쟁
포클랜드 제도	현재 영국령에 속해 있지만 아르헨티나가 석유 지대에 대한 영유권을 주장하고 있음

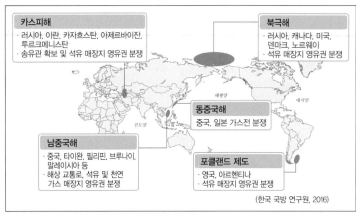

🔵 자원을 둘러싼 갈등

3. 자원 문제 해결 방안

자원 분쟁 문제	자원 외교를 강화하고 국제적 협력을 증대함
자원 고갈 문제	• 지속 가능한 방식의 친환경적인 산업으로 전환함 • 화석 연료의 고갈에 대비할 수 있으며, 오염 물질 배출이 적은 신·재생 에너지를 개발함 • 자원을 효율적으로 이용할 수 있는 기술을 개발함

⭐ 4 지속 가능한 발전 　지속 가능한 발전의 의미와 실천 방안에 대해 알아야 해요.

1. 지속 가능한 발전의 의미와 실천

의미	미래 세대의 삶이 원활하게 유지될 수 있는 범위 안에서 현재 세대의 필요를 충족하는 발전 방식

➕ 카스피해

바다로 인정하면 해안선의 길이에 따라 영역을 나누고 영해의 범위 안에서 자원을 이용할 수 있지만, 호수로 본다면 모든 연안국이 해상과 해저 자원에 대한 권리를 균등하게 나누어야 하기 때문에 분쟁이 일어나고 있다.

➕ 북극해 영유권 주장 국가

지구 온난화로 북극의 빙하가 녹으면서 개발 가능성이 높아지며 분쟁이 일어나고 있다.

➕ 신·재생 에너지의 종류

태양 에너지	일사량이 풍부하고 건조한 지역에 입지함
풍력 에너지	지속적으로 강한 바람이 부는 산지나 해안가에 입지함
조력 에너지	조석 간만의 차이를 이용함
조류 에너지	바닷물의 유속이 빠른 지역에서 활용함
지열 에너지	주로 화산 지대 지하의 고온 증기를 이용함
바이오 에너지	동물의 배설물이나 옥수수 등의 식물을 분해해서 얻는 에너지

필요성	자원 고갈 및 갈등과 분쟁, 환경 오염, 빈부 격차 등 다양한 문제를 해결하기 위해 등장한 개념
실천 방안	• 사회적 형평성을 고려하여 경제의 양적 성장보다 질적 성장과 공정한 배분에 힘씀 • 생산과 소비를 자원 순환형으로 전환함 • 경제 활동이 환경친화적이어야 함 • 선진국과 개발 도상국 간의 협력이 필요함

2. 지속 가능한 발전을 위한 노력

국제적 차원	• 국가 간 국제 환경 협약을 체결하거나 온실가스 배출권 거래 제도 등을 시행하여 환경 오염을 줄임 • 공적 개발 원조(ODA)를 통해 개발 도상국의 빈곤 문제를 해결함
국가적 차원	• 「저탄소 녹색성장 기본법」 등의 법률을 제정함 • 자원의 지속 가능성을 높여 주는 기술을 개발함 • 사회 취약 계층 지원 제도를 통해 빈부 격차를 해소함
개인적 차원	• 자원 및 에너지 절약, 재활용 등 일상생활 속에서 환경 보호를 위한 행동을 실천함 • 윌리적 소비⁺를 실천함 • 재능 기부나 봉사 활동 참여를 통해 사회 정의를 위한 행동 양식과 시민 의식을 함양해야 함

➕ 윤리적 소비

소비자가 윤리적인 가치 판단에 따라 상품이나 서비스를 구매하는 것으로, 인간과 동물, 환경에 해를 가하지 않고 윤리적으로 생산된 상품을 구매할 수 있다.

쏙쏙 이해 더하기 | **지속 가능한 발전의 지향점**

• **사회적 지속성**: 빈곤 문제를 해결하고, 사회적 형평성 및 세대 간·계층 간·지역 간 사회 통합을 이룬 상태를 의미한다.
• **환경적 지속성**: 인간의 경제 활동과 사회 활동을 지속적으로 지탱해 줄 수 있는 생명의 토대로서 생태적 지속 가능성을 전제로 한다.
• **경제적 지속성**: 성장 위주의 정책보다 환경을 고려하는 녹색 경제의 생태 효율성을 의미한다.

미래 지구촌의 모습과 내 삶의 방향

이번 단원에서는 미래 지구촌의 다양한 모습과 미래 사회를 바라보는 관점 및 지구촌 구성원으로서의 태도에 대해 학습합니다.

1 미래 사회
미래 지구촌의 모습에 대해 예측할 수 있어야 해요.

1. 미래 사회의 예측

(1) 미래 예측의 필요성
미래에 대한 불확실성이 증가하면서 미래에 발생할 위험을 방지하고 유연하게 대응할 수 있기 때문이다.

(2) 미래학의 발전
하나의 독립된 학문으로 발전하면서 과학적이고 체계적인 미래 예측이 가능해지고 있다.

(3) 낙관론과 비관론
① 양상: 다양한 분야에서 미래 사회에 대한 낙관론과 비관론이 동시에 나타나고 있다.
② 낙관론: 경제 성장 지속, 민주주의 구현, 복지 사회 실현 등 미래 사회가 더욱 발전할 것이라고 보는 입장이다.
③ 비관론: 각종 분쟁, 환경 오염, 자원 고갈, 빈부 격차 등의 문제로 인해 미래 사회가 밝지 않다고 보는 입장이다.

2. 미래 지구촌의 모습

(1) 국가 간 협력과 갈등

국가 간 협력	• 자유 무역의 확대로 경제적 교류가 많아지면서 국가 간, 지역 간 상호 의존성이 증대됨 • 세계 평화를 위한 국가 간 정치적 협력이 증대됨 • 난민, 기아, 빈곤 등 지구촌 문제를 해결하기 위한 국가 간 협력이 증대됨
국가 간 갈등	• 자유 무역의 확대로 국가 간 경쟁이 치열해지면서 무역 마찰이 증가함 • 선진국과 개발 도상국 간의 빈부 격차가 심화됨 • 영토나 자원을 둘러싼 갈등이 심화됨 • 종교와 문화적 차이로 인한 갈등이나 테러 발생 가능성이 심화됨

(2) 과학 기술 발달에 따른 변화[+]

긍정적 측면	• 인공 지능 로봇의 발달로 생산성과 효율성이 높아짐 • 유전자 변형 농작물(GMO) 등 유전 공학의 발달로 식량 생산량이 증가함 • 생명 공학 기술의 발달로 인간의 수명이 연장됨 • 교통·통신의 발달로 시·공간의 제약이 줄어들어 생활 공간이 확대됨 • 우주 공간이 새로운 생활 공간이 될 수 있음 • 사물 인터넷 기술의 발달로 초연결 사회가 구축됨 • 도시 전체는 정보 통신 기술을 이용하여 연결되는 스마트 시티가 됨

+ 과학 기술의 발전
• 유전자 변형 농작물(GMO): 작물 생산성을 높이기 위해 본래의 유전자를 새롭게 조작·변형해 만든 작물
• 생명 공학 기술: 생물이 가지고 있는 고유한 기능을 바꾸어 필요한 물질을 대량으로 생산해 내는 기술
• 사물 인터넷: 세상에 존재하는 모든 사물을 인터넷과 연결하여 사람과 사물, 사물과 사물 간의 정보를 공유하는 서비스
• 초연결 사회: 사람과 공간, 사물, 데이터 등이 모두 인터넷으로 연결되어 정보를 주고받을 수 있는 사회

🔍 꼼꼼 단어 돋보기

● 미래학
과거 또는 현재를 바탕으로 여러 측면에서 미래 사회 모습을 예측하는 학문

부정적 측면	• 인공 지능 로봇에게 일자리를 빼앗길 수 있음 • 유전자 조작 및 인간 복제와 관련하여 윤리적 문제가 발생함 • 정보 통신 기술에 의한 개인 정보 유출, 사생활 침해, 개인에 대한 감시 등의 문제가 발생함 • 과학 기술 장치의 오작동에 의한 안전 문제가 발생함

쏙쏙 이해 더하기   4차 산업 혁명에 따른 삶의 변화

4차 산업 혁명은 인공 지능에 의해 산업 환경이 크게 변화하는 혁명을 말한다. 인공 지능이란 인간의 지능이 가지는 학습, 추리 등의 기능을 갖춘 컴퓨터 시스템으로, 우리 생활과 산업 등에서 활용도가 점점 높아지고 있다. 4차 산업 혁명으로 생산성과 효율성이 크게 높아지는 대신, 인간의 일자리가 크게 줄어들 것이라고 예측되고 있다. 옥스퍼드 대학의 연구 보고서에 따르면, 인공 지능이 인간을 대신하면 향후 10~20년 안에 미국에서 702개의 직업 가운데 약 절반이 사라질 가능성이 있다고 보고 있다.

(3) 생태 환경의 변화

생태계의 변화	• 온실가스 배출로 인한 기후 변화, 사막화, 열대림 파괴에 따른 생물 종 다양성 감소 등의 생태계 파괴 문제가 발생함 • 인구 증가 및 자원 소비량 증가로 인해 각종 환경 오염이 심화되어 생태계에 악영향을 미치고 있음
해결 방안	• 신·재생 에너지를 개발함 ◑ 풍력, 태양광, 지열, 수력, 바이오 에너지 등 • 다양한 국제 환경 협약과 국제 비정부 기구(NGO)의 활동을 통해 생태계를 보호함 • 수직 농장 활성화 등 다양한 식량 생산 방식을 모색함

2 나의 삶과 지구촌의 미래   지구촌 구성원으로서 올바른 태도에 대해 알아야 해요.

1. 미래 사회에서의 삶의 방향

① 미래 지구촌의 변화에 대한 탐색, 지식과 적성 등을 바탕으로 직업을 선택하고, 그 직업을 가지기 위해 적극적으로 준비한다.
② 개인의 잠재력을 개발하여 글로벌 인재로 성장한다.
③ 나의 삶에 대한 올바른 인성과 가치관을 확립해야 한다.

☆2. 지구촌 구성원으로서의 태도

① 지구촌 문제에 관심을 갖고 지구촌 문제를 해결하기 위해 협력하려는 세계 시민 의식을 지닌다.
② 국가나 사회 집단의 이익보다 인간의 존엄성, 정의와 같은 인류의 보편적 가치를 중시해야 한다.
③ 세계의 다양한 문화를 수용하기 위해 개방적 태도와 관용의 정신을 지닌다.
④ 국가의 당면 문제에 대해 공동체 의식을 가지고 관심을 가져야 한다.

꼼꼼 단어 돋보기

● 수직 농장
도심에 있는 고층 건물의 각 층마다 수경 재배가 가능한 농작물을 재배하는 아파트형 농장

이론 쏙! 핵심 딱!

쏙딱 TEST

IX

정답과 해설 **39쪽**

미래와 지속 가능한 삶

01 세계의 인구와 인구 문제

02 세계의 자원과 지속 가능한 발전

03 미래 지구촌의 모습과 내 삶의 방향

📢 선생님이 알려 주는 **출제 경향**

그동안 시험에서는 세계의 인구 분포, 선진국과 개발 도상국의 인구 문제, 지속 가능한 발전에 관한 문제가 출제되었습니다. 특히 저출산·고령화, 에너지 자원에 관한 문제는 매회 출제될 정도로 중요합니다.

주제 1   **세계의 인구와 인구 문제**

01 다음 그림과 같이 세계의 인구 증가가 나타나게 된 이유는?

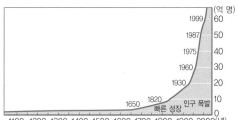

① 농경의 시작
② 산업 혁명의 시작
③ 정보 혁명의 시작
④ 가족계획 사업 실시

02 다음은 인구 변천 단계를 나타낸다. 이에 대한 설명으로 옳은 것은?

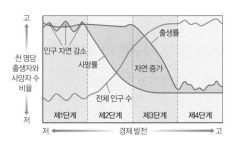

① 1단계는 식량 부족 및 질병 등으로 인해 사망률이 높다.
② 2단계는 사망률은 여전히 높은 상태로 유지된다.
③ 3단계는 여성의 사회 진출 증가로 출산율이 증가한다.
④ 4단계는 의료 기술의 발전으로 인구 증가율이 급증한다.

03 인구 분포에 영향을 미치는 자연적 요인으로 옳은 것은?

2020년 1회

① 온화한 기후   ② 발달한 산업
③ 풍부한 일자리   ④ 교육 문화 시설

04 세계의 인구 분포에 대한 설명으로 옳지 <u>않은</u> 것은?

① 벼농사가 발달한 계절풍 지대는 인구 밀도가 높은 편이다.

② 적도 지방과 극지방, 사막과 산지 지역 등은 사람이 거의 살지 않는다.

③ 세계의 인구는 지구상에 고르게 분포하며 인구 밀도도 비슷한 편이다.

④ 농업 발달에 유리한 냉·온대 기후 지역에 가장 많은 인구가 분포한다.

05 인구 밀집 지역을 〈보기〉에서 고른 것은?

> **보기**
>
> ㄱ. 적도 부근 지역
> ㄴ. 북반구 중위도 지역
> ㄷ. 온대 기후의 하천 주변
> ㄹ. 한대 및 건조 기후 지역

① ㄱ, ㄴ   ② ㄱ, ㄷ

③ ㄴ, ㄷ   ④ ㄷ, ㄹ

06 밑줄 친 ㉠에 해당하는 지역으로 적절한 것은?

2018년 2회

> 세계의 인구는 전 세계에 골고루 분포하는 것이 아니라 ㉠ 사람들이 살기 좋은 특정한 지역에 집중하여 분포한다.

① 대륙 내부의 사막 지역

② 토양이 척박한 산악 지역

③ 극지방 부근의 한대 기후 지역

④ 북반구 중위도의 냉·온대 기후 지역

07 다음에 해당하는 지역을 지도에서 고르면?

> 계절풍 지대로 일찍이 벼농사가 발달하여 인구가 집중된 곳

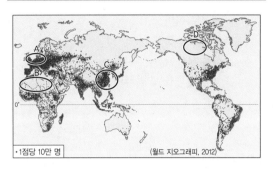

•1점당 10만 명   (월드 지오그래피, 2012)

① A   ② B

③ C   ④ D

08 다음은 세계 인구의 분포를 나타낸다. 이에 대한 설명으로 옳지 <u>않은</u> 것은?

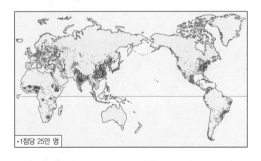

•1점당 25만 명

① 선진국에 주로 인구가 집중되어 있다.

② 극지방, 적도 부근, 사막은 인구 밀도가 낮은 편이다.

③ 주로 북반구의 중위도에 많은 인구가 분포되어 있다.

④ 대륙별로 유럽, 아시아, 북아메리카에 많이 분포되어 있다.

빠른 정답 체크

01 ②   02 ①   03 ①   04 ③   05 ③   06 ④   07 ③

08 ①

09 밑줄 친 (가)의 사례로 적절하지 <u>않은</u> 것은? 2016년 1회

> 개인의 공간적 이동은 이동 기간에 따라 (가) 일시적 이동과 반영구적 또는 영구적 이동으로 구분된다.

① 해외로 이민
② 직장으로 통근
③ 상품 구매를 위한 이동
④ 체험 활동을 위한 국내 여행

10 다음 인구의 국제 이동에 대한 설명으로 옳은 것은?

① 종교적 요인에 의한 인구 이동이다.
② 인구 유입 지역은 일자리가 부족한 지역이다.
③ 식량, 자원, 식수 등의 물자 이동 현상을 나타낸 것이다.
④ 임금이 낮은 지역에서 높은 지역으로 인구 이동이 일어난다.

11 그래프에 나타난 사회 변화의 모습으로 알맞은 것은?

2012년 2회

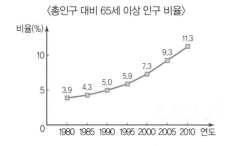

① 정보화
② 도시화
③ 고령화
④ 세계화

12 ㉠에 들어갈 내용으로 가장 적절한 것은? 2021년 1회

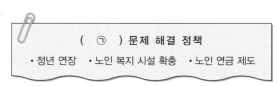

(㉠) 문제 해결 정책
• 정년 연장 • 노인 복지 시설 확충 • 노인 연금 제도

① 고령화
② 성차별
③ 동물 복지
④ 환경 오염

13 자료에 대한 분석으로 옳지 <u>않은</u> 것은? 2020년 1회

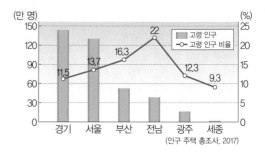

(인구 주택 총조사, 2017)

① 고령 인구가 가장 많은 곳은 경기이다.
② 서울보다 전남의 고령 인구가 더 많다.
③ 고령 인구 비율이 가장 낮은 곳은 세종이다.
④ 광주보다 부산의 고령 인구 비율이 더 높다.

14 고령화 사회로 진입할수록 증가할 것으로 예상되는 것은?

① 중위 연령
② 합계 출산율
③ 경제 성장률
④ 생산 가능 인구

15 개발 도상국에 나타나는 인구 문제로 볼 수 <u>없는</u> 것은?

① 인구 부양력이 낮아 기아와 빈곤 문제가 발생한다.
② 가치관의 변화 등으로 합계 출산율이 감소하고 있다.
③ 이촌 향도로 인한 대도시의 인구 과밀 현상이 나타난다.
④ 주택, 학교 등의 부족과 환경 오염, 실업 등의 문제가 심각하다.

16 고령화에 따른 사회 문제로 적절한 것은?　2018년 1회

① 노인을 위한 사회 복지비가 감소한다.
② 노인 빈곤이나 소외 등의 문제가 나타난다.
③ 노인 세대의 정치적·사회적 영향력이 작아진다.
④ 생산 가능 인구가 증가하여 경제 성장이 가속화된다.

17 표에 나타난 사회 변동을 바르게 분석한 사람은?

2014년 2회

〈우리나라의 인구 변화 추이 지표〉

구분	2000년	2010년	2020년	2030년
노년 부양비(%)	10.1	15.2	22.1	38.6
유소년 부양비(%)	29.4	22.2	18.6	20.0

(통계청, 2014)

① 갑: 정보화가 주된 원인이겠군.
② 을: 노인들의 사회적 영향력은 점점 커지겠군.
③ 병: 유소년 부양비는 지속적으로 감소하고 있군.
④ 정: 2020년 이후엔 노년층보다 유소년층 인구가 더 많겠군.

18 다음 인구 피라미드에 대한 분석으로 적절한 것은?

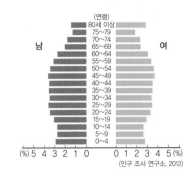

(인구 조사 연구소, 2012)

① 출산율이 지속적으로 높아질 것이다.
② 유소년층 인구 비율이 높고 노년층 인구 비율이 낮다.
③ 대부분의 개발 도상국에서 나타나는 인구 구조 모형이다.
④ 청장년층의 노인 부양 비용 증가 문제가 나타날 것이다.

19 그래프에 대한 분석으로 적절하지 <u>않은</u> 것은?　2017년 2회

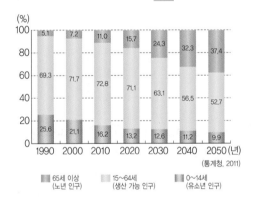

(통계청, 2011)

■ 65세 이상　■ 15~64세　■ 0~14세
(노년 인구)　(생산 가능 인구)　(유소년 인구)

① 유소년 인구 비율이 감소하고 있다.
② 2010년에 초고령 사회로 진입하였다.
③ 노년 인구 비율이 지속적으로 증가하고 있다.
④ 생산 가능 인구의 노인 부양 부담이 증가할 것이다.

20 다음 표를 통해 예상할 수 있는 사회적 현상에 대한 대책이 <u>아닌</u> 것은? **2019년 1회**

〈연령별 인구 구성비의 추이〉

구분	2010년	2020년	2030년	2040년	2050년
0~14세 인구(%)	16.2	13.2	12.6	11.2	9.9
65세 이상 인구(%)	11.0	15.7	24.3	32.3	37.4

(통계청, 2011)

① 출산 장려금 지원
② 근로자의 정년 단축
③ 노인 대상 건강 보험 확대
④ 육아 휴직 보장 및 보육 시설의 확충

주목
21 다음 그림을 통해 알 수 있는 우리나라의 인구 문제의 해결 방안은?

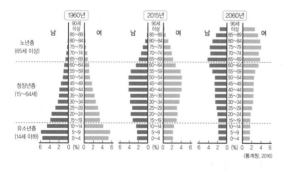

(통계청, 2016)

① 인구 부양력 증대
② 출산 장려 정책 실시
③ 산아 제한 정책 실시
④ 가족계획 사업 실시

22 표를 분석한 내용으로 옳은 것은? **2018년 2회**

〈우리나라 노인(만 65세 이상) 인구 비율〉

구분	1990년	2000년	2010년
전국	5.0%	7.3%	11.3%
농촌	9.0%	14.7%	20.9%
도시	3.6%	5.5%	9.2%

(통계청, 인구 주택 총조사, 각 연도)

* 고령화의 단계

구분	노인 인구 비율
고령화 사회	7~14% 미만
고령 사회	14~20% 미만
초고령 사회	20% 이상

① 도시의 노인 인구 비율은 감소하고 있다.
② 우리나라는 2000년에 초고령 사회에 진입하였다.
③ 2010년의 노인 인구 비율은 도시가 농촌보다 높다.
④ 도시와 농촌의 노인 인구 비율 격차는 점점 커졌다.

23 고령화에 따른 문제 해결 방안으로 옳지 <u>않은</u> 것은?

① 정년 연장
② 연금 축소
③ 노인의 일자리 창출
④ 노인 상담 센터 운영

24 다음과 같은 표어 변화의 원인으로 가장 적절한 것은? **2020년 1회**

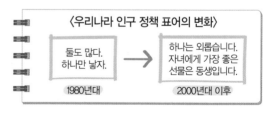

① 저출산
② 국제결혼 감소
③ 농어촌 인구 집중
④ 여성의 사회 진출 감소

25 자원에 대한 설명으로 옳지 <u>않은</u> 것은?

① 천연가스는 재생 가능한 자원이다.
② 석유는 유한성을 가지는 자원이다.
③ 태양열 에너지는 재생 가능한 자원이다.
④ 넓은 의미로는 노동력도 자원에 해당한다.

26 다음은 주요 자원의 가채 연수를 나타낸 것이다. 이를 통해 파악할 수 있는 자원의 특성은?

구분	석탄	석유	천연가스
가채 연수	200년	40년	60년

① 상대성
② 편재성
③ 유한성
④ 가변성

주목
27 다음 빈칸에 들어갈 말로 적절한 것은?

> 천연자원은 (　　　)이 있어 국제적으로 이동이 불가피하며, 때로는 자원 확보를 둘러싼 국제적 갈등을 일으키기도 한다.

① 가변성
② 상대성
③ 유한성
④ 편재성

28 화석 에너지에 대한 설명으로 옳은 것은?   2019년 2회

① 석탄, 석유, 천연가스는 화석 에너지이다.
② 석유는 18세기 산업 혁명의 핵심 자원이었다.
③ 석탄은 주로 자동차와 비행기의 연료로 쓰인다.
④ 천연가스는 액화 기술의 발달로 소비량이 감소하고 있다.

주목
29 다음 지도와 같이 국제적 이동을 하는 자원은?

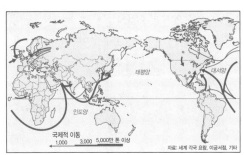

① 석탄
② 석유
③ 철광석
④ 천연가스

빠른 정답 체크

20 ②	21 ②	22 ④	23 ②	24 ①	25 ①	26 ③
27 ④	28 ①	29 ②				

30 다음 자원의 특징으로 옳은 것은?

> 가장 먼저 이용되기 시작한 화석 연료이며, 산업 혁명 이후 본격적으로 개발되었다.

① 편재성이 큰 자원이다.
② 연소 시 오염 물질 배출량이 많다.
③ 주로 신생대 지층에 매장되어 있다.
④ 세계 에너지 소비량에서 차지하는 비중이 가장 높다.

31 다음에 해당하는 에너지 자원은?

> 서남아시아 및 유럽, 러시아 등에 매장량이 많으며, 연소 시에 대기 오염 물질이 다른 화석 연료에 비해 적은 편이다.

① 석유   ② 석탄
③ 천연가스   ④ 수력 에너지

32 석탄에 대한 석유의 상대적 특징을 그림의 A~D에서 고른 것은?

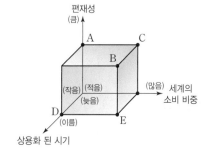

① A   ② B   ③ C   ④ D

33 다음에서 공통적으로 설명하는 에너지 자원은?

2017년 1회

> • 서남아시아가 대표적 생산 지역이다.
> • 자동차의 연료, 화학 공업의 원료로 사용된다.
> • 세계에서 가장 많이 사용하는 에너지 자원이다.

① 신탄   ② 석탄
③ 석유   ④ 천연가스

34 다음 빈칸에 들어갈 미래 에너지는?

> 화산 지대에 입지하여 지하의 고온 증기를 이용하는 (   )은(는) 환경 파괴가 거의 없는 에너지이다.

① 조력 발전   ② 지열 발전
③ 풍력 발전   ④ 원자력 발전

35 다음 석유 수출국 기구(OPEC)의 주장을 통해 알 수 있는 문제점은?

① 환경 오염   ② 기후 변화
③ 자원 고갈   ④ 자원 확보 갈등

36 다음에 해당하는 에너지 자원은? 2018년 1회

- 고기 습곡 산지를 중심으로 매장되어 있다.
- 산업 혁명의 원동력으로 이용된 화석 연료이다.
- 중국·미국 등이 주요 생산국이다.

① 석탄　　　　　　② 석유
③ 원자력　　　　　④ 천연가스

37 다음 내용에 해당하는 곳을 지도에서 고르면?

현재 러시아와 카자흐스탄, 아제르바이잔은 이곳을 바다라고 주장하고 있고, 나머지 인접 국가는 호수라고 주장하고 있는 곳이다.

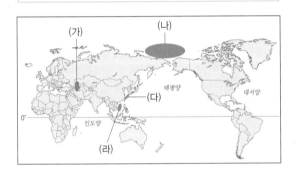

① (가)　　　　　　② (나)
③ (다)　　　　　　④ (라)

38 세계의 에너지 자원에 대한 설명으로 옳은 것은?

① 에너지 자원은 분쟁의 소지가 적다.
② 에너지 자원은 유한성과 편재성을 가지고 있다.
③ 에너지 자원은 북반구보다 남반구에서 주로 소비된다.
④ 에너지 자원은 천연가스 > 석유 > 석탄의 순으로 많이 소비된다.

39 자원 민족주의에 대한 설명으로 옳은 것은?

① 자원의 가변성과 관련이 깊다.
② 수요량이 많은 석유를 중심으로 발생하였다.
③ 자국에서 생산되는 자원을 자국만 사용하는 것을 말한다.
④ 자원 민족주의가 강해지면 국제 거래가 감소하여 자원의 국제 가격은 하락한다.

40 다음 지역에 나타난 공통점으로 알맞은 것은?

① 철광석 매장 지역이다.
② 기호 작물을 수출하는 지역이다.
③ 최근 지구 온난화로 물에 잠기는 지역이다.
④ 에너지 자원을 둘러싼 분쟁이 발생하는 지역이다.

빠른 정답 체크

30 ②	31 ③	32 ③	33 ③	34 ②	35 ④	36 ①
37 ①	38 ②	39 ②	40 ④			

41 자원을 둘러싼 분쟁이 발생하는 원인으로 옳지 <u>않은</u> 것은?

① 자원은 필요한 곳을 모두 충족시킬 수 있다.
② 자원은 그 매장량이 한정되어 유한성이 있다.
③ 자원은 일부 지역에 매장되어 편재성이 있다.
④ 인구의 증가로 자원에 대한 수요가 많아진다.

42 다음 자료를 통해 알 수 있는 이곳의 변화 모습으로 적절한 것은?

① 전체 에너지 소비량이 감소할 것이다.
② 자원의 해외 의존도가 낮아질 것이다.
③ 화석 연료의 소비 비중이 증가할 것이다.
④ 에너지 자원의 수급이 불안정해질 것이다.

43 지구촌의 지속 가능한 발전을 위한 자세로 바람직하지 <u>않은</u> 것은?

① 사회적 형평성까지 고려한다.
② 자연에 대한 인간의 이용을 중시한다.
③ 경제 활동이 환경친화적이어야 한다.
④ 후손들의 미래에 대해 책임감을 가진다.

44 ㉠에 들어갈 검색어로 적절한 것은?　　2019년 1회

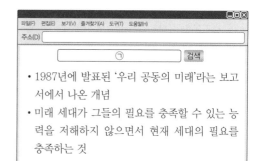

㉠

• 1987년에 발표된 '우리 공동의 미래'라는 보고서에서 나온 개념
• 미래 세대가 그들의 필요를 충족할 수 있는 능력을 저해하지 않으면서 현재 세대의 필요를 충족하는 것

① 거점 개발
② 하향식 개발
③ 지역 이기주의
④ 지속 가능한 발전

45 자연환경과 인간의 공존을 위한 노력으로 옳은 것을 〈보기〉에서 고른 것은?　　2020년 1회

> **보기**
> ㄱ. 야생 동물의 생태 통로를 만들어 준다.
> ㄴ. 환경을 보호하면서도 경제 성장을 도모한다.
> ㄷ. 물질적 풍요를 얻기 위한 도구로서 자연을 대한다.
> ㄹ. 자연 훼손을 고려하지 않고 자원과 동력을 최대한 사용한다.

① ㄱ, ㄴ
② ㄱ, ㄷ
③ ㄴ, ㄹ
④ ㄷ, ㄹ

46 밑줄 친 ㉠에 대한 설명으로 옳지 <u>않은</u> 것은?　2018년 2회

> ㉠ 지속 가능한 발전을 위해서는 경제 성장, 사회 안정과 통합, 환경 보전이 균형을 이루어야 한다.

① 환경 파괴를 최소화하고자 한다.
② 경제의 빠른 성장만을 우선시한다.
③ 계층 간 형평성을 고려하고자 한다.
④ 한정된 자원의 남용을 억제하고자 한다.

47 미래 사회의 변화에 대한 설명으로 옳지 <u>않은</u> 것은?

① 국가 간 빈부 격차 문제가 심화될 것이다.
② 영토나 자원을 둘러싼 갈등이 심화될 것이다.
③ 국가 간, 지역 간 상호 의존성이 약화될 것이다.
④ 세계 평화를 위한 국가 간 정치적 협력이 증대될 것이다.

48 지구촌 구성원으로서의 태도로 바람직하지 <u>않은</u> 것은?

① 개방적 태도와 관용의 정신을 지닌다.
② 지구촌을 하나의 공동체로 파악하여 인류 전체를 이웃으로 생각한다.
③ 인류의 보편적 정의보다는 개별 국가나 사회 집단의 이익이 우선이다.
④ 인류가 직면한 환경 오염, 자원 고갈, 인권 침해 등을 우리의 문제로 받아들인다.

주목
49 과학 기술의 발달로 인한 미래 사회의 모습은?

① 교통·통신의 발달로 생활 공간이 축소될 것이다.
② 유전 공학의 발달로 식량 생산량이 증가할 것이다.
③ 인공 지능 로봇의 등장으로 일자리가 확대될 것이다.
④ 생명 공학 기술의 발달로 인간의 수명이 줄어들 것이다.

50 미래 사회를 바라보는 낙관론에 해당하는 것을 〈보기〉에서 고른 것은?

> 보기
> ㄱ. 국가 간 불평등이 심화될 것이다.
> ㄴ. 난민과 빈곤 문제가 해결될 것이다.
> ㄷ. 개인 정보 유출 문제가 나타날 것이다.
> ㄹ. 시간 거리가 단축되고, 생활 공간이 확대될 것이다.

① ㄱ, ㄴ   ② ㄱ, ㄷ
③ ㄴ, ㄹ   ④ ㄷ, ㄹ

51 과학 기술의 발달이 인간 생활에 미친 긍정적인 영향은?
2018년 2회

① 대기 오염이 심화되었다.
② 식량 생산량이 증가하였다.
③ 생물학적 다양성이 축소되었다.
④ 개인 정보의 유출 가능성이 높아졌다.

52 미래 사회 구성원으로서 바람직한 태도가 <u>아닌</u> 것은?
2019년 1회

① 타인의 자유와 권리를 존중한다.
② 자기 계발을 위해 꾸준히 노력한다.
③ 특정 사회 집단의 이익만을 추구한다.
④ 지구촌 문제에 관심을 갖고 협력한다.

빠른 정답 체크

| 41 ① | 42 ② | 43 ② | 44 ④ | 45 ① | 46 ② | 47 ③ |
| 48 ③ | 49 ② | 50 ③ | 51 ② | 52 ③ | | |

단원을 끝내는 엔드노트

01 세계의 인구와 인구 문제

1 세계 인구의 현황

인구 성장	산업 혁명 이후 생활 수준 향상, 인구 부양력 증대, 의학 기술 발달로 인한 사망률 감소
인구 분포	• **자연적 요인**: 지형, 기후, 식생, 토양 등 • **인문·사회적 요인**: 산업, 정치, 경제, 교통, 문화, 종교 등 • **인구 밀집 지역**: 냉·온대 기후, 산업 발달 지역 • **인구 희박 지역**: 열대·건조·한대 기후 지역, 산업화가 이루어지지 않은 지역
인구 구조	• **선진국**: 유소년층이 적고 노년층이 많은 종형 또는 방추형의 구조(중위 연령이 높음) • **개발 도상국**: 유소년층이 많고 노년층이 적은 피라미드형 구조(중위 연령이 낮음)
인구 이동	• 경제적·정치적 이동의 비중이 큼 • 주로 개발 도상국에서 산업이 발달한 선진국으로 이동함

2 세계의 다양한 인구 문제

인구 이동에 따른 문제	• **인구 유입 국가**: 일자리 경쟁, 문화적 충돌 등 • **인구 유출 국가**: 생산 가능 인구 유출로 노동력 감소 등
개발 도상국의 인구 문제	• 급속한 인구 증가로 인한 식량 및 자원 부족, 도시로의 인구 집중으로 각종 도시 문제 발생 • **대책**: 경제 성장 정책, 산아 제한 정책, 지역 간 균형 발전 도모
선진국의 인구 문제	• 저출산·고령화로 인한 생산 가능 인구 감소로 경제 성장률 하락 • **대책**: 출산 장려 정책, 노인 복지 관련 사회 보장 제도 확충 등

02 세계의 자원과 지속 가능한 발전

1 자원

의미	자연으로부터 얻을 수 있는 것 중 인간 생활에 유용하게 쓰이는 모든 것
특성	가변성, 유한성, 편재성

2 에너지 자원의 분포 및 소비

분포의 특징	전 세계에 골고루 분포하지 않고 특정 지역에 매장되어 있음
소비 실태	전 세계 소비량은 지속적으로 증가, 선진국에서 절반 이상 소비함
석탄	산업 혁명 때의 주요 자원, 석유에 비해 국제적 이동량이 적음, 비교적 여러 지역에 고르게 분포함
석유	세계적으로 가장 많이 사용, 서남아시아의 페르시아만 연안에 집중적으로 매장(편재성이 큼)
천연가스	석유와 함께 매장, 대기 오염 물질 배출량이 적은 청정에너지

Ⅸ 미래와 지속 가능한 삶

3 자원의 분포와 소비에 따른 문제점

국가 간 갈등	자원의 편재성과 유한성, 자원 민족주의의 대두로 자원을 확보하기 위한 국가 간 영역 분쟁 발생
자원 고갈 및 부족	자원의 소비량은 증가하는데 반해 자원은 고갈되고 있음
환경 오염	화석 연료 연소 시 대기 오염 물질 발생, 이산화 탄소 등 온실가스 배출로 인한 지구 온난화 현상 심화
에너지 소비 격차	세계 에너지 소비 상위 10개국이 전체 화석 에너지 소비량의 절반 이상 차지

4 지속 가능한 발전

의미	미래 세대의 삶이 원활하게 유지될 수 있는 범위 안에서 현재 세대의 필요를 충족하는 발전 방식
노력	• **국제적·국가적 차원**: 국제 환경 협약 체결, 개발 도상국의 빈곤 문제 해결 등 • **개인적 차원**: 환경 보호, 윤리적 소비 실천 등

03 미래 지구촌의 모습과 내 삶의 방향

1 미래 지구촌의 모습

국가 간 협력 및 갈등	• **국가 간 협력**: 지구촌 문제를 해결하기 위한 국가 간 협력 증대 • **국가 간 갈등**: 선진국과 개발 도상국 간의 빈부 격차 심화, 영토나 자원을 둘러싼 갈등 심화 등
과학 기술 발달에 따른 변화	생활 공간 확대, 식량 생산량 증가, 유전자 조작 및 인간 복제와 관련한 윤리적 문제, 과학 기술 장치의 오작동에 의한 안전 문제 등
생태 환경의 변화	• 온실가스 배출로 인한 기후 변화, 사막화, 열대 우림 파괴에 따른 생물 종 다양성 감소 등 생태계 파괴 문제 발생 • **해결 방안**: 신·재생 에너지 개발, 다양한 국제 환경 협약과 국제 비정부 기구(NGO)의 활동

2 나의 삶과 지구촌의 미래

미래 사회에서의 삶의 방향	미래 지구촌의 변화에 대한 탐색 이후 직업 선택
지구촌 구성원으로서의 태도	지구촌 문제에 관심을 갖고 해결하기 위해 협력하려는 세계 시민 의식, 개방적 태도와 관용의 정신을 지녀야 함

단원을 닫으며

이번 단원은 출제 비중이 높은 단원입니다. 선진국과 개발 도상국의 인구 문제 및 이에 대한 대책을 구분할 수 있어야 합니다. 에너지 자원으로 석탄과 석유가 자주 출제되므로 자원의 이동을 나타낸 지도를 참고하여 공부하도록 합시다.

모바일 OMR
채점 & 성적 분석

QR 코드를 활용하여, 쉽고 빠른
응시 – 채점 – 성적 분석을 해 보세요!

STEP 1   QR 코드 스캔 📱

STEP 2   모바일 OMR 작성

STEP 3   채점 결과 & 성적 분석 확인

해당 서비스는 2025. 08. 31까지만 이용하실 수 있습니다.

▶ **QR 코드는 어떻게 스캔하나요?**

① 네이버앱 ⇨ 그린닷 ⇨ 렌즈

② 카카오톡 ⇨ 더보기 ⇨ 코드 스캔(우측 상단 모양)

③ 스마트폰 내장 카메라 사용(촬영 버튼을 누르지 않고 카메라
   화면에 **QR** 코드를 비추면 **URL**이 자동으로 뜬답니다.)

실전
모의고사

🕐 제한시간: 30분

정답과 해설 **46**쪽

01 다음 내용에 해당하는 관점은?

〈아동 노동 실태 조사를 위한 질문 목록〉
- 인권 침해 여부의 판단 기준은 무엇인가?
- 모든 국가가 보장해야 하는 보편적 인권이란 존재하는가?

① 시간적 관점
② 공간적 관점
③ 윤리적 관점
④ 사회적 관점

02 다음과 같은 문화 경관을 볼 수 있는 지역의 기후는?

온몸을 감싸는 헐렁한 옷을 입고 있는 사람들

① 열대 기후　　② 건조 기후
③ 온대 기후　　④ 한대 기후

03 다음과 같은 주장을 하는 사람의 견해로 옳지 <u>않은</u> 것은?

자연을 훼손하는 골프장 건설은 반대한다.

① 자연의 본래적 가치를 강조한다.
② 인간과 자연의 조화를 강조한다.
③ 인간을 포함한 자연 전체를 하나로 본다.
④ 인간은 자연을 이용할 권리가 있다고 본다.

04 다음 (가), (나)에 해당하는 국제 협력을 〈보기〉에서 바르게 연결한 것은?

(가) 오존층을 파괴하는 물질에 대한 사용 금지 및 규제를 목적으로 한다.
(나) 기후 변화 협약의 구체적 실행 방안으로 선진국의 온실가스 감축 목표치를 구체적으로 규정하고 있다.

> 보기
> ㄱ. 교토 의정서
> ㄴ. 몬트리올 의정서
> ㄷ. 사막화 방지 협약
> ㄹ. 생물 다양성 보존 협약

　　(가)　　　　(나)
① 　ㄱ　　　　ㄴ
② 　ㄴ　　　　ㄱ
③ 　ㄴ　　　　ㄷ
④ 　ㄷ　　　　ㄹ

05 다음 도시화 곡선의 A 단계에 대한 설명으로 옳은 것은?

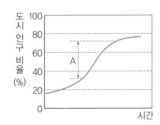

① 도시화의 초기 단계이다.
② 역도시화 현상이 나타난다.
③ 도시 인구 비율이 증가한다.
④ 농업 중심의 사회에서 나타난다.

06 도시화에 따른 생태 환경의 변화와 거리가 먼 것은?

① 열섬 현상
② 생태계의 교란
③ 녹지 공간 증가
④ 도시 홍수 위험 증가

07 정보화에 따른 문제점으로 보기 어려운 것은?

① 국토의 불균형 개발로 지역 간의 격차가 커졌다.
② 해킹 등으로 개인 정보 유출 문제가 증가하였다.
③ 정보의 접근과 소유 정도에 따른 빈부 격차가 발생하였다.
④ 과도한 정보화 기기 사용에 따른 인터넷 중독이 발생하였다.

08 다음 문서들의 공통점으로 옳은 것은?

• 영국의 권리 장전
• 미국의 독립 선언문
• 프랑스 인권 선언문

① 사회권을 명시하였다.
② 입헌 군주제를 명시하였다.
③ 산업 혁명의 배경이 된 문서이다.
④ 시민 혁명의 과정에서 발표되었다.

09 다음 설명에 해당하는 권리는?

세계 시민 모두의 인권 보장을 위해 국제적으로 협력해야 보장받는 권리

① 사회 보장을 받을 권리
② 사상, 양심, 종교에 대한 권리
③ 쾌적한 환경에서 생활할 권리
④ 지속 가능한 환경에 대한 권리

10 다음과 관련 있는 기본권 구제 방안은?

공권력 또는 법률에 의하여 헌법상 보장된 기본권을 침해당한 국민이 헌법 재판소에 구제를 청구하는 제도를 말한다.

① 행정 심판
② 헌법 소원
③ 행정 소송
④ 손해 배상 청구

11 다음과 같은 상황을 해결하기 위해 등장한 자본주의의 유형은?

1929년 미국에서 과잉 생산과 소비 저하로 인해 주가가 폭락하면서 대공황이 시작되었고, 실업자가 증가하였다.

① 신자유주의
② 독점 자본주의
③ 수정 자본주의
④ 상업 자본주의

12 다음 사례에서 침해된 근로자의 권리는?

○○ 회사에서는 노동조합이 결성될 조짐이 보이자, 회사 측의 입장에 동조하는 근로자들로 하여금 먼저 노동조합 설립 신고서를 노동부에 제출하도록 하여 근로자의 입장을 대변하는 노동조합의 설립을 방해하였다.

① 단결권
② 최저 임금제
③ 단체 행동권
④ 단체 교섭권

13 다음 밑줄 친 ⊙~ⓒ에 대한 설명으로 옳은 것은?

> • 갑은 ⊙ 주식에 투자를 하고 있다.
> • 을은 ⓛ 부동산에 투자를 하고 있다.
> • 병은 입출금이 자유로운 ⓒ 예금을 하고 있다.

① ⊙과 ⓒ은 금융 자산이다.
② ⊙은 가장 안전성이 높은 자산이다.
③ ⓛ은 가장 유동성이 높은 자산이다.
④ ⓒ은 가장 수익성이 높은 자산이다.

14 정의가 실현되어야 하는 이유로 옳지 <u>않은</u> 것은?

① 사회적 약자를 보호한다.
② 사회적 갈등을 예방한다.
③ 개인의 자유와 권리를 보호한다.
④ 사회적 자원을 공평하게 배분한다.

15 자유주의적 정의관에 대한 설명으로 옳은 것은?

① 공동체주의에 기반을 둔다.
② 국가가 개인의 삶에 간섭한다.
③ 개인은 공동체를 위해 사회적 책임을 진다.
④ 개인의 자유를 최대한 보장하는 것이 정의로움이다.

16 다음 제도들에 대한 설명으로 옳은 것은?

> • 농어촌 학생 특별 전형
> • 장애인 의무 고용제

① 적극적 우대 조치에 해당한다.
② 정치에 참여할 권리와 관련이 있다.
③ 역차별의 문제를 방지하기 위한 제도이다.
④ 수단적 성격을 갖는 기본권과 관련이 있다.

17 다음 설명에 해당하는 문화권은?

> • 태평양과 인도양 사이에 위치한 교통의 요지
> • 다양한 민족과 종교의 분포

① 유럽 문화권
② 동남아시아 문화권
③ 남부 아시아 문화권
④ 앵글로아메리카 문화권

18 다음 사례에 나타난 문화 변동의 양상은?

> • 우리나라 사찰의 칠성각
> • 가톨릭교와 멕시코의 문화가 만나 탄생한 과달루페의 성모상

① 문화 동화   ② 문화 융합
③ 문화 병존   ④ 문화 저항

19 다음 사례에 나타난 문화 이해의 태도는?

> 유럽인들은 아시아와 아프리카에 진출하면서 유럽의 문화는 우수하고 원주민의 문화는 미개하다고 생각하였다.

① 문화 상대주의
② 문화 사대주의
③ 자문화 중심주의
④ 극단적 문화 상대주의

20 세계화로 인해 나타나는 현상으로 옳은 것은?

① 다양한 문화를 접할 수 있는 기회가 감소한다.
② 보호 무역의 확대로 인해 국제 무역이 감소한다.
③ 지구촌 문제의 해결을 위한 상호 협력의 필요성이 증대된다.
④ 자국의 이익 증진을 위한 지역 경제 공동체 가입 추세가 줄어든다.

21 다음 사례에 대한 설명으로 옳지 <u>않은</u> 것은?

> 우리나라 ○○ 전자가 중국에서 휴대 전화 공장 기공식을 하고 건설에 들어갔다.

① ○○ 전자는 다국적 기업이다.
② ○○ 전자의 생산비가 증가한다.
③ 중국 내에서는 일자리가 증가한다.
④ ○○ 전자가 중국에 공장을 세운 이유는 임금이 저렴하기 때문이다.

22 다음 지도에 표시된 A~D 분쟁 지역 중 중국과 일본의 갈등이 있는 곳은?

① A
② B
③ C
④ D

23 다음 그래프와 같은 추세가 지속될 경우 나타날 수 있는 현상으로 옳지 <u>않은</u> 것은?

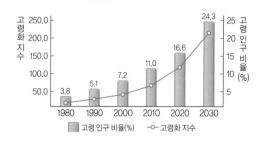

① 노동력 부족
② 경제 성장 둔화
③ 성비 불균형 심화
④ 노인 부양비 증가

24 다음 내용에 해당하는 자원은?

> • 전 세계에 고루 분포되어 있다.
> • 산업 혁명 때 주요 자원으로 이용되었다.

① 석유
② 석탄
③ 원자력
④ 천연가스

25 다음 밑줄 친 내용과 관련 <u>없는</u> 것은?

> 지속 가능한 발전은 환경 파괴와 천연자원의 고갈을 유발하지 않고, 인류가 지향해야 할 사회적 가치를 실현시키는 개발이라 할 수 있다.

① 경제 성장만을 추구
② 윤리적 소비의 실천
③ 친환경 에너지의 사용
④ 저탄소 녹색 산업의 추진

🕐 제한시간: 30분 　　　　　　　　　　　　　　　　정답과 해설 **49쪽**

01 다음 그래프에 나타난 환경 문제를 바라보는 관점은?

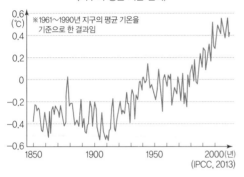

〈지구의 평균 기온 변화〉

※1961~1990년 지구의 평균 기온을 기준으로 한 결과임

(IPCC, 2013)

① 윤리적 관점
② 시간적 관점
③ 공간적 관점
④ 통합적 관점

02 다음 빈칸에 들어갈 작물로 옳은 것은?

> (　　　)은/는 동남아시아 및 남부 아시아의 열대 계절풍 기후 지역이나 여름철 기온이 높고 강수량이 많은 아시아의 온대 계절풍 기후 지역에서 주로 재배된다.

① 밀　　　　　　　② 벼
③ 콩　　　　　　　④ 커피

03 다음 지도의 (가) 지역에서 나타나는 환경 문제에 대한 설명으로 옳지 않은 것은?

0°

0　2,000km　■ (가)　□ 건조 기후 지역

① 토양이 황폐화되는 현상이다.
② 장기간의 가뭄이 원인 중 하나이다.
③ 사헬 지대에서 급속도로 진행되고 있다.
④ 피해를 줄이기 위해 몬트리올 의정서를 채택하였다.

04 다음 헌법 조항에서 보장하는 국민의 권리는?

> 제34조 ⑥ 국가는 재해를 예방하고 그 위험으로부터 국민을 보호하기 위하여 노력하여야 한다.

① 문화권　　　　　② 주거권
③ 안전권　　　　　④ 일조권

05 도시화·산업화에 따른 생활 양식의 변화로 옳은 것은?

① 직업의 단순화
② 생활 수준의 향상
③ 공동체 의식의 강화
④ 대가족 중심으로 가족 형태 변화

06 교통의 발달에 따른 생활 공간의 변화로 옳은 것을 〈보기〉에서 고른 것은?

> **보기**
> ㄱ. 대도시권의 형성
> ㄴ. 시간 거리의 확대
> ㄷ. 녹지 면적의 확대
> ㄹ. 기업들의 활동 공간 확대

① ㄱ, ㄴ   ② ㄱ, ㄹ
③ ㄴ, ㄷ   ④ ㄷ, ㄹ

07 다음 밑줄 친 내용에 해당하지 않는 것은?

> 정보화 사회에서는 정보 기기와 서비스가 인간의 삶과 깊이 연결되어 있어 작은 사고와 결함만으로도 치명적인 개인적·사회적 피해가 발생할 수 있다.

① 개인 정보 유출
② 정보 격차 심화
③ 지식 재산권 침해
④ 빈곤 및 노동 문제

08 인권에 대한 설명으로 옳은 것은?

① 보편적 권리이다.
② 산업 혁명을 통해 보장되었다.
③ 국가 권력의 유지를 위해 등장하였다.
④ 대부분 중세 시기의 국가에서 보장하였다.

09 헌법상 기본권 제한에 대한 설명으로 옳지 <u>않은</u> 것은?

① 규칙이나 명령으로써 제한할 수 있다.
② 기본권 침해로 인한 피해가 최소화되어야 한다.
③ 국민의 자유와 권리의 본질적인 내용을 침해할 수 없다.
④ 국가 안전 보장, 질서 유지, 공공복리를 위해 제한할 수 있다.

10 다음과 같은 사회 참여 방법에 대한 설명으로 옳은 것은?

> • 동물 보호 단체에 가입하여 활동하고 있다.
> • 환경 운동 연합에 매달 회비를 납부하고 있다.

① 가장 기본적인 사회 참여
② 가장 소극적인 사회 참여
③ 공익 추구를 목표로 하는 참여
④ 사익 추구를 목표로 하는 참여

11 자본주의에 대한 설명으로 옳은 것을 〈보기〉에서 고른 것은?

> **보기**
>
> ㄱ. 분배의 형평성
> ㄴ. 사유 재산 제도
> ㄷ. 경제 활동의 자유
> ㄹ. 경제 활동에 국가 개입

① ㄱ, ㄴ   ② ㄱ, ㄹ
③ ㄴ, ㄷ   ④ ㄷ, ㄹ

12 다음 사례를 통해 탐구할 수 있는 주제로 가장 적절한 것은?

> • 부동산 투기로 서민들은 집을 마련하기가 점점 더 어려워지면서 계층 간 경제적 불평등이 심화된다.
> • 기업이 무분별하게 공해 물질을 배출하는 경우 환경 오염과 같은 여러 가지 피해가 발생한다.

① 시장의 기능
② 시장 실패의 유형
③ 불완전 경쟁 시장의 등장
④ 시장 경제 참여자의 역할

13 (가)에 들어갈 용어로 적절한 것은?

① 기업가 정신
② 합리적 소비
③ 소비자 주권
④ 기업의 사회적 책임

14 국제 무역이 확대되면서 나타날 수 있는 문제점으로 옳은 것은?

① 국가 간 경제적 격차가 좁혀진다.
② 생산 요소의 자유로운 이동이 제약된다.
③ 기업이 경쟁을 하지 않아 생산성과 효율성이 떨어진다.
④ 무역 의존도가 높은 국가는 국외의 경제 상황에 크게 영향을 받는다.

15 다음은 금융 상품 A, B를 특성에 따라 구분한 것이다. 이에 대한 설명으로 옳은 것은? (단, A, B는 각각 예금, 주식 중 하나임.)

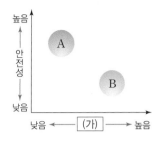

① (가)에는 '수익성'이 들어갈 수 있다.
② 원금 손실의 위험성이 큰 것은 A이다.
③ A는 기업이 자금 조달을 목적으로 발행한다.
④ B는 국가 및 지방 정부에서 발행할 수도 있다.

16 다음 대화를 읽고 학생이 제시하는 분배 기준에 대한 설명으로 옳은 것은?

> 선생님: 학교 예산으로는 올해 10명에게 전액 장학금을 지급할 수 있는데 어떤 기준에 따라 지급하는 것이 좋을까요?
> 학생: 장학금은 그 돈이 꼭 필요한 학생에게 돌아가는 것이 옳다고 생각합니다. 경제적 형편이 어려운 학생을 대상으로 장학금을 주어야 합니다.

① 공정성 확보가 가능하다.
② 개인의 성과를 중시한다.
③ 개인의 성취동기를 자극한다.
④ 사회적 약자에 대한 배려를 중시한다.

17 다음과 같은 국가 사업을 실시하는 이유로 옳은 것은?

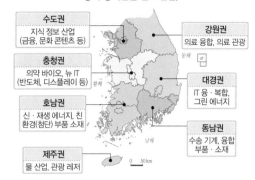

〈제4차 국토 종합 계획 수정 계획(2011~2020)에 따른 광역 경제권별 선도 산업〉

① 공간 불평등 완화
② 적극적 우대 조치 실현
③ 업적에 따른 분배 실현
④ 사회 계층의 양극화 완화

18 사회 복지 제도 중 공공 부조에 대한 옳은 설명을 〈보기〉에서 고른 것은?

> **보기**
> ㄱ. 소득 재분배의 효과가 크다.
> ㄴ. 국가의 재정 부담을 줄일 수 있다.
> ㄷ. 빈부 격차 문제를 해소하는 데 기여한다.
> ㄹ. 수혜자의 근로 의욕을 높이는 데 기여한다.

① ㄱ, ㄴ   ② ㄱ, ㄷ
③ ㄴ, ㄹ   ④ ㄷ, ㄹ

19 다음 밑줄 친 ㉠~㉣ 중 옳지 <u>않은</u> 것은?

> 아메리카 문화권은 앵글로아메리카 문화권과 라틴 아메리카 문화권으로 나눌 수 있다. ㉠ <u>앵글로아메리카 문화권의 주민들은 주로 영어를 사용한다.</u> ㉡ <u>라틴 아메리카 문화권에는 다양한 혼혈 인종이 살고 있으며,</u> ㉢ <u>이 지역의 주민들은 주로 에스파냐어와 포르투갈어를 사용한다.</u> ㉣ <u>두 문화권의 주민들은 대부분 가톨릭교를 믿는다.</u>

① ㉠   ② ㉡
③ ㉢   ④ ㉣

20 다음 밑줄 친 사람들이 가진 문화 이해 태도에 대한 설명으로 옳은 것은?

> 한가위에 성묘하는 것은 조선 시대 이전부터 내려온 우리의 풍속이다. 그런데 <u>조선의 일부 사대부들은 한가위에 성묘하는 것을 중국의 예(禮)에서 찾아볼 수 없다며 한가위에 성묘를 하지 않았다.</u>

① 문화의 상대성을 중시한다.
② 문화의 다양성을 중시한다.
③ 자기 문화의 정체성을 상실할 수 있다.
④ 자문화를 강요하는 문화 제국주의에 빠질 우려가 있다.

21 지역화에 대한 설명으로 옳지 <u>않은</u> 것은?
① 지역의 경쟁력을 키우는 현상이다.
② 지역 경제의 활성화에 이바지한다.
③ 문화 다양성 증진에 기여할 수 있다.
④ 세계화가 약화되면서 등장한 현상이다.

22 밑줄 친 ㉠과 ㉡에 해당하는 국제 사회의 행위 주체가 바르게 연결된 것은?

> 지구촌의 다양한 문제를 해결하기 위해서 다양한 ㉠ <u>정부 간 국제기구</u>와 민간 차원에서 설립한 다양한 ㉡ <u>국제 비정부 기구</u>가 활동하고 있다.

	㉠	㉡
①	그린피스	유니세프
②	유엔 난민 기구	국제 적십자사
③	세계 보건 기구	유엔 평화 유지군
④	국경 없는 의사회	세계 식량 계획

23 다음을 통해 알 수 있는 통일의 필요성으로 옳은 것은?

> 1985년 '남북 이산가족 고향 방문단 및 예술 공연단'의 교환 방문을 계기로 이산가족의 역사적 첫 상봉이 이루어졌다. 그러나 그 뒤로 상봉이 이어지지 않다가 본격적으로 2000년 6·15 남북 정상 회담 이후 2000년 8월 15일 제1차 이산가족 대면 상봉이 다시 시작되었다.

① 국토를 효율적으로 이용할 수 있다.
② 동북아시아의 평화에 기여할 수 있다.
③ 분단에 따른 민족 구성원의 고통을 덜어줄 수 있다.
④ 분단 비용 낭비를 없애고 국가 경쟁력을 강화할 수 있다.

24 다음과 같은 인구 구조가 나타나는 지역의 특징을 〈보기〉에서 고른 것은?

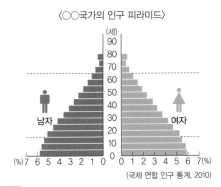

〈○○국가의 인구 피라미드〉

(국제 연합 인구 통계, 2010)

보기

ㄱ. 높은 출생률
ㄴ. 높은 사망률
ㄷ. 높은 중위 연령
ㄹ. 노년층 인구 비율 증가

① ㄱ, ㄴ
② ㄱ, ㄹ
③ ㄴ, ㄷ
④ ㄷ, ㄹ

25 다음 (가), (나)에 해당하는 자원을 바르게 연결한 것은?

(가) 에너지 효율이 높고 연소 시 대기 오염 물질 배출량이 적은 청정에너지
(나) 세계에서 가장 많이 소비되고 있는 에너지

	(가)	(나)
①	석유	석탄
②	석탄	석유
③	석유	천연가스
④	천연가스	석유

끝이 좋아야 시작이 빛난다.

– 마리아노 리베라(Mariano Rivera)

2025 고졸 검정고시 기본서 사회

발 행 일	2024년 7월 30일 초판
편 저 자	이재은
펴 낸 이	양형남
개 발	정상욱, 김성미, 김민서
펴 낸 곳	(주)에듀윌
등록번호	제25100-2002-000052호
주 소	08378 서울특별시 구로구 디지털로34길 55
	코오롱싸이언스밸리 2차 3층

www.eduwill.net

대표전화 1600-6700

여러분의 작은 소리
에듀윌은 크게 듣겠습니다.

본 교재에 대한 여러분의 목소리를 들려주세요.
공부하시면서 어려웠던 점, 궁금한 점,
칭찬하고 싶은 점, 개선할 점, 어떤 것이라도 좋습니다.

에듀윌은 여러분께서 나누어 주신 의견을
통해 끊임없이 발전하고 있습니다.

에듀윌 도서몰 book.eduwill.net
• 부가학습자료 및 정오표: 에듀윌 도서몰 → 도서자료실
• 교재 문의: 에듀윌 도서몰 → 문의하기 → 교재(내용, 출간) / 주문 및 배송

중졸 · 고졸 검정고시 답안지

문번	답 란
1	① ② ③ ④
2	① ② ③ ④
3	① ② ③ ④
4	① ② ③ ④
5	① ② ③ ④
6	① ② ③ ④
7	① ② ③ ④
8	① ② ③ ④
9	① ② ③ ④
10	① ② ③ ④

문번	답 란
11	① ② ③ ④
12	① ② ③ ④
13	① ② ③ ④
14	① ② ③ ④
15	① ② ③ ④
16	① ② ③ ④
17	① ② ③ ④
18	① ② ③ ④
19	① ② ③ ④
20	① ② ③ ④

문번	답 란
21	① ② ③ ④
22	① ② ③ ④
23	① ② ③ ④
24	① ② ③ ④
25	① ② ③ ④

※ 수학 과목은 20문항임.

응시자 유의사항

1. 답안지는 지정된 필기도구(컴퓨터용 수성사인펜)만을 사용하여 아래 예시와 같이 표기해야 합니다.
   ("예시" ① 정답일 경우 : ● ② ③ ④)
2. 수험번호 (1)란에는 아라비아 숫자를 쓰고, (2)란은 해당 숫자란에 까맣게 표기(●)해야 합니다.
3. 응시회차, 학력구분 및 교시란에는 반드시 까맣게 표기(●)해야 하고, 과목명란에는 해당 응시과목명("예시" 국어)을 기재해야 합니다.
4. 답안지를 긁거나 구기면 안 되며 수정하거나 두개 이상 표기한 문항은 무효처리됩니다.

학력구분	
중졸	○
고졸	○

교시	표기란	과목명
1	○	
2	○	
3	○	
4	○	
5	○	
6	○	
7	○	

※ 중졸 검정고시는 6과목임.

성명(한글)	
수험번호	

(1)	
(2)	⓪ ① ② ③ ④ ⑤ ⑥ ⑦ ⑧ ⑨

※ 응시자는 표기하지 마시오.

결시자표기란	○

감독관확인란	

※ 응시회차, 학력, 교시 확인 후 감독관 날인.

중졸·고졸 검정고시 답안지

답란 (문번 1~10)

문번	답 란
1	① ② ③ ④
2	① ② ③ ④
3	① ② ③ ④
4	① ② ③ ④
5	① ② ③ ④
6	① ② ③ ④
7	① ② ③ ④
8	① ② ③ ④
9	① ② ③ ④
10	① ② ③ ④

답란 (문번 11~20)

문번	답 란
11	① ② ③ ④
12	① ② ③ ④
13	① ② ③ ④
14	① ② ③ ④
15	① ② ③ ④
16	① ② ③ ④
17	① ② ③ ④
18	① ② ③ ④
19	① ② ③ ④
20	① ② ③ ④

답란 (문번 21~25)

문번	답 란
21	① ② ③ ④
22	① ② ③ ④
23	① ② ③ ④
24	① ② ③ ④
25	① ② ③ ④

※ 수학 과목은 20문항임.

유의사항

응시자 유의사항

1. 답안지는 지정된 필기도구(컴퓨터용 수성사인펜)만을 사용하여 아래 예시와 같이 해야 합니다.
   ("예시" ① 정답일 경우 : ● ② ③ ④)
2. 수험번호 (1)란에는 아라비아 숫자를 쓰고, (2)란은 해당 숫자란에 까맣게 표기(●)해야 합니다.
3. 응시회차, 학력구분 및 교시란에는 반드시 까맣게 표기(●)해야 하고, 과목명란에는 해당 교시 응시과목명("예시" 국어)을 기재해야 합니다.
4. 답안지를 긁거나 구기면 안 되며 수정하거나 두 개 이상 표기한 문항은 무효처리됩니다.

학력구분

학력구분	
중졸	○
고졸	○

교시 / 과목명

교시	표기란	과목명
1	○	
2	○	
3	○	
4	○	
5	○	
6	○	
7	○	

※ 중졸 검정고시는 6과목임.

성명 / 수험번호

성 명 (한 글)

수 험 번 호

(1)

(2) | ⓪ ① ② ③ ④ ⑤ ⑥ ⑦ ⑧ ⑨ | ⓪ ① ② ③ ④ ⑤ ⑥ ⑦ ⑧ ⑨ | ⓪ ① ② ③ ④ ⑤ ⑥ ⑦ ⑧ ⑨ | ⓪ ① ② ③ ④ ⑤ ⑥ ⑦ ⑧ ⑨ | ⓪ ① ② ③ ④ ⑤ ⑥ ⑦ ⑧ ⑨ | ⓪ ① ② ③ ④ ⑤ ⑥ ⑦ ⑧ ⑨ |

※ 응시자는 표기하지 마시오.

결시자표기란	○

감독관확인란	

※ 응시회차, 학력, 교시 확인한 후 감독관란 넣임.

중졸 · 고졸 검정고시 답안지

답안지 (문번 1~10)

문번	답 란
1	① ② ③ ④
2	① ② ③ ④
3	① ② ③ ④
4	① ② ③ ④
5	① ② ③ ④
6	① ② ③ ④
7	① ② ③ ④
8	① ② ③ ④
9	① ② ③ ④
10	① ② ③ ④

답안지 (문번 11~20)

문번	답 란
11	① ② ③ ④
12	① ② ③ ④
13	① ② ③ ④
14	① ② ③ ④
15	① ② ③ ④
16	① ② ③ ④
17	① ② ③ ④
18	① ② ③ ④
19	① ② ③ ④
20	① ② ③ ④

답안지 (문번 21~25)

문번	답 란
21	① ② ③ ④
22	① ② ③ ④
23	① ② ③ ④
24	① ② ③ ④
25	① ② ③ ④

※ 수학 과목은 20문항임.

응시자 유의사항

1. 답안지는 지정된 필기도구(컴퓨터용 수성사인펜)만을 사용하여 아래 예시와 같이 표기해야 합니다.
   ("예시" ① 정답일 경우 : ● ② ③ ④)
2. 수험번호 (1)란에는 아라비아 숫자를 쓰고, (2)란은 해당 숫자란에 까맣게 표기(●)해야 합니다.
3. 응시회차, 학력구분 및 교시란에는 반드시 까맣게 표기(●)해야 하고, 과목명란에는 해당 응시과목명("예시" 국어)을 기재해야 합니다.
4. 답안지를 긁거나 구기면 안 되며 수정하거나 두 개 이상 표기한 문항은 무효처리됩니다.

학력구분

학력구분	
중졸	○
고졸	○

교시 / 과목명

교시	표기란	과목명
1	○	
2	○	
3	○	
4	○	
5	○	
6	○	
7	○	

※ 중졸 · 고졸 검정고시는 6과목임.

성명 / 수험번호

성 명 (한 글)	

수 험 번 호	(1)					
(2)	⓪ ① ② ③ ④ ⑤ ⑥ ⑦ ⑧ ⑨	⓪ ① ② ③ ④ ⑤ ⑥ ⑦ ⑧ ⑨	⓪ ① ② ③ ④ ⑤ ⑥ ⑦ ⑧ ⑨	⓪ ① ② ③ ④ ⑤ ⑥ ⑦ ⑧ ⑨	⓪ ① ② ③ ④ ⑤ ⑥ ⑦ ⑧ ⑨	⓪ ① ② ③ ④ ⑤ ⑥ ⑦ ⑧ ⑨

결시자표기란

결시자표기란
○

※ 응시자는 표기하지 마시오.

감독관확인란

감독관확인란

※ 응시회차, 학력, 교시 확인 후 감독관 날인.

이제 국비무료 교육도
에듀윌

수강생을 반겨주는 에듀윌의 환한 복도 (구로)

언제나 전문 학습 매니저와 상담이 가능한 안내데스크 (부평)

고품질 영상 및 음향 장비를 갖춘 최고의 강의실 (구로)

재충전을 위한 카페 분위기의 아늑한 휴게실 (부평)

다용도로 활용이 가능한 휴게실 (성남)

전기/소방/건축/쇼핑몰/회계/컴활 자격증 취득
국민내일배움카드제

에듀윌 국비교육원 대표전화

| 서울 구로 | 02)6482-0600 | 구로디지털단지역 2번 출구 | 인천 부평 | 032)262-0600 | 부평역 5번 출구 |
| 경기 성남 | 031)604-0600 | 모란역 5번 출구 | 인천 부평2관 | 032)263-2900 | 부평역 5번 출구 |

국비교육원
바로가기

2025 최신판

에듀윌
고졸 검정고시
기본서 사회

정답과 해설

eduwill

2025 최신판

에듀윌
고졸 검정고시
기본서 사회

2025 최신판

에듀윌
고졸 검정고시
기본서 사회

정답과 해설

쏙딱 TEST

I 인간, 사회, 환경과 행복

22쪽

01	②	02	③	03	③	04	②	05	①
06	④	07	③	08	③	09	②	10	④
11	②	12	③	13	③	14	④	15	④
16	③	17	④	18	③	19	④	20	③
21	①	22	③	23	③	24	③	25	③
26	①	27	①	28	③	29	②	30	④
31	④	32	③	33	④	34	③	35	②
36	③	37	②						

01 ②

| 정답해설 | 공간적 관점이란 위치, 장소, 분포 양상과 형성 과정, 이동과 네트워크 등의 공간적 특성을 고려하여 인간 생활과 사회 현상을 살펴보는 것이다. 공간 정보를 통해 지역 간의 차이를 이해할 수 있고, 환경이 인간 생활과 사회 현상에 미치는 영향을 파악할 수 있다.

02 ③

| 정답해설 | 윤리적 관점이란 도덕적 가치를 기준으로 인간의 행위를 평가하고 사회 현상을 살펴보는 것이다. 인간의 도덕적 행위 기준을 설정하고 사회가 나아가야 할 바람직한 방향과 사회 규범을 정립하는 데 도움을 준다.
③ 시간적·공간적·사회적·윤리적 관점을 함께 고려하여 사회 현상을 종합적으로 분석하는 관점은 통합적 관점이다.

03 ③

| 정답해설 | 사회적 관점은 특정한 사회 현상을 사회 제도 및 사회 구조와의 관계 속에서 이해하는 관점이다.
| 오답해설 |
① 윤리적 관점에 대한 설명이다.
② 시간적 관점에 대한 설명이다.
④ 공간적 관점에 대한 설명이다.

100점까지 Upgrade   사회적 관점

의미	사회 제도 및 사회 구조의 측면에서 사회 현상이 나타나게 된 배경을 살펴보는 것
특징	• 사회 현상이 일어나는 원인을 이해할 수 있음 • 사회 제도나 사회 구조가 인간 생활과 사회 현상에 미치는 영향을 파악할 수 있음 • 사회 문제의 해결을 위한 정책을 마련하는 데 활용할 수 있음
탐구 방법	개인의 행동에 영향을 미치는 정치·경제·사회 제도 및 시민의 권리와 의무를 분석함

04 ②

| 정답해설 | 기후 변화의 원인을 파악하기 위해 과거로부터의 지구 평균 기온의 변화를 살펴보는 것은 시간적 관점에 해당한다.

05 ①

| 정답해설 | 도덕적 가치 판단을 기준으로 선진국의 책임에 대해서 논의하고 있으므로 윤리적 관점에 해당한다. 즉, (나)는 윤리적 관점에서 기후 변화 문제를 해결할 수 있는 바람직한 방향을 모색하려고 한다.

06 ④

| 정답해설 | 기후 변화 문제는 여러 요인이 복잡하게 얽혀 있고, 사실과 가치의 문제가 섞여 있기 때문에 다양한 측면에서 파악할 수 있는 통합적 관점에서 이해하고 해결 방안을 찾아야 한다.

07 ③

| 정답해설 | 제시된 내용은 시대적 배경과 맥락을 고려하여 커피 문화가 점차 확산되는 과정에 대해 설명하고 있다. 이는 시간적 관점과 관련이 있다.

의미	시대적 배경과 맥락에 대한 이해를 바탕으로 사회 현상을 살펴보는 것
특징	• 과거와 현재의 사건은 인과 관계를 맺고 있는 경우가 많기 때문에, 과거를 통해 오늘날 사회 현상이 일어나는 이유와 그 결과를 이해할 수 있을 뿐만 아니라 미래의 변화에 대해서도 예측할 수 있음 • 당면한 사회 문제의 해결 방안을 찾는 데 도움을 줌
탐구 방법	특정 사회 현상과 관련된 과거의 자료를 수집하여 과거와 현재의 관계를 분석함

08 ③

| **정답해설** | 지도는 기후 변화에 따른 피해가 전 세계 곳곳에서 발생하고 있음을 보여 준다. 이상 기상 현상이 나타나는 곳의 공간 정보를 통해 지역 간의 차이를 이해할 수 있도록 공간적 관점에서 접근하고 있다.

09 ②

| **정답해설** | 통합적 관점이란 시간적·공간적·사회적·윤리적 관점을 함께 고려하여 사회 현상을 종합적으로 살펴보는 것을 말한다.
| **오답해설** |
① 공간적 관점에 해당한다.
③ 윤리적 관점에 해당한다.
④ 사회적 관점에 해당한다.

10 ④

| **정답해설** | 제시된 질문 목록은 인권 침해, 국가의 보편적 인권 보장 등 윤리적 관점에서 아동 노동 문제를 바라보고 있다.
| **오답해설** |
① 공간적 관점에 대한 설명이다.
② 시간적 관점에 대한 설명이다.
③ 통합적 관점에 대한 설명이다.

11 ②

| **정답해설** | ㄱ, ㄷ. 시간적 변화 추이를 파악해야 하는 사례로 시간적 관점이 필요하다.
| **오답해설** | ㄴ, ㄹ. 윤리적 관점이 필요한 사례에 해당한다.

12 ③

| **정답해설** | 제시문은 화장터 건설과 주민들의 생활 공간의 관계

를 공간적 관점에서 바라보고 있다. 공간적 관점에서는 장소와 영역 등의 공간 정보와 인간과 사회, 환경이 상호 작용하는 관계를 분석한다.

13 ③

| **정답해설** | 고령화 사회의 원인을 1960년대 산업화와 같은 시대적 배경과 맥락에 대한 이해를 바탕으로 살펴보고 있기 때문에 이는 시간적 관점에 해당한다.

14 ④

| **정답해설** | (가)와 (나)를 통해 경제적 조건이 다른 지역에서는 행복의 기준도 다르게 나타난다는 것을 알 수 있다.
| **오답해설** |
① (가)의 모습은 주로 복지 제도가 잘 정착된 선진국에서 볼 수 있고, (나)의 모습은 주로 개발 도상국에서 볼 수 있다.
② (나)의 사람들은 행복의 기준이 빈곤 탈출이다.
③ (가)의 사람들은 행복의 기준이 삶의 질이다.

15 ④

| **정답해설** | 인간이 추구해야 할 궁극적인 삶의 목적은 행복이다. 의식주의 해결과 같은 기본적 욕구 충족, 신체적 건강 등은 행복을 누리기 위한 공통적인 조건이다. 사람들이 중시해 온 행복의 기준은 시대나 지역에 따라 다르게 나타나기도 한다.
④ 행복의 실현을 위해 주거, 소득, 고용, 수명 등과 같은 객관적 기준이 충족되더라도 삶에 대해 느끼는 주관적 만족감 등이 떨어진다면 진정한 행복이라 할 수 없다.

16 ③

| **정답해설** | (가)는 고대 그리스 시대, (나)는 중세, (다)는 선사 시대, (라)는 근대의 행복론과 관련이 있다. 따라서 순서대로 나열하면 '(다)-(가)-(나)-(라)'이다.

17 ④

| **정답해설** | 현대 사회에서는 의식주 해결과 같은 경제적 조건뿐만 아니라 일에 대한 성취감, 취미, 자아실현, 건강, 사회 복지, 인간관계 등 개인의 주관적 만족감 또한 행복의 기준으로 중시된다. 개인주의가 확산되면서 개인마다 느끼는 행복의 기준이 더욱 복잡해지고 다양해졌다.

18 ③

| **정답해설** | 삶의 목적으로서의 행복을 실현하는 데 있어서는 물

질적 욕구와 정신적 가치를 함께 고려해야 한다. 즉, 물질적 가치와 정신적 가치 모두 추구해야만 진정한 행복이 실현될 수 있다.

19 ④

| 정답해설 | 오늘날에는 행복이 인간의 노력으로 성취할 수 있는 것으로 인식되고 있고, 행복의 조건으로 물질적 조건뿐만 아니라 개인이 느끼는 주관적 만족감이 중시되고 있다.

20 ③

| 정답해설 | 중국은 희망, 건강, 축복과 함께 부유, 성공, 비즈니스 등 사회적 성공을 행복의 기준으로 꼽고 있다. 미국은 행복 연관어가 중국에 비해 많고, 아름다움, 사랑 등 감정을 표현하는 단어가 주를 이룬다. 이는 두 국가의 사상이나 가치가 다르기 때문에 행복의 기준이 다른 것이다.
| 오답해설 |
① 중국은 공동체보다 개인적 요인에서 행복을 찾고 있다.
② 미국이 중국에 비해 행복의 기준이 다양하다.
④ 비즈니스와 같은 사회적 성공이나 부의 추구는 중국의 자료에 나타나 있다.

21 ①

| 정답해설 | 유교에서는 하늘로부터 부여받은 도덕적 본성을 기르고, 다른 사람과 더불어 살아가며 인(仁)을 실천하는 것이 행복의 기준이라고 본다.
| 오답해설 |
② 불교에서 바라보는 행복의 기준이다.
③ 도교에서 바라보는 행복의 기준이다.

22 ③

| 정답해설 | 불교에서는 불성을 통해 '나'라는 의식을 벗어 버리기 위한 수행과 고통받는 중생을 구제하는 실천을 통해 해탈의 경지에 이르는 것이 행복이라고 본다.

23 ②

| 정답해설 | 칸트는 인간으로서 도덕 법칙을 따르는 것이 인간의 의무이고, 의무를 다해야만 행복을 누릴 자격이 있으며, 자신의 처지에 만족하는 것이 행복이라고 주장하였다.
| 오답해설 |
①, ③ 밀과 벤담은 쾌락을 즐기는 것이 최고의 행복이라고 주장하였다.

④ 아리스토텔레스는 참된 행복은 이성의 기능을 잘 발휘할 때 달성된다고 정의하였다.

24 ④

| 정답해설 | 에피쿠로스학파는 육체의 고통과 마음의 불안이 없는 상태가 행복이라고 주장하였다.
| 오답해설 |
① 칸트의 주장에 해당한다.
② 아리스토텔레스의 주장에 해당한다.
③ 스토아학파의 주장에 해당한다.

25 ③

| 정답해설 | 인간이 행복한 삶을 영위하고 의식주와 같은 기본적인 삶의 문제를 해결하기 위해서는 질 높은 정주 환경이 필요하다.
| 오답해설 | ①, ②, ④ 경제적 안정과 관련이 있다.

100점까지 Upgrade **질 높은 정주 환경의 요건**

자연 환경	쾌적하고 깨끗한 자연환경이 있는 주거 환경
인문 환경	• 편리한 교통·통신 시설이 잘 갖추어진 곳 • 범죄율이 낮고 정치적으로 안정된 곳 • 높은 수준의 교육과 의료 혜택이 보장된 곳 • 문화·예술 공간 시설이 잘 갖추어진 곳

26 ①

| 정답해설 | 경제적 안정을 구체적으로 실현하는 방법은 경제 성장을 통한 의식주의 해결, 고용 안정, 최저 임금제를 통한 소득 보장, 사회 복지 제도의 확대, 경제적 불평등 문제의 해결 등이 있다.
| 오답해설 | ㄹ. 질 높은 정주 환경과 관련이 있다.

27 ①

| 정답해설 | 제시된 내용은 도덕적 실천을 통해 행복감을 느낀 사례이다. 도덕적 실천이란 삶의 전반적인 문제에 대해 도덕적으로 생각하고 느끼며 행동하는 것을 말한다. 남과 더불어 살아가려는 노력은 다른 사람을 행복하게 할 뿐만 아니라 자신에게도 진정한 행복을 가져다 준다.

28 ③

| 정답해설 | 시민의 정치적 의사가 잘 반영되는 민주 국가일수록

시민의 인권이 존중되고, 시민 각자가 원하는 삶의 방식을 자유롭게 추구할 수 있기 때문에 행복 지수가 높다. 민주주의가 실현되려면 민주적 제도를 통해 시민의 의사를 적극적으로 정책에 반영해야 한다.

| 오답해설 |
① 민주주의의 실현은 행복의 조건이다.
② 독재 국가에서는 행복 지수가 낮다.
④ 시민들이 활발하게 정치에 참여하는 사회일수록 민주주의가 실현된 국가이므로 행복 지수도 높다.

29 ②

| 정답해설 | 인간다운 삶은 인간이 살아가는 데 있어서 필요한 최소한의 의식주뿐만 아니라 생존 및 인간의 존엄성도 보호받을 수 있는 삶, 즉 삶의 질이 매우 높은 상태를 말한다. 인간다운 삶의 경제적 측면의 조건으로는 안정적 소득 보장(고용 안정), 최저 소득 보장, 사유 재산권 보장 등이 있다.

30 ④

| 정답해설 | 정주 환경이란 인간이 일정한 공간에 자리 잡고 살아가는 주거지와 주변 환경 등 일상생활의 전 영역을 말한다. 덴마크 사람들은 교육과 의료 등의 무료 서비스가 제도화되어 있는 질 높은 정주 환경에서 행복감을 느끼고 있다.

31 ④

| 정답해설 | 정부와 정치인에 대한 믿음은 민주주의의 실현과 관련이 있다. 사회 구성원의 정치 참여가 보장되고 민주주의가 실현된 사회일수록 행복감이 높다.

32 ③

| 정답해설 | 행복한 사회를 만들기 위해 자신이 무엇을 할 수 있을지 찾고 실천을 한다는 것은 도덕적 실천과 성찰을 중시하고 있다는 것이다. 도덕적 실천이란 삶의 전반적인 문제에 대해 도덕적으로 생각하고 느끼며 행동하는 것을 말하고, 도덕적 성찰이란 도덕적 측면에서 자신의 삶에 대해 반성하고 바로잡으며, 사회 문제에 대해 살피고 해결하려는 의지를 말한다.
③ 행복한 사회를 만들기 위해 자신이 무엇을 할 수 있을지 찾고 실천하는 것은 공동체의 삶을 중시하는 태도이다.

33 ④

| 정답해설 | 사회 구성원의 인권이 최대한 보장되어야 각자 원하

는 삶을 살아가면서 행복을 느낄 수 있다. 따라서 사회 구성원의 정치 참여가 보장되고 민주주의가 실현된 사회일수록 행복감이 높다.

| 오답해설 |
① 민주주의가 실현된 사회일수록 행복감이 높다.
② 민주주의란 국민이 국가의 주인으로서 권력을 행사하는 정치 체제이다.
③ 민주적 제도의 보장만으로는 한계가 있으며, 사회 구성원의 적극적인 참여를 통해 민주주의가 실현된다.

34 ③

| 정답해설 | 민주적 제도에는 법치주의, 의회 제도, 권력 분립 제도, 선거 제도, 언론의 자유 보장 등이 있다.
③ 사회 복지 제도는 경제적 안정의 요건에 해당한다.

35 ②

| 정답해설 | ㄱ, ㄹ. 시민은 가장 기본적인 참여 방법인 선거를 통해 자신의 정치적 의사를 표현할 수 있고, 시민 단체에 가입하여 적극적인 활동을 할 수도 있다.

| 오답해설 |
ㄴ. 법률 제정은 국회의 역할이자 권한이다.
ㄷ. 정책 집행은 행정부의 역할이자 권한이다.

36 ③

| 정답해설 | 모두가 행복해지기 위해서는 사회 구성원들이 바람직한 도덕적 가치에 대해 합의하고, 이를 행동에 옮기는 도덕적 실천이 이루어져야 한다. 그리고 타인의 삶에 관심을 가지고 타인과 이웃에 대한 입장을 이해하려는 관용적 태도가 필요하다.

37 ②

| 정답해설 | 행복한 삶을 위한 조건에는 질 높은 정주 환경, 삶의 질을 유지할 수 있는 경제적 안정, 시민 참여가 보장된 민주주의의 실현, 도덕적 실천과 성찰이 해당된다.

01	②	02	①	03	④	04	③	05	②
06	④	07	①	08	④	09	②	10	④
11	③	12	②	13	④	14	①	15	③
16	③	17	①	18	③	19	③	20	②
21	①	22	②	23	②	24	②	25	④
26	②	27	②	28	②	29	④	30	④
31	④	32	④	33	①	34	②	35	④
36	④	37	②	38	②	39	①	40	④
41	④	42	③	43	③	44	②	45	③
46	③								

01　②

| 정답해설 | 고위도(극지방)에 가까울수록 기온이 낮아지기 때문에 '열대 기후 – 온대 기후 – 냉대 기후 – 한대 기후'의 순으로 나타난다. 따라서 순서대로 나열하면 'ㄱ – ㄹ – ㄷ – ㄴ'이다.

02　①

| 정답해설 | (가)는 열대 기후 지역의 전통 가옥인 고상 가옥이다. 열대 기후 지역에서는 지면의 열기와 습기를 차단하고 해충의 피해를 막기 위해 지면과 공간을 두고 집을 짓는다.

03　④

| 정답해설 | (나)는 건조 기후 지역의 전통 가옥인 흙벽돌집이다. 흙벽돌집은 벽이 두껍고 창문이 작으며, 지붕은 평평한데, 이는 건조 기후 지역이 기온의 일교차가 크고, 일사가 강하며, 강수량이 매우 적기 때문이다.

| 오답해설 |
①, ③ 한대 기후에서 볼 수 있는 문화 경관이다.
② 열대 기후에서 볼 수 있는 문화 경관이다.

100점까지 Upgrade　건조 기후 지역(사막 지역)

의생활	강한 햇빛과 모래바람을 막기 위해 온몸을 감싸는 헐렁한 옷을 입음
식생활	• 물을 구하기 쉬운 오아시스 주변에서 밀이나 대추야자를 재배함 • 관개 시설을 이용한 관개 농업, 목축업이 발달함
주생활	• 강수량이 적기 때문에 지붕이 평평함 • 두꺼운 벽과 작은 창문으로 이루어진 흙벽돌집을 지음

04　③

| 정답해설 | (가)는 강수량이 매우 많기 때문에 지붕의 경사가 급하고, (나)는 강수량이 매우 적기 때문에 지붕이 평평하다. 즉, 두 지역은 강수량의 차이로 지붕의 모습이 다르게 나타난다.

05　②

| 정답해설 | 벼농사는 여름철 기온이 높고 강수량이 많은 아시아의 온대 계절풍 기후 지역이나 동남아시아 및 남부 아시아의 열대 계절풍 기후 지역에서 주로 이루어진다. 벼농사가 주로 이루어지는 지역에서는 쌀을 이용한 음식 문화가 발달하였다. 나시 고렝은 밥을 채소, 고기, 달콤한 간장, 토마토 소스 등과 함께 볶아 만든 인도네시아식 볶음밥이다.

| 오답해설 |
ㄴ. 건조 기후의 특징이다.
ㄷ. 고산 기후의 특징이다.

06　④

| 정답해설 | 수목 농업과 태양광·태양열 발전 등 신·재생 에너지 산업은 풍부한 일조량을 바탕으로 한다. 수목 농업은 고온 건조한 여름 기후(지중해성 기후)에 잘 견디는 포도, 오렌지, 올리브, 레몬, 코르크 등의 과수와 나무를 재배하는 농업이다. 태양광·태양열 발전 등은 태양을 이용한 신·재생 에너지로, 일사량이 풍부한 지역에서 유리하다.

07　①

| 정답해설 | 냉대 기후는 최한월 평균 기온이 −3℃ 미만이고, 최난월 평균 기온이 10℃ 이상인 기후이다. 주로 북반구 고위도 지역에 분포하고 있으며, 연교차가 큰 대륙성 기후로 침엽수림이 넓게 분포하고 있다.

| 오답해설 |
② 온대 지중해성 기후 지역에서 볼 수 있는 문화 경관이다.
③ 열대·온대 기후 지역에서 볼 수 있는 문화 경관이다.
④ 건조 기후 지역에서 볼 수 있는 문화 경관이다.

08　④

| 정답해설 | 한대 기후 지역에서는 열량이 높은 육류를 많이 먹으며 저장 음식이 발달하였다. 특히, 기온이 낮은 지역에서는 불을 피울 연료가 부족하고 음식이 잘 상하지 않아 주로 고기를 날 것으로 먹는다. 날고기를 먹으면 열량이 높은 지방질과 비타민을 얻을 수 있다.

- 지방과 비타민 섭취를 위해 열량이 높은 육류나 날고기를 먹는다.
- 식량이 부족한 경우를 대비하기 위해 저장 음식이 발달하였다.
- 농경이 불가능하기 때문에 순록 유목이나 어업 생활을 한다.

09 ②

| 정답해설 | 밑줄 친 지역은 고산 지대에서 발달한 고산 도시이다. 고산 기후 지역은 해발 고도가 높기 때문에 연중 온화한 기후가 나타나 인간 거주에 유리하다.
| 오답해설 |
① 건조 기후 지역에서 이루어지는 농업 형태이다.
③ 온대 지중해성 기후에서 이루어지는 농업 형태이다.
④ 건조 기후 지역에서는 석유 자원이 개발되고 있다.

10 ④

| 정답해설 | 건조 기후가 나타나는 서남아시아 지역에서 해수 담수화 시설을 만들어 물을 확보한 것은 인간이 자연환경의 제약을 극복한 사례이다.

11 ③

| 정답해설 | 높은 산지는 교통의 장애가 되기도 하지만, 오늘날은 관광 자원으로 이용되고 있다. 또한 과학 기술의 발달로 인간의 거주 지역은 확대되고 있다.
③ 화산 지형에서는 지열 발전소를 세워 에너지를 생산하기도 한다. 조력 발전소는 해안 지역에 세워진다.

12 ②

| 정답해설 | 제시된 지형은 산을 덮고 있던 빙하가 아래로 흘러내리면서 산 정상부를 깎아 뾰족한 봉우리를 만든 것이다. 산지 지형의 아름다운 경관과 독특한 지형은 관광 자원으로 이용된다.

13 ④

| 정답해설 | 지진은 지각 변동에 의해 발생하는 자연재해로, 주로 지각판의 경계에서 발생한다. 지진이 발생하면 땅이 갈라지고 흔들리면서 건축물과 도로 등이 붕괴되고, 짧은 시간에 많은 사상자와 재산 피해가 발생한다.
| 오답해설 |
① 지진은 지형과 관련된 자연재해이다.
② 용암이나 화산재로 인한 피해가 발생하는 것은 화산 활동이다.
③ 우리나라에서도 지진이 발생하고 있다.

14 ①

| 정답해설 | 자연재해란 기후, 지형 등의 자연환경이 인간과 인간 생활에 피해를 입히는 자연 현상을 말한다. 자연재해의 종류에는 화산 활동, 지진, 지진 해일(쓰나미), 홍수, 가뭄, 열대 저기압, 폭설 등이 있다.

15 ③

| 정답해설 | 자연재해는 오늘날의 과학 기술 수준으로도 완전히 극복하기 어렵고, 발생 시기를 정확히 예측하기가 어렵다. 그렇기 때문에 자연재해가 발생하면 인명과 재산상의 막대한 피해를 입게 되고, 피해 복구에 많은 비용과 시간이 소요된다. 따라서 평상시 예보 활동과 대피 훈련 등을 통해 피해를 최소화하려는 노력을 해야 한다.

16 ③

| 정답해설 | 기후와 관련된 자연재해(기상 재해)에는 홍수, 가뭄, 열대 저기압(태풍), 폭설 등이 있다.
③ 화산 활동, 지진, 지진 해일(쓰나미) 등은 지형과 관련된 자연재해(지질 재해)이다.

17 ①

| 정답해설 | 지진은 지각판의 경계 지역에서 주로 발생하는 것으로, 건물과 도로 등 각종 시설의 파괴, 화재·해일·산사태 등의 피해를 입힌다. 지진의 피해를 줄이기 위해서는 정확한 예보 체계를 구축하고 내진 설계를 의무화하며, 대피 훈련과 복구 체계를 마련하여 대비해야 한다.

18 ③

| 정답해설 | 열대 저기압(태풍)은 열대 해상에서 발생하는 저기압으로, 강한 바람과 비를 동반하여 막대한 인명·재산 피해, 풍수해를 입힌다. 열대 저기압을 대비하기 위해서는 미리 하천과 제방을 점검하여 배수 시설을 정비하고 일기예보를 확인해야 하며, 발생 시 신속히 대피해야 한다.

19 ③

| 정답해설 | 모든 국민은 안전하고 쾌적한 환경에서 살아갈 권리를 지니고 있다. 우리나라는 헌법 제34조 제6항 등을 통해 시민의 안전권과 관련된 조항을 명시하고 이를 보장하기 위해 노력하고 있다.

20 ②

| 정답해설 | 국가는 시민의 안전권과 환경권을 보장하기 위한 법적인 장치와 사전 대비책을 마련하고, 복구 체계를 구축해야 한다.

| 오답해설 | ㄴ, ㄷ. 안전하고 쾌적한 환경에서 살아가기 위한 개인적 차원의 노력에 해당한다.

100점까지 Upgrade ｜ 자연재해 대책 방안(국가적 차원)

- 헌법과 「재난 및 안전관리 기본법」, 「자연재해대책법」, 「국민 안전교육 진흥 기본법」 등의 법률을 통해 국민의 생명권, 안전권, 환경권, 재산권 등을 법적으로 보장하고 있다.
- 평상시에 조기 예보 체계 및 대피 훈련 체계를 마련한다.
- 지진 피해를 막기 위한 내진 설계를 의무화한다.
- 재해 발생 시 신속한 복구 체계 및 적절한 피해 보상 대책을 마련한다.

21 ①

| 정답해설 | 인간 중심주의 자연관이란 자연을 인간의 이익을 위해 이용해야 할 대상으로 보고, 오직 인간만을 본래적 가치를 지니고 있는 존재로 보는 관점을 말한다.

22 ②

| 정답해설 | 인간 중심주의 자연관은 인간과 자연을 분리하여 바라보는 이분법적 관점으로, 자연을 도구로 이용함으로써 인간의 삶이 더 행복해질 수 있다고 본다.

| 오답해설 | ㄴ, ㄹ. 생태 중심주의 자연관의 특징이다.

23 ②

| 정답해설 | 생태 중심주의 자연관은 자연의 본래적·내재적 가치를 인정하고 인간의 이익보다 자연의 존재를 더 중요시 여기는 관점이다. 인간을 포함한 자연 전체를 하나로 바라보는 전일론적 관점으로, 인간과 자연은 서로 조화와 균형을 이루어야 한다고 주장하기에 인간은 자연 전체에 대한 도덕적 의무를 지닌다고 본다. 대표적인 학자 레오폴드는 공동체의 범위를 식물, 동물, 토양, 물을 포함하는 대지로 확대하여 대지를 지배와 이용의 대상으로 간주하는 인간 중심주의와 달리 공동체로 존중할 것을 강조하는 대지 윤리를 주장하였다.

24 ③

| 정답해설 | 영희는 케이블카 설치를 찬성하고 있으므로 인간 중심주의 자연관의 입장이다.

| 오답해설 | ①, ②, ④ 생태 중심주의 자연관의 특징이다.

100점까지 Upgrade ｜ 인간 중심주의 자연관(도구적 자연관)

- 자연의 도구적 가치를 이용하여 인간의 욕구나 행복을 충족시킨다.
- 자연을 목적이 아닌 수단으로 이용한다.
- 자연을 이용하여 발생하는 환경 문제는 어쩔 수 없는 부분으로 여긴다.

25 ④

| 정답해설 | 철수는 케이블카 설치를 반대하고 있으므로 생태 중심주의 자연관의 입장이다.

④ 인간에게 자연을 이용할 권리가 있다고 보는 것은 인간 중심주의 자연관이다.

100점까지 Upgrade ｜ 생태 중심주의 관점(전일론적 관점)

- 인간을 포함한 자연 전체를 하나로 바라보는 관점이다.
- 인간을 비롯한 모든 생명체는 자연을 구성하는 한 부분이다.
- 인간은 자연보다 우월한 존재가 아니다.
- 인간은 자연 전체에 대한 도덕적 의무를 지닌다고 본다.
- 생태계 전체를 도구가 아닌 도덕적 존재로 여긴다.
- 인간과 자연은 서로 조화와 균형을 이루어야 한다고 주장한다.

26 ③

| 정답해설 | 인간 중심주의 자연관에서는 자연을 인간의 이익을 위해 이용해야 할 대상으로 보고 자연환경을 개발하기 때문에 환경 문제가 발생한다.

27 ②

| 정답해설 | 아리스토텔레스, 베이컨, 데카르트는 인간 중심주의 자연관의 대표 사상가이다. 인간 중심주의 자연관에서는 자연을 인간이 정복할 대상이자, 인간의 행복과 복지, 욕구 충족을 위한 도구적 존재로 간주한다.

② 레오폴드는 생태 중심주의 사상가이다.

100점까지 Upgrade ｜ 인간 중심주의 자연관의 대표 사상가

- 아리스토텔레스: "식물은 동물의 생존을 위해서, 동물은 인간을 위해서 존재한다. …… 자연은 일정한 목적이나 의도를 위한 것이라는 우리의 믿음이 타당하다면, 그것은 다름 아닌 인간을 위한 것임에 틀림없다."
- 베이컨: "방황하고 있는 자연을 사냥해서 노예로 만들어 인간의 이익에 봉사하도록 해야 한다."
- 데카르트: "우리는 자연의 주인이자 소유자가 될 수 있다. 인간은 정신을 소유한 존엄한 존재이지만, 자연은 의식이 없는 물질이다."

28 ②

| 정답해설 | 인간과 자연의 공존을 위해서는 생태 도시 및 슬로 시티 지정, 생태 통로 건설, 갯벌 및 하천 생태계 복원 사업, 자연 휴식년제 도입 등 지속 가능한 발전을 위한 정책을 마련해야 한다.
② 갯벌 간척 사업은 생태계를 파괴시키면서 경제 성장을 추구하는 사업이다.

29 ④

| 정답해설 | 자연과 인간의 공존을 위한 개인적 차원의 실천 방안에는 자원 재활용, 에너지 절약 생활화, 대중교통 이용 등이 있고, 사회적 차원의 실천 방안에는 생태 통로 건설, 갯벌 및 하천 생태계 복원 사업, 멸종 위기종 복원 사업, 야생 동물 보호 구역 설정, 녹색 기술 개발, 지속 가능한 개발 추구, 전 지구적 협력 등이 있다.
| 오답해설 |
ㄱ. 화석 연료 사용을 줄여야 한다.
ㄴ. 재활용품 사용을 확대해야 한다.

30 ④

| 정답해설 | 제시된 사례는 자연을 인간의 도구로 사용하여 피해가 나타나고 있음을 보여 주고 있다. 이와 같은 문제를 해결하기 위해 자연을 인간과 공존해야 하는 존재로 인식해야 한다.

31 ④

| 정답해설 | 세계적으로 인구가 급속하게 증가하고 생활 수준이 향상되면서 자원의 소비량이 증가하였고, 산업의 발달로 자원의 소비량과 폐기물의 양이 증가하면서 오염 물질이 과다하게 배출되어 환경 문제도 증가하고 있다.
④ 신·재생 에너지 사용 증가는 환경 문제의 대책에 해당한다.

32 ④

| 정답해설 | 지구 온난화는 대기 중에 축적된 온실가스의 농도가 증가하여 지구의 평균 기온이 상승하는 현상을 말한다.

100점까지 Upgrade 　지구 온난화로 인한 피해
- 극지방이나 고산 지대의 빙하가 감소하고, 해수면 상승에 따른 해안 저지대의 침수나 홍수 피해가 증가한다.
- 이상 기후와 홍수, 가뭄 등의 자연재해가 증가한다.
- 사막화가 촉진되고, 동식물의 서식지가 파괴된다.
- 농작물의 북한계선이 북상하여 작물 재배 지역의 변화가 나타난다.
- 해충이나 질병의 발생률이 증가한다.

33 ①

| 정답해설 | 제시문은 지구 온난화로 인한 피해 사례이다. 석탄, 석유 등 화석 연료의 사용으로 이산화 탄소, 메탄 등 온실가스 배출량이 증가하면서 온실 효과가 발생하였고, 열대림과 같은 삼림이 파괴되면서 산소 공급이 줄어들어 지구 온난화 현상이 심화되고 있다.

34 ②

| 정답해설 | 사막화 현상은 사막 주변 초원 지역의 토양이 황폐해지면서 점차 사막으로 변하는 현상을 말한다. 대표적인 피해 지역이 북아프리카 사하라 사막 주변의 사헬(Sahel) 지대이다.

35 ④

| 정답해설 | 화석 연료의 사용 증가는 이산화 탄소의 배출을 증가시켜 지구 온난화 현상을 심화시키고, 이는 이상 기후 현상의 증가로 나타난다.

36 ④

| 정답해설 | 지구 온난화는 대기 중에 축적된 온실가스의 농도가 증가하여 지구의 평균 기온이 상승하는 현상을 말한다. 지구 온난화는 해수면 상승, 저지대 침수, 난류성 어족 증가, 생태계 변화, 기상 이변 등의 피해를 입힌다.

37 ③

| 정답해설 | 사막화는 사막 주변의 초원 지역이 사막으로 변하는 현상으로, 건조 기후 지역에서 주로 나타난다. 사막화는 지속적 가뭄 등의 자연적 원인과 인구 증가, 농경지 조성, 가축의 수 증가, 벌목, 과다한 방목 등의 인위적 원인에 의해 나타난다.

38 ③

| 정답해설 | 적도 주변의 저지대에 발달한 열대림은 '지구의 허파'로 불리는 아마존강 유역과 콩고 분지 일대, 보르네오섬 등지에 분포하고 있고, 이곳에는 전 세계 생물 종의 절반 이상이 살고 있다. 하지만 현재 지나친 벌목과 농경 및 목축을 위한 개간 등으로 인해 열대림이 급속도로 감소하고 있다. 이로 인해 열대림에 서식하던 생물 종이 감소하고 생태계가 파괴되고 있으며, 이산화 탄소의 농도가 높아져 지구 온난화 현상이 심화되고 있다.

| 오답해설 |
① 대표적인 산성비 피해 지역이다.
②, ④ 대표적인 사막화 피해 지역이다.

39 ①

| 정답해설 | 환경 오염으로 인한 피해는 환경 문제가 발생한 지역 뿐만 아니라 국경을 넘어 전 지구에 광범위하게 영향을 미치기 때문에 국가 간 상호 협력을 통해 환경 문제를 해결해야 한다.

40 ④

| 정답해설 | 지구 온난화는 대기 중에 축적된 온실가스의 농도가 증가하여 지구의 평균 기온이 상승하는 현상을 말한다. 기후 변화 협약(1992)은 이산화 탄소를 비롯한 온실가스의 배출을 제한하는 지구 온난화 방지를 위한 협약이다.
| 오답해설 |
① 바젤 협약(1989)은 유해 폐기물의 국가 간 이동 및 교역을 규제하기 위한 협약이다.
② 람사르 협약(1971)은 습지의 보호와 지속 가능한 이용을 목적으로 하는 협약이다.
③ 비엔나 협약(1985)은 오존층 파괴 원인 물질의 규제에 대한 것을 주요 내용으로 한 협약으로, 몬트리올 의정서(1987)에서 그 내용이 구체화되어 있다.

41 ④

| 정답해설 | 몬트리올 의정서(1987)는 오존층 파괴 물질의 생산 및 사용의 규제를 위한 협약이다.
| 오답해설 |
① 바젤 협약에 해당한다.
② 사막화 방지 협약에 해당한다.
③ 람사르 협약에 해당한다.

42 ③

| 정답해설 | 개인의 행동과 선택이 환경 문제에 큰 영향을 미치고 있으므로 생활 속에서 환경 보호를 실천하고 환경 정책에 적극적으로 참여해야 한다.
③ 환경 영향 평가는 개발 등의 사업 계획을 수립하려고 할 때, 사업이 환경에 미치게 될 영향을 미리 평가하여 환경 보전 방안을 강구하는 제도로, 국가가 실시하는 제도이다.

100점까지 Upgrade 일상생활에서의 환경 보호 실천 방안

• 환경친화적인 제품을 구매하는 등 녹색 소비를 실천한다.
• 쓰레기 분리 배출, 재사용과 재활용하기, 대중교통 이용하기, 사용하지 않는 플러그 뽑기 등을 실천한다.
• 시민 단체 활동이나 환경 관련 정책에 적극적으로 참여한다.

43 ③

| 정답해설 | 시민 단체는 환경 정책과 기업의 환경 윤리 준수 등을 감시하고 견제하는 역할을 한다.

44 ②

| 정답해설 | 정부는 온실가스 감축을 위해 탄소 배출권 거래제를 시행하고 있으며, 인간과 자연이 공존하는 친환경적이며 지속 가능한 생태 도시를 육성하고 있다.
| 오답해설 |
ㄴ. 정부는 환경 영향 평가를 확대하여 환경 문제 해결을 위해 노력해야 한다.
ㄷ. 기업의 역할에 해당한다.

45 ③

| 정답해설 | 제시된 기사에서는 사막화를 막기 위한 대책으로 나무 심기를 보여 주고 있다. 사막화란 건조 및 반건조 지역에서 토양이 황폐해지면서 점차 사막으로 변하는 현상으로, 지나친 경작과 목축, 무분별한 삼림 채벌이 원인이므로 나무를 심는 방법은 이에 대한 대안이 될 수 있다. 사막화 방지를 위한 국제 협약으로는 1994년에 체결된 사막화 방지 협약이 있다.

46 ③

| 정답해설 | 제시된 그림은 오존층 파괴로 인한 피해를 보여 주고 있다. 오존층 파괴를 막기 위한 국제 협약은 몬트리올 의정서이다.
| 오답해설 |
① 기후 변화 협약은 지구 온난화 문제를 해결하기 위한 국제 협약이다.
② 소피아 의정서는 산성비 문제를 해결하기 위한 국제 협약이다.
④ 람사르 협약은 습지 보호를 위한 국제 협약이다.

01	③	02	③	03	③	04	①	05	③
06	②	07	③	08	④	09	④	10	①
11	③	12	④	13	②	14	③	15	③
16	③	17	①	18	①	19	③	20	①
21	④	22	①	23	④	24	②	25	②
26	③	27	③	28	①	29	③	30	④
31	①	32	②	33	③	34	④	35	①
36	③	37	③	38	④	39	③	40	①
41	④	42	①	43	③	44	③	45	③
46	④	47	④						

01　③

| 정답해설 | 도시화는 도시의 수가 증가하거나 도시에 거주하는 인구 비율이 높아지는 현상이다. 도시가 되어 가는 과정에서 인구의 도시 집중과 이에 따른 지역적·사회적 변화가 나타난다.

| 오답해설 |

① 교외화란 도시화가 이루어지는 과정에 도시 인구가 교외로 이동하면서 기존 도시 주변에 주택지·상가 등이 발전하는 현상을 말한다.

② 지역화란 각종 권한과 기능을 중앙에서 지방 또는 지역으로 이양하거나 분산시켜 지역의 자율성과 독립성을 높여 나가는 것(지방화)을 말한다.

④ 정보화란 컴퓨터 발달과 초고속 통신망의 보급 등 정보 통신 기술의 발달에 힘입어 정보를 적극적으로 활용하여 부가 가치를 창출하는 현상을 말한다.

02　③

| 정답해설 | 농업 중심의 사회에서 공업 중심의 사회로 변화하는 과정을 산업화라고 한다.

03　③

| 정답해설 | ㉡은 도시화에 해당한다. 촌락의 인구가 일자리를 찾아 도시로 이동하는 이촌 향도 현상이 나타나면서 도시화가 촉진되었다. 도시는 높은 인구 밀도와 지가로 인해 효율적으로 토지를 이용하기 위한 집약적 토지 이용이 나타난다. 또한 1차 산업 용도의 토지 이용이 감소하고, 건물의 고층화 및 고밀도화가 나타난다.

③ 도시화로 농경지, 산림 등의 토지가 개발되어 녹지 면적이 감소한다.

04　①

| 정답해설 | 가속화 단계는 산업화를 계기로 이촌 향도 현상이 발생하면서 급격한 도시화가 이루어지는 단계이다.

| 오답해설 |

ㄷ. 농업 사회는 초기 단계의 모습이다.

ㄹ. 역도시화 현상은 종착 단계에서 발생한다.

100점까지 Upgrade　도시화의 단계(도시화 과정)

초기 단계	농업 사회, 낮은 도시화율을 보임
가속화 단계	산업 사회, 개발 도상국이 해당하며, 이촌 향도 현상, 도시 인구의 급증 등의 특징을 보임
종착 단계	정보 사회, 선진국이 해당하며, 역도시화 현상(유턴 현상), 산업 구조의 고도화 등의 특징을 보임

05　③

| 정답해설 | A는 선진국, B는 개발 도상국의 도시화 곡선이다. 급속하게 도시화가 이루어진 개발 도상국이 선진국보다 공업화 속도가 빠르다.

100점까지 Upgrade　선진국과 개발 도상국의 도시화 과정

선진국	18세기 산업 혁명 이후 도시화가 완만하게 진행됨 → 도시화율이 매우 높음
개발 도상국	20세기 이후 급속한 산업화가 이루어지면서 도시화가 빠르게 진행됨 → 도시화 속도가 빠름

06　②

| 정답해설 | A는 도시화 단계 중 가속화 단계에 해당한다. 이는 산업화를 계기로 이촌 향도 현상이 발생하면서 급격한 도시화가 이루어지는 단계로, 도시에 각종 기능이 집중되는 반면 여러 도시 문제가 발생하기도 한다.

| 오답해설 |

① 종착 단계는 도시화의 마지막 단계이다.

③ 농업 중심의 전통 사회는 초기 단계에 해당한다.

④ 가속화 단계는 도시 인구 비율이 증가하는 단계이다.

07　③

| 정답해설 | 1960년대부터 실시된 경제 개발 계획으로 도시화가 빠르게 진행되면서 1970년대에는 도시 인구가 급증하는 가속화 단계였다.

① 1960년대 이전은 산업화 이전으로, 1차 산업 종사자의 비중이 가장 많았던 시기이다.

② 1960년대 이후는 수도권과 남동 임해 공업 지역을 중심으로 산업화가 진행되면서 2·3차 산업에 종사하는 사람의 비중이 증가하고, 도시화가 빠르게 진행된 시기이다.

④ 2010년대 이후는 3차 산업 종사자의 비중이 가장 많은 시기이다.

08 ④

| 정답해설 | 도시화와 산업화로 인해 도시와 가까운 근교 촌락은 도시적 토지 이용 증가로 주거지·공업 지역 등 도시적 경관이 나타나면서 도시와 하나의 생활권을 이루게 된다.

④ 산업·주거·서비스 기능 지역 등으로 분화가 활발한 곳은 도시이다.

09 ④

| 정답해설 | 인구 공동화 현상은 도심 지역의 주거 기능이 약화되면서 주간에는 업무나 쇼핑 등으로 사람이 모이지만, 밤에는 주변 지역에 있는 집으로 돌아가 사람이 없고 도심이 한산해지는 현상을 말한다.

10 ①

| 정답해설 | 도심은 도시의 중심에 위치하여 접근성과 지가가 높고, 관청, 백화점, 은행, 호텔 등이 위치하여 중심 업무 지구(CBD)를 이룬다.

11 ③

| 정답해설 | 도시의 중심에 있는 도심은 관청, 백화점, 은행, 호텔 등이 모여 중심 업무 지구(CBD)를 이루고 있으며, 교통량과 주간의 유동 인구가 많은 편이다.

③ 공장은 도심보다 지가가 낮은 주변 지역에 입지하고 있다.

12 ④

| 정답해설 | 개발 제한 구역(그린벨트)은 도시의 무질서한 팽창을 막고, 도시 주민들에게 녹지 공간을 제공하기 위해 설정되었다. 개발 제한 구역 내에서는 농업·임업 목적 이외의 토지 이용은 제한되기 때문에 건축물의 신·증축 등을 자유롭게 할 수 없다.

100점까지 Upgrade 　도시의 내부 구조

도심	도시의 중심부에 위치한 중심 업무 지구, 관청·백화점·은행·회사 등이 밀집, 집약적 토지 이용, 교통이 편리하고, 땅값이 비쌈
부도심	도심의 기능 분담, 도심과 주변을 연결하는 교통 요지에 형성
위성 도시	대도시에 과다하게 집중된 행정·주거·군사 등의 기능을 분담한 도시
개발 제한 구역 (그린벨트)	도시의 무분별한 팽창을 방지하기 위해 농업·임업 목적 이외의 토지 이용 제한

13 ②

| 정답해설 | 도시화로 인공적인 토지 이용이 확대되면서 포장 면적이 증가하고, 녹지 면적이 감소하였다. 그에 따라 열섬 현상 발생, 도시 홍수 위험 증가, 각종 환경 오염 발생 등 도시 내의 생활 환경이 악화되고 생태 환경이 변화하였다.

| 오답해설 | ㄷ. 포장 면적이 증가하여 빗물이 흡수되지 못해 도시 내 홍수 위험이 증가한다.

14 ③

| 정답해설 | 촌락과 구별되는 도시 주민들의 독특한 생활 양식을 도시성 또는 도시 문화라고도 한다.

15 ③

| 정답해설 | 산업화로 직업이 분화되고 전문화되면서 도시 주민들은 다양한 직업을 가지게 되었고 직업 간 소득 격차가 발생하였다. 또한 기계화로 인해 근로자의 노동 시간이 감소하면서 여가 시간이 증가하였고, 핵가족이나 1인 가구의 비중이 증가하였다.

16 ③

| 정답해설 | 산업화·도시화로 인해 개인주의가 확산되면서 공동체 의식과 사회적 유대감이 약화되고, 인간 소외 현상이 나타났으며, 주택 부족 및 집값 상승, 교통 혼잡 문제 등의 문제가 발생하였다.

| 오답해설 | ㄴ. 도시화로 인해 개인의 삶을 중요시 여기는 사회가 등장하였다.

17 ①

| 정답해설 | 열섬 현상은 각종 인공 시설물의 증가(녹지 공간의 축

소)와 공장에서 배출되는 인공 열 등이 원인이 되어 도시의 기온이 주변 지역보다 높게 나타나는 현상을 말한다.

18 ①

| 정답해설 | 열섬 현상은 도심의 기온이 주변보다 높게 나타나는 현상이다. 도시화에 따른 인구 증가, 각종 인공 시설물의 증가, 포장도로 증가, 공장에서 배출되는 인공 열, 고층 건물의 바람 순환 방해, 자동차 통행의 증가 등으로 인해 나타난다. 이를 줄이기 위해서는 자동차 통행 줄이기 등의 개인적 차원의 노력과 옥상 정원 사업, 하천 복원, 바람 순환을 돕는 건물 배치 등 사회적 차원의 노력이 병행되어야 한다.

19 ③

| 정답해설 | 열섬 현상을 해결하기 위해서는 도시의 녹지 공간을 확보하고 하천 복원 사업을 통해 도시의 열을 낮추도록 해야 한다. 또한 바람 순환을 돕는 건물 배치를 해야 한다.
③ 대중교통 체계 개선은 교통 문제의 해결 방법에 해당한다.

20 ①

| 정답해설 | 도시 문제는 인구가 도시에 집중되면서 도시 지역에서 발생하는 주택 문제, 환경 문제, 교통 문제, 실업(일자리 부족), 범죄 문제 등의 여러 가지 문제를 말한다.
① 도시에 인구가 집중되면 집값은 상승한다.

21 ④

| 정답해설 | 도시로 인구와 기능이 집중되면서 도시에는 각종 교통 문제, 주택 부족 문제, 환경 문제, 지역 간 격차 심화 등의 문제가 발생하였다. 이를 해결하기 위해서는 차량 증가를 억제하고, 주택의 안정적 공급을 확보하며, 청정 연료를 사용하는 등 지속적인 환경 보호 정책을 추진하고, 지방 도시를 육성하여 국토의 균형적 발전을 꾀할 수 있어야 한다.
④ 대규모 공업 단지를 조성하면 일자리가 증가하여 인구가 더욱 집중된다.

22 ①

| 정답해설 | 산업화·도시화로 인해 도시의 인구 밀도가 높아지고, 도시적 생활 양식이 확대되며, 2·3차 산업 종사자의 비중이 높아진다. 하지만 일자리 부족 문제(실업), 이촌 향도로 인한 주택 부족 문제, 환경 문제, 교통 문제, 범죄 문제 등의 도시 문제가 발생하기도 한다.

① 도시화가 진행되면 2·3차 산업 종사자의 비중이 높아져 농업 인구 비중은 감소한다.

23 ④

| 정답해설 | 도시 재개발 사업은 도시의 낡은 시설을 정비하는 사업으로, 주택 개량, 교통로의 확장, 공원과 녹지 공간의 확충, 상하수도 시설 정비 등을 추진하는 것을 말한다.
| 오답해설 |
② 집심 현상이란 접근성과 지대가 높은 도심 지역으로 지대 지불 능력이 높은 상업 기능과 행정 기능이 집중되는 현상을 말한다.
③ 종주 도시화는 수위 도시(1위 도시)의 인구 규모가 제2의 도시의 인구 규모보다 두 배 이상 많은 불균형 상태를 말한다.

24 ②

| 정답해설 | 인간 소외는 노동의 주체인 인간이 노동 과정에서 객체나 수단으로 전락하여 소외되는 현상을 말한다. 인간을 기계의 부속품처럼 여겨 노동에서 얻는 만족감이나 성취감을 약화시키기 때문에 인간의 존엄성을 중시하는 태도를 함양하는 것이 중요하다.

25 ②

| 정답해설 | 산업화로 인해 대량 생산 체제, 자본주의 경제 체제, 공업 사회가 형성되었지만 빈부 격차, 노동 문제, 환경 문제 등 각종 사회 문제가 발생하였다.
| 오답해설 |
ㄴ. 정보 사회는 정보 혁명 이후에 등장하였다.
ㄷ. 산업화로 인해 빈부 격차 문제가 발생하면서 경제적 불평등이 심화되었다.

26 ③

| 정답해설 | 철도 교통의 발달로 장거리 이동이 가능해지면서 지역 간 인적·물적 교류가 증가하고, 국내 여행 관광객이 증가하였다. 이처럼 교통이 발달하면 시·공간의 제약이 크게 줄어들어 생활 공간의 범위가 확대된다.

27 ③

| 정답해설 | 교통의 발달로 인한 도로와 철도 건설 등으로 삼림이 훼손되고 녹지 면적이 감소하면서 야생 동식물의 서식지가 줄어 생태 공간의 연속성이 단절되었다. 또한 교통수단에서 배출되는 오염 물질이 증가하면서 대기 오염, 토양 오염, 해양 오염 등이 발생하였다.

28 ①

| 정답해설 | 교통의 발달로 공간적 제약이 감소하면서 통근권·통학권이 확대되고, 지역 간 접근성이 높아진다. 그러나 새로운 교통로 건설에 따른 기존 교통로 주변 도시의 지역 경제가 침체되기도 하고, 교통로 건설로 환경 파괴 문제가 발생하기도 한다.

29 ②

| 정답해설 | 교통수단 발달에 따른 지구의 상대적 크기가 작아지고 있다. 이에 따라 국가 간 이동이 편리해지면서 국가 간 교역이 더욱 활발해지고, 지역 간 문화 교류가 증가한다. 또한 국가 간 이동 시간이 단축되어 세계 여러 곳을 쉽게 여행할 수 있게 되었고, 먼 거리도 가깝다고 느끼게 되었다.
② 지역 간 문화 교류는 증가한다.

30 ④

| 정답해설 | 제시된 그림은 외래 생물의 국내 유입 현황으로, 교통의 발달로 점점 많은 외래 생물 종이 전파되어 국내 생태계의 교란이 일어나는 현상을 보여 준다.

31 ①

| 정답해설 | 도시와 농촌의 정보량의 지역 차이와 청장년층과 노년층의 정보 이용의 차이는 통신의 발달로 인한 문제점이고, 새로운 교통로의 건설로 기존의 교통 중심지 쇠퇴는 교통의 발달로 인한 문제점이다.
① 통신의 발달로 정보 교환의 공간적·시간적 제약은 감소하고 있다.

32 ②

| 정답해설 | 동물들이 자유롭게 이동할 수 있도록 도로나 터널 위에 생태 이동 통로를 건설하면 생태계 연속성 단절 문제를 해결할 수 있고, 야생 동물의 서식지가 파괴되는 것을 막을 수 있다. 선박 평형수는 선박의 무게 중심을 유지하기 위해 선박 내에 채워 넣거나 빼내는 바닷물을 말한다. 이 물을 통해 각종 외래 생물 종이 유입되면 기존 생태계가 교란될 수 있기 때문에 선박 평형수 처리 장치를 설치해야 한다.

33 ③

| 정답해설 | 지리 정보 체계(GIS)는 지리 정보를 수치화하여 컴퓨터에 입력·저장하고, 사용자의 요구에 따라 분석·가공·처리하여 필요한 결과를 얻는 지리 정보 기술이다. 지리 정보 체계(GIS)는 기존의 종이 지도에 비해 지리 정보의 수정과 분석이 쉽고, 신속한 공간적 의사 결정이 가능하여 다양한 분야에서 활용된다.

34 ④

| 정답해설 | 위성 위치 확인 시스템(GPS)은 인공위성에서 보내는 신호를 수신하여 어느 곳에서든 자신의 위치를 정확히 알 수 있는 기술로, 내비게이션을 비롯한 다양한 분야에 활용되고 있다.

35 ①

| 정답해설 | 정보화 사회란 지식과 정보가 사회의 가장 중요한 자원이 되고, 이를 중심으로 발전하는 사회를 말한다.
① 정보화 사회에서는 전자 투표 등 온라인상에서 정치 참여의 기회가 확대되었고, 소셜 네트워크 서비스(SNS)를 통한 쌍방향 소통이 가능해지면서 권위주의 사회에서 보다 민주적인 사회로 변화하였다.

36 ③

| 정답해설 | 지리 정보 시스템(GIS)은 컴퓨터를 이용하여 수치화된 다양한 지리 정보를 분석·처리하는 시스템으로, 복잡한 지리 정보를 다양한 유형 및 크기로 지도화할 수 있다. 지리 정보 시스템(GIS)은 공간의 이용과 관련하여 신속하고 합리적인 결정이 가능하여 국토 개발 및 도시 개발, 환경 보전 등 다양한 분야에서 활용되고 있다.

100점까지 Upgrade   **지리 정보 시스템(GIS)의 활용 분야**

- 위치나 이동 경로 파악이 가능하다.
- 환경 문제 및 재해·재난 예방 관리가 가능하다.
- 최적 입지 선정이나 상권 분석, 도시 계획 관리가 가능하다.
- 자원 탐사 및 삼림 관리에 활용된다.

37 ④

| 정답해설 | 정보화로 전자 상거래가 발달하면서 인터넷 쇼핑이나 모바일 쇼핑이 가능해져 온라인 쇼핑 상품 구입이 크게 증가하고, 무점포 상점이 많아지면서 상권이 확대되었다. 온라인 쇼핑의 증가는 택배 시장의 성장과 해외 직접 구매의 증가를 가져

왔다.

④ 재택근무의 증가로 업무의 시·공간적 제약이 감소하면서 업무의 효율성이 증대되었다.

100점까지 Upgrade 정보화의 영향(경제적 영역)

- 인터넷 뱅킹을 통한 은행 업무가 가능해진다.
- 재택근무 및 원격 근무, 화상 회의가 가능해지면서 업무의 시·공간적 제약이 감소하고 업무의 효율성이 높아진다.
- 전자 상거래의 발달로 인터넷 쇼핑이 증가하고 무점포 상점이 많아진다.
- 지식 정보 산업 관련 직업이 증가한다.

38 ④

| 정답해설 | 정보화의 영향으로 직접 방문하지 않아도 원격 진료, 온라인 교육, 원격 교육 등이 가능해졌으며, 인터넷과 스마트폰을 이용하여 언제 어디서든지 대중문화를 즐길 수 있어 문화의 확산 속도가 빨라졌다. 또한 소셜 네트워크 서비스(SNS)를 통한 쌍방향 소통이 가능해지고, 권위주의적 인간관계보다 수평적 인간관계가 형성되고 있다. 더불어 대면 접촉보다는 비대면 접촉을 통한 사회적 관계가 증가하고 있다.

39 ③

| 정답해설 | (가) 사회는 산업 사회, (나) 사회는 정보 사회이다. 정보 사회(정보화 사회)란 지식과 정보가 중요한 자원이 되고, 정보의 가공과 처리에 의한 가치의 생산을 중심으로 사회나 경제가 운영되고 발전되어 가는 사회를 말한다.

| 오답해설 |

① 정보 사회에서 인구의 탈도시화가 진행된다.

② 산업 사회에서 자본주의가 형성·발전되었다.

④ 산업 사회에서보다 정보 사회에서 생활이 더 편리해졌다.

40 ①

| 정답해설 | 정보 격차란 정보에 접근할 수 있는 능력을 보유한 사람과 그렇지 못한 사람 간에 사회적·경제적 격차가 심화되는 현상을 말한다. 제시된 그림에서는 정보 기기의 접근과 활용에서 일반 국민과 정보 소외 계층 간 차이가 발생하여 정보 격차가 심화되고 있음을 보여 주고 있다.

41 ④

| 정답해설 | 정보 격차를 해결하기 위해서는 정보 소외 계층을 위한 정보 활용 교육을 지원하고, 정보 격차 해소에 관한 법률을 제정해야 한다.

| 오답해설 |

① 사이버 범죄나 사생활 침해 문제에 대한 대응 방안이다.

② 사이버 범죄 문제에 대한 대응 방안이다.

③ 인터넷 중독 문제에 대한 대응 방안이다.

42 ②

| 정답해설 | 제시된 자료는 인터넷 중독 현상과 관련 있다. 따라서 (가)는 인터넷 중독이다. 인터넷 중독이란 인터넷을 과다 사용하여 가정, 직장 등 일상생활에 심각한 지장을 받게 되는 현상을 말한다.

43 ③

| 정답해설 | 제시문은 사이버상의 개인의 사적 정보가 다른 사람에게 공개되는 사생활 침해 및 개인 정보 유출 문제를 보여 주고 있다.

44 ③

| 정답해설 | 지역 조사 과정은 조사 목적 및 주제 선정하기 → 조사 계획 수립하기 → 지역 정보 수집하기 → 지역 정보 정리 및 분석하기 → 도출한 결론을 바탕으로 보고서 작성하기 순서로 이루어진다. 따라서 순서대로 나열하면 '(나) – (라) – (다) – (가)'이다.

45 ③

| 정답해설 | 지역 정보 분석하기 단계에서는 수집된 자료를 항목별로 정리하고, 정보를 선별하여 도표, 주제도, 그래프 등을 작성하는 활동이 이루어진다.

46 ④

| 정답해설 | 면담, 설문 조사, 사진 촬영 등은 실외에서 이루어지는 것으로 지역 정보를 수집하는 단계에 해당한다.

47 ④

| 정답해설 | (가)에는 실내 조사가 들어가야 한다. 실내 조사는 야외 조사를 위한 예비 조사 단계이다.

100점까지 Upgrade 지역 조사 방법

실내 조사	문헌 자료, 통계 자료, 신문, 인터넷, 지형도, 항공 사진 등을 통해 지역의 정보를 수집함
야외 조사 (현지 조사)	현장에 나가 면담, 설문 조사, 관찰 등을 통해 직접 정보를 수집함

01	③	02	②	03	①	04	③	05	②
06	②	07	②	08	③	09	②	10	④
11	①	12	③	13	②	14	④	15	①
16	②	17	②	18	③	19	④	20	④
21	③	22	④	23	①	24	③	25	①
26	②	27	③	28	③	29	④	30	③
31	③	32	③	33	③	34	①	35	③
36	③	37	②	38	③	39	②	40	③
41	③	42	④	43	④	44	③	45	③

01 ③

| 정답해설 | 인권은 인간이면 누구나 누려야 할 기본적인 권리이자 모든 사람이 인간의 존엄성을 유지하며 살아갈 수 있도록 누려야 할 권리이다. 태어나면서 하늘로부터 부여받은 당연한 권리(천부성)이고, 인종·성별·사회적 지위·종교 등과 관계없이 모든 사람이 동등하게 누리는 권리(보편성)이다. 또한 일정 기간에만 한정되는 것이 아니라 영구히 보장되는 권리(항구성)이고, 누구도 함부로 침해할 수 없고 남에게 양도할 수 없는 권리(불가침성)이며, 국가의 법으로 보장되기 이전부터 자연적으로 주어진 권리이다.
③ 현대 사회에서는 과거에 비해 인권의 영역이 확대되고 있다.

02 ②

| 정답해설 | 시민 혁명은 17∼18세기에 시민 계급이 절대 왕정을 타파하여 근대 시민 사회 형성의 계기가 된 사건이다. 계몽사상, 사회 계약설, 천부 인권 사상, 국민 주권 사상 등의 확산으로 시민 의식이 성장하며 일어났다. 세계 3대 시민 혁명은 영국의 명예혁명(1688), 미국의 독립 혁명(1775∼1783), 프랑스 혁명(1789)으로, 이들 혁명의 결과 시민의 권리가 크게 신장되었다.

03 ①

| 정답해설 | 권리 장전(1689)은 영국의 명예혁명 때 왕의 권력 행사에 의회의 동의를 받도록 규정한 문서이다.
| 오답해설 |
② 인권 선언은 프랑스 혁명 때의 문서이다.
③ 독립 선언은 미국 독립 혁명 때의 문서이다.
④ 세계 인권 선언은 인권 보장의 국제적 기준을 제시한 것이다. 최초의 복지 국가 헌법은 독일의 바이마르 헌법(1919)이다.

04 ③

| 정답해설 | 영국의 권리 장전(1689), 프랑스 인권 선언(1789)이 시민 혁명의 결과로 발표되었다. 이후 산업 혁명을 거치며 독일의 바이마르 헌법(1919)이 등장하였고, 제2차 세계 대전 이후 국제 연합(UN)이 세계 인권 선언(1948)을 채택하였다. 따라서 발표된 순서대로 나열하면 'ㄱ-ㄹ-ㄴ-ㄷ'이다.

05 ②

| 정답해설 | 독일의 바이마르 헌법(1919)에서 최초로 사회권을 명시하였다.

06 ②

| 정답해설 | 세계 인권 선언은 제2차 세계 대전 이후에 국제 연합(UN)에서 채택한 것으로, 인류가 당연히 누려야 할 권리를 규정하며 인권 보장의 국제 기준을 제시하였다.
② 참정권 확대와 관련된 사건은 차티스트 운동, 여성 참정권 운동 등이다.

07 ②

| 정답해설 | 세계 3대 시민 혁명을 거치면서 인권의 보장 범위가 더욱 확대되었다.
| 오답해설 |
① 권리 장전(1689)은 영국 명예혁명과 관련된 문서이고, 미국의 독립 선언(1776)은 미국 독립 혁명과 관련된 문서이다.
③ 독일의 바이마르 헌법(1919)은 최초로 사회권을 규정한 문서이자, 최초의 복지 국가 헌법이다.
④ 세계 인권 선언(1948)은 인권 보장의 국제 기준을 제시하였다.

08 ③

| 정답해설 | 시민 혁명은 계몽사상, 사회 계약설, 천부 인권 사상, 국민 주권 사상 등의 확산으로 시민 의식이 성장하며 발생하였다.

09 ②

| 정답해설 | 차티스트 운동(1838∼1848)은 영국의 노동자들이 선거권 확대 운동을 통해 참정권 확대를 요구한 사건이다. 참정권은 국민이 국가의 의사 결정 과정과 정치에 참여하여 국가를 통제할 수 있는 권리를 말한다.

10 ④

| 정답해설 | 연대권이란 세계 시민 모두의 인권 보장을 위해 국제적인 연대와 협력을 중시하는 권리로, 여성, 아동, 난민 등 사회적 약자들의 인권 보호를 위해 국제적 연대가 필요하다는 인식하에 등장하였다.

11 ①

| 정답해설 | 제시된 헌법 조항은 쾌적하고 안정적인 주거 환경에서 인간다운 주거 생활을 할 권리인 주거권을 보장하기 위한 조항이다.

12 ③

| 정답해설 | 제시문은 국민의 환경권을 보장하기 위해 개인의 자유권(재산권)을 제한한 사례이다. 기본권은 필요한 경우 공공복리, 국가 안전 보장, 질서 유지를 위해 제한될 수 있다. 환경 보호는 공공복리에 해당한다.

13 ②

| 정답해설 | 헌법은 국가의 최고법으로, 국민의 기본권과 국가의 통치 원리를 명시해 둔 법이다.

| 오답해설 |
① 법률은 헌법 하위에 있는 법이다.
③ 헌법을 통해 국가 권력이 인권을 침해하지 못하도록 하고 있다.
④ 민주주의 국가에서는 인권의 실질적인 보장을 위해 헌법에 인권을 구체적으로 규정하여 보장하고 있다.

100점까지 Upgrade   법의 위계

헌법	다른 법률이나 명령으로 변경할 수 없는 한 국가의 최고 법규
법률	국회에서 만든 법
명령	대통령이나 행정부에 의하여 제정된 국가의 법령
조례·규칙	지방 자치 단체에서 만든 법

14 ④

| 정답해설 | 헌법 제10조는 '인간으로서의 존엄과 가치 및 행복 추구권'을 규정하고 있다. 이 조항은 모든 기본권에 공통으로 적용되는 근본적 이념이자 헌법의 최고 가치로, 모든 기본권을 포함하는 포괄적 권리이다.
④ 제시된 헌법 조항으로 확인할 수 없다.

15 ①

| 정답해설 | 자유권은 개인이 국가나 타인으로부터 간섭이나 침해를 받지 않을 권리이다. 신체의 자유, 양심의 자유, 언론·출판·집회·결사의 자유 등이 대표적이다.

16 ②

| 정답해설 | 평등권은 국민 누구든지 성별·종교 또는 사회적 신분에 의해 사회생활의 모든 영역에 있어서 차별받지 않을 권리를 말한다. 법 앞에서의 평등, 차별받지 않을 권리 등이 이에 해당한다.

17 ②

| 정답해설 | 사회권은 모든 국민이 인간의 존엄과 가치를 유지하면서 살기 위한 최소한의 인간다운 생활을 보장받을 권리로, 인간다운 생활을 할 권리, 교육권, 환경권, 근로권 등이 이에 해당한다.

18 ②

| 정답해설 | 청구권은 다른 기본권들이 침해되었을 때 국민이 국가에 대해 일정한 행위를 요구할 수 있는 권리로, 다른 기본권 보장을 위한 수단적 권리의 성격을 띤다.

19 ④

| 정답해설 | 참정권이란 국민이 국가의 의사 결정 과정에 참여하여 국가를 통제할 수 있는 권리로, 선거권, 공무 담임권, 국민 투표권 등이 이에 해당한다.

20 ④

| 정답해설 | 사회권이란 모든 국민이 인간의 존엄과 가치를 유지하면서 살기 위해 최소한의 인간다운 생활을 보장받을 권리를 말한다.

| 오답해설 |
① 참정권에 대한 설명이다.
② 평등권에 대한 설명이다.
③ 청구권에 대한 설명이다.

21 ③

| 정답해설 | 국민의 기본권 제한과 관련된 헌법 조항은 제37조 제2항이다. 이 조항에서는 "국민의 모든 자유와 권리는 국가 안전 보장, 질서 유지 또는 공공복리를 위하여 필요한 경우에 한

하여 법률로써 제한할 수 있으며, 제한하는 경우에도 자유와 권리의 본질적인 내용을 침해할 수 없다."라고 규정하고 있다.

22 ④

| 정답해설 | 국가 인권 위원회는 개인의 인권 보호 및 인간의 존엄과 가치를 추구하기 위해 만든 독립적 국가 기관으로 2001년에 출범하였다.

23 ①

| 정답해설 | 제시된 제도들은 헌법상에 명시된 인권 보장을 위한 제도적 장치에 해당한다.

24 ③

| 정답해설 | 권력 분립 제도는 나라를 다스리는 권한을 입법부, 행정부, 사법부로 나누어 서로 견제하고 균형을 이루는 제도이다. 각 권력을 행사하는 주체가 다른 기관을 견제함으로써 권력 남용을 방지하고 국민의 기본권을 보장한다.

25 ①

| 정답해설 | 법률안 거부권은 행정부가 입법부를 견제하는 대표적인 제도이다.
| 오답해설 |
② 입법부가 사법부를 견제하는 제도이다.
③ 사법부가 입법부를 견제하는 제도이다.
④ 사법부가 행정부를 견제하는 제도이다.

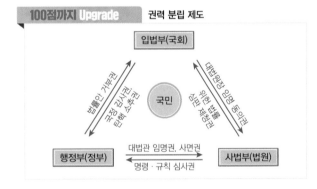

100점까지 Upgrade 권력 분립 제도

26 ②

| 정답해설 | 우리나라에서는 인권 보장을 위해 국민 주권의 원리, 법치주의, 입헌주의, 복수 정당 제도, 권력 분립 제도, 민주적 선거 제도 등을 헌법으로 명문화하고 있다.
② 권력 집중 제도가 아닌 권력 분립 제도를 규정하고 있다.

27 ②

| 정답해설 | 헌법 재판소는 헌법을 기준으로 법률이나 공권력이 국민의 기본권을 침해하였는지 판단하여 국민의 인권을 충실히 보장되도록 하는 독립된 헌법 기관이다.

28 ②

| 정답해설 | 제시문은 선거권을 침해받은 재외 국민이 헌법 재판소에 헌법 소원 심판을 청구한 사례이다. 헌법 소원이란 공권력 또는 법률로 인해 헌법상 기본권을 침해당한 국민이 권리 구제를 위해 헌법 재판소에 심판을 청구하는 제도이다.

29 ④

| 정답해설 | 헌법 재판소는 헌법의 해석과 관련된 정치적 사건을 사법적 절차에 따라 심판하는 헌법 재판 기관이다. 위헌 법률 심판은 국회가 만든 법률이 헌법에 위반되는지 법원이 제청하는 경우에 심판하는 것이다.

30 ②

| 정답해설 | 시민의 정치 참여 방법에는 선거, 시민 단체 운동(가장 지속적이고 적극적인 참여), 정당·이익 집단 등을 통한 참여, 인터넷을 통한 참여, 공청회 참여 등이 있다. 선거는 가장 기본적인 정치 참여 방법으로 국민의 대표자를 선출하는 기능을 한다.

31 ②

| 정답해설 | 복수 정당 제도는 국민의 상반된 다양한 의사를 국정에 반영하기 위하여 최소한 두 개 이상의 정당을 인정하는 제도이다. 이 제도는 복수의 정당이 정책적인 차이점을 갖고 서로 견제하여 독재를 막고, 국민의 정당 선택의 폭을 넓혀줌으로써 정치 발전에 이바지하기 위한 자유 민주주의 제도이다.

32 ②

| 정답해설 | 이익 집단은 이해관계를 같이하는 사람들이 자신들의 특수 이익을 실현하기 위해 정치 과정에 압력을 행사하고자 만든 집단이다. 이들의 활동은 사회의 다원화에 기여하지만, 지나친 사익 추구로 공익과 충돌할 수 있다.

33 ③

| 정답해설 | 시민 단체는 공익 추구를 목표로 환경, 인권 등 다양한 분야에서 활동하는 단체이다.

34 ①

| 정답해설 | 청원은 국가 기관에 문서로 자신의 요구와 의견을 진술하고 시정을 요구하는 제도이다.
| 오답해설 | ② 공청회란 국가 또는 지방 자치 단체의 기관이 중요한 정책 사안 등에 관해 해당 분야의 학식과 경험이 풍부한 전문가나 이해 당사자 등의 의견을 공개적으로 듣기 위해 개최하는 회의이다.

35 ③

| 정답해설 | 준법 의식이란 사회 구성원들이 법이나 규칙을 지키고자 하는 의식을 말한다. 사회 구성원들이 준법 의식을 가짐으로써 구성원 간의 충돌을 막아 사회가 유지될 수 있으며, 개인의 자유와 권리를 보호할 수 있다.
| 오답해설 |
① 직접 민주주의를 실현하는 행위는 투표 등이 해당된다.
② 정책 결정 과정을 감시하는 행위는 시민 참여이다.
④ 불합리한 국가 권력에 대한 저항 행위는 시민 불복종 행위이다.

36 ③

| 정답해설 | 시민 불복종이란 잘못된 법이나 정책을 바로잡기 위해 불이익을 감수하면서도 의도적으로 법을 위반하는 행위로, 비폭력적 수단으로 복종을 거부하는 행위를 말한다.

37 ②

| 정답해설 | 시민 불복종 행위가 정당화되기 위한 조건으로는 비폭력성, 처벌의 감수, 목적의 정당성, 최후의 수단성이 있다.
| 오답해설 | ③ 시민 불복종 행위는 부당한 법을 바로잡을 목적으로 의도적으로 법을 위반하는 행위이기 때문에 행위 자체가 적법하지는 않다.

100점까지 Upgrade 　시민 불복종의 정당화 조건(롤스)

정당성(공익성)	사회 정의의 실현을 목표로 하는 행동이기 때문에 반드시 행위의 목적에 정당성이 있어야 함
최후의 수단	모든 합법적인 절차를 거친 후에도 해결되지 않을 때, 마지막 수단으로 행사해야 함
비폭력성	폭력적인 방법은 다수의 동의를 얻기 어려우므로 평화적인 방법을 사용해야 함
처벌의 감수	법을 어겼기 때문에 그에 따른 처벌을 감수해야 함

38 ③

| 정답해설 | 사회적 소수자란 신체적 또는 문화적 특징 때문에 사회의 다른 구성원에게 차별을 받고 있으며, 차별받는 집단에 속해 있다고 인식하는 사람들의 집단을 말한다. 노인, 장애인, 이주 외국인, 여성 등이 이에 해당한다.

39 ②

| 정답해설 | 장애인은 몸이 불편하다는 이유로 부당함을 겪기도 하고, 청소년은 청소년 노동권이 침해받고 있으며, 비정규직 근로자는 저임금 등 노동 조건에서 차별을 받고 있기도 하다. 이는 우리 사회의 인권 문제에 해당한다.

40 ③

| 정답해설 | 제시문은 장애인의 이동권이 침해받고 있는 상황이다. 이를 제도적으로 해결하기 위한 방안에는 장애인의 권리 보장을 위한 관련 법률의 제정·개정 등이 있다.
| 오답해설 | ①, ②, ④ 개인적·의식적 차원의 해결 방안이다.

41 ③

| 정답해설 | 최저 임금제는 근로자에 대한 임금의 최저 수준을 보장하여 근로자의 생활 안정과 노동력의 질적 향상을 통해 국민 경제의 발전에 이바지하기 위해 만들어진 제도이다. 법적 최저 임금은 국가가 법적 강제력을 가지고 매년 정하는 임금의 최저 한도로, 사용자는 최저 임금 이하의 수준에서 근로자를 고용할 수 없고, 만약 이를 지키지 않으면 처벌을 받게 된다.

42 ④

| 정답해설 | 청소년은 일을 시작할 때 근로 계약서를 작성하여야 하며, 성인과 동일한 최저 임금을 적용받아야 한다.

43 ④

| 정답해설 | 국제 사회는 세계 인권 문제 해결을 위해 여러 국제 기구 및 각국 정부와 함께 인권 문제를 개선하기 위한 많은 노력을 전개하고 있다.
④ 국가 인권 위원회는 국내 인권 문제 해결을 위한 국가 기관이다.

44 ③

| **정답해설** | 제시된 사례들은 세계 인권 문제이다. 세계 인권 문제를 해결하기 위해서는 지구촌 구성원 개개인이 세계 시민 의식을 가지고 문제 해결을 위해 적극 협력해야 한다.

| **오답해설** |

①, ② 군사력 확보와 경제 성장을 추구하는 것이 세계 인권 문제를 해결하는 근본적 방법은 아니다.

④ 선진국과 개발 도상국이 함께 해결해야 한다.

45 ③

| **정답해설** | 제시된 지수들은 세계의 다양한 인권 지수에 해당한다. 인권 지수란 한 국가나 사회의 인권 보장 수준을 종합적으로 나타내는 지수로, 사회 구조적인 인권 문제를 파악할 수 있는 기초 자료가 된다.

100점까지 Upgrade　다양한 인권 지수

세계 기아 지수	빈곤 문제를 나타내는 지수로, 아동의 결핍 상태나 사망률, 영양실조 상태인 인구의 비율 등을 통해 측정함
세계 성 격차 지수	매년 각국의 남녀 간 경제 참여 기회, 교육 성취, 건강, 정치적 힘 등 4개 분야를 통해 측정함
세계 언론 자유 지수	매년 각국의 언론 실태를 평가하여 각국의 정치적 압력·통제, 경제적 압력, 실질적인 언론 피해 사례 등을 기준으로 측정함
세계 노동 권리 지수	노동자의 권리 보장 정도를 나타내는 지수로, 노동 제도와 노동권 보장 수준 등을 통해 측정함

V 시장 경제와 금융

01	②	02	③	03	②	04	①	05	②
06	③	07	④	08	①	09	③	10	②
11	③	12	②	13	①	14	②	15	①
16	④	17	①	18	④	19	③	20	③
21	②	22	②	23	②	24	②	25	④
26	③	27	①	28	③	29	②	30	②
31	②	32	②	33	②	34	②	35	②
36	③	37	④	38	②	39	②	40	③
41	③	42	②	43	②	44	③	45	③
46	④	47	①	48	④				

01 ②

| **정답해설** | 자본주의란 사유 재산 제도를 바탕으로 시장에서 자유 경쟁을 통해 상품의 생산, 교환, 분배, 소비의 모든 경제 활동이 이루어지는 시장 경제 체제를 말한다.

| **오답해설** | ④ 계획 경제 체제란 모든 생산 수단의 국유화, 균등한 소득 보장 등을 특징으로 하는 사회주의 국가의 경제 체제를 말한다.

02 ③

| **정답해설** | 자본주의 사회에서는 개인이 재산을 자유롭게 획득하고 사용할 수 있는 사유 재산권이 법적으로 보장된다. 즉, 시장에서의 경쟁을 통해 자신의 경제적 이익을 자유롭게 추구할 수 있다.

| **오답해설** |

① 수정 자본주의의 특징이다.

②, ④ 계획 경제 체제의 특징으로 볼 수 있다.

03 ②

| **정답해설** | 초기 자유방임주의 경제 체제는 사유 재산 제도에 기초하여 개인의 자유로운 경제 활동과 사익 추구를 보장하는 경제 체제이다. 하지만 지나친 사익 추구로 인하여 환경 오염, 인간 소외 현상, 계층 간 빈부 격차, 실업, 물가 상승 등의 문제가 발생하였다.

② 복지 비용 증가는 수정 자본주의 등장 이후 발생한 문제점이다.

04 ①

| **정답해설** | 1929년, 소비자의 구매력 하락 및 과잉 생산으로 대

공황이 발생하면서 전 세계적으로 생산 위축, 기업 도산, 대량 실업 현상이 발생하였다.

05 ②

| 정답해설 | 대공황 시기에는 생산 위축, 대량 실업 등의 문제가 발생하였다. 이러한 문제를 해결하기 위해 정부의 적극적 역할을 강조하는 수정 자본주의가 등장하였다.
| 오답해설 | ㄴ, ㄷ. 자유방임주의의 특징이다.

> **100점까지 Upgrade** 　수정 자본주의
> - 케인스는 시장 실패와 같은 문제점을 해결하려면 정부의 적극적인 시장 개입을 허용해야 한다고 주장하였다.
> - 정부가 공공사업을 시행하고, 사회 보장 제도 강화 등 다양한 복지 정책을 시행하여 시장에 개입하는 큰 정부를 추구하였다.

06 ③

| 정답해설 | 제시된 내용은 1970년대 두 차례의 석유 파동으로 인한 스태그플레이션으로 정부 실패가 부각되기 시작하면서 등장한 신자유주의의 입장이다.
③ 시장 실패의 위험성을 강조한 것은 수정 자본주의이다.

> **100점까지 Upgrade** 　신자유주의
> - 정부의 지나친 시장 개입을 비판하고 정부의 규제 완화 및 철폐를 주장하며 작은 정부를 추구한다.
> - 공기업의 민영화, 복지 축소, 기업에 대한 세금 감면, 노동 시장의 유연성 강화 등의 정책을 추구한다.

07 ④

| 정답해설 | 자본주의는 '상업 자본주의 – 산업 자본주의 – 독점 자본주의 – 수정 자본주의' 순으로 발달하였다. 따라서 'ㄹ – ㄱ – ㄴ – ㄷ'이다.

08 ①

| 정답해설 | 어떤 경제적 선택을 통해 얻게 되는 만족이나 이익을 편익이라고 하고, 어떤 선택을 함으로써 포기하게 되는 가치 중 가치가 가장 큰 것을 기회비용이라고 한다. 따라서 (가)는 편익, (나)는 기회비용이다.
| 오답해설 | ② 합리적 선택 시 매몰 비용을 고려해서는 안 된다.
③, ④ 암묵적 비용과 명시적 비용은 기회비용의 구성 요소이다.

09 ③

| 정답해설 | 합리적 선택은 최소의 비용으로 최대의 편익을 추구하는 것이다. 따라서 같은 편익이라면 비용을 최소화해야 한다.
| 오답해설 | ① 기회비용은 최소화되도록 선택해야 한다.

10 ②

| 정답해설 | 시장에서는 여러 가지 이유로 자원이 효율적으로 배분되지 못하는 경우가 발생하는데, 이를 시장 실패라고 한다. 시장 실패의 사례에는 독과점으로 인한 불완전 경쟁, 공공재의 부족, 외부 효과, 경제적 불평등 등이 있다.

11 ③

| 정답해설 | 공공재는 한 사람이 소비한다고 해서 다른 사람이 소비할 수 있는 몫이 줄어들지 않고, 대가를 지급하지 않아도 같은 서비스를 누릴 수 있으므로 무임승차의 문제가 발생한다.

12 ②

| 정답해설 | 공공재의 생산을 시장 기능에만 맡겨둘 경우 사회적으로 필요로 하는 만큼 생산·공급되지 않는다. 이를 해결하기 위해서는 정부가 직접 생산하여 공급하거나 민간 기업에게 보조금을 지급하여 생산을 유도해야 한다.

13 ①

| 정답해설 | 독감 백신을 접종하면 주변 사람들이 독감에 걸릴 가능성이 줄어들기 때문에 긍정적인 외부 효과, 즉 외부 경제가 나타난다.
| 오답해설 |
② 공공재 부족과 관련이 있다.
③ 외부 경제(긍정적 외부 효과)는 사회에서 필요로 하는 양보다 적게 생산된다.
④ 외부 불경제(부정적 외부 효과)에 대한 설명이다.

14 ②

| 정답해설 | 제시된 사례에서 환경 오염 물질을 배출하는 기업들의 행위는 외부 불경제에 해당한다. 이러한 문제를 해결하기 위해 정부가 법적 제재(세금 및 벌금 부과, 오염 물질 배출량 제한 등)를 가하고자 하므로 외부 불경제를 개선하기 위한 노력에 해당한다.

15 ①

| 정답해설 | 공정 거래 위원회는 독점 및 불공정 거래에 관한 사안을 심의·의결하기 위해 설립된 정부 기관이다. 주요 업무에는 공정한 경쟁 촉진, 소비자 주권 확립, 중소기업의 경쟁 기반 확보, 경제력 집중 억제 등이 있다.

16 ④

| 정답해설 | 기업가 정신은 미래의 불확실성을 무릅쓰고 혁신을 통해 새로운 가치를 창조하려는 기업가의 도전하는 자세를 말한다. 새로운 상품의 개발, 새로운 시장 개척, 새로운 생산 방식 도입, 새로운 경영 조직의 결성, 새로운 경영 기법의 도입 등이 이에 해당한다.
④ 가격이 하락하여 생산을 줄이는 것은 공급 법칙에 따른 행동이다.

17 ①

| 정답해설 | 「근로 기준법」은 근로 조건의 기준을 정해 근로자의 기본 생활을 보장하고 향상시키기 위해 제정된 법률로, 업무 내용, 임금, 근로 시간, 여성과 청소년의 근로, 근로자의 안전, 재해 보상 등의 근로 조건을 명시하고 있다.

18 ④

| 정답해설 | 「독점규제 및 공정거래에 관한 법률」은 독과점의 횡포를 막고 공정 거래를 통해 소비자의 권익을 보호하기 위해 만들어진 법률이다.

19 ③

| 정답해설 | (가)는 단체 교섭권, (나)는 단결권, (다)는 단체 행동권이다. 노동 3권(근로 3권)은 경제적 약자인 근로자가 사용자와 대등한 위치에서 근로 조건을 결정할 수 있도록 하기 위해 제정되었다.

20 ③

| 정답해설 | 제시된 사례에 나타난 소비 형태는 윤리적 소비이다. 윤리적 소비란 소비자의 소비 행위가 원료 재배, 생산, 유통 등의 전 과정과 연결되어 있다는 것을 인식하고, 친환경 상품이나 공정 무역 상품 등을 소비하는 것이다.

21 ②

| 정답해설 | 합리적 소비는 주어진 소득 내에서 가장 큰 만족을 얻도록 소비하는 형태를 말한다. 비용이 같다면 편익이 큰 것을, 편익이 같다면 비용이 적은 것을 선택하고, 자신의 형편에 맞게 장기적으로 소비와 저축을 계획해야 한다.

22 ②

| 정답해설 | 제시된 대화에서는 다른 사람에게 보여 주기 위해 이루어지는 과시 소비(베블런 효과)가 나타나 있다.

100점까지 Upgrade　　비합리적 소비 유형

과소비	소득과 지불 능력의 범위를 넘어서 과도하게 소비하는 형태
충동 소비	계획 없이 즉흥적으로 소비하는 형태
과시 소비 (베블런 효과)	남에게 보여 주기 위해 이루어지는 소비 형태
모방 소비 (밴드왜건 효과)	다른 사람의 소비를 무조건 따라 하는 소비 형태
개성 소비 (스노브 효과)	귀하거나 남들과 다르게 특색 있다는 이유로 소비하는 형태

23 ②

| 정답해설 | 밴드왜건 효과는 자신의 필요와 상관없이 다른 사람의 소비를 무조건 따라 하는 소비 형태이다. 즉, 유행에 따라 상품을 구매하는 모방 소비 현상으로 비합리적인 소비에 해당한다.

24 ②

| 정답해설 | 기업은 기업 윤리를 토대로 법규를 준수하고, 건전한 이윤을 추구해야 하며, 노동자나 소비자의 권리를 존중하고 환경이나 공동체 전체를 배려하는 사회적 책임을 다해야 한다.
| 오답해설 |
①, ④ 정부의 역할이다.
③ 소비자의 역할이다.

25 ④

| 정답해설 | 국제 무역은 국가 간에 국경을 넘어 상품, 서비스, 생산 요소들이 이동하는 것을 말한다. 국제 무역이 발생하는 이유는 재화와 서비스를 생산하는 데 필요한 생산 요소의 종류와 양이 국가마다 다르고, 자연 조건 또한 다르기 때문이다. 거래 당사국 모두에게 국제 무역을 통해 얻는 이익이 발생한다.

26 ③

| 정답해설 | 한 국가가 가지고 있는 자원이나 기술에는 한계가 있기 때문에 모든 상품을 생산할 수 없고, 국가마다 보유하고 있는 자원의 종류와 양에도 차이가 있어 생산 비용의 차이가 발생한다. 이러한 이유로 국가마다 분업 및 특화를 통해 상품을 생산하고 교환하면 거래의 이익을 얻을 수 있으므로 국제 무역이 발생한다.

27 ①

| 정답해설 | 특화는 자신이 가지고 있는 생산 자원을 특정 재화나 서비스에 집중시키는 것을 말한다. 특화를 통해 자신이 잘할 수 있는 분야에 역량을 집중하여 경쟁력을 갖출 수 있다.

28 ③

| 정답해설 | 비교 우위란 한 국가가 다른 국가에 비해 상대적으로 더 적은 기회비용으로 상품을 생산하는 것을 말한다. 한 국가가 다른 국가에 비해 모든 상품에 대해 절대 우위가 있더라도 비교 우위에 있는 상품을 특화 생산하여 교역하면 양국 모두 이익을 얻을 수 있다.

29 ②

| 정답해설 | 오늘날 전 세계는 민족과 국가의 경계를 넘어 하나로 통합되어 가고 있다. 국경을 초월한 경제 활동이 증가하면서 자유 무역이 확대하고 있다.
② 보호 무역은 16~18세기 상업 자본주의 시기에 절대 왕정이 중상주의 경제 정책을 추진하며 시행하였다.

30 ③

| 정답해설 | 규모의 경제는 생산량이 늘어나거나 생산 규모가 커질수록 평균 생산 단가가 하락하는 것을 말한다. 생산비의 하락으로 인해 기업은 더 큰 이익을 얻을 수 있다.

31 ②

| 정답해설 | 국제 무역의 확대로 국제 경쟁력을 갖추지 못한 국가와 선진국 간의 경제적 격차가 심화될 수 있다.

32 ②

| 정답해설 | 세계 무역 기구(WTO)는 자유 무역을 확대하고 회원국 간의 통상 분쟁을 해결하며 국제 교역을 촉진하기 위해 1995년 설립된 국제기구이다. 세계화가 더욱 가속화되고 있어 세계 무역 기구(WTO)의 역할이 더욱 증대되고 있다.

33 ②

| 정답해설 | 지역 경제 협력체는 지리적으로 인접한 여러 국가가 경제적 효율성을 높이기 위해 결성한 경제 공동체를 말한다. 유럽 연합(EU), 동남아시아 국가 연합(ASEAN), 북아메리카 자유 무역 협정(NAFTA), 아시아·태평양 경제 협력체(APEC), 걸프 협력 회의(GCC) 등이 대표적이다.

34 ②

| 정답해설 | 자유 무역 협정(FTA)이란 국가 간 교역을 할 때 무역 장벽을 완화하거나 제거하려는 목적으로 체결된 협정을 말한다.
| 오답해설 | ① 유럽 연합(EU), ③ 아시아·태평양 경제 협력체(APEC), ④ 동남아시아 국가 연합(ASEAN)은 지역 경제 협력체에 해당한다.

35 ②

| 정답해설 | 국제 연합(UN)은 지역 협력체가 아닌 전 세계적 차원의 정부 간 국제기구이다.
| 오답해설 | ①은 유럽 지역, ③은 아시아·태평양 주변 지역, ④는 북아메리카 지역 중심의 지역 경제 협력체이다.

36 ③

| 정답해설 | 세계화 시대에는 국제 경제에 문제가 생길 경우 국내 경제도 큰 타격을 받을 수 있다. 이러한 피해를 최소화하기 위해서는 수출 시장 다변화를 통해 특정 국가에 대한 의존도를 줄여야 한다.

37 ④

| 정답해설 | 자산은 개인이나 기업이 보유하고 있는 유형 혹은 무형의 경제적 가치가 있는 재산을 의미한다. 금융 자산은 현금, 예금, 주식, 채권, 보험, 펀드 등 눈에 보이지 않는 자산 형태이다. 실물 자산은 주택이나 토지와 같은 부동산, 자동차, 귀금속이나 골동품과 같은 동산 등 눈에 보이는 자산 형태이다.

38 ②

| 정답해설 | 자산 관리 시 다양한 자산에 분산 투자하여 수익을 확보하고 투자로 인한 위험을 줄여야 한다. '계란을 한 바구니에 담지 마라.'라는 말은 계란을 한 바구니에 담으면 바구니를 떨어뜨릴 경우 계란이 모두 깨질 수 있다는 것을 의미한다. 따라서 자산을 합리적으로 관리하기 위해서는 안전성, 수익성, 유동성을 고려하여 포트폴리오를 구성하고 다양한 자산에 분산 투자하여 투자로 인한 위험을 줄여야 한다.

100점까지 Upgrade 자산 관리의 원칙

안전성	투자한 자산의 원금과 이자가 안전하게 보전될 수 있는 정도
수익성	투자한 자산으로부터 기대할 수 있는 가격 상승이나 이자 수익의 정도
유동성 (환금성)	보유하고 있는 자산을 쉽게 현금화할 수 있는 정도

39 ②

| 정답해설 | ㉠은 안전성, ㉡은 수익성, ㉢은 유동성이다. 자산 관리는 안정적인 경제생활을 위해 어떻게 자산을 모으고 불려 나갈지를 계획하고 관리하는 것을 말한다. 합리적 자산 관리를 위해서는 안전성, 수익성, 유동성을 고려해야 한다.

40 ③

| 정답해설 | 자산 관리의 원칙에는 안전성, 수익성, 유동성(환금성)이 있다. 수익성은 투자한 자산으로부터 기대할 수 있는 이익의 정도를 의미한다. 일반적으로 수익성이 높은 투자는 위험성이 높고, 안전성이 낮은 편이다.

41 ③

| 정답해설 | 예금은 금융 기관에 자금을 예치하고 이자를 받는 금융 상품이다. 예금자 보호 제도를 통해 일정 금액을 보장받을 수 있어 원금 손실의 위험이 낮아 안전성이 높다.

42 ②

| 정답해설 | 채권은 주식보다 안전성이 높으나 예금보다는 안전성이 낮다. 사기업이 발행하는 회사채보다 국가 또는 지방 자치 단체 및 공공 기관이 발행하는 국공채가 안전성이 높다. 부동산은 매매하는 데 많은 시간이 걸리고 매매가 쉽지 않기 때문에 유동성이 낮다.

43 ②

| 정답해설 | 주식은 주식회사가 투자자에게 자금을 투자한 대가로 발행하는 증서로, 회사 소유권의 일부를 투자자에게 주는 증표이다. 일반적으로 주식은 수익성이 높지만 위험성이 높아 안전성이 낮은 편이다.

44 ③

| 정답해설 | 생애 주기는 시간의 흐름에 따라 변화하는 개인의 삶의 양상을 단계별로 나타낸 것이다. 성장 발달 단계에 따라 '아동기 – 청년기 – 중·장년기 – 노년기'로 구분할 수 있으며, 각 단계에는 달성해야 할 과업이 있다.

45 ③

| 정답해설 | (가)는 아동기, (나)는 중년기, (다)는 청년기이다. 아동기에는 학교생활을 통해 진로 탐색을 한다. 청년기(성년기)에는 성인으로서의 신념 확립, 취업과 결혼 준비, 경제적 독립을 준비한다. 중·장년기에는 자녀 양육, 주택 마련, 노후 대비 등 가정에서 책임 있는 구성원으로서의 역할 수행을 한다.

46 ④

| 정답해설 | 재무 설계란 생애 주기 전체를 고려하여 재무 목표를 설정하고 이를 달성하기 위해 연령대에 맞게 자금 계획을 세우는 것을 말한다.
④ 재무 설계를 할 때는 미래 소득과 현재 소득을 모두 고려하여 재무 목표를 세워야 한다.

47 ①

| 정답해설 | 신용은 미래의 어느 시점에 지불하기로 약속하고 상품을 사거나 돈을 빌릴 수 있는 능력을 말한다. 신용이 높으면 현금 없이 거래가 가능하고, 현재 소득보다 많은 소비가 가능하며, 예기치 못한 위험 상황이나 큰 금액을 소비해야 하는 경우에 자금을 빌릴 수 있다.

48 ④

| 정답해설 | 부채는 재화나 서비스의 차입을 전제로 부담한 금전상의 의무이며, 빚 또는 채무라고 한다. 자신의 상환 능력을 고려하지 않고 과소비를 할 때 발생할 수 있다. 부채 관리를 잘못하면 신용이 나빠져 경제생활에 제한을 받을 수 있다.

01	③	02	②	03	③	04	③	05	④
06	④	07	②	08	②	09	①	10	②
11	①	12	④	13	②	14	②	15	④
16	①	17	②	18	③	19	①	20	②
21	③	22	④	23	③	24	②	25	②
26	④	27	②	28	④	29	①	30	②
31	①	32	②	33	①	34	①	35	②
36	②	37	④	38	④	39	③	40	③
41	④	42	②						

01 ③

| 정답해설 | 정의란 넓은 의미로는 개인과 사회가 지켜야할 올바르고 공정한 가치를 말하며, 좁은 의미로는 같은 것은 같게 대우하고 다른 것은 다르게 대우하는 것, 즉 사회적 대우나 보상, 처벌 등에 있어 '마땅히 받을 만한 몫을 공정하게 받는 것'을 말한다.

| 오답해설 |
① 규칙은 여러 사람이 다 같이 지키기로 정한 법칙을 말한다.
② 관습은 어떤 사회에서 오랫동안 지켜 내려와 그 사회 구성원들이 널리 인정하는 질서나 풍습을 말한다.
④ 법률은 국가의 강제력을 수반하는 사회 규범을 말한다.

02 ②

| 정답해설 | 정의는 '같은 것은 같게, 다른 것은 다르게 대우하는 것', '각자가 마땅히 받을만한 몫을 공정하게 받는 것' 등으로 표현된다. 개인과 사회가 지켜야 할 올바르고 공정한 가치를 의미한다.

03 ③

| 정답해설 | 정의롭지 못한 사회에서 구성원들이 사회에 불신을 갖게 되면 개인이나 집단 간 갈등으로 이어져 사회 통합을 저해할 수 있다. 정의로운 법과 제도가 세워진 사회에서 구성원들은 공동체를 신뢰하고 서로 협력할 수 있다.

04 ③

| 정답해설 | 제시된 기사는 부모의 사회적 지위나 재력이 자녀의 취업에 영향을 미치는 모습을 보여 준다. 자신의 능력이나 노력으로 취업이 되지 않고 부모의 사회적 조건에 따라 취업이 결정된다면 이는 정의로운 사회라고 할 수 없다.

05 ④

| 정답해설 | 정의란 사회 구성원들이 똑같은 몫을 분배받는 것이 아니라 자신의 능력과 노력에 따라 공정하게 자기의 몫을 분배받는 것을 말한다.

100점까지 Upgrade · 정의의 역할

사회 구성원의 권리 보장	사회 구성원들의 기본권을 보장하고, 각자 누려야 할 몫을 분배해 줌
갈등의 공정한 해결	옳고 그름에 대한 판단 기준 → 사회의 무질서와 혼란 방지
사회 통합의 기반 마련	정의가 실현될 때 개인과 사회가 추구하는 목적이 달성되며, 사회 구성원들이 공동체 발전을 위해 적극 협력하게 만듦 → 개인선과 공동선이 조화를 이루어 사회 통합의 실현이 가능

06 ④

| 정답해설 | 제시문은 아리스토텔레스가 말한 정의의 관점이다.

| 오답해설 |
① 롤스는 자유주의적 정의관을 주장한 사상가이다.
② 플라톤은 정의를 국가가 지녀야 할 가장 필수적인 덕목이라고 여겼으며, 각자의 능력과 소질에 따라 사회적 지위와 역할을 배분하였을 때 정의로운 사회를 이룰 수 있다고 보았다.
③ 매킨타이어는 공동체주의적 정의관을 주장한 사상가이다.

07 ②

| 정답해설 | 아리스토텔레스는 각자의 가치에 비례하는 몫의 분배를 추구하는 것을 분배적 정의로 보고, 각자가 가진 능력에 따라 권력과 명예, 재화가 공정하게 분배되어야 한다고 주장하였다.

100점까지 Upgrade · 아리스토텔레스의 특수적 정의

분배적 정의	각자가 지닌 능력에 따라 권력이나 부, 명예 등의 몫을 공정하게 분배하는 것
교정적 정의	사람들 간의 동등하지 않은 손해와 이익을 바로잡는 것(배상), 잘못된 것을 바로잡는 것(형벌)
교환적 정의	교환의 결과가 공정하게 이루어지는 것

08 ②

| 정답해설 | 분배적 정의란 '마땅히 받을 만한 몫'을 공정하게 받는 것을 말한다. 즉, 정의가 공정한 분배를 위한 중요한 기준임을 강조하는 것이다.

09 ①

| 정답해설 | 제시문은 성과라는 업적에 비례하여 더 많은 돈을 지급하는 업적에 따른 분배와 관련이 있다. 업적에 따른 분배란 당사자들이 성취한 성과에 비례하여 소득이나 사회적 지위 등을 분배하는 것으로, 이는 성취동기를 자극하여 생산성을 높일 수 있다.

| 오답해설 |
②, ③ 능력에 따른 분배에 해당한다.
④ 필요에 따른 분배에 해당한다.

10 ②

| 정답해설 | 제시문은 언어 능력을 기준으로 우선하여 선발하고 있으므로 이는 능력에 따른 분배와 관련이 있다. 능력에 따른 분배란 신체적·정신적 능력에 따라 분배와 보상이 이루어지는 것을 말한다. 능력에 따른 분배는 개인이 지닌 잠재력을 실현할 수 있는 기회를 제공하는 장점이 있지만, 능력은 선천적 요소의 영향을 받기 때문에 사회 불평등을 심화시킬 수 있다.

11 ①

| 정답해설 | 제시된 제도들은 필요한 사람들에게 자원을 배분하는 필요에 따른 분배와 관련이 있다. 필요에 따른 분배 방식은 개인의 능력이나 업적과는 상관없이 분배가 이루어져 사회 구성원의 성취동기를 저하시킬 수 있다.

| 오답해설 | ②, ③, ④ 업적에 따른 분배의 문제점이다.

12 ④

| 정답해설 | 그림은 결과에 대한 기여도에 따라 분배하는 업적에 따른 분배이다.

업적에 따른 분배의 장점

100점까지 Upgrade 업적에 따른 분배의 장점

- 객관화·수량화할 수 있기 때문에 분배의 몫을 정하기 쉽다.
- 주관적 편견을 배제하여 공정성 확보가 가능하다.
- 성취동기를 자극하여 생산성을 높일 수 있다.
- 사회 구성원들의 잠재력을 개발하도록 자극한다.

13 ②

| 정답해설 | 자유주의적 정의관은 국가나 사회보다 개인이 우선한다는 개인주의를 바탕으로 한다.

| 오답해설 | ①, ③, ④ 공동체주의적 정의관에 해당하는 내용이다.

14 ②

| 정답해설 | (가)는 롤스, (나)는 노직에 해당한다. 롤스와 노직은 모두 자유주의 사상가로 개인의 자유가 무엇보다 가장 중요한 가치라고 주장하며, 사회 구성원들에게 균등한 기회를 부여했다면 이후 개인의 노력 여하에 따라 발생하는 사회·경제적 불평등은 허용될 수 있다고 주장하였다. 하지만 롤스는 사회적 약자에게 최대의 이익을 보장하기 위한 국가의 소득 재분배 정책에 찬성하는 데 반해, 노직은 자유 지상주의의 입장에서 이러한 정책이 개인의 소유권과 재산권을 침해할 수 있다고 보아 반대한다.

100점까지 Upgrade 자유주의적 정의관의 사상가

노직	• 소유 권리로서의 정의: 개인의 자유와 소유권을 최대한 보장하는 것이 정의롭고, 개인의 선택과 노력에 의해 얻은 소유권을 생명권과 같은 절대적 가치로 인정함 • 국가의 역할: 개인의 소유권을 보호하는 최소의 역할만 강조하고, 조세 정책이나 복지 정책을 시행하는 것에 부정적임
롤스	• 모든 사람은 기본적 자유를 최대한 누릴 수 있는 평등한 권리를 가져야 함 • 공정으로서의 정의: 공정한 절차를 통해 합의된 것이라면 정의로움 • 국가의 역할: 사회적 불평등을 해소하고, 사회적 약자를 배려하기 위한 국가의 역할은 필요하다고 봄

15 ④

| 정답해설 | 롤스와 노직은 자유주의적 정의관을 가진 사상가이다. 롤스와 노직 모두 자유로운 경쟁을 보장하는 것을 정의롭다고 본다. 그러나 노직과 달리 롤스는 개인의 평등한 자유와 함께 사회적 약자의 복지를 배려하는 것이 정의롭다고 주장한다.
④ 공동체주의적 정의관의 대표적인 사상가로는 매킨타이어, 왈저 등이 있다.

16 ①

| 정답해설 | 자유주의적 정의관은 타인의 권리나 공동체의 이익을 침해하는 극단적 이기주의로 변질될 수 있다.
① 공동체주의적 정의관은 공동체의 목적 달성을 위해 집단을 지나치게 강조하고 개인의 희생을 정당화하는 집단주의로 변질될 수 있다.

17 ②

| 정답해설 | 공동체주의적 정의관에서 개인은 공동선을 위해 연대 의식을 가지고 사회적 책임과 의무를 다해야 한다고 주장한다.

18 ③

| 정답해설 | 제시된 대화는 전통의 가치를 중시하는 공동체주의적 정의관과 관련이 있다. 공동체주의적 정의관은 공동체에 속한 개인이 각자의 역할과 의무를 다하면서 공동선을 추구하는 것을 정의로운 것이라고 본다.
| 오답해설 | ①, ②, ④ 자유주의적 정의관에 대한 설명이다.

19 ①

| 정답해설 | 제시문은 공동체주의적 정의관과 관련이 있다.
① 롤스는 자유주의적 정의관을 가진 사상가이다.

20 ②

| 정답해설 | 공동체주의적 정의관에 따르면 개인은 공동체의 발전을 위해 노력할 의무를 지닌다. 따라서 사회 구성원들이 개인의 의무와 책임을 다하면서 소속된 공동체의 공동선을 실현하는 것이 정의롭다고 본다.
| 오답해설 |
ㄴ. 자유주의적 정의관 사상가인 노직의 주장에 해당한다.
ㄹ. 자유주의적 정의관의 특징이다.

21 ③

| 정답해설 | 공동체주의적 정의관에서는 개인의 자아 정체성이 공동체의 역사와 문화, 전통을 공유하는 가운데 형성된다고 본다. 즉, 개인과 공동체는 상호 유기적 관계에 있기 때문에 공동체가 지향하는 가치를 고려하여 분배 방식을 결정하고 개인은 이를 존중하고 책임을 다해야 한다고 본다.
③ 자유주의적 정의관에서 바라보는 공동체의 역할에 대한 설명이다.

22 ④

| 정답해설 | 헌법 제23조 제1항에서는 개인의 재산권 행사의 자유를 보장하고 있고, 제2항에서는 재산권 행사의 공공복리 적합 의무를 명시하고 있다. 즉, 재산권과 같은 개인의 권리를 보장하면서도, 동시에 공동체에 대한 의무를 부여하여 개인선의 실현이 공동선의 이익과 조화를 이룰 수 있도록 하고 있다.

23 ③

| 정답해설 | 제시문은 공동체의 문제 해결을 위해 개인의 의무와 책임을 강조하는 공동체주의적 정의관과 관련이 있다.

24 ②

| 정답해설 | 공동체주의적 정의관에서 공동체의 가치를 지나치게 강조할 경우 개인의 자유와 권리가 훼손되고 개인선 실현이 방해될 수 있다.
| 오답해설 | ㄴ, ㄹ. 자유주의적 정의관을 지나치게 강조할 경우 나타날 수 있는 문제점이다.

25 ②

| 정답해설 | 제시된 자료는 국토 면적이 약 12% 밖에 안 되는 수도권에 기업, 교육, 보건, 공공 기관 등의 시설이 집중되어 있는 상황과 도시와 농촌 간 소득 격차가 심화되고 있음을 보여 준다. 이는 급속한 도시화와 산업화로 인한 수도권과 비수도권, 도시와 농촌 간 공간 불평등 현상을 보여 준다.

26 ④

| 정답해설 | 우리나라의 공간 불평등 현상이 나타나게 된 가장 큰 이유는 성장 가능성이 높은 수도권과 대도시 위주로 투자하는 성장 거점 개발 방식을 추진하였기 때문이다.

27 ②

| 정답해설 | 제시된 그림은 갑국의 중산층 비율이 감소하고 있음을 보여 준다. 이는 사회 계층의 양극화가 심화되고 있음을 나타낸다. 사회 계층의 양극화 현상이란 사회 계층 중 중간 계층(중산층)의 비중이 줄고, 상층과 하층의 비중이 극단적으로 많아지는 현상을 말한다.

28 ④

| 정답해설 | 지역 격차 해소 정책으로는 국토 균형 개발 및 상향식 개발, 공공 기관이나 공기업을 지방으로 이전시켜 인구 분산, 수도권 내 공장, 대학 등의 대규모 개발 사업 규제 등이 있다.
| 오답해설 | ①, ②, ③ 소비자, 여성, 장애인 등 사회적 약자를 배려하기 위한 정책이다.

29 ①

| 정답해설 | 성장 거점 개발로 인해 거점 지역은 인구와 산업이 지나치게 집중된 반면, 비거점 지역은 상대적으로 낙후되어 지역 격차가 발생한다. 지역의 특성을 고려하고, 지역 간 연계 및 협력 증진을 통하여 지역 경쟁력을 높이는 균형 개발 방식을 추진해야 한다.

30 ②

| **정답해설** | 용모나 결혼 여부 등은 업무 수행과 관련이 없으므로 고용이나 해고의 기준으로 삼을 수 없고, 이를 기반으로 한 차별은 사회적 약자에 대한 차별로 이어질 수 있다.

31 ①

| **정답해설** | 제시된 제도들은 사회 보험에 해당한다. 사회 보험은 일정 소득이 있는 국민에게 보험 방식을 적용하여 질병, 실업 등 사회적 위험에 대비하도록 하는 것이다. 개인, 사업주, 국가가 부담하면서 가입자 간 상호 부조의 성격을 띠고 강제 가입이 원칙이며 수혜자가 부담하는 보험료는 소득의 크기에 비례한다.

| **오답해설** |

②, ③ 공공 부조에 대한 설명이다.

④ 사회 서비스에 대한 설명이다.

32 ③

| **정답해설** | 사회 보험에는 국민 건강 보험 제도, 국민연금 제도, 고용 보험 제도, 산업 재해 보상 보험 제도, 노인 장기 요양 보험 제도 등이 있다. 공공 부조에는 국민 기초 생활 보장 제도, 의료 급여 제도, 기초 연금 제도 등이 있다.

100점까지 Upgrade   사회 복지 제도

구분	사회 보험	공공 부조	사회 서비스
개인 부담	○	×	△ (이용자 및 정부 부담)
강제 가입	○	×	×
지원 방법	금전적(경제적·물질적 지원)		비금전적 지원

33 ①

| **정답해설** | 제시된 사회 복지 제도는 공공 부조인 기초 연금 제도로, 소득 재분배 효과가 가장 큰 공공 부조에 해당한다. 기초 연금 제도는 생활 형편이 어려운 만 65세 이상 노인을 위한 복지 제도이다.

| **오답해설** |

②, ③ 사회 보험에 대한 설명이다.

④ 사회 서비스에 대한 설명이다.

34 ①

| **정답해설** | 국민 기초 생활 보장 제도, 의료 보호 제도 등은 공

공 부조에 해당한다. 공공 부조는 생계유지 능력이 부족한 사람들에게 최저 생활을 보장하고 자립하도록 지원하는 사회 보장 제도(사회 복지 제도)로, 수혜자의 보험료 부담이 없고 국가가 전액 부담하는 형태이며, 소득 재분배 효과가 매우 크다.

35 ②

| **정답해설** | 사회 복지 제도는 구성원 간 사회적 격차를 줄여 사회 계층의 양극화 현상을 완화하기 위한 제도이다.

36 ③

| **정답해설** | 다양한 사회 복지 제도를 마련하여 사회 양극화 문제를 해결해야 한다.

| **오답해설** | ①, ②, ④ 사회 양극화 문제를 심화시킬 수 있다.

37 ④

| **정답해설** | 사회 보험은 국가 또는 기업이 수혜자와 함께 비용을 부담하여 운영되는 상호 부조의 성격을 띠고, 강제 가입이 원칙이며, 수혜자가 부담하는 보험료는 소득의 크기에 비례한다. 국민 건강 보험 제도, 국민연금 제도, 고용 보험 제도, 산업 재해 보상 보험 제도, 노인 장기 요양 보험 제도 등이 이에 해당한다.

38 ④

| **정답해설** | 적극적 우대 조치는 차별을 받아온 집단의 구성원(여성, 장애인 등)에게 우선적으로 기회를 부여하거나 적극적인 특혜를 주는 정책을 말한다.

39 ③

| **정답해설** | 적극적 우대 조치란 차별을 받아온 집단의 구성원에게 우선적으로 기회를 부여하거나 특혜를 주는 정책으로, 장애인 의무 고용제, 여성 고용 할당제 등이 있다. 적극적 우대 조치로 인해 역차별이 발생할 수 있는데, 역차별은 차별을 받는 대상을 보호하기 위한 제도나 장치가 지나쳐 상대적으로 유리한 위치에 있던 대상이 오히려 차별을 받는 것을 말한다.

③ 기회의 평등, 형식적 평등을 넘어 결과의 평등, 실질적 평등을 이루는 것이 적극적 우대 조치의 목적이다.

40 ③

| **정답해설** | 적극적 우대 조치는 사회적 약자의 불리한 처지를 완화하기 위해 다양한 측면에서 혜택을 주는 제도이다.

| 오답해설 |

ㄱ. 성적 우수 장학금을 인상하는 것은 적극적 우대 조치와 관련이 없다.

ㄷ. 의무 교육 기간을 연장하는 것은 교육 기회의 평등과 관련이 있다.

41 ④

| 정답해설 | 여성 차별을 해결하기 위해서는 여성에 대한 편견을 버리고 양성평등 문화를 확산시켜야 한다. 또한 채용이나 승진에서 일정 비율을 여성에게 할당하는 여성 고용 할당 제도를 도입하여야 한다.

④ 남성과 여성의 업무를 분리하는 것은 남녀 차별을 심화시킬 수 있다.

42 ②

| 정답해설 | 사회적 약자는 빈곤층, 여성, 노인, 장애인, 외국인 근로자 등 정치·경제·사회적 측면에서 열악한 위치에 있어 사회적으로 배려와 보호의 대상이 되는 개인 또는 집단을 말한다.

100점까지 Upgrade 사회적 약자 보호 정책

장애인 보호 정책	장애인 의무 고용 제도
여성 보호 정책	여성 고용 할당 제도
빈곤층 보호 정책	국민 기초 생활 보장 제도
노인 보호 정책	기초 연금 제도, 노인 장기 요양 보험 제도

Ⅶ 문화와 다양성

176쪽

01	④	02	③	03	③	04	④	05	③
06	③	07	④	08	③	09	①	10	①
11	②	12	②	13	③	14	④	15	③
16	①	17	④	18	④	19	②	20	①
21	③	22	④	23	③	24	③	25	②
26	②	27	④	28	④	29	④	30	④
31	③	32	②	33	②	34	④	35	②
36	③	37	③	38	②	39	①	40	②
41	①	42	④	43	③	44	③		

01 ④

| 정답해설 | 의식주, 종교, 언어, 산업 등의 문화적 특성이 비슷하게 나타나는 지리적 공간 범위를 문화권이라고 한다.

| 오답해설 |

① 종교, 산업은 인문 환경에 해당한다.

② 기후, 지형은 자연환경에 해당한다.

③ 하나의 문화권 안에는 여러 민족, 국가, 언어 등이 복잡하게 뒤섞여 있을 수 있다.

02 ③

| 정답해설 | 제시된 그림은 강수량이 매우 적은 건조 기후 지역을 나타낸다. 건조 기후 지역의 사람들은 강한 햇빛과 모래바람을 막기 위해 온몸을 감싸는 헐렁하고 얇은 옷을 입는다.

| 오답해설 |

① 열대 기후와 한대 기후에서 나타나는 문화 경관이다.

② 한대 기후에서 나타나는 문화 경관이다.

④ 열대 기후에서 나타나는 문화 경관이다.

03 ③

| 정답해설 | 벼농사에 유리하며, 쌀을 주식으로 하는 음식 문화가 발달한 지역은 아시아의 고온 다습한 계절풍 기후 지역이다.

| 오답해설 |

ㄱ. 열대 기후 지역에 해당한다.

ㄴ. 건조 기후 지역에 해당한다.

ㄹ. 한대 기후 지역에 해당한다.

04 ④

| 정답해설 | 잘 보존된 자연환경은 산업 발달 수준이 낮은 지역에서 나타나는 문화 경관이다.

100점까지 Upgrade 산업 발달에 따른 문화 경관

산업이 발달한 지역	• 상공업 중심의 문화권에 속함 • 인구가 많고, 산업 시설·고층 건물이 밀집되어 있음 • 주민들은 현대적인 도시 생활을 함
산업이 낙후된 지역	• 원래의 자연환경과 전통적인 생활 양식을 유지함 • 농경 문화권: 공동체 문화가 발달하고, 곡물 수확을 기원하는 행사를 볼 수 있음 • 유목 문화권: 이동식 유목 생활을 하고, 가축으로부터 의식주의 재료를 얻음

05 ③

| **정답해설** | 이슬람교는 유일신 알라를 섬기며, 경전인 쿠란의 규율대로 살아가고자 한다. 또한 모스크에서 예배를 드리고, 5대 의무(신앙 고백, 예배, 자선 활동, 라마단 기간의 금식, 성지 순례)가 강조된다. 카슈미르 지역은 인도(힌두교)와 파키스탄(이슬람교) 간의 종교 분쟁 지역이다.

06 ③

| **정답해설** | 이슬람교 문화권은 유일신 알라를 섬기며, 경전인 쿠란의 규율대로 살아가고자 한다. 둥근 돔이 있는 모스크 사원, 술과 돼지고기를 금기시하는 식생활 등을 특징으로 한다.

07 ④

| **정답해설** | A는 불교, B는 크리스트교, C는 이슬람교, D는 힌두교 문화권에 해당한다. 제시된 특징이 나타나는 종교 문화권은 힌두교 문화권이다.

100점까지 Upgrade 종교 문화권

크리스트교 문화권	• 믿음과 사랑을 강조하고, 예수의 구원을 믿음 • 십자가와 종탑이 있는 성당이나 교회에서 예배하고, 결혼식이나 장례식 등 전반적인 생활에 영향을 미침
이슬람교 문화권	• 유일신 알라를 숭배하고, 쿠란을 따르는 생활을 함 • 둥근 돔이 있는 모스크 사원에서 예배함 • 여성들은 히잡, 부르카 등으로 몸과 얼굴을 가림 • 술과 돼지고기를 금기시함
불교 문화권	• 인간의 평등과 자비, 개인의 수양을 강조하고, 윤회 사상을 믿음 • 사찰, 불상, 탑(부처의 사리 보관) 등을 볼 수 있음 • 육식을 금기시하고, 주로 채식 위주의 식사를 함
힌두교 문화권	• 다양한 신들이 조각되어 있는 힌두교 사원이 있음 • 윤회 사상을 믿고, 갠지스강에서 목욕이나 시신을 화장하는 의식을 치름 • 소를 신성시하여 소고기를 먹지 않음

08 ③

| **정답해설** | A는 불교 문화권이다. 불교는 자비와 개인의 수양 및 해탈을 강조한다. 불교 사원에서는 불상을 모시는 불당, 부처의 사리를 보관하는 탑, 승려들이 음식을 얻어먹는 탁발 등을 볼 수 있다.

| **오답해설** |

① 불교에서는 살생을 금하는 교리에 따라 육식을 금기시하고, 주로 채식 위주의 식사를 한다.

②, ④ 이슬람교 문화권에서는 경전인 쿠란의 규율을 따르는 생활을 하고, 둥근 돔이 있는 모스크 사원에서 예배한다.

09 ①

| **정답해설** | 유교 문화권은 동(부)아시아 국가인 우리나라, 중국, 일본, 베트남 등이 해당한다. 유교는 국가의 통치 이념과 사회 윤리 사상에 영향을 주었고, 조상의 제사, 노인 공경, 효와 예를 중시한다.

10 ①

| **정답해설** | A는 유럽 문화권, B는 건조(이슬람) 문화권, C는 아프리카 문화권, D는 남부 아시아 문화권, E는 오세아니아 문화권, F는 라틴 아메리카 문화권이다. 제시된 내용은 유럽 문화권과 관련이 있다.

100점까지 Upgrade 유럽 문화권

• 북서 유럽, 남부 유럽, 동부 유럽으로 구분된다.
• 크리스트교 문화가 발달하였다.
• 산업 혁명의 발상지로 경제 발전 수준이 높다.
• 시민 혁명으로 민주주의가 발달하였다.

11 ②

| **정답해설** | 건조(이슬람) 문화권은 북부 아프리카와 서남아시아 일대의 건조 기후 지역에 해당한다. 건조 문화권의 주민 대부분은 이슬람교를 믿으므로 돼지고기와 술을 먹지 않는다. 주민들은 주로 아랍어를 사용하며, 유목, 오아시스 농업 등에 종사한다.

12 ②

| **정답해설** | 남부 아시아 문화권은 힌두교와 불교의 발상지로, 종교와 언어, 민족이 다양하고 복잡하다. 인도와 그 주변 국가(네팔, 파키스탄, 방글라데시, 스리랑카)가 남부 아시아 문화권에 해당한다.

13 ③

| 정답해설 | E는 오세아니아 문화권이다. 오스트레일리아, 뉴질랜드, 남태평양의 섬 지역이 해당한다.

오세아니아 문화권

- 영국의 식민 지배로 영어를 사용하고, 크리스트교(개신교)의 비율이 높다.
- 대표적인 원주민으로 오스트레일리아의 애버리지니와 뉴질랜드의 마오리족이 있다.
- 유럽 문화가 전파되어 원주민의 문화가 없어질 위기에 처해 있다.
- 관광업 및 기업적 농업과 목축업이 발달하였다.

14 ④

| 정답해설 | 라틴 아메리카 문화권은 과거 남부 유럽의 식민 지배를 받아 주로 에스파냐어와 포르투갈어를 사용한다.

| 오답해설 |

① 북극 문화권의 특징이다.

② 앵글로아메리카 문화권의 특징이다.

③ 오세아니아 문화권의 특징이다.

라틴 아메리카 문화권

- 리오그란데강 이남 지역의 국가들이 해당한다.
- 과거 남부 유럽(포르투갈, 에스파냐)의 식민 지배를 받았다.
- 주로 에스파냐어와 포르투갈어(브라질)를 사용하고, 크리스트교(가톨릭교)를 믿는다.
- 원주민과 아프리카인, 유럽인 간의 문화 융합으로 혼혈 인종이 많고 다양한 문화가 나타난다.

15 ③

| 정답해설 | 문화 변동은 한 사회의 문화가 새로운 문화 요소의 등장이나 다른 문화와 접촉하면서 기존 문화의 특성이 변화하는 것을 말한다.

16 ①

| 정답해설 | 제시된 내용은 나침반의 발명으로 인한 문화 변동을 보여 준다. 발명이란 이전에 없었던 문화 요소와 원리를 새롭게 만들어 내는 것을 말한다.

| 오답해설 |

② 발견은 문화 변동의 내재적 요인으로, 이미 존재하고 있었으나 알려지지 않은 문화 요소나 원리를 찾아내는 것을 말한다.

③ 문화 전파는 문화 변동의 외재적 요인으로, 직접 전파, 간접 전파, 자극 전파로 구분된다.

17 ④

| 정답해설 | 문화 변동의 요인에는 내재적 요인(발명, 발견)과 외재적 요인(문화 전파)이 있다. 발명은 존재하지 않았던 새로운 문화 요소를 만들어 내는 행위이고, 발견은 이미 존재하지만 아직 세상에 알려지지 않은 것을 알아내거나 찾아내는 행위이다. 문화 전파는 한 나라의 문화 요소들이 다른 사회에 전해져서 그 사회의 문화로 정착되는 것을 말한다.

18 ④

| 정답해설 | 문화 동화는 한 문화가 다른 문화 체계 속에 흡수되거나 대체되어 문화 정체성을 상실하는 현상이다.

| 오답해설 |

①, ② 문화 융합의 사례이다.

③ 문화 공존의 사례이다.

문화 접변의 결과

문화 동화	기존의 문화가 외부에서 들어온 문화에 의해 완전히 흡수되거나 대체되는 현상 예 아메리카 원주민 문화가 백인 문화와 접촉하면서 자기 문화를 상실한 경우
문화 병존 (문화 공존)	기존 문화와 외래문화가 각각의 독립성과 정체성을 유지하면서 함께 존재하는 현상 예 우리나라에 있는 이슬람 사원, 차이나타운 등
문화 융합	기존의 문화와 외래문화가 합쳐져 이전의 두 문화와는 다른 새로운 제3의 문화가 나타나는 현상 예 퓨전 음식, 우리나라 사찰에서 보이는 칠성각 등

19 ②

| 정답해설 | 제시문은 외래문화 요소와 전통문화 요소가 결합하여 새로운 문화 요소가 만들어지는 문화 융합을 보여 준다.

20 ①

| 정답해설 | 기존의 문화가 외부에서 들어온 문화에 의해 완전히 흡수되거나 대체되는 현상을 문화 동화라고 한다.

21 ③

| 정답해설 | 문화 융합은 서로 다른 문화가 결합하여 어느 문화에도 속하지 않는 제3의 문화가 나타나는 현상이다.

22 ④

| 정답해설 | 제시된 사례는 문화 병존(문화 공존)을 보여 준다. 문

화 병존은 외래문화와 기존 문화가 각각의 독립성과 정체성을 유지하면서 함께 존재하는 현상을 말한다.

23 ③

| **정답해설** | 세계화 시대에는 외래문화의 요소를 비판적으로 수용하여 전통문화와의 조화를 이루어야 한다.

24 ③

| **정답해설** | 자문화 중심주의는 자기 문화의 우수성만을 내세우고 다른 문화를 무시하는 태도이다.

25 ②

| **정답해설** | 문화 사대주의는 타 문화를 동경·숭상하여 타 문화는 무조건 좋고 자기 문화는 무조건 나쁘다는 식으로 보는 태도이다.

| **오답해설** |
① 자기 문화의 관점에서 타 문화를 비하하고 있으므로 자문화 중심주의에 해당한다.

③, ④ 타 문화를 역사·환경·기후 등 그 사회가 처한 상황과 맥락에서 이해하려고 하므로 문화 상대주의에 해당한다.

26 ②

| **정답해설** | 문화 상대주의는 문화의 상대성을 인정하고 어떤 사회의 문화를 그 사회의 맥락에서 이해하려는 태도로, 문화를 평가의 대상으로 보지 않는다.

27 ④

| **정답해설** | 자문화 중심주의는 자기 문화의 우수성만을 내세우고 다른 문화를 무시하는 태도로, 문화 간에 우열이 있다고 보고 문화를 평가의 대상으로 여긴다.

28 ④

| **정답해설** | 제시된 사례를 인정하는 태도는 극단적 문화 상대주의이다. 극단적 문화 상대주의는 생명 존중, 인간 존엄성과 같은 인류의 보편적 가치를 무시하는 문화에 대해서도 그 문화가 처한 상황 속에서 이해해야 한다는 태도이다. 극단적 문화 상대주의를 인정하는 것은 인류의 보편적 가치의 실현을 방해하고, 문화의 발전을 저해하기 때문에 경계해야 할 태도이다.

29 ④

| **정답해설** | 제시문에 나타난 문화 이해 태도는 문화 사대주의이다. 문화 사대주의는 자기 문화를 낮게 평가하고 다른 사회의 문화만을 우수하다고 여기는 태도를 말한다. 문화 사대주의는 다른 문화를 수용하는 데 용이하고 자기 문화를 개선하는 데 기여할 수 있으나, 외래문화를 무비판적으로 수용할 경우 자기 문화의 정체성을 상실할 우려가 있다.

| **오답해설** | ㄱ. 문화 사대주의는 문화의 우열을 가릴 수 있다고 본다.

30 ④

| **정답해설** | 명예 살인과 같이 사회 구성원의 인권을 침해하고 생명을 해치는 문화는 보편 윤리를 훼손하고 있기 때문에 인정해서는 안 된다.

31 ③

| **정답해설** | 문화 상대주의는 문화의 상대성을 인정하고 어떤 사회의 문화를 그 사회의 맥락에서 이해하려는 태도이다.

| **오답해설** | ① 문화 제국주의는 자문화 중심주의의 태도를 가지고 다른 나라에 자기 문화를 이식하려는 것을 말한다.

32 ②

| **정답해설** | 모든 사회에서는 시대와 지역에 관계없이 누구나 인정하는 기본 원리인 보편 윤리가 존재한다. 따라서 인권을 침해하고 인간에게 고통을 주는 등 보편 윤리에 어긋나는 문화까지 허용하는 극단적 문화 상대주의는 지양해야 한다.

33 ②

| **정답해설** | 제시문은 체벌에 반대하는 입장이다. 체벌은 신체에 물리적 폭력을 가하는 것으로, 보편 윤리에 어긋나고 교육적 효과가 없기 때문에 이에 대해 반대하고 있다.

34 ③

| **정답해설** | 다문화 사회란 다양한 인종, 종교, 언어 등 서로 다른 문화적 배경을 가진 사람들이 함께 살아가는 사회를 말한다.

35 ②

| **정답해설** | 우리나라는 결혼, 취업, 유학 등의 이유로 이민자가

늘어나면서 외국인의 비중이 증가하고 있다. 특히 결혼 이민자의 증가로 다문화 가정 학생 수가 증가하고 있다.

36 ③

| 정답해설 | 다문화 사회에서는 '타 문화를 가진 사람들에 대한 편견과 배타적 태도, 차별로 인해 갈등이 발생한다. 이는 타 문화에 대한 이해가 부족한 상태에서 다수 집단이 소수 집단에게 자신의 문화를 강요하기 때문이다.
③ 서로 다른 문화적 차이를 인정하는 태도는 문화 갈등의 해결 방안이다.

37 ③

| 정답해설 | 다문화 사회에서는 문화적 차이에서 비롯된 충돌이나 갈등이 발생할 수 있다. 결혼 이민자와 외국인 근로자를 대상으로 한 한글 및 한국 문화 강좌 개설, 구직 활동 지원, 정신 건강 상담 및 치료 지원 등 다양한 제도적 차원의 노력들이 필요하다.
③ 출산 장려 정책에 해당한다.

38 ②

| 정답해설 | 제시된 사례는 우리나라에서 기피하는 업종에 외국인 근로자가 그 자리를 채움으로써 노동력 부족 문제를 해소하는 모습을 보여 준다.

39 ①

| 정답해설 | 단일 민족의식 탈피는 개인적 차원(의식적 차원)의 해결 방안이다.
| 오답해설 | ②, ③, ④ 사회적(제도적) 측면에서의 해결 방안이다.

100점까지 Upgrade **다문화 사회에서의 갈등 해결 방안**

개인적 차원	• 문화의 다양성을 이해하고 문화 상대주의의 관점에서 타 문화를 이해해야 함 • 단일 민족의식에서 탈피하여 관용과 개방의 자세를 지녀야 함 • 이주민을 동등한 사회 구성원으로 인정하는 세계 시민 의식을 함양해야 함
사회적 차원	• 샐러드 볼 이론(다문화주의 관점)에 근거한 다문화 정책을 추진함 • 외국인 인권을 보호하는 법적 장치를 마련함 • 결혼 이민자의 국내 정착을 돕기 위한 정책을 마련함 • 서로의 문화적 차이를 존중하기 위한 다양한 다문화 프로그램을 시행함

40 ②

| 정답해설 | 샐러드 볼 이론은 기존 문화와 이주민 문화가 동등하게 조화를 이루어야 한다는 다문화주의적 관점이다. 이는 문화 간 차이를 인정하는 관용의 자세를 중시하고, 문화의 다양성에 기여한다.
| 오답해설 | ①, ③, ④ 용광로 이론에 대한 설명이다.

41 ①

| 정답해설 | 용광로 이론은 기존 문화에 이주민의 문화를 흡수하여 단일한 정체성을 이루어야 한다는 동화주의적 관점이다. 이 이론은 이주민들이 그들의 언어나 문화적 특성을 버리고 기존 문화에 녹아들어야 한다고 주장하기 때문에 이민자의 문화 정체성을 훼손할 우려가 있다.
| 오답해설 | ②, ③, ④ 샐러드 볼 이론에 대한 설명이다.

42 ④

| 정답해설 | 다문화 사회와 관련하여 우리나라에서는 한국어 기초 강좌 개설, 외국인 상담 및 취업 알선 사업, 결혼 이민자의 국내 정착을 돕기 위한 임신·출산·자녀 양육 지원, 법률 제공 등 다양한 다문화 사회 정책을 실시하고 있다.

43 ③

| 정답해설 | 제시된 그림을 통해 외국인 주민 수와 비율이 커지면서 점점 다문화 사회로 진입하고 있음을 알 수 있다. 다문화 사회로 진입하면서 서로 다른 문화를 이해하지 못해 문화 갈등이 증가할 가능성이 높고, 사회적 편견과 차별로 인해 외국인에 대한 인권 침해 문제가 발생할 가능성도 높다.

44 ③

| 정답해설 | 문화의 다양성을 존중하고 문화 상대주의 태도를 함양하며, 다문화 사회의 모습이 반영된 법률, 제도, 정책을 마련하여 다문화 사회의 문화 갈등을 해결하기 위한 노력을 해야 한다.

01	③	02	①	03	③	04	②	05	③
06	③	07	④	08	②	09	④	10	③
11	②	12	①	13	①	14	③	15	③
16	①	17	③	18	②	19	①	20	①
21	③	22	②	23	④	24	⑤	25	②
26	⑤	27	⑤	28	⑤	29	⑤	30	①
31	④	32	④	33	④	34	⑤	35	②
36	②	37	④	38	⑤	39	③	40	④
41	③	42	①	43	②	44	①	45	④
46	③	47	③	48	①						

01 ③

| 정답해설 | 세계 무역 기구(WTO)의 출범으로 자유 무역이 확대되면서 국경을 넘어 상품·자본·노동 등이 자유롭게 이동하게 되고, 소비자의 상품 선택의 기회가 확대되었다.
| 오답해설 |
① 국가 간 무역 장벽이 더욱 약화되었다.
② 오늘날은 과거에 비해 시간과 공간의 제약이 약화되었다.
④ 교통과 통신이 발달하면서 인적·물적 교류가 증가하였다.

02 ①

| 정답해설 | 세계화로 인해 국제 교역 증가(생산의 효율성 증대, 경제 블록 형성), 다양한 문화를 접할 수 있는 기회 확대, 지구촌 문제 해결을 위한 상호 협력 증대 등의 긍정적 영향이 나타났다. 하지만 선진국과 개발 도상국 간의 경제적 격차 심화(남북 문제 발생), 개발 도상국의 경제적 종속 심화, 선진국 문화로의 획일화 현상 등 부정적 영향도 나타나고 있다.
① 세계화로 인해 국가 간 상호 의존성이 증대되고 있다.

03 ③

| 정답해설 | 세계화란 경제, 사회, 문화 등 여러 분야에서 국경을 초월하여 국가 간에 상호 작용이 활발하게 이루어지고 생활 공간이 전 지구로 확대되는 현상을 말한다. 자유 무역의 확대로 세계화가 더욱 가속화되고 있고, 세계 무역 기구(WTO)의 역할이 더욱 커지고 있다.

04 ②

| 정답해설 | 제시된 내용은 지역화 전략과 관련이 있다. 지역화

란 어떤 지역이 그 지역만이 가지고 있는 독특한 사회적·전통적·문화적 특성을 살려 세계적인 경쟁력을 갖추고자 하는 현상을 말한다.

100점까지 Upgrade   다양한 지역화 전략

지리적 표시제	상품의 특성, 품질, 명성 등이 근본적으로 해당 지역에서 시작되는 경우, 그 지역을 원산지로 생산·제조·가공된 상품임을 증명하고 표시하는 제도
지역 브랜드	지역에서 생산되는 상품이나 지역 자체에 고유한 상표를 부여한 제도
장소 마케팅	특정 장소 혹은 도시 공간을 상품으로 인식하고 개발하여 장소의 경제적 가치를 상승시키는 홍보 전략
지역 축제	지역의 고유한 특성을 이용한 축제

05 ③

| 정답해설 | 교통·통신의 발달로 지역 간 교류와 이동이 활발해지면서 국제 사회의 상호 의존성이 커지고, 생활권의 범위가 국가의 경계를 넘어 세계가 하나로 통합되는 현상인 세계화가 이루어지고 있다.
③ 세계화로 인해 지역 간 경쟁은 더욱 치열해지고 갈등 또한 증가할 것이다.

06 ③

| 정답해설 | (가)는 세계화에 해당한다. 세계화의 긍정적 영향으로는 자유 무역 확대로 인한 국제 교역 증가, 다양한 문화를 접할 수 있는 기회 확대, 소비자의 상품 선택 기회 확대, 해외여행 기회 확대, 다양한 분야에서 문화 교류 활발, 지구촌 문제 해결을 위한 상호 협력 증대 등이 있다.
③ 세계화로 인해 기업 활동에 대한 국경의 제약이 감소하였다.

07 ④

| 정답해설 | 세계 각지에 지사, 연구소, 생산 공장을 설립하고, 여러 나라를 대상으로 제품을 생산·판매하는 기업을 다국적 기업이라고 한다.

08 ②

| 정답해설 | 다국적 기업을 유치한 지역은 일자리가 증가하여 지역 경제가 활성화되며, 다국적 기업의 경영 기법이나 선진 기술을 습득할 기회를 얻는다.
② 선진국 등 투자국은 국내에 있던 생산 공장이 지가가 저렴한 해외 지역(개발 도상국 등 투자 유치국)으로 이전하면서 실업자가 증가한다.

09 ④

| 정답해설 | 다국적 기업이 증가하면 상대적으로 경쟁력이 약한 국내 기업은 쇠퇴할 것이다.

| 오답해설 |
① 국경을 넘어 국가 간 무역이 증가할 것이다.
② 자유 무역이 더욱 강화될 것이다.
③ 세계화 현상이 점점 확대될 것이다.

10 ③

| 정답해설 | 주로 연구소와 판매 법인은 선진국에 위치해 있으며, 생산 공장(생산 법인)은 생산·판매 등을 담당하기 때문에 땅값과 노동비가 저렴한 개발 도상국에 입지한다.

11 ②

| 정답해설 | 다국적 기업은 단순히 해외에 지점 또는 자회사를 두고 있는 것이 아니라, 둘 이상의 국가에서 현지 국적을 취득한 현지 법인으로 제조 공장 또는 판매 회사를 가지고 있으며, 현지의 실정에 따라 움직이는 국제적인 기업 조직이다.

12 ①

| 정답해설 | 세계화는 다국적 기업이나 세계 도시의 등장 등 다양한 모습으로 나타나고 있다.

13 ①

| 정답해설 | 세계 도시는 정치, 경제, 문화, 정보 등 다양한 측면에서 전 세계적으로 중심지 역할을 수행하는 도시로, 생산자 서비스 기능을 제공한다. 세계 도시는 주로 선진국에 위치하며, 뉴욕, 파리, 런던, 도쿄 등이 대표적이다.

100점까지 Upgrade 세계 도시의 특징

- 국제기구의 본부가 위치하여 국제회의를 개최한다.
- 교통 및 통신망의 세계적인 중심지로서 인적·물적 교류가 활발하다.
- 세계 도시들은 기능적으로 유기적 관계를 맺고 있어 한 도시의 변화는 다른 국가에 연쇄적으로 영향을 끼친다.
- 다국적 기업의 본사나 국제 금융 업무 관련 기업의 입지로 전 세계의 자본과 정보, 고급 인력이 모여 있다.
- 생산자 서비스 기능을 제공한다.

14 ③

| 정답해설 | 생산자 서비스업이란 생산자가 제품과 서비스를 생산하고 유통하는 과정에서 필요한 회계, 법률, 광고, 금융, 부동산 임대업과 같은 생산자를 위한 서비스업을 말한다.

| 오답해설 | ④ 소비자 서비스업은 재화와 서비스가 소비자에게 직접 제공되는 서비스업을 말한다. 소비자 서비스업에는 소매업, 음식점업, 숙박업 등이 포함된다.

15 ③

| 정답해설 | 세계화는 생활권의 범위가 개별 국가의 국경을 넘어 전 지구로 확대되고, 전 세계가 하나로 통합되어 가는 현상을 말한다.

③ 세계화가 진행되면 세계의 문화가 비슷해지는 현상인 문화의 획일화가 나타나 문화의 다양성 확보가 어려워질 수 있다.

16 ①

| 정답해설 | 세계화의 부정적 영향에는 국가 간 무역 마찰 초래, 선진국과 개발 도상국 간의 경제적 격차 심화, 선진국 문화로의 획일화, 보편 윤리와 특수 윤리 간의 갈등 문제 등이 있다.

| 오답해설 | ②, ③, ④ 세계화의 긍정적 영향에 해당한다.

17 ③

| 정답해설 | 세계화는 주로 선진국의 주도로 이루어지기 때문에 상대적으로 개발 도상국이 선진국에 경제적으로 종속될 수 있다. 이러한 국가 간 격차 문제는 개발 도상국뿐만 아니라 선진국도 함께 노력해야 해결할 수 있다.

100점까지 Upgrade 국가 간 빈부 격차 해결 방안

공정 무역	불공정한 무역 구조를 해결하기 위해 개발 도상국의 생산자가 만든 친환경 상품을 공정한 가격으로 구매하여 노동에 대한 정당한 대가를 지불하고자 하는 무역 형태
공정 여행	여행에서 소비되는 비용이 지역 경제에 환원이 되고, 현지의 환경을 해치지 않는 여행
공적 개발 원조(ODA)	개발 도상국의 경제 개발과 복지 증진을 위해 선진국이 개발 도상국에게 자원과 기술 등을 지원하는 제도
기타	• 국제기구를 통해 개발 도상국에게 경제적으로 지원해 줌 • 분배 정의 실현 문제에 대해 세계 시민 의식을 가지고 관심을 가져야 함

18 ②

| 정답해설 | 보편 윤리란 모든 사회의 구성원들이 지켜야 할 윤리를 말하며, 특수 윤리란 특정 지역에서만 공유되는 윤리를 말한다. 제시문은 싱가포르에서만 공유되고 있는 특수 윤리와 미국이 주장하는 보편 윤리가 충돌하고 있음을 보여 주고 있다.

19 ①

| 정답해설 | 공정 무역은 불공정한 무역 구조를 해결하기 위해 개발 도상국의 생산자가 만든 친환경 상품을 공정한 가격으로 구매하여 노동에 대한 정당한 대가를 지불하고자 하는 무역 형태이다. 공정 무역은 중간 유통 단계를 거치지 않고 생산자와 직접 거래하기 때문에 개발 도상국의 생산자에게 더 많은 이익이 돌아갈 수 있다.

20 ①

| 정답해설 | 공정 무역은 개발 도상국 생산자의 경제적 자립과 지속 가능한 발전을 위해 생산자에게 보다 유리한 무역 조건을 제공하는 무역 형태로, 국가 간 동등한 위치에서 이루어진다. 공정 무역은 생산지의 근로자에게 정당한 노동력의 대가를 지급하고, 직거래를 통해 소비자에게 보다 저렴한 상품을 제공할 수 있다.

21 ③

| 정답해설 | 자유 무역이 확대되는 세계화 시대에 대응하기 위해서는 미래 지향 산업에 대해 과감한 투자 등을 통해 국제 경쟁력을 강화할 필요가 있다.

22 ②

| 정답해설 | 카슈미르는 인도(힌두교)와 파키스탄(이슬람교) 간의 갈등 지역이다.

| 오답해설 |
① 벨기에는 북부 네덜란드 언어권과 남부 프랑스 언어권 간의 갈등이 발생하는 지역이다.
③ 쿠릴 열도는 러시아와 일본의 영토 분쟁 지역이다.
④ 팔레스타인은 아랍인(이슬람교)과 유대인(유대교) 간의 갈등이 발생하고 있는 지역이다.

23 ④

| 정답해설 | 제시된 지도는 팔레스타인 분쟁 지역을 나타낸 것이다.

| 오답해설 |
① 카슈미르 지역은 인도(힌두교)와 파키스탄(이슬람교) 간의 갈등 지역이다.
② 카스피해는 유전 지대의 영유권을 두고 러시아, 이란, 카자흐스탄, 아제르바이잔, 투르크메니스탄 간의 갈등이 발생하고 있는 지역이다.
③ 난사 군도는 남중국해의 중국, 타이완, 필리핀, 브루나이, 말레이시아 등이 유전 지대의 영유권을 두고 분쟁하고 있는 지역이다.

100점까지 Upgrade 이스라엘–팔레스타인 분쟁

제2차 세계 대전이 끝나면서 국제 연합은 팔레스타인을 유대인(유대교) 구역과 아랍인(이슬람교) 구역으로 분할하였다. 이후 1948년에 유대인들이 팔레스타인 지역에 이스라엘을 건국하면서 유대인과 아랍인 간에 팔레스타인 지방의 영유권을 둘러싼 대립이 나타났다. 이는 수차례에 걸친 중동 전쟁으로 이어졌고, 이 전쟁을 겪으면서 이스라엘은 아랍인 구역을 장악하였다. 이 과정에서 팔레스타인 사람들은 이스라엘을 떠나 주변 국가에서 난민 생활을 하게 되었다.

24 ③

| 정답해설 | 팔레스타인 분쟁 지역에서는 이슬람교(아랍인)와 유대교(유대인) 사이의 종교 대립이 나타나고 있다.

25 ②

| 정답해설 | 국제 사회의 행위 주체 중 국가는 일정한 영토와 국민을 바탕으로 하며 주권을 가진 집단으로, 가장 기본적인 행위 주체이다. 국제 사회에서 외교를 통해 자국의 이익을 최우선으로 추구하며, 다른 국가와 갈등을 겪기도 하고 협력을 하기도 한다. 국가는 당사국의 합의나 제3자의 조정 및 협약을 통해 국가 간 갈등을 해결하고, 빈곤 국가를 원조하거나 재난 국가를 위한 구호 활동을 벌인다.

26 ②

| 정답해설 | 각 국가의 정부를 회원으로 하는 국제 사회의 행위 주체는 국제기구(정부 간 국제기구)이다.

| 오답해설 |
① 가장 기본적인 행위 주체는 국가이다.
③ 개인이나 민간단체를 회원으로 하는 행위 주체는 국제 비정부 기구(NGO)이다.
④ 국제기구는 제3자로서 국가 간 이해관계를 조정한다.

100점까지 Upgrade 국제기구(정부 간 국제기구)

종류	국제 연합(UN), 유럽 연합(EU), 동남아시아 국가 연합(ASEAN), 경제 협력 개발 기구(OECD), 세계 무역 기구(WTO), 국제 통화 기금(IMF) 등
역할	• 제3자로서 국가 간 이해관계를 조정함 • 국제 평화 유지 및 다양한 영역에서 국제 협력 활동을 벌임 • 세계적인 경제 성장과 금융 안정을 추구함 • 국제 규범을 정립함

27 ③

| 정답해설 | 국경 없는 의사회, 국제 적십자사, 그린피스, 국제 사면 위원회, 유니세프 등은 국제 비정부 기구(NGO)에 해당한다. 국제 비정부 기구는 개인이나 민간단체를 회원으로 하는 자발적 시민 단체를 말한다.

28 ③

| 정답해설 | 정부 간 기구에는 국제 통화 기금(IMF), 국제 연합(UN), 세계 무역 기구(WTO), 경제 협력 개발 기구(OECD) 등이 있다. 국제 비정부 기구에는 국제 사면 위원회(국제 앰네스티), 국제 적십자사, 국경 없는 의사회, 그린피스, 유니세프, 월드비전 등이 있다.

29 ③

| 정답해설 | 국제 비정부 기구(NGO)는 정부의 간섭 없이 개개인이나 민간단체가 중심이 되어 자발적으로 만들어진 조직으로, 그린피스, 국경 없는 의사회, 국제 적십자사, 유니세프, 월드비전 등이 있다. 국제 비정부 기구는 전 지구적 차원의 문제를 제기하고 국제적인 연대를 통해 해결 방안을 모색하며, 환경 보호, 인권 보장 같은 공익을 추구한다. 또한 국제 사회의 다양한 행위 주체들을 감시하고 견제하는 역할을 한다. 오늘날 시민 사회의 영향력이 강화되면서 국제 비정부 기구의 역할이 확대되고 있다.

30 ①

| 정답해설 | 적극적 평화는 물리적·직접적 폭력뿐만 아니라 구조적·문화적·간접적 폭력까지 모두 제거된 상태로, 진정한 의미에서의 평화를 말한다.

31 ④

| 정답해설 | 전쟁, 테러, 범죄, 폭행 등은 물리적·직접적 폭력에 해당하고, 빈곤, 기아, 차별, 종교와 사상의 억압, 강제적 착취 등은 구조적·문화적 폭력인 간접적 폭력에 해당한다.

32 ④

| 정답해설 | 국제 비정부 기구인 국경 없는 의사회는 전쟁과 자연재해, 전염병 등으로 모두가 피하는 곳에 가서 구호 활동을 벌임으로써 적극적 평화에 기여하고 있다. 적극적 평화는 물리적·직접적 폭력뿐만 아니라 구조적·문화적 폭력인 간접적 폭력까지 모두 제거된 상태로, 개인이 물리적 폭력의 위협뿐만 아니라 각종 차별과 억압에서 벗어나 인간의 존엄성을 보장받으며 안전하고 행복한 삶을 살 수 있게 해 준다.

33 ④

| 정답해설 | 6·25 전쟁은 1950년에 소련의 지원을 받은 북한의 남침으로 일어난 사건이다.

34 ②

| 정답해설 | 통일을 통해 강력한 군사력을 보유하고자 하는 것은 주변 국가와의 또 다른 갈등을 불러일으킬 수 있다.

100점까지 Upgrade 　통일의 필요성

정치적 측면	• 북한의 인권 문제를 개선하고 전쟁의 위협에서 벗어나게 됨 • 세계 유일한 분단 국가의 통일로 군사적 위험을 해소하여 세계 평화에 이바지할 수 있음
경제적 측면	• 분단 비용을 절감하여 경제 발전과 복지 사회 건설을 위해 사용할 수 있음 • 국가 경쟁력을 강화시킬 수 있음 • 거주, 직업 등 다양한 분야에서 선택의 기회가 확대됨 • 지리적 이점을 이용하여 물류의 중심지로 성장할 수 있음 • 효율적인 국토 이용이 가능해짐
민족적·문화적 측면	• 이산가족의 고통을 해소함 • 언어의 이질화 극복 등 민족 정체성을 회복하고, 민족 공동체를 실현할 수 있음

35 ②

| 정답해설 | 제시된 표는 남북한 언어의 이질화가 심각하다는 것을 보여 주고 있다. 통일이 되면 언어의 이질화 현상 등을 극복하고 문화의 정체성을 회복할 수 있다.

36 ②

| 정답해설 | 제시문은 남북통일 이후 한반도의 국내 총생산이 증가할 것으로 전망하며 북한의 풍부한 자원과 남한의 기술 및 자금력의 결합을 그 근거로 들고 있다. 즉, 남한의 자본·기술과 북한의 천연자원 및 노동력을 결합하면 국가 경쟁력을 강화시킬 수 있다고 보고 있다.

37 ④

| 정답해설 | 언어는 통일의 바탕이 될 수 있는 가장 강력한 민족 문화이기 때문에 남북의 언어 이질화 현상을 극복해야 한다. 언

어가 달라지면 한민족으로서의 중요한 징표가 사라지기 때문에 통일 이후에 혼란을 겪지 않도록 정보화 시대에 맞는 언어 정책을 마련해야 한다.

38 ①

| 정답해설 | 20세기 후반 냉전 체제가 무너지고 세계화가 진행되면서 각국의 교류가 확대되었다. 이러한 흐름 속에서 동아시아 국가들은 긴밀한 협력 관계를 맺고 있으나, 자국의 실리를 추구하면서 역사를 둘러싼 갈등이 발생하고 있다.

39 ④

| 정답해설 | 센카쿠 열도(댜오위다오), 남중국해의 시사 군도, 남중국해의 난사 군도의 영토 분쟁에 공통적으로 관련이 있는 국가는 중국이다.

40 ④

| 정답해설 | 제시된 지도는 센카쿠 열도(댜오위다오)를 둘러싼 영토 분쟁을 나타낸다.
④ 쿠릴 열도 분쟁은 태평양 북서부 캄차카반도와 일본 홋카이도 사이에 걸쳐 있는 쿠릴 열도 남부에 위치한 4개의 섬에 관련된 일본과 러시아의 영토 분쟁이다. 쿠릴 열도는 제2차 세계 대전 이후 일본이 패전하여 러시아의 영토로 귀속되었으며, 현재 러시아가 실효 지배하고 있다.

100점까지 Upgrade   센카쿠 열도(댜오위다오) 분쟁

해당 국가	중국, 일본, 타이완
역사적 배경	청·일 전쟁에서 승리한 일본이 차지함 → 제2차 세계 대전 이후 미국이 점령함 → 1972년 미국이 일본에 반환하면서 현재까지 일본이 실효 지배하고 있음

41 ③

| 정답해설 | A는 쿠릴 열도, B는 센카쿠 열도(댜오위다오), C는 시사 군도, D는 난사 군도이다. 제시문은 중국과 베트남의 영토 분쟁 지역인 시사 군도에 관한 설명이다.

100점까지 Upgrade   시사 군도 분쟁

해당 국가	중국, 베트남
역사적 배경	1970년 이전까지 동쪽의 쉬안더 군도는 중국이, 서쪽의 융러 군도는 베트남이 점유함 → 1974년 중국 어선이 융러 군도 해역에 진입하였을 때 베트남 해군이 발포하였고, 이후 중국이 융러 군도를 점령하여 시사 군도 전체를 장악함 → 현재 중국이 실효 지배하고 있음

42 ①

| 정답해설 | 제시문은 러시아와 일본의 영토 분쟁 지역인 쿠릴 열도에 관한 설명이다.

100점까지 Upgrade   쿠릴 열도 분쟁

해당 국가	러시아, 일본
역사적 배경	1905년 러·일 전쟁에서 일본 영토로 편입됨 → 제2차 세계 대전 이후 일본이 패전하여 러시아의 영토로 귀속됨 → 현재 러시아가 실효 지배하고 있음

43 ②

| 정답해설 | 일본의 역사 교과서 왜곡은 과거에 대한 성찰과 반성이 없는 모습이다. 이와 유사한 사례로는 야스쿠니 신사 참배 문제, 일본군 '위안부' 문제, 강제 징용 및 강제 징병 문제, 독도 영유권 주장 등이 있다.

44 ①

| 정답해설 | 중국은 동북공정을 추진해 한반도 북부와 만주 지역에서 활동하였던 고조선, 고구려, 발해 등 우리의 역사를 모두 중국의 역사에 포함하려 하고 있다. 이는 중국 내 소수 민족의 독립을 막아 현재의 영토를 확고히 하려는 중국의 의도가 담겨 있다.
① 자국의 역사 교과서에 독도를 자국의 영토라고 서술하여 우리나라와 외교적 갈등을 빚고 있는 국가는 일본이다.

45 ④

| 정답해설 | 제시문은 시민 사회 차원에서 동아시아 역사 갈등을 해결하는 방안이다.
④ 역사 문제의 해결을 위해서는 국가적 차원의 노력과 시민 사회 차원의 노력이 병행되어야 한다. 이 노력들의 효과에 대한 우열을 가리기는 어렵다.

100점까지 Upgrade   시민 사회 차원의 역사 갈등 해결 방안

· 공동 역사 연구를 통해 역사 인식의 차이를 극복한다.
· 시민 단체 등이 앞장서 민간 차원에서의 교류를 통해 서로의 역사를 이해할 수 있는 기회를 마련한다.

46 ③

| 정답해설 | 국제 평화를 위한 개인적 차원의 노력에는 캠페인 활동, 기부 활동, 국제 비정부 기구에 참여하는 방법이 있다.

100점까지 Upgrade 국제 평화를 위한 개인·민간 차원의 노력

• 세계 시민 의식을 가지고 빈곤, 기아 등 전 지구적 차원의 문제에 관심을 가져야 함
• 국제 비정부 기구를 통해 발전 및 평화 운동에 참여함

47 ③

| 정답해설 | 분단에 따른 큰 규모의 군사비 지출은 우리나라의 경제적 측면에서 봤을 때 엄청난 손실이다.

100점까지 Upgrade 세계 속의 우리나라의 위상

경제적·정치적 측면	• 1960년대 이후 고도의 경제 발전을 이룸 • 국제기구에 가입하여 주도적인 역할을 담당함 • 원조를 받던 국가에서 원조를 하는 국가가 됨 • 현재 세계 10위권의 무역 강국이자 정보 산업의 강국임 • 국제 연합(UN) 안전 보장 이사회의 비상임 이사국을 역임함 • G20 정상 회의 등 다양한 국제회의를 개최함
지리적 측면	• 유라시아 대륙과 태평양을 연결하는 지리적 요충지로, 국제 물류의 중심지가 될 가능성이 높음 • 주변 국가 간의 갈등을 중재할 수 있는 곳에 위치함
문화적 측면	• '한류'와 같은 대중문화가 전 세계적으로 유행하고 있음 • 유네스코 세계 유산을 보유하고 있음 • 2018년 평창 동계 올림픽을 비롯한 세계 3대 스포츠 대회를 유치함

48 ①

| 정답해설 | 세계적으로 우리 전통문화의 우수성을 인정받아 석굴암과 불국사, 해인사 장경판전 등이 유네스코 세계 유산으로 등재되었다.

IX 미래와 지속 가능한 삶
230쪽

01	②	02	①	03	①	04	③	05	③
06	④	07	③	08	①	09	①	10	④
11	③	12	①	13	②	14	①	15	②
16	①	17	③	18	④	19	②	20	②
21	②	22	④	23	②	24	①	25	①
26	②	27	②	28	①	29	②	30	②
31	②	32	②	33	①	34	②	35	④
36	①	37	②	38	②	39	②	40	④
41	①	42	②	43	②	44	④	45	①
46	②	47	③	48	②	49	②	50	③
51	②	52	③						

01 ②

| 정답해설 | 세계 인구는 현대에 들어와 빠르게 증가하고 있다. 이의 주된 원인으로는 산업 혁명 이후 생활 환경의 개선으로 인구 부양력이 증대되었고, 의료 기술의 발달과 위생 시설의 개선으로 사망률이 감소한 것을 들 수 있다.

02 ①

| 정답해설 | 1단계(다산 다사)는 산업화 이전 단계로, 출생률이 높지만 식량 부족, 질병, 열악한 위생 환경, 낮은 의료 수준 등으로 사망률도 높아 인구의 자연 증가율이 매우 낮다.
| 오답해설 |
② 2단계(다산 감사)는 출산율이 여전히 높은 상태에서 위생 상태 개선이나 의료 기술의 발전으로 사망률이 줄어드는 단계이다.
③ 3단계(감산 소사)는 여성의 사회 진출 증가, 정부의 산아 제한 정책, 자녀에 대한 가치관의 변화 등으로 출산율이 급격히 감소한다.
④ 4단계(소산 소사)는 인구 증가율이 매우 낮은 인구 정체기로, 주로 선진국이 이에 해당한다.

03 ①

| 정답해설 | 인구 분포에 영향을 미치는 요인에는 지형, 기후, 식생, 토양 등의 자연적 요인과 정치, 경제, 산업, 교통, 문화, 종교 등의 인문·사회적 요인이 있다. 산업화 이전에는 자연적 요인이 인구 분포에 주된 영향을 미쳤지만, 산업화 이후 과학 기술이 발달하면서 인문·사회적 요인의 영향력이 더 커지고 있다.
| 오답해설 | ②, ③, ④ 인문·사회적 요인에 해당한다.

04 ③

| 정답해설 | 세계의 인구는 지구상에 고르게 분포하지 않고 일부 지역에 집중해 있다.

세계의 인구 분포

- 거주에 유리한 지역에 집중 분포하며, 전 세계에 불균등하게 분포되어 있다.
- 북반구 중위도(20°~40°)의 아시아, 서부 유럽, 미국 북동부에 밀집되어 있다.
- 농업 발달에 유리한 냉·온대 기후 지역에 가장 많은 인구가 분포되어 있다.
- 온대 기후 지역의 하천 주변과 해안 지역에 세계 인구의 절반 이상이 거주하고 있다.
- 중국을 포함한 아시아 대륙에 전체 인구의 약 60%가 거주하고 있다.
- 오세아니아 대륙에는 가장 적은 인구가 거주하고 있다.

05 ③

| 정답해설 | 북반구 중위도 지역, 냉·온대 기후 지역의 하천 주변과 해안 지역, 농업에 유리한 평야 지역, 풍부한 천연자원이 매장되어 있는 지역 등은 인구가 밀집된 곳이다.

| 오답해설 | ㄱ, ㄹ. 열대·건조·한대 기후 지역, 험준한 산지, 사막, 극지방, 토양이 척박한 지역 등은 인구가 희박한 곳이다.

06 ④

| 정답해설 | 북반구 중위도의 냉·온대 기후 지역은 세계적인 인구 밀집 지역이다.

| 오답해설 | ①, ②, ③ 대륙 내부의 사막 지역, 토양이 척박한 산악 지역, 극지방 부근의 한대 기후 지역은 세계적인 인구 희박 지역이다.

07 ③

| 정답해설 | 동부 및 남부 아시아 지역(C)은 계절풍 지대로 일찍이 벼농사가 발달하여 인구가 많이 분포하고, 인구 밀도도 매우 높다.

08 ①

| 정답해설 | 세계의 인구는 지구상에 고르게 분포하지 않고, 일부 지역에 집중해 있다. 특히 북반구 중위도인 북위 20°~40° 사이, 농업 발달에 유리한 냉·온대 기후 지역에 가장 많은 인구가 분포하며, 극지방, 적도 근처, 사막 지역 등은 사람이 거의 살지 않는다. 대륙별로는 중국과 인도를 포함하는 아시아와 북아메리카, 유럽 등에 많은 인구가 거주하고, 오세아니아에는 가장 적은 인구가 거주하고 있다.

① 유럽과 같은 선진국뿐만 아니라 아시아와 같은 개발 도상국도 인구 밀도가 높음을 알 수 있다.

09 ①

| 정답해설 | 등하교, 직장 통근, 상품 구매를 위한 이동, 국내 여행 등은 일시적 이동에 해당한다.

① 해외로의 이민은 반영구적 또는 영구적 이동 사례에 해당한다.

10 ④

| 정답해설 | 제시된 인구의 국제 이동은 노동자의 이동 경로를 나타낸 경제적 이동에 해당한다. 주로 개발 도상국인 동남아시아, 중앙아시아 등에서 유럽이나 미국과 같은 노동력이 부족한 선진국으로의 이동 유형을 보여 준다.

인구의 경제적 이동

- 라틴 아메리카에서 미국 서남부 지역으로의 이동
- 북부 아프리카에서 서부 유럽으로의 이동
- 중국, 동남아시아, 중앙아시아 등지에서 우리나라로의 이동
- 석유 개발로 경제가 성장한 서남아시아로의 이동

11 ③

| 정답해설 | 고령화는 전체 인구에서 65세 이상 노인 인구가 차지하는 비율이 높아지는 현상을 말한다.

고령화 단계

고령화 사회	65세 이상 인구 비율이 7% 이상~14% 미만인 사회
고령 사회	65세 이상 인구 비율이 14% 이상~20% 미만인 사회
초고령 사회	65세 이상 인구 비율이 20% 이상인 사회

12 ①

| 정답해설 | 의학 기술 발달로 평균 수명이 연장되고 출산율이 감소하면서 고령화 문제가 심각해지고 있다. 생산 가능 인구가 감소하면서 경기가 침체되고, 노인 복지 등을 위한 정부 지출이 증가하는 문제가 발생하였다. 또한 청장년층의 노인 부양 부담이 증가하고 있으며, 정년 연장 및 노인 일자리 창출 등과 관련하여 세대 간 갈등이 심화되고 있다. 이러한 문제를 해결하기 위해서는 정년 연장, 노인 연금 제도 등 안정적 노후 생활 보장을 위한 사회 보장 제도를 확충하고, 노인 복지 시설 및 실버산업을 확충하여 노인 일자리 창출에 힘써야 한다.

13 ②

| 정답해설 | 서울의 고령 인구는 120만 명이 넘고, 전남의 고령 인구는 40만 명 정도이다. 따라서 전남보다 서울의 고령 인구가 더 많다.

14 ①

| 정답해설 | 중위 연령은 전체 인구를 연령 순서대로 세웠을 때 중간에 있는 사람의 나이를 의미한다. 중위 연령은 노년 인구 비율이 높을수록 높게 나타난다.

| 오답해설 | ②, ③, ④ 고령화 사회로 갈수록 수치가 감소한다.

15 ②

| 정답해설 | 개발 도상국은 출산율이 매우 높기 때문에 인구 과잉 문제를 겪고 있다. 특히, 도시에 인구가 집중하면서 각종 도시 문제가 나타나고 있다.

② 합계 출산율은 가임 나이인 15세~49세의 여성 1명이 평생 동안 낳을 수 있는 평균 자녀 수를 말한다. 합계 출산율의 감소는 선진국의 인구 문제에 해당한다.

16 ②

| 정답해설 | 최근 우리나라는 출산율이 급격히 낮아지고 평균 수명이 늘어나면서, 노인 빈곤과 소외 문제, 인구의 고령화에 따른 노동력 부족, 청장년층의 노인 인구 부양 부담 증가, 사회 복지비 증가, 노인 복지를 위한 국가 재정 부담 증가, 국가 생산성 저하 등의 문제들이 나타나고 있다.

17 ②

| 정답해설 | 노년 부양비가 꾸준히 상승하는 것은 노년층의 비중이 높아지고 있는 것을 의미한다. 따라서 노인들의 사회적 영향력은 점점 커질 것이다.

| 오답해설 |

① 우리나라는 저출산, 고령화로 인해 노년 부양비가 증가하고 있다.

③ 유소년 부양비는 감소하다가 2030년에 다시 증가할 것으로 보고 있다.

④ 2020년 이후에는 노년 부양비가 유소년 부양비보다 더 크기 때문에 노년층의 인구가 더 많아질 것임을 알 수 있다.

18 ④

| 정답해설 | 제시된 그림은 출산율이 사망률보다 낮아져 그 결과

정년을 넘어선 고령 인구가 많은 종형 또는 방추형의 인구 구조를 보여 준다. 이러한 인구 구조는 출산율의 감소로 유소년층 인구 비율이 낮고, 노년층 인구 비율이 높은 유형이다. 주로 선진국에서 나타난다. 선진국에서는 생산 가능 인구(경제 활동 인구)가 감소하여 경제 성장력이 하락하고 청장년층의 노인 부양 비용 부담이 증가하는 등의 문제가 나타날 수 있다.

19 ②

| 정답해설 | 고령화란 65세 이상 인구가 전체 인구에서 차지하는 비율이 높아지는 것을 말한다. 65세 이상 인구의 비율이 7% 이상~14% 미만인 사회를 '고령화 사회', 14% 이상~20% 미만인 사회를 '고령 사회', 20% 이상인 사회를 '초고령 사회'라고 한다. 인구의 고령화에 따라 노동력이 부족해지고, 청장년층의 노인 인구 부양 부담이 증가하는 문제가 나타난다.

② 2030년에 초고령 사회로 진입할 것이다.

20 ②

| 정답해설 | 제시된 표는 저출산·고령화에 따라 유소년층의 비율이 감소하고, 노년층의 비율이 높아지고 있는 추세를 보여 준다. 저출산·고령화의 대책으로 출산 장려금 지원, 육아 휴직 제도, 보육 시설 확충 등의 출산 장려 정책과 근로자의 정년 연장, 노인의 일자리 창출, 안정적 노후 생활 보장을 위한 제도 확충 등을 들 수 있다.

100점까지 Upgrade　　저출산·고령화에 대한 대책

저출산	• 각종 출산 장려 정책과 보육 정책을 실시함 • 여성의 사회 활동을 보장하는 법과 제도를 마련함
고령화	• 정년 연장, 연금 제도 등 사회 보장 제도를 확충함 • 노인 복지 시설과 실버산업을 확충하고 노인 일자리 창출에 힘씀 • 미래 세대의 부담을 줄이고 청장년층의 권리를 침해하지 않으면서도 노년층의 인간다운 삶을 보장함 • 가족 구성원 간의 유대감을 강화함

21 ②

| 정답해설 | 우리나라는 1960년대까지 피라미드형 인구 구조가 나타났으나, 급격한 경제 성장을 거치면서 종형으로 변화하였다. 제시된 인구 피라미드의 변화를 통해 알 수 있는 우리나라의 인구 문제는 저출산·고령화이다. 이를 해결하기 위해서는 출산 휴가와 육아 휴직 보장, 보육 시설 확충 등의 각종 출산 장려 정책과 보육 정책을 실시해야 한다.

| 오답해설 | ①, ③, ④ 인구의 급속한 증가로 인한 문제점을 해결하기 위한 방안이다.

22 ④

| 정답해설 | 도시와 농촌의 노인 인구 비율 격차는 1990년(9.0%-3.6%=5.4%p), 2000년(14.7%-5.5%=9.2%p), 2010년(20.9%-9.2%=11.7%p)으로 점점 커지고 있다.

| 오답해설 |
① 도시의 노인 인구 비율은 증가하고 있다.
② 우리나라는 2000년에 고령화 사회에 진입하였다.
③ 2010년의 노인 인구 비율은 도시가 농촌보다 낮다.

23 ②

| 정답해설 | 고령화 문제의 해결 방안에는 근로자의 정년 연장 및 노인 일자리 창출을 위한 정책 마련, 사회적 차원의 연금 제도 마련, 노인 복지의 확대를 위한 정책 마련 등이 있다.

24 ①

| 정답해설 | 결혼 연령 상승, 육아 지원 제도 부족, 자녀 양육비 부담 증가 등으로 인한 지속적인 저출산은 장기적으로 일손 부족, 국력 약화로 이어지기 때문에 이에 대비하기 위해서는 출산 장려금 지원, 육아 휴직 제도 확대 등 출산 장려 정책을 펴야 한다.

25 ①

| 정답해설 | 좁은 의미의 자원에는 천연자원만 해당하지만, 넓은 의미의 자원에는 천연자원, 인적 자원, 문화적 자원까지 해당한다.
① 천연가스는 재생 불가능한 고갈 자원에 해당한다.

100점까지 Upgrade   재생 가능성에 따른 자원의 분류

재생 자원 (순환 자원)	태양열, 물 등과 같이 계속 새로 만들어지는 재생이 가능한 에너지
비재생 자원 (고갈 자원)	석유, 석탄 등과 같은 화석 에너지로 재생이 불가능한 에너지

26 ③

| 정답해설 | 가채 연수는 현재 파악된 매장량을 바탕으로 앞으로 그 자원을 몇 년간 사용할 수 있는지를 나타낸 지표이다. 이는 자원의 유한성과 관련이 있다.

27 ④

| 정답해설 | 자원의 편재성이란 공간적으로 어느 한쪽에 치우쳐 분포하는 성질을 말한다. 이러한 편재성으로 인해 국제적으로 이동이 불가피하며, 자원을 소유한 국가와 소유하지 못한 국가 간 갈등이 일어날 수밖에 없다.

28 ①

| 정답해설 | 화석 에너지는 오래전 지구상에 살았던 생물의 잔해에 의해 생성된 에너지 자원이다. 석탄, 석유, 천연가스가 대표적이다.

| 오답해설 |
② 석탄이 18세기 산업 혁명의 핵심 자원이었다.
③ 석유가 주로 자동차와 비행기의 연료로 쓰인다.
④ 천연가스는 냉동 액화 기술의 발달로 장거리 수송이 가능해지면서 국제 이동량이 증가하고 있으며, 생산과 소비도 증가하고 있다.

29 ②

| 정답해설 | 제시된 지도에 나타난 에너지 자원은 석유이다. 석유는 비교적 좁은 지역에 분포되어 있으며, 편재성이 매우 크고 사용량이 많아 국제적 이동이 많다.

100점까지 Upgrade   석유의 특징

- 세계적으로 가장 많이 사용되고 있는 에너지 자원이다.
- 주로 자동차와 비행기의 연료 등 수송용으로 이용된다.
- 산업용, 발전용, 석유 화학 공업의 원료로 이용된다.
- 열효율이 높고 수송 및 저장, 사용이 편리하다.
- 편재성이 크고 사용 비중이 높기 때문에 국제 이동량이 매우 많다.
- 국제 경제 및 정치에 미치는 영향력이 매우 큰 자원이다.

30 ②

| 정답해설 | 화석 에너지 중 역사가 가장 오래된 것은 석탄이다. 석탄은 산업 혁명 때 철광석과 함께 주요 자원으로 이용되었으며, 현재는 제철 공업의 원료나 화력 발전의 연료 등 산업용으로 사용된다. 주로 생산지에서 소비되기 때문에 석유에 비해 국제 이동량이 적은 편이다. 고생대 지층, 고기 습곡 산지, 북반구 냉·온대 지역 등 넓은 지역에 주로 분포하며, 석유에 비해 비교적 여러 지역에 고르게 분포한다. 또한 연소 시 오염 물질의 배출량이 많다.

| 오답해설 | ①, ③, ④ 석유에 대한 설명이다.

31 ③

| 정답해설 | 천연가스는 석유와 함께 매장되어 있으며, 석유보

다 공해가 적고 열효율이 높다. 매장량도 비교적 많은 에너지 자원이다.

100점까지 Upgrade 천연가스의 특징

- 에너지 효율이 높은 편으로 가정용으로 많이 이용되며, 자동차의 연료 등에도 사용된다.
- 연소 시 대기 오염 물질 배출량이 적은 청정에너지이다.
- 냉동 액화 기술의 발달로 장거리 수송이 가능해지면서 국제 이동량이 증가하고 있다.
- 생산과 소비가 증가하면서 국제 이동량이 증가하고 있다.
- 신생대 제3기의 배사 구조에 석유와 함께 매장되어 있다.

32 ③

| 정답해설 | 석유는 석탄에 비해 자원의 편재성이 크고, 상용화된 시기가 늦다. 또한 석유는 석탄에 비해 전체 에너지 자원 소비량에서 차지하는 비중이 높다.
- X축: (석탄에 비해) 석유가 세계의 소비 비중 많음 → B, C, E
- Y축: (석탄에 비해) 석유의 편재성 큼 → A, B, C
- Z축: (석탄에 비해) 석유는 상용화된 시기 늦음 → A, C

따라서 모두 겹치는 부분은 C가 해당한다.

33 ③

| 정답해설 | 석유는 현재 세계에서 가장 많이 사용되는 자원으로, 주로 화학 공업의 원료, 자동차와 비행기 등의 연료로 이용된다. 석유는 지역적 편재성이 큰 자원으로, 주요 생산지와 소비지가 달라 국제적 이동량이 많은 편이다. 사우디아라비아, 아랍 에미리트, 이란, 이라크, 쿠웨이트, 러시아, 베네수엘라 등이 주요 수출국이다.
| 오답해설 | ① 신탄은 땔감으로 쓰이는 땔나무, 숯, 석탄 등을 말한다.

34 ②

| 정답해설 | 지열 에너지는 화산 지대에 입지하여 지하의 고온 증기를 이용하는 재생 에너지이다.

35 ④

| 정답해설 | 제시된 자료는 석유 수출국 기구(OPEC)의 결성을 통해 석유 생산량과 가격을 조절하는 자원 민족주의를 나타낸다. 자원 민족주의는 자원 보유국들이 자국에서 생산되는 자원을 무기화하여 자국의 이익을 극대화하려는 것이다. 이는 자원을 확보하기 위한 국가 간, 지역 간 갈등을 유발한다.

36 ①

| 정답해설 | 석탄은 산업 혁명 이후 주요 에너지 자원으로 이용되고 있으며, 고기 습곡 산지에 주로 매장되어 있다.
| 오답해설 | ② 석유는 세계적으로 사용 비중이 가장 높은 에너지 자원으로, 서남아시아가 대표적인 생산 지역이다.

37 ①

| 정답해설 | (가)는 카스피해, (나)는 북극해, (다)는 동중국해, (라)는 남중국해 지역이다. 제시문의 내용에 해당하는 지역은 카스피해이다. 카스피해는 풍부한 자원 매장량을 가지고 있어, 이곳의 영유권을 주장하는 여러 나라들 간의 분쟁이 아직도 이어지고 있다. 카스피해를 바다로 인정하면 해안선의 길이에 따라 영역을 나누고 영해의 범위 안에서 자원을 이용할 수 있지만, 호수로 본다면 모든 연안국이 해상과 해저 자원에 대한 권리를 균등하게 나누어야 하기 때문에 갈등이 발생하고 있다.

38 ②

| 정답해설 | 석유, 석탄, 천연가스와 같은 에너지 자원은 모두 유한성과 편재성을 가지고 있다.
| 오답해설 |
① 에너지 자원이 국경 지역에 매장되어 있을 경우 분쟁이 일어나기 쉽다.
③ 인구가 많고 선진국이 밀집해 있는 북반구가 남반구에 비해 에너지 자원 소비량이 많다.
④ 에너지 자원의 소비량은 '석유 > 석탄 > 천연가스' 순이다.

100점까지 Upgrade 세계의 에너지 소비 특성

전 세계 에너지 자원의 소비량은 지속적으로 증가하고 있다. 세계 에너지 소비 구조를 보면 석유가 가장 많이 사용되고 있으며, 1960년대 이후 천연가스와 원자력의 사용량이 증가하고 있다. 최근 석탄의 사용량이 증가한 것은 화력 발전과 제철 공업에 이용되는 역청탄의 사용이 증가하였기 때문이다.

39 ②

| 정답해설 | 자원 민족주의는 자원 보유국들이 자원에 대해 독점적인 권리를 주장하는 현상을 말한다.
| 오답해설 |
① 자원 민족주의는 자원의 편재성과 관련이 깊다.
③ 자원 민족주의는 자원 보유국이 경제적·정치적 목적을 위해 공급량을 조절하는 것을 말한다.
④ 자원 민족주의가 강해지면 자원의 국제 가격은 상승한다.

40 ④

| **정답해설** | 지도에 나타난 지역은 해저에 천연가스와 석유가 매장된 지역으로, 여러 국가들로 둘러싸여 있어 주변 국가들 간의 소유권 분쟁이 심한 곳이다.

100점까지 Upgrade	**자원을 둘러싼 영토 분쟁 지역**
카스피해	러시아, 이란, 카자흐스탄, 아제르바이잔, 투르크메니스탄이 석유와 천연가스 지대의 영유권을 두고 분쟁
북극해	러시아, 캐나다, 미국, 노르웨이, 덴마크가 석유와 천연가스 지대의 영유권을 두고 분쟁
동중국해	중국, 일본 간의 가스전 분쟁으로, 센카쿠(댜오위다오) 분쟁이라고도 함
남중국해	중국, 타이완, 필리핀, 브루나이, 말레이시아 등이 석유 및 천연가스 지대의 영유권을 두고 분쟁

41 ①

| **정답해설** | 자원은 일부 지역에 매장되어 있어 편재성이 있으며, 그 매장량이 한정되어 있어 유한성이 있다. 이와 더불어 인구의 증가, 생활 수준의 향상으로 자원의 소비량이 늘어나면서 자원의 희소성이 증가하고 있다. 자원을 둘러싼 분쟁은 더욱 증가하고 있다.

42 ②

| **정답해설** | 제시된 자료는 풍력 에너지와 태양 에너지를 이용하고 있는 모습이다. 신·재생 에너지는 화석 연료의 고갈에 대비할 수 있으며, 오염 물질 배출이 적다. 신·재생 에너지에는 태양광(열), 풍력, 조력, 조류, 지열, 바이오 에너지 등이 있으며, 최근 소비량이 증가하고 있다.

| **오답해설** |
① 전체 에너지 소비량이 감소할지는 알 수 없다.
③ 신·재생 에너지의 사용으로 화석 연료의 소비 비중은 감소할 것이다.
④ 에너지 자원의 수급은 안정될 것이다.

43 ②

| **정답해설** | 지속 가능한 발전은 미래 세대의 삶이 원활하게 유지될 수 있는 범위 안에서 현재 세대의 필요를 충족하는 발전 방식을 말한다.
② 지속 가능한 발전은 자연에 대한 인간의 이용보다 자연과의 조화를 강조한다.

44 ④

| **정답해설** | 지속 가능한 발전은 자원 고갈 및 갈등과 분쟁, 환경 오염, 빈부 격차 등 다양한 문제를 해결하기 위해 등장한 개념으로, 미래 세대의 삶이 원활하게 유지될 수 있는 범위 안에서 현재 세대의 필요를 충족하는 발전 방식이다.

45 ①

| **정답해설** | 자연환경과 인간의 공존을 위해 지속 가능한 발전을 위한 노력을 해야 한다.
| **오답해설** | ㄷ, ㄹ. 인간의 필요에 의해 자원을 도구로 여겨 이용하는 것이다.

100점까지 Upgrade	**자연과 인간의 공존을 위한 방안**
개인적 차원	자원 재활용, 에너지 절약 생활화, 대중교통 이용 등
사회적 차원	야생 동물 생태 통로 건설, 화석 연료 사용 줄이기, 녹색 기술 개발, 지속 가능한 개발, 전 지구적 협력 등

46 ②

| **정답해설** | 지속 가능한 발전이란, 미래 세대의 삶이 원활하게 유지될 수 있는 범위 안에서 현재 세대의 필요를 충족하는 발전 방식을 말한다. 환경 보호와 경제 성장의 두 가지 측면을 동시에 고려한 것이며 사회 안정과 통합까지 균형을 이루고자 하는 것이다.

47 ③

| **정답해설** | 자유 무역의 확대로 경제적 교류가 많아지면서 국가 간, 지역 간 상호 의존성이 증대될 것이다.

100점까지 Upgrade	**미래 지구촌의 국가 간 협력과 갈등 모습**
국가 간 협력	• 자유 무역의 확대로 경제적 교류가 많아지면서 국가 간, 지역 간 상호 의존성이 증대됨 • 세계 평화를 위한 국가 간 정치적 협력이 증대됨 • 난민, 기아, 빈곤 등 지구촌 문제를 해결하기 위한 국가 간 협력이 증대됨
국가 간 갈등	• 자유 무역의 확대로 국가 간 경쟁이 치열해지면서 무역 마찰이 증가함 • 선진국과 개발 도상국 간의 빈부 격차가 심화됨 • 영토나 자원을 둘러싼 갈등이 심화됨 • 종교와 문화적 차이로 인한 갈등이나 테러 발생 가능성이 심화됨

48 ③

| 정답해설 | 보편적 정의를 개별 국가나 사회 집단의 이익보다 앞세우는 자세를 견지하는 것이 세계 시민 의식이다.

49 ②

| 정답해설 | 유전자 변형 농작물(GMO) 등 유전 공학의 발달로 식량 생산량이 증가할 것이다. 유전자 변형 농작물(GMO)은 작물 생산성을 높이기 위해 본래의 유전자를 새롭게 조작·변형하여 만든 작물을 말한다.

| 오답해설 |

① 교통·통신의 발달로 생활 공간이 확대될 것이다.

③ 인공 지능 로봇의 등장으로 일자리가 줄어들 것이다.

④ 생명 공학 기술의 발달로 인간의 수명이 연장될 것이다.

100점까지 Upgrade　과학 기술에 따른 미래 사회의 변화

- 인공 지능 로봇의 발달로 생산성과 효율성이 높아질 것이다.
- 유전자 변형 농작물(GMO) 등 유전 공학의 발달로 식량 생산량이 증가할 것이다.
- 생명 공학 기술의 발달로 인간의 수명이 연장될 것이다.
- 교통·통신의 발달로 생활 공간이 확대될 것이다.
- 사물 인터넷 기술의 발달로 초연결 사회가 구축될 것이다.

50 ③

| 정답해설 | 미래 사회를 바라보는 낙관론은 경제 성장 지속, 민주주의 구현, 복지 사회 실현 등 미래 사회가 더욱 발전할 것이라고 보는 입장이다.

| 오답해설 | ㄱ, ㄷ. 미래 사회를 바라보는 비관론에 해당한다.

51 ②

| 정답해설 | 과학 기술의 발달은 현대 사회 변동의 가장 큰 요인으로 끊임없이 새로운 변동들이 일어나게 한다. 특히, 식량 생산량 증가는 과학 기술 발달의 긍정적인 영향이다.

| 오답해설 | ①, ③, ④ 과학 기술 발달이 인간 생활에 미친 부정적인 영향이다.

52 ③

| 정답해설 | 미래 사회 구성원으로서 갖추어야 할 바람직한 태도에는 삶의 주체로서 개인의 잠재력을 계발하고, 다문화 사회에서 서로의 다름을 이해하고 배려하며, 삶에 대한 올바른 가치관과 사명감을 가지는 것 등이 있다. 또한 국민으로서 납세·국방·교육·근로의 의무를 다하고, 국가의 당면 문제에 대해 관심을 가지고 참여해야 한다. 더불어 지구촌 구성원으로서 지구촌 문제에 관심을 갖고 협력하는 세계 시민 의식을 갖추어야 한다.

실전 모의고사

01	③	02	②	03	④	04	②	05	③
06	③	07	①	08	④	09	④	10	②
11	③	12	①	13	①	14	④	15	④
16	①	17	②	18	②	19	③	20	③
21	②	22	②	23	③	24	②	25	①

01　③

| 정답해설 | 제시된 질문 목록은 인권 침해나 국가의 보편적 인권 보장 등 도덕적 가치를 기준으로 윤리적 관점에서 접근하고 있는 내용이다.

100점까지 Upgrade　　윤리적 관점

의미	도덕적 가치를 기준으로 인간의 행위를 평가하고 사회 현상을 살펴보는 것
특징	• 인간의 도덕적 행위 기준을 설정하는 데 도움을 줌 • 바람직한 사회로 나아가기 위한 방향과 사회 규범을 정립하는 데 도움을 줌

02　②

| 정답해설 | 건조 기후에서는 강한 햇빛과 모래바람을 막기 위해 온몸을 감싸는 헐렁한 옷을 입는다.
| 오답해설 |
① 열대 기후에서는 얇고 간편한 옷을 입는다.
③ 온대 기후에서는 사계절에 맞는 옷을 입는다.
④ 한대 기후에서는 두꺼운 털옷과 가죽옷을 입는다.

03　④

| 정답해설 | 제시문은 자연의 가치를 중시하는 생태 중심주의 자연관에 해당한다.
④ 인간에게 자연을 이용할 권리가 있다고 보는 것은 인간 중심주의 자연관이다. 인간 중심주의 자연관은 자연을 인간의 이익을 위해 이용해야 할 대상으로 보고, 오직 인간만이 본래적 가치를 지니고 있는 존재로 보는 관점을 말한다.

100점까지 Upgrade　　생태 중심주의 자연관(전일론적 관점)

• 인간을 포함한 자연 전체를 하나로 바라보는 관점이다.
• 인간을 비롯한 모든 생명체를 자연을 구성하는 한 부분으로 본다.
• 인간은 자연보다 우월한 존재가 아니라고 본다.

04　②

| 정답해설 | (가)는 염화 플루오린화 탄소(프레온 가스) 사용량을 규제하기 위한 국제 협약인 몬트리올 의정서(1987)에 대한 내용이다. (나)는 기후 변화 협약의 구체적 실행 방안으로 선진국의 온실가스 감축 목표치를 구체적으로 규정하고 있는 교토 의정서(1997)에 대한 내용이다.

05　③

| 정답해설 | A 단계는 도시화 단계 중 가속화 단계에 해당한다. 가속화 단계는 산업화를 계기로 이촌 향도 현상이 발생하면서 급격한 도시화가 이루어지는 단계로, 도시 인구 비율이 급격히 증가하고 2·3차 산업이 발달한다.
| 오답해설 |
① 가속화 단계는 초기 단계 이후에 나타난다.
② 역도시화 현상은 종착 단계에서 발생한다.
④ 대부분의 인구가 촌락에 분포하는 농업 중심 사회는 초기 단계에 해당한다.

06　③

| 정답해설 | 도시화에 따라 녹지가 감소하고 인공적인 지표면의 낮은 빗물 흡수 능력으로 도시에 홍수가 자주 발생하는 등 도시의 환경 문제가 증가한다.

07　①

| 정답해설 | 정보화에 따라 최근에는 인터넷 중독, 사생활 침해 및 개인 정보 유출, 정보 격차, 사이버 폭력 및 범죄, 지식 재산권 침해 등 다양한 문제가 발생하고 있다.
① 국토의 불균형 개발로 지역 간의 격차가 커진 것은 산업화와 도시화에 따른 문제점이다.

08 ④

| 정답해설 | 제시된 문서들은 각각 영국 명예혁명(1688), 미국 독립 혁명(1775~1783), 프랑스 혁명(1789) 때 발표된 문서들이다. 시민 혁명은 시민 계급이 절대 왕정을 타파한 사건으로 시민의 권리 신장에 기여하였다.

| 오답해설 |

① 사회권을 최초로 명시한 문서는 독일의 바이마르 헌법(1919)이다.

② 입헌 군주제와 관련이 있는 것은 영국의 권리 장전(1689)이다.

09 ④

| 정답해설 | 연대권이란 세계 시민 모두의 인권 보장을 위해 국제적으로 협력해야 보장받는 권리로, 여성, 아동, 난민 등 사회적 약자들의 인권 보호를 위해 국제적 연대가 필요하다는 인식 하에 등장하였다.

| 오답해설 |

①, ③ 사회권에 해당하는 인권이다.

② 자유권에 해당하는 인권이다.

100점까지 Upgrade 연대권

배경	세계 일부 지역에서는 여전히 여성, 아동, 난민 등이 차별, 전쟁, 기아 등으로 인권을 침해당하고 있어 이들의 인권 보호를 위해 국제적 연대가 필요하다는 인식이 확산됨 → 세계 인권 선언에서 인권 보장의 국제적 기준 제시
의미	국가와 민족을 초월하여 국제적인 연대와 협력을 중시하는 권리
내용	누구나 평등하게 대우받을 권리, 자결권, 발전의 권리, 평화의 권리, 지속 가능한 환경에 대한 권리, 재난으로부터 구제받을 권리 등이 있음

10 ②

| 정답해설 | 헌법 소원 심판은 공권력 또는 법률에 의하여 헌법상 보장된 기본권을 침해당한 국민이 헌법 재판소에 구제를 청구하는 제도를 말한다.

11 ③

| 정답해설 | 대공황 시기에 많은 국가에서 생산 위축, 대량 실업 등의 문제가 발생하였다. 이러한 문제를 해결하기 위해 정부의 역할을 강조하는 수정 자본주의가 등장하였다.

12 ①

| 정답해설 | 제시된 사례는 노동조합을 비롯한 근로자 단체를 조직할 수 있는 단결권이 침해된 사례이다. 단결권은 단체 교섭권, 단체 행동권과 함께 근로자의 기본적인 권리인 노동 3권(근로 3권)에 해당한다.

100점까지 Upgrade 노동 3권

단결권	근로자들이 근로 조건의 유지·향상을 위해 단체(노동조합)를 설립할 수 있는 권리
단체 교섭권	근로 조건의 유지·개선을 위해 근로자 단체가 사용자와 교섭할 수 있는 권리
단체 행동권	근로자가 근로 조건을 위해 사용자에 대항하여 단체 행동(각종 쟁의 행위)을 할 수 있는 권리

13 ①

| 정답해설 | 주식과 예금은 금융 자산이며, 부동산은 실물 자산이다.

| 오답해설 | ②, ③, ④ 예금은 안전성이 가장 높고, 부동산은 유동성이 가장 낮다. 주식은 수익성이 가장 높다.

14 ④

| 정답해설 | 정의롭지 못한 사회에서는 사회 구성원들이 불만을 갖게 되어 사회 갈등이 발생한다. 또한 사회적 자원이 일부 집단에게 편중되어 사회 계층 양극화나 사회적 약자에 대한 차별 등의 문제가 발생한다. 따라서 정의는 개인의 자유와 권리를 보호하고 사회 갈등을 예방하면서 공동체를 유지하는 데 반드시 필요한 덕목이다.

④ 정의의 실현은 사회적 자원을 공정하게 배분한다.

15 ④

| 정답해설 | 자유주의적 정의관은 개인의 자유와 권리를 최대한 보장하여 개인선을 실현하는 것은 공정한 절차를 통해 취득한 이익이기 때문에 정의로운 행동이라고 보았다.

| 오답해설 |

① 자유주의적 정의관은 개인주의에 기반을 둔 정의관이다.

② 자유주의적 정의관은 국가는 개인의 자유와 권리를 최대한 보장하되, 개입은 최소화해야 한다는 입장이다.

③ 자유주의적 정의관은 공동체를 위해 개인이 사회적 책임을 지지 않는다고 본다.

16 ①

| 정답해설 | 제시된 제도들은 적극적 우대 조치와 관련 있다. 이는 사회적 약자에 대한 지원을 통해 실질적 평등을 실현하고자 하는 것이다.

| 오답해설 | ③ 적극적 우대 조치는 차별을 받는 대상을 보호하기 위한 제도나 장치가 지나쳐 오히려 상대적으로 유리한 입장에 있던 대상이 차별을 받게 되는 역차별이 발생할 수 있다.

17 ②

| 정답해설 | 태평양과 인도양을 잇는 위치에 있는 동남아시아 문화권은 다양한 문화가 혼재되어 있다. 세계적인 벼농사 지역이며, 플랜테이션 농업이 발달하였다.

> **100점까지 Upgrade**　동남아시아 문화권
> • 베트남, 필리핀, 말레이시아, 인도네시아 등이 해당한다.
> • 태평양과 인도양 사이에 위치하여 해양과 대륙을 잇는 교통의 요지이다.
> • 다양한 민족과 종교(불교, 이슬람교, 크리스트교, 힌두교)가 분포한다.
> • 계절풍 기후 지역으로 벼농사가 발달하였다.

18 ②

| 정답해설 | 제시된 사례는 외래문화 요소와 전통문화 요소가 결합하여 새로운 제3의 문화 요소가 만들어지는 문화 융합에 해당한다.

19 ③

| 정답해설 | 제시된 사례에 나타난 문화 이해의 태도는 자문화 중심주의이다. 자문화 중심주의란 다른 문화를 자기 문화의 관점에서 일방적으로 판단하고 평가하는 태도를 말한다.

20 ③

| 정답해설 | 세계화는 교통·통신의 발달로 삶의 공간이 전 지구적 규모로 확대되는 현상을 말한다. 세계화로 인해 국경이 약화되고 국가 간 협력과 경쟁이 증가한다.

| 오답해설 |
① 세계화로 인해 다양한 문화를 접할 수 있는 기회가 증가하고 다양한 분야에서 문화 교류가 이루어진다.
② 세계화는 자유 무역을 확대시켜 국제 간 무역 규모가 확대되고, 소비자의 상품 선택 기회가 증대된다.
④ 세계화로 인해 자국의 이익 증진을 위한 지역 경제 공동체

가입이 증가하고 있다.

21 ②

| 정답해설 | ○○ 전자는 다국적 기업으로 중국에 공장을 세움으로써 생산비를 절감할 수 있고, 중국의 입장에서는 일자리가 증대될 수 있다. 다국적 기업의 연구소와 판매 법인은 주로 선진국에 위치해 있으며, 생산 공장(생산 법인)은 상대적으로 임금이 저렴한 개발 도상국에 위치하고 있다.
② ○○ 전자는 저렴한 땅값과 노동력으로 인해 생산비를 절감할 수 있다.

22 ②

| 정답해설 | A는 쿠릴 열도(북방 4도), B는 센카쿠 열도(댜오위다오), C는 시사 군도(파라셀 제도), D는 난사 군도(스프래틀리 군도) 지역이다. 중국과 일본의 영토 분쟁이 심화되고 있는 지역은 센카쿠 열도 지역이다.

> **100점까지 Upgrade**　센카쿠 열도(댜오위다오) 분쟁
> 청·일 전쟁에서 승리한 일본이 차지함 → 제2차 세계 대전 이후 미국이 점령함 → 1972년 미국이 일본에 반환하면서 현재까지 일본이 실효 지배하고 있으나, 석유, 천연가스의 매장이 알려진 이후 중국과 일본의 분쟁이 심화되고 있음

23 ③

| 정답해설 | 고령화는 전체 인구에서 65세 이상 노인 인구가 차지하는 비율이 높아지는 현상이다.
③ 성비 불균형은 남아 선호 사상이 초래한 현상으로, 고령화와 관련이 없다.

> **100점까지 Upgrade**　고령화의 문제점
> • 생산 가능 인구 감소로 경기가 침체될 수 있다.
> • 노년층의 경제적 어려움과 노인 소외 현상이 사회 문제로 등장할 것이다.
> • 의료 및 노인 복지 등을 위한 정부 지출 증가로 국가 재정 부담이 증가할 것이다.
> • 청장년층의 노인 부양 부담이 증가하고, 정년 연장 및 노인 일자리 창출 등과 관련하여 세대 갈등이 심화될 것이다.

24 ②

| 정답해설 | 주로 고생대 지층에 분포하고 있는 석탄은 산업 혁명 때 주요 자원으로 이용되었으며, 현재 제철 공업용·발전용·가정용으로 사용되고 있다. 석유에 비해 비교적 여러 지역

에 고르게 분포하고 있으며, 주로 생산지에서 소비하는 경우가 많아 국제적 이동량이 적은 편이다.

25 ①

| **정답해설** | 지속 가능한 발전은 미래 세대가 그들의 필요를 충족할 수 있는 가능성을 저해하지 않으면서 현재 세대의 필요를 충족하는 발전으로, 환경 보호와 경제 성장의 두 측면을 동시에 고려한 것이다.

2 회									248쪽
01	②	02	②	03	④	04	③	05	②
06	②	07	④	08	①	09	①	10	③
11	③	12	②	13	①	14	④	15	①
16	④	17	①	18	②	19	④	20	③
21	④	22	②	23	③	24	①	25	④

01 ②

| **정답해설** | 제시된 그래프는 시기별로 지구의 평균 기온 변화를 보여 주고 있다. 이는 시간적 관점에서 지구 온난화의 원인을 분석한 것이다.

100점까지 Upgrade	**시간적 관점**
의미	시대적 배경과 맥락에 대한 이해를 바탕으로 사회 현상을 살펴보는 것
특징	• 과거의 사실이나 제도 등을 통해 오늘날 사회 현상이 일어나는 이유와 그 결과를 이해할 수 있을 뿐만 아니라 미래의 변화에 대해서도 예측할 수 있음 • 당면한 사회 문제의 해결 방안을 찾는 데 도움을 줌
탐구 방법	특정 사회 현상과 관련된 과거의 자료를 수집하여 과거와 현재의 관계를 분석함

02 ②

| **정답해설** | 벼는 여름철 기온이 높고 강수량이 많은 아시아의 온대 계절풍 기후 지역이나 동남아시아 및 남부 아시아의 열대 계절풍 기후 지역에서 주로 재배된다.

03 ④

| **정답해설** | (가) 지역은 대표적인 사막화 피해 지역인 사하라 사막 주변의 사헬(Sahel) 지대이다. 사막화 현상은 토양이 황폐해지면서 사막 주변의 초원 지역이 점차 사막으로 변하는 현상을 말한다. 사막화 방지와 토지 황폐화 현상을 겪고 있는 국가를 지원하기 위한 국제 협약으로 1994년에 사막화 방지 협약이 체결되었다.
④ 몬트리올 의정서(1987)는 오존층 파괴 방지를 위한 국제 협약이다.

100점까지 Upgrade	**사막화**
의미	건조 및 반건조 지역의 토양이 황폐해지면서 점차 사막으로 변하는 현상
원인	• 자연적 원인: 극심한 가뭄, 기후 변화 • 인위적 원인: 지나친 경작과 목축, 무분별한 삼림 채벌 등
대책	사막화 방지 협약(1994) 체결

04 ③

| **정답해설** | 제시된 헌법 조항에서 보장하고 있는 권리는 안전권이다. 인간은 안전하고 쾌적한 환경에서 행복을 추구하며 살아갈 수 있어야 하며, 국가는 시민의 안전권과 환경권을 보장해야 한다.

05 ②

| **정답해설** | 기계화와 자동화로 대량 생산이 가능해지면서, 경제 활동의 효율성이 증대되어 소득이 증가하고 생활 수준이 향상되었다.

| **오답해설** |
① 2 · 3차 산업 중심으로 변하면서 직업이 분화되고, 도시의 주민들은 다양한 직업에 종사하며 주민들 간의 이질성도 커졌다.
③ 도시에서는 공동체 의식이 약화되고, 인간 소외 현상이 발생한다.
④ 대가족 중심에서 핵가족 중심으로 가족 형태가 변화하면서 개인주의가 만연하게 되었다.

06 ②

| **정답해설** | 고속 철도, 고속 국도 등 교통이 발달한 대도시의 영향력이 확대되어 대도시권이 형성되고, 시 · 공간의 제약이 감소하면서 경제 공간이 확대된다.

| **오답해설** |
ㄴ. 교통이 발달하면서 이동 시간이 줄어들어 시간 거리가 단축된다.
ㄷ. 교통 시설을 구축하는 과정에서 녹지 면적이 감소한다.

07 ④

| **정답해설** | 정보화로 인한 문제점에는 정보 격차, 사이버 범죄, 사생활 침해, 지식 재산권 침해 등이 있다.
④ 빈곤 및 노동 문제는 산업화에 따른 문제점이다.

08 ①

| **정답해설** | 인권은 인간이면 누구나 누려야 할 권리이다. 인간이 태어나면서부터 가지는 자연적 권리이고, 남에게 양도할 수 없고 누군가에 의해 침해될 수 없는 불가침의 권리이며, 성별, 신분, 인종, 종교와 상관없이 누구나 가지는 보편적 권리이다.

| **오답해설** |
② 인권은 시민 혁명으로 인해 등장하였다.
③ 인권은 시민의 권리를 위한 것이다.

④ 인권은 근대 시민 혁명을 거쳐 대부분의 현대 국가에서 법으로 보장하고 있다.

09 ①

| **정답해설** | 국가는 국민이 인간다운 삶을 살기 위해 반드시 누려야 할 권리인 인권을 법으로 보장함으로써 인권 보장을 실현하기 위해 적극적으로 노력해야 한다.
① 국민의 기본권을 제한할 때에는 법률로써만 가능하다.

> **100점까지 Upgrade**   기본권의 제한과 한계(헌법 제37조 ②)
> • 기본권 제한의 목적: 국가 안전 보장, 질서 유지, 공공복리
> • 기본권 제한의 방법: 국회에서 정한 법률에 의해서만 제한이 가능하다.
> • 기본권 제한의 한계: 기본권의 본질적인 내용은 침해하지 못한다.
> • 기본권 한계 설정의 목적: 국가 권력에 의한 자의적인 기본권 침해를 방지하기 위함이다.

10 ③

| **정답해설** | 제시문은 시민 단체 활동에 관한 내용이다. 시민 단체는 공익 추구를 목표로 다양한 분야에서 활동하는 단체로, 시민 단체 활동은 사회 참여 방법 중 가장 적극적인 사회 참여 방법이다.

| **오답해설** |
①, ② 가장 기본적이고 소극적인 사회 참여 방법은 선거이다.
④ 사익 추구를 목표로 하는 단체는 이익 집단이다.

11 ③

| **정답해설** | 자본주의는 사유 재산 제도에 바탕을 두고, 자유로운 경쟁을 통해 상품의 생산, 교환, 분배, 소비가 이루어지는 시장 경제 체제이다.

> **100점까지 Upgrade**   자본주의의 특징
> • 사유 재산 제도의 보장: 이익 추구를 통해 획득한 개인의 재산을 자유롭게 관리하고 사용할 수 있도록 법으로 보장한다.
> • 경제 활동의 자유 보장: 시장에서 만난 경제 주체들이 자기 책임하에 자유롭게 경제적 의사 결정을 내릴 수 있다.
> • 시장 가격에 따른 상품 거래: 주로 시장 가격에 의해 상품 거래가 이루어지며 자원이 배분된다.

12 ②

| **정답해설** | 첫 번째 사례는 경제적 불평등, 두 번째 사례는 부정적 외부 효과(외부 불경제)로, 이는 모두 시장 실패의 유형이

다. 시장 실패란 시장의 기능이 제대로 작동하지 않아 자원이 효율적으로 배분되지 못하는 상태를 말한다.

100점까지 Upgrade		시장 실패의 유형
외부 효과		어떤 경제 주체의 행동이 제3자에게 의도하지 않은 혜택이나 피해를 주고 이에 대한 대가를 받거나 보상을 치르지 않는 경우
경제적 불평등		경제 활동으로 발생한 이익이 사회 구성원들에게 공평하게 배분되지 못하는 경우

13 ①

| 정답해설 | (가)에 들어갈 용어는 기업가 정신이다. 기업가는 위험을 무릅쓰고 새로운 가치를 창조하려는 기업가 정신이 필요하다.

100점까지 Upgrade		기업가 정신
의미		미래의 불확실성을 무릅쓰고 혁신을 통해 새로운 가치를 창조하려는 기업가의 도전하는 자세
내용		새로운 생산 기술 개발 및 시장 개척, 신제품 개발 등에 힘써야 함
의의		• 기업의 생산성을 향상시키고, 고용을 창출하는 등 경제 활성화에 이바지함 • 노사 관계의 안정에도 이바지함

14 ④

| 정답해설 | 국제 사회의 상호 의존성이 커지면서 한 나라의 경제 정책이나 상황이 다른 나라에 크게 영향을 주기도 한다.
| 오답해설 |
① 선진국과 개발 도상국 간의 경제적 격차가 확대된다.
② 국제 무역의 확대로 생산 요소는 자유롭게 이동한다.
③ 외국 기업과의 경쟁에서 이기기 위해 국내 기업은 효율성과 생산성을 증대시키고자 한다.

15 ①

| 정답해설 | A는 안전성이 높으므로 예금에 해당하고, B는 안전성이 낮으므로 주식에 해당한다. 주식은 예금에 비해 수익성이 높으므로 (가)에는 '수익성'이 들어갈 수 있다.
| 오답해설 |
② 예금과 주식 중 원금 손실의 위험성이 큰 것은 주식이다.
③ 주식에 대한 설명이다.
④ 채권에 대한 설명이다.

16 ④

| 정답해설 | 경제적 형편이 어려운 학생, 즉 사회적 약자의 필요에 따라 분배하자는 입장이다.
| 오답해설 |
①, ② 업적에 따른 분배에 대한 설명이다.
③ 업적에 따른 분배와 능력에 따른 분배에 대한 설명이다.

100점까지 Upgrade		필요에 따른 분배
의미		기본적 욕구 충족이 어려운 사람들에게 재화나 가치를 우선적으로 분배하는 것
의의		사회적 약자를 보호하기 위해 기회의 평등을 넘어 결과의 평등을 목표로 함
장점		사회 불평등을 개선하여 경제적 안정을 도모함
단점		• 사회적 자원이 한정되어 있기 때문에 모든 사람의 필요와 욕구를 만족시킬 수 없음 • 개인의 성취동기, 노동 의욕, 창의성을 저하시켜 경제적으로 비효율적임

17 ①

| 정답해설 | 제시된 자료는 각 지역의 주된 산업을 육성하여 발전 지역과 낙후 지역, 수도권과 비수도권 등 지역에 따른 공간 불평등을 완화하기 위한 계획이다.

18 ②

| 정답해설 | 공공 부조는 생계유지 능력이 부족한 사람들에게 최저 생활을 보장하고 자립하도록 지원하는 제도로, 국가가 전액 부담하기 때문에 소득 재분배 효과가 매우 크며, 빈부 격차 완화에 따른 저소득층의 상대적 박탈감을 줄일 수 있다. 하지만 수혜자의 근로 의욕이 저하될 수 있으며, 국가 재정 부담이 심화될 수 있다.

19 ④

| 정답해설 | 과거 북서 유럽의 식민 지배를 받은 앵글로아메리카 문화권의 주민들은 주로 개신교를 믿으며, 과거 남부 유럽의 식민 지배를 받은 라틴 아메리카 문화권의 주민들은 주로 가톨릭교를 믿는다.

20 ③

| 정답해설 | 밑줄 친 조선의 일부 사대부들은 다른 문화를 우수한 것으로 믿고 자기 문화를 낮게 평가하는 문화 사대주의 태도

를 보이고 있다. 문화 사대주의는 다른 문화의 수용에 유리하지만, 자기 문화의 정체성을 상실할 우려가 있다.

| 오답해설 |

①, ② 문화 상대주의에 대한 설명이다.

④ 자문화 중심주의에 대한 설명이다.

21 ④

| 정답해설 | 지역화란 어떤 지역이 그 지역만이 가지고 있는 독특한 사회적·전통적·문화적 특성을 살려 세계적인 경쟁력을 갖추게 되는 현상을 말한다.

④ 지역화는 세계화 속에서 등장한 개념으로, 지역화와 세계화는 동시에 나타난다.

100점까지 Upgrade 지역화

의미	어떤 지역이 그 지역만이 가지고 있는 독특한 특성을 살려 세계적인 경쟁력을 갖추게 되는 현상
배경	세계화 시대에 지역 간의 교류가 활발해지면서 지역의 경쟁력을 키우는 것이 중요해짐
특징	• 지역이 세계화의 주체로 등장하면서 지역 경제의 활성화에 이바지함 • 인류의 문화 다양성 증진에 기여하며, 지역의 정체성을 확보함 • 세계화와 지역화는 동시에 나타남

22 ②

| 정답해설 | 정부 간 국제기구에는 국제 연합(UN), 유엔 인권 이사회(UNHRC), 국제 노동 기구(ILO), 세계 보건 기구(WHO), 유엔 교육 과학 문화 기구(UNESCO), 세계 식량 계획(WFP), 유엔 평화 유지군(UNPKF), 유엔 개발 계획(UNDP), 유엔 난민 기구(UNHCR) 등이 있다. 국제 비정부 기구(NGO)에는 그린피스, 국경 없는 의사회, 유니세프, 월드비전, 국제 적십자사 등이 있다.

23 ③

| 정답해설 | 제시문은 남북 분단으로 인한 이산가족의 모습을 보여 주고 있다. 통일은 분단에 따른 민족 구성원의 고통을 덜어 줄 수 있기 때문에 필요하다.

24 ①

| 정답해설 | 제시된 그래프에서 나타나는 인구 구조는 출생률과 사망률이 모두 높은 피라미드형이다.

| 오답해설 |

ㄷ. 선진국의 인구 구조에서 나타나는 특징이다.

ㄹ. 높은 사망률로 인해 노년층 인구 비율이 낮다.

25 ④

| 정답해설 | (가)는 천연가스, (나)는 석유이다. 천연가스는 에너지 효율이 높은 편으로 가정용으로 많이 이용되고, 자동차의 연료 등에도 사용되며, 연소 시 대기 오염 물질 배출량이 적은 청정에너지이다. 세계에서 가장 많이 소비되고 있는 에너지 자원은 석유이다.

memo

memo

memo

memo

정답과 해설

2025 최신판

에듀윌
고졸 검정고시
기본서 사회

고객의 꿈, 직원의 꿈, 지역사회의 꿈을 실현한다

펴낸곳 (주)에듀윌   **펴낸이** 양형남   **출판총괄** 오용철   **에듀윌 대표번호** 1600-6700

주소 서울시 구로구 디지털로 34길 55 코오롱싸이언스밸리 2차 3층   **등록번호** 제25100-2002-000052호

협의 없는 무단 복제는 법으로 금지되어 있습니다.

에듀윌 도서몰
book.eduwill.net

• 부가학습자료 및 정오표: 에듀윌 도서몰 > 도서자료실
• 교재 문의: 에듀윌 도서몰 > 문의하기 > 교재(내용, 출간) / 주문 및 배송

꿈을 현실로 만드는
에듀윌

DREAM

공무원 교육
- 선호도 1위, 신뢰도 1위!
  브랜드만족도 1위!
- 합격자 수 2,100% 폭등시킨
  독한 커리큘럼

자격증 교육
- 8년간 아무도 깨지 못한 기록
  합격자 수 1위
- 가장 많은 합격자를 배출한
  최고의 합격 시스템

직영학원
- 직영학원 수 1위
- 표준화된 커리큘럼과 호텔급 시설
  자랑하는 전국 22개 학원

종합출판
- 온라인서점 베스트셀러 1위!
- 출제위원급 전문 교수진이
  직접 집필한 합격 교재

어학 교육
- 토익 베스트셀러 1위
- 토익 동영상 강의 무료 제공

콘텐츠 제휴 · B2B 교육
- 고객 맞춤형 위탁 교육 서비스 제공
- 기업, 기관, 대학 등 각 단체에 최적화된
  고객 맞춤형 교육 및 제휴 서비스

부동산 아카데미
- 부동산 실무 교육 1위!
- 상위 1% 고소득 창업/취업 비법
- 부동산 실전 재테크 성공 비법

학점은행제
- 99%의 과목이수율
- 16년 연속 교육부 평가 인정 기관 선정

대학 편입
- 편입 교육 1위!
- 최대 200% 환급 상품 서비스

국비무료 교육
- '5년우수훈련기관' 선정
- K-디지털, 산대특 등 특화 훈련과정
- 원격국비교육원 오픈

에듀윌 교육서비스 **공무원 교육** 9급공무원/7급공무원/소방공무원/계리직공무원 **자격증 교육** 공인중개사/주택관리사/감정평가사/노무사/전기기사/경비지도사/검정고시/소방설비기사/소방시설관리사/사회복지사1급/건축기사/토목기사/직업상담사/전기기능사/산업안전기사/위험물산업기사/위험물기능사/유통관리사/물류관리사/행정사/한국사능력검정/한경TESAT/매경TEST/KBS한국어능력시험·실용글쓰기/IT자격증/국제무역사/무역영어 **어학 교육** 토익 교재/토익 동영상 강의 **세무/회계** 회계사/세무사/전산세무회계/ERP정보관리사/재경관리사 **대학 편입** 편입 교재/편입 영어·수학/경찰대/의치대/편입 컨설팅·면접 **직영학원** 공무원학원/소방학원/공인중개사 학원/주택관리사 학원/전기기사 학원/세무사·회계사 학원/편입학원 **종합출판** 공무원·자격증 수험교재 및 단행본 **학점은행제** 교육부 평가인정기관 원격평생교육원(사회복지사2급/경영학/CPA)/교육부 평가인정기관 원격 사회교육원(사회복지사2급/심리학) **콘텐츠 제휴·B2B 교육** 교육 콘텐츠 제휴/기업 맞춤 자격증 교육/대학 취업역량 강화 교육 **부동산 아카데미** 부동산 창업CEO/부동산 경매 마스터/부동산 컨설팅 **국비무료 교육 (국비교육원)** 전기기능사/전기(산업)기사/소방설비(산업)기사/IT(빅데이터/자바프로그램/파이썬)/게임그래픽/3D프린터/실내건축디자인/웹퍼블리셔/그래픽디자인/영상편집(유튜브)디자인/온라인 쇼핑몰광고 및 제작(쿠팡, 스마트스토어)/전산세무회계/컴퓨터활용능력/ITQ/GTQ/직업상담사

교육
문의 **1600-6700** www.eduwill.net

eduwill